TRAITÉ DE MÉDECINE LÉGALE

TRAITÉ

DE

MÉDECINE LÉGALE

ET DE

JURISPRUDENCE DE LA MÉDECINE

par

A. DAMBRE,

Chevalier de l'ordre royal de la Couronne de Prusse,
Docteur en médecine, chirurgie et accouchements ;
Membre des sociétés médicales de Neuchâtel, Lyon, Genève. Zurich, Marbourg ;
de la société des sciences médicales et naturelles de Bruxelles ;
de la société médico-psychologique, de médecine pratique, et d'anatomie pathologique de Paris ;
des sociétés médicales d'Athènes, de Varsovie, et de la Hufelandienne de Berlin ;
des académies royales et impériales de Turin, Wilna, Naples et Berlin ; de l'Institut d'Egypte.

Deuxième édition

REVUE

Par un Professeur

PARIS,

V. ADRIEN DELAHAYE ET Cie, LIBRAIRES-ÉDITEURS,
Place de l'École de médecine.

1878

AVANT-PROPOS.

Jamais époque ne fut plus féconde que la nôtre en productions scientifiques de toute nature ; la médecine suit ce mouvement général, chaque jour nous apporte une vérité, une découverte. Cependant, l'esprit scientifique a quitté l'étude spéculative, celle qui renverse les systèmes établis, se fraie d'autres routes, crée une science nouvelle et élève ses doctrines sur les ruines de celles qu'elle vient de démolir ; de ces créations grandes, parfois téméraires, qui secouent et réveillent les intelligences, le monde médical n'en vit plus depuis Broussais. Ces laborieux génies créateurs font défaut ; sont-ce les hommes érudits qui nous manquent ? Semblable pensée serait une contre-vérité en présence des

1

intelligences supérieures qui, dans tous les pays, consacrent leur activité aux progrès des sciences. Le champ du labeur a seul changé, l'esprit a perdu cette audace qui le lance à l'aventure dans les régions de l'inconnu où il élabore une doctrine nouvelle dont il vient doter son époque. Ces maîtres qui font école, ont cédé la place au clinicien, au médecin chimiste ou micrographe : ils les remplacent, ces savants qui expérimentent sur les animaux, qui scrutent la mort pour y découvrir les moyens de conserver la vie, ou qui observent au chevet du malade les phénomènes pathologiques ; interprètes habiles, ils nous font mieux connaître les symptômes et leur valeur sémiotique exacte, ils tracent de nouveaux cadres nosologiques, qui permettent un diagnostic plus rigoureux et un traitement mieux approprié. La raison s'annonce donc plus mathématique, son labeur calme rend les sciences plus rigoureuses. La médecine légale subit l'heureuse influence de ces tendances générales ; de plus en plus, elle exige que des faits irrécusables servent de prémisses aux conclusions d'un rapport ou d'une expertise.

Les publications éparses sur la matière nous fournissent une tâche, celle de rassembler ces richesses disséminées. Étudier les traités didactiques, les mémoires, les monographies, les articles des revues, en composer une œuvre brève ; telle est l'idée qui m'a guidé et le procédé que j'ai suivi pour la composition de cet ouvrage, dans lequel j'ai uni la jurisprudence de la médecine à la partie médicale, comme deux objets d'une connaissance utile à l'homme de l'art.

Traiter une matière quelconque de la médecine, est une mission périlleuse pour les conséquences néfastes qu'un faux précepte entraîne à sa suite, par exemple, un auteur de pathologie ou de thérapeutique publie-t-il des erreurs, un danger grave vient de naître : ces théories mises en pratique portent atteinte à la conservation de nos semblables. Aussi à n'envisager que les difficultés et les périls d'une œuvre comme celle que je mets au jour, ils sont à décourager les mieux résolus, car ce traité touche à l'économie politique et à l'administration de l'État par les questions d'hygiène publique ; d'autres parties, comme l'aliénation mentale, la dispense de mariage, la survie, appartiennent à la vie civile ; la recherche des crimes le rattache à la législation criminelle, et les certificats, la constatation des décès et des naissances mêlent la médecine légale à la vie privée des citoyens. En un mot, elle embrasse l'homme et la société dans toutes ses parties.

Dans les questions de jurisprudence, il m'a fallu parler un langage étranger, étudier des auteurs qui m'étaient inconnus, et ces pages n'ont vu le jour qu'au milieu des préoccupations de la clientèle. Je prie le lecteur de se souvenir de cette série d'obstacles qui ont entouré l'élaboration de mon travail.

Le but que je me propose est d'offrir un guide à ceux de mes confrères qui ne font pas une étude spéciale de la médecine légale ; mais, en présence des conséquences irréparables que les déclarations d'un expert peuvent avoir, je n'aurais pas livré à l'impression les fruits de mes méditations, si je ne savais qu'il s'établit devant les tribunaux un débat contradictoire qui détruit l'erreur et vient arracher l'innocence à la science ou à l'expert qui se fourvoient; semblable procédure diminue suffisamment ma responsabilité morale pour me permettre de publier ce traité.

Quant au mérite littéraire de notre travail, je suis convaincu qu'un premier ouvrage ne saurait en avoir, et je me serais abstenu de prendre la plume, si plusieurs académies et sociétés médicales du pays et de l'étranger n'avaient fait un accueil flatteur aux différents mémoires que j'ai eu l'honneur de leur adresser; ces encouragements m'ont fait concevoir le plan d'un ouvrage qui doit paraître dans un moment propice. La législature est à la veille de réformer la loi sur l'art de guérir; une loi vient de rendre la pharmacopée belge obligatoire, un grand nombre d'arrêts rendus en Belgique fixent plusieurs questions de jurisprudence de la médecine, de la chirurgie, des accouchements, de l'art vétérinaire et de la pharmacie ; bien des choses sont donc nouvelles et bien d'autres, sans être nouvelles en elles-mêmes, sont si peu connues des praticiens, qu'elles auront la fraîcheur d'une première publication et même le mérite d'une nouveauté relative.

La nécessité d'un traité de médecine légale et de jurisprudence de la médecine, justifiée au point de vue de la science, ne l'est guère moins au point de vue de la nationalité. Les ouvrages français sont presque les seuls dont on se serve en Belgique ; or, nos lois diffèrent des lois françaises, notre Code pénal se refait, et la réforme de 1832 faite en France n'a jamais été introduite chez nous ; en outre, la loi sur le régime hypothécaire modifie quelques articles du Code civil qui se rattachent à la matière que je traite. La jurisprudence n'offre pas moins de dissemblances ; pour ne citer qu'un exemple, la tentative d'avortement n'est pas punie en Belgique, elle l'est en France en vertu du même texte du Code.

Ces différences font sentir le besoin d'un traité spécial ; je n'ai pas la prétention d'en enrichir la littérature médicale de mon pays, il faudrait, pour y réussir, plus de loisirs et plus de talent ; j'ai voulu faire un manuel propre à donner les notions indispensables à notre profession.

Il me reste à faire connaître au lecteur, avant de terminer cette préface, combien je serais flatté de recevoir ses idées critiques, je les accepterais avec reconnaissance et il aurait l'avantage de concourir à perfectionner un ouvrage dont l'auteur n'a d'autre ambition que celle d'être utile à ses confrères.

A. Dambre.

MÉDECINE LÉGALE.

CHAPITRE I.

Sommaire : Définition de la médecine légale. — Du droit de requérir le médecin. — De l'obligation d'obéir. — Des personnes aptes à rapporter en justice. — Du serment de l'expert.

§ 1. Définition de la médecine légale.

En science la définition la plus exacte ne peut offrir qu'une idée confuse de celle qu'elle veut déterminer, par la difficulté de la différencier exactement d'avec les autres par quelques caractères saillants.

Obéissant à l'obligation conventionnelle de toujours définir la matière qu'on traite, et la médecine légale n'étant pas autre chose que les données des sciences, mises au service du législateur et du juge ; je dirai qu'elle est : *l'expression des rapports que les sciences médicales et naturelles peuvent avoir avec la justice et la législation,*

Plusieurs autres définitions ont été données. Orfila la définit : l'ensemble des connaissance médicales propres à éclairer diverses questions de droit et à diriger le législateur dans la composition des lois.

Devergie : l'art d'appliquer les documents que nous fournissent les sciences physiques et médicales, à la confection de certaines lois, à la connaissance et à l'interprétation de certains faits en matière judiciaire.

Jh. Briand : l'ensemble des sciences physiques et médicales considérées dans leurs rapports avec les lois criminelles et civiles et avec les ordonnances et règlements administratifs.

Henri Bayard : la médecine légale est la médecine considérée dans ses rapports avec l'institution des lois et l'administration de la justice.

Laissant aux lecteurs le choix de l'une ou de l'autre de ces définitions, j'appelle leur attention sur deux points : les rapports de la médecine légale avec le législateur et avec le juge. Pour le législateur, ce sont les préceptes tirés des œuvres des maîtres de l'art, des discussions de nos académies et de nos sociétés savantes qui doivent l'éclairer. La justice, par contre, ne demande du secours qu'au médecin, qu'elle investit, le cas échéant, du titre d'expert. Étrangère à la médecine, elle ne peut se servir de ce flambeau que lorsqu'il est porté par la main du médecin qui s'est familiarisé avec les questions médico-légales; alors, elle est en droit d'exiger de la science tout ce qu'elle peut en attendre légitimement, car il est essentiel que dans un acte d'experts tous les points soient religieusement observés, sous peine de voir fortement infirmer si non annuler par la défense, expertises, rapports ou certificats, que l'homme de l'art aurait négligemment rédigés.

§ 2. Du droit de requérir le médecin.

Si le médecin est appelé parfois à éclairer la justice ou les autorités administratives, par qui doit-il être appelé et quand doit-il obéir?

Question importante dont la solution doit sauvegarder la dignité du médecin tout en assurant la marche de l'administration ainsi que le cours régulier et prompt de la justice.

Dans les cas où la loi l'appelle à son aide pour connaître et interpréter les faits qu'une instruction officielle a constatés en partie ou en totalité, nous pouvons considérer en quelque sorte, le médecin expert comme aide de la magistrature, investi, en ce qui le concerne, de la mission de rechercher les délits et les crimes ; dès ce moment, il est sous les ordres de celui qui confère le titre d'expert ou de médecin légiste.

Comme nous le verrons, tout médecin, docteur ou officier de santé peut être nommé expert.

Les magistrats chargés par la loi de rechercher et de poursuivre les crimes et délits, sont ceux auxquels le médecin doit obéir s'il est requis, à moins que la mission dont on veut le charger, ne soit de celles que la loi elle-même lui laisse la liberté d'accepter ou de refuser.

Ouvrons le code pour connaître les personnes qui peuvent requérir le médecin.

Code d'instr. crim. Art. 8. La police judiciaire recherche les crimes, les délits et les contraventions, en rassemble les preuves, et en livre les auteurs aux tribunaux chargés de les punir.

Art. 9. La police judiciaire sera exercée sous l'autorité des cours royales et suivant les distinctions qui vont être établies,

Par les gardes champêtres et les gardes forestiers,

Commissaires de police,

Bourgmestres et échevins,

Procureurs du roi et leurs substituts,

Juges de paix,
Officiers de gendarmerie,
Juges d'instruction.

L'article 10 du Code d'instr. crim. accorde aux préfets des départements le droit de faire personnellement tous les actes de police judiciaires ou de requérir un autre officier.

On a soutenu que les gouverneurs de province en Belgique ne possèdent plus la même faculté et ne sont plus investis que d'une autorité administrative; dans l'édition collationnée par M. A. Delebecque, l'impression de cet article est en caractères italiques, ce qui doit le faire considérer comme abrogé.

Cette opinion n'est pas à l'abri de toute contestation. Sans doute un préfet exerce en France un pouvoir plus étendu que celui des gouverneurs en Belgique; des différences notables résultent de nos lois politiques et surtout de la suppression des tribunaux administratifs par l'article 92 de notre constitution. Il n'en est pas moins certain que les gouverneurs ont remplacé les préfets, et que dans tous les cas où notre législation n'a pas introduit des règles nouvelles, ils jouissent des mêmes attributions que leurs prédécesseurs. Or, où est le texte qui déroge d'une manière directe ou indirecte à l'article 10? D'ailleurs, l'intention du gouvernement des Pays-Bas s'est nettement fait connaître par une circulaire officielle du ministre de la justice en date du 15 décembre 1820, transmise aux gouverneurs des provinces, et indiquant les règles d'après lesquelles ils doivent remplir les fonctions que l'art. 10 du Code d'instr. crim. leur confère.

Art. 22. Les procureurs du roi sont chargés de la recherche et de la poursuite de tous les délits dont la connaissance appartient aux tribunaux de police correctionnelle ou aux cours d'assises.

Art. 26. Le procureur du roi sera, en cas d'empêchement, remplacé par son substitut ou s'il a plusieurs substituts, par le plus ancien : s'il n'a pas de substitut, il sera remplacé par un juge, commis à cet effet par le président.

Art. 48. Les juges de paix, les officiers de gendarmerie recevront les dénonciations des crimes ou délits commis dans les lieux où ils exercent leurs fonctions habituelles.

Art. 49. Dans les cas de flagrant délit, ou dans les cas de réquisition de la part d'un chef de maison, ils dresseront les procès-verbaux, recevront les déclarations des témoins, feront les visites et les autres actes qui sont aux dits cas de la compétence des procureurs du roi, le tout dans les formes et suivant les règles établies au chapitre des procureurs du roi.

Art. 50. Les bourgmestres, échevins et les commissaires de police recevront également les dénonciations et feront les actes énoncés en l'article précédent en se conformant aux mêmes règles.

Art. 59. Le juge d'instruction, dans tous les cas réputés flagrant délit, peut faire directement et par lui-même tous les actes attribués au procureur du roi, en se conformant aux mêmes règles que lui, etc.

La lecture de ces articles du code d'instruction criminelle, nous apprend quelles sont les personnes investies de la mission de constater les crimes et délits, et quelles sont les limites assignées à la compétence de chacune d'elles. Cette compétence varie d'après la qualité de l'officier de police judiciaire et les circonstances dans lesquelles se produit son action. C'est ainsi qu'en principe, le droit de rechercher et de poursuivre les crimes et les délits appartient exclusivement au procureur du roi, sous l'autorité des cours d'appel; mais, par exception, quant le délit est flagrant, ou quand il y a demande (réquisition) de la part d'un chef de maison, dans le cas d'un crime ou délit commis dans l'intérieur de sa demeure, les juges d'instruction, les juges de paix, les officiers de gendarmerie, les maires et adjoints de maire (bourgmestres et échevins), peuvent faire validement tous les actes que la loi attribue au procureur du roi. Dès lors, ils sont investis de toute l'autorité, dont celui-ci est dépositaire en pareille circonstance.

Ils sont tenus toutefois, de procéder dans les formes et suivant les règles prescrites au procureur du roi lui-même, et d'informer immédiatement ce magistrat du crime ou délit qu'ils viennent de découvrir.

Il résulte de ce qui précède, que, si l'assistance du médecin ou chirurgien peut être réclamée par le procureur du roi dans les premiers moments de la connaissance d'un crime ou délit, cette même assistance sera valablement requise par tout officier de police judiciaire qui le remplacera légalement. C'est-à-dire, lorsqu'ils seront délégués par le procureur du roi, lorsqu'ils auront à connaître un flagrant délit, ou qu'ils sont appelés par le maître d'une maison dans laquelle un crime ou un délit vient de se commettre.

Pour terminer ce paragraphe qui nous fait connaître les autorités judiciaires, les personnes qui peuvent exercer les fonctions d'officiers de police judiciaire auxiliaires et les cas dans lesquels elles jouissent d'une autorité égale à celle du procureur du roi, il ne reste qu'une remarque à faire sur l'extension que la loi donne au mot *officiers de gendarmerie*. La loi comprend sous cette dénomination tous les officiers jusqu'au grade de sous-lieutenant inclusivement, mais non les maréchaux des logis, ni les brigadiers, qui n'ont aucune qualité pour requérir un médecin ou provoquer un rapport, parce qu'ils reçoivent, d'après la loi du 6 prairial an VIII, la qualification de sous-officiers.

Notons aussi que les officiers de police judiciaire appelés à remplacer le procureur du roi, ne doivent pas être en costume ou revêtus du signe caractéristique de leurs fonctions, pour que leur réquisition soit valable.

§ 3. De l'obligation d'obéir à la réquisition.

Le médecin requis, quand doit-il obéir?

Nous venons d'examiner les dispositions du code en vertu desquelles certaines personnes sont chargées de rechercher les crimes et les délits. Examinons quand elles peuvent, dans ces recherches, requérir le médecin.

Art. 43 du C. d'instr. crim. Le procureur du roi *se fera accompagner au besoin* d'une ou de deux personnes, présumées par leur art ou profession, capables d'apprécier la nature et les circonstances du crime ou délit.

Art. 44. S'il s'agit d'une mort violente ou d'une mort dont la cause soit inconnue et suspecte, le procureur du roi *se fera assister* d'un ou deux officiers de santé, qui feront leur rapport sur les causes de la mort et sur l'état du cadavre.

Les personnes appelées dans les cas du présent article et de l'article précédent, prêteront, devant le procureur du roi, le serment de faire leur rapport et de donner leur avis en leur honneur et conscience. (V. arrêtés royaux du 15 juillet 1818 et du 31 mai 1819 plus bas.)

Ces articles établissent d'une manière évidente le droit qu'a le procureur du roi de requérir toute personne qu'il croit apte à faciliter sa mission, à concourir à la découverte d'un crime ou d'un délit. Dans les cas de flagrant délit ou requis par un chef de maison, les juges d'instruction, les juges de paix, les officiers de gendarmerie, les commissaires de police, les bourgmestres et échevins, jouissent, en l'absence du procureur du roi, ou délégués par lui, des mêmes droits. Donc, ils *peuvent* dans les circonstances indiquées par l'article 43, et *doivent* dans celles de l'article 44 se faire accompagner de personnes présumées capables d'apprécier la nature et les circonstances du crime. Deux arrêtés royaux viennent réglementer la coopération des médecins dans les visites judiciaires. Le premier est du 15 juillet 1818 ; le second est du 31 mais 1819, il établit quelques nouvelles dispositions sur la même matière.

Arrêté du 15 juillet 1818, touchant les visites judiciaires, la rédaction des procès-verbaux y relatifs, etc.

Art. 1. Les visites judiciaires des cadavres de personnes qui sont ou qui paraissent avoir péri de mort violente, soit qu'avant de mourir il ne leur ait été administré aucun secours par des médecins ou chirurgiens, soit que les secours administrés aient été infructueux, devront être faites par des médecins ou chirurgiens d'arrondissement assermentés, qui seront établis à cet effet ; elles auront lieu à la réquisition et sous les yeux de l'autorité judiciaire ou administrative dans la juridiction ou le ressort de laquelle le fait sera arrivé, et, si faire se peut, en présence d'un professeur d'anatomie.

Devront être appelés, s'il y a lieu, pour être présents à ces visites, les médecins ou chirurgiens qui auront administré quelques secours au défunt.

Art. 2. Le procès-verbal de visite à remettre par les experts requis, et qui doit être signé de tous, y compris les médecins et chirurgiens qui ont assisté le défunt, devra seulement contenir un rapport fidèle et exact de ce qu'ils ont observé, et des opérations qu'ils ont faites sur le cadavre ; il y sera joint un rapport fait et signé par les médecins et chirurgiens qui ont assisté le défunt, énonçant ce qu'ils ont observé et opéré sur sa personne depuis le commencement du traitement jusqu'à la mort.

Art. 3. Lorsqu'il y aura présomption d'empoisonnement, les experts requis pour la visite pourront se faire assister d'un pharmacien ou d'un professeur de chimie, s'il en réside un sur les lieux, lequel devra joindre au procès-verbal de visite un rapport contenant non-seulement le résultat des essais par lui faits pour découvrir l'existence du poison, mais en outre un récit circonstancié des expériences telles quelles auront été faites en présence des experts jurés.

Art. 4. Dans le procès-verbal de visite, on devra séparer de cette simple exposition des faits, le jugement à porter sur le cas dont il s'agit, et qui doit consister dans une conclusion motivée, fondée sur la raison et l'expérience, ayant pour objet de faire connaître la nature et le danger de la blessure ou autre violence commise, et la véritable cause de la mort.

Art. 5. Les médecins et chirurgiens qui ont assisté le défunt ne doivent pas être appelés à la rédaction de cette conclusion, ni à l'émission de ce jugement; il doit y être procédé par le médecin et le chirurgien judiciaires d'arrondissement, lesquels, suivant l'importance de la chose, ou lorsque la décision présentera des difficultés, s'adjoindront un ou deux membres de la commission médicale provinciale ou locale, à ce qualifiés par leur profession.

Art. 6. Les dispositions des articles ci-dessus seront de même applicables et devront être observées dans les visites judiciaires en cas de blessures, meurtrissures etc., qui proviennent ou semblent provenir de voies de fait, et dans le cas d'un empoisonnement présumé, sans que la mort du blessé ou du malade s'en soit suivie.

Arrêté royal du 31 mai 1819, relatif aux visites judiciaires (non inséré au journal officiel).

Art. 1. Les médecins et chirurgiens d'arrondissement, qui doivent être établis en vertu de notre arrêté du 15 juillet dernier, et dont notre ministre de la justice nous indiquera le nombre et les résidences seront nommés par nous, sur le rapport de notre ministre de l'intérieur, et seront sur la réquisition du procureur du roi, assermentés par les tribunaux des arrondissements dans lesquels ils doivent résider. Le serment contiendra la promesse de se conformer scrupuleusement aux dispositions du dit arrêté.

Art. 2. Dans tous les cas spécifiés par le dit arrêté, les autorités judiciaires et administratives, que la loi charge de quelque opération en cette matière, seront tenus de se servir desdits médecins et chirurgiens d'arrondissement; dans aucun cas, elles ne pourront employer d'autres experts, à moins qu'il n'existe sur les lieux un pareil médecin ou chirurgien assermenté, et que l'affaire ne put souffrir de retard; ou bien dans le cas où les médecins ou chirurgiens d'arrondissement fussent, soit à cause d'absence ou de maladie, soit par quelque autre empêchement légitime, dans l'impossibilité de se rendre aux réquisitions à eux faites, auxquels cas, réquisition sera faite au premier médecin ou chirurgien présent sur les lieux, sauf à en donner sur le champ connaissance au médecin ou chirurgien d'arrondissement le plus voisin, qui se transportera sur les lieux, pour, autant qu'il sera possible, prendre connaissance des opérations et en dresser procès-verbal.

Art. 3. Les autorités administratives ou judiciaires, à la réquisition où sous les yeux desquelles les visites judiciaires doivent être faites, pourront exiger que, dans le procès-verbal de la visite ou dans la conclusion motivée devant servir de base au jugement à porter dans le cas dont il s'agit, on fasse particulièrement attention à tels ou tels symptômes, telles ou telles circonstances qui leur paraîtront importants à éclaircir. Les dites autorités pourront également exiger que l'on indique les causes les plus probables de ces symptômes ou indices.

Art. 4. Les médecins ou chirurgiens d'arrondissement seront tenus, même sans qu'ils en aient été requis, de se conformer aux dispositions de notre arrêté du 15 juillet dernier, lorsqu'ils acquerront la connaissance d'un événement quelconque, auquel ces dispositions devraient être appliquées; mais ils en devront sur le champ informer l'autorité judiciaire ou administrative de l'endroit, que la chose concerne, en l'invitant à se rendre sur les lieux et à assister aux opérations.

Art. 5. Les médecins ou chirurgiens d'arrondissement devront, le plus promptement possible, et pour tout délai dans l'espace de deux jours, remettre à l'autorité par laquelle ils ont été requis, les procès-verbaux de visites et les rapports par eux rédigés, à moins que des circonstances majeures n'exigeassent un plus long délai, ce dont il devra toutefois être de suite donné connaissance au procureur du roi près le tribunal de l'arrondissement, avec un récit détaillé des motifs du retard.

Art. 6. Le juge qui devra connaître des affaires auxquelles ces pièces sont relatives, y aura tel égard qu'il croira convenir; et dans le cas où il ne les croirait pas suffisantes pour son instruction et sa conviction, il pourra requérir desdits médecins et chirurgiens de nouveaux éclaircissements, ou bien consulter à cet égard, soit la commission médicale de la province ou de l'endroit, soit un ou deux professeurs de la faculté de médecine. Nos procureurs généraux et les procureurs du roi pourront se servir du même moyen pour obtenir des éclaircissements sur des affaires qui ne leur paraîtraient pas suffisamment éclaircies, pour suivre la procédure sur les pièces transmises.

Art. 7. Jusqu'à ce qu'un nouveau tarif ait été établi, d'après lequel les médecins et chirurgiens d'arrondissement pourront régler leurs vacations, on suivra à cet égard, pour ce mode de paiement, le tarif établi par le décret du 18 juin 1811 (1).

A côté de ce droit de réquisition attribué aux officiers de police judiciaire, il existe pour tout citoyen une obligation corrélative : c'est de satisfaire à la réquisition qui lui sera

(1) Le tarif de 1855 règle ces frais, v. chap. 3.

faite. Cette obligation n'est pas purement morale, elle trouve sa sanction dans la pénalité dont la loi frappe celui qui veut s'y soustraire. Le code pénal renferme une disposition fort générale, qui s'applique à tout citoyen, par conséquent au médecin, comme à tous ceux qui vivent sous le régime des mêmes lois.

(Code pénal). Art. 475. Seront punis d'une amende depuis six francs jusqu'à dix francs inclusivement.

§ 12. Ceux qui, le pouvant, auront refusé ou négligé de faire les travaux, le service, ou de prêter le secours dont ils auront été requis dans les circonstances d'accidents, tumultes, naufrages, inondations, incendies ou autres calamités, ainsi que dans les cas de brigandage, pillage, *flagrant délit*, clameur publique ou d'exécution judiciaire.

Art. 478. La peine de l'emprisonnement pendant cinq jours au plus, sera toujours prononcée en cas de récidive, contre toutes les personnes mentionnées dans l'article 475.

Le médecin légalement requis ne peut refuser son service *en cas de flagrant délit* ou dans l'une des circonstances inscrites en toutes lettres dans le § 12 de l'article 475 du code pénal, pas plus qu'aucun de ses concitoyens ne peut refuser sans encourir la pénalité de 6 à 10 francs. Il est donc tout à fait évident qu'il s'agit d'un service, d'une assistance matérielle et non des fonctions d'un expert.

Aussi les dispositions, introduites dans le code (1) et qui imposent aux médecins l'obligation d'obéir *en cette qualité*, constituent à nos yeux une flagrante injustice, contre laquelle nous ne cesserons de protester et que le corps médical a intérêt à combattre en vue de la faire disparaître.

_____

(1) Voyez remarque 8, chap. 5.

En effet, en dehors du cas de flagrant délit quelque imprévue, quelque difficile et compliquée que l'on suppose l'action de la justice, de l'administration ou. de la police, toujours une sage prévoyance de la part de ceux qui gouvernent ou administrent, a pu investir un certain nombre de médecins de titres spéciaux, leur confier telle ou telle mission déterminée qu'ils rempliront, le cas échéant. En vertu de ce mandat nouveau, librement accepté par l'homme de l'art, s'établit le droit de commander et pour lui le devoir d'obéir; non pas parce qu'il est médecin mais parce qu'il a reçu une charge spéciale, une mission extraordinaire, qui le place, de son libre assentiment, en dehors du droit commun.

Nous ne pouvons donc partager l'opinion des médecins légistes qui croient l'article 475 du code pénal également applicable aux médecins qui dans un temps d'épidémie ou autres *calamités* refuseraient de se conformer aux réquisitions des autorités administratives et de faire le service public pour lequel ils seraient commandés.

D'ailleurs, la société est seule coupable si des circonstances malheureuses la prennent au dépourvu; elle a pu et dû prévoir ces épidémies et toutes les calamités où l'art médical peut être utile; partant elle pouvait établir une organisation propre à pourvoir à tous les besoins. Si donc il arrive, que la justice éprouve un refus chez le médecin, que des soins convenables ne sont pas administrés, que les malades doivent, par le refus du médecin, se passer de traitement, à qui la faute? Certes à la société, qui vivant dans une fausse sécurité, a négligé la santé publique. A elle incombe l'institution des moyens préventifs nécessaires à sa conservation, ainsi que l'organisation du service médical indispensable à la marche de la justice; que l'autorité s'en accuse elle même, rien de plus rationnel; mais que pour réparer son incurie, elle vienne dépouiller le médecin des droits dont jouit tout citoyen, et cela parce qu'il est médecin, nous ne le comprendrons jamais.

Il est des lois qui privent le citoyen de ses droits civils ou politiques, parce qu'il a démérité, failli, contrevenu; parce qu'il est délinquant ou criminel; rien de plus juste! Mais dire au médecin, vous vous êtes adonné à l'étude pendant un grand nombre d'années; par de grands sacrifices vous vous êtes élevé au grade de docteur, pour tout cela, nous amoindrissons vos droits, nous vous *imposons* des obligations que nous ne pourrions vous imposer si vous étiez resté dans une autre carrière et que nous ne pouvons imposer à aucun autre citoyen! C'est ajouter l'ironie à la plus palpable injustice!

Jh. Briand croit qu'il y a contravention à l'article 475 quand le médecin refuse de faire le service public pour lequel il est commandé par l'autorité, sans donner les arguments qui viennent étayer son opinion; il serait dès lors difficile de juger si cette opinion est fondée.

Bayard penche pour l'opinion contraire en invoquant le droit commun.

Alp. Devergie, par contre, trouve tout naturel le droit du magistrat de pouvoir requérir le médecin comme médecin dans les circonstances énoncées. L'éminent médecin légiste admet cette opinion, parce qu'une personne quelconque, dit-il, a le droit de requérir un magistrat qu'elle aperçoit sur la voie publique; le magistrat doit à plus forte raison, pouvoir user du même privilége à l'égard des médecins. Ce raisonnement est défectueux en tout point; le magistrat est hors de la loi commune. Institué par le pouvoir pour la garantie et la sécurité de tous, il est très-naturel que celui qui en a besoin, puisse recourir à lui. Mais le médecin n'a renoncé à aucun de ses droits de citoyen, aucune fonction ne crée pour lui des devoirs spéciaux. Donc l'autorité du magistrat sur le médecin, autre que celle qu'il possède en vertu de la loi sur toute autre personne, ne saurait être équitable.

Notre manière de voir est conforme en tout point à un arrêt de la cour suprême de Bruxelles en date du 14 juillet 1840. Le 11 décembre 1839 à la requête du commissaire de police, de vérifier les causes de la mort d'un enfant nouveau-né, plusieurs docteurs opposent un refus pour différents motifs : Pépin, ses occupations l'empêchant de s'y rendre; Cambrelin, sa vue ne lui permettant pas de pratiquer des autopsies; Laforce, parce que la médecine légale lui est devenue étrangère.

Le 30 avril, le tribunal correctionnel, jugeant en degré d'appel, statue que ces refus ne tombent sous aucune disposition pénale; « attendu que l'art. 475, N° 12 ne peut s'appliquer et ne doit s'étendre qu'au service qui peut être fait et du secours qui peut être prêté dans les circonstances qui y sont énoncées par tous les citoyens et par le premier à ce requis par l'autorité compétente, et qu'il ne peut s'appliquer aux docteurs en médecine et en chirurgie, requis en cette qualité seulement et pour des opérations de leur art, aucune autre disposition pénale n'existant d'ailleurs à cet égard. »

Pour la cour de cassation saisie de la question a jugé : qu'à la vérité, aux termes des articles 44 et 49 du code d'instruction criminelle, le procureur du roi ou l'officier de

police judiciaire qui le remplace doit se faire assister dans
ces cas, d'un ou de deux officiers de santé pour faire un
rapport sur les causes de la mort et sur l'état du cadavre,
mais qu'on ne trouve ni dans le dit code, ni dans toute
autre loi, aucune sanction pénale comminée à charge des
officiers de santé qui refusent leur ministère dans le cas
dont il s'agit; que les prévenus ne se trouvent pas dans une
des circonstances prévues par le N° 12, le terme *accidents*
ne peut s'entendre que d'un *fait actuel* qu'un travail, service ou secours requis pourraient empêcher, au moins aider
à réparer; on ne peut comprendre parmi ces accidents
l'obligation de procéder à une autopsie cadavérique, qui
n'a lieu que lorsque l'accident ou le crime qui a causé la
mort, est passé, et qu'il est devenu un fait accompli et
sans remède; ce qui vient d'être dit s'applique à plus forte
raison aux mots *flagrant délit*, d'autant plus que l'examen
d'un cadavre peut n'être requis que longtemps après le
décès, alors qu'il n'y a plus de flagrant délit, et que dans
ce cas l'article, sous ce rapport serait manifestement inapplicable.

Pour ces motifs confirme le jugement de Namur (renvoi
des trois médecins de la poursuite).

Contrairement à ces principes le tribunal correctionnel
de Bruges, à l'audience du 19 juin, a condamné le docteur
V...., d'Ostende, à une amende de 50 francs et aux frais,
pour refus de procéder à une autopsie cadavérique ordonnée
par la justice. (Voir nos remarques N° 8 au chapitre trois.)

Vis-à-vis du public, le médecin reste complètement libre,
il n'est point tenu légalement de prêter son ministère parce
qu'il ne s'agit pas d'un service public. Le tribunal correctionnel de Tongres a jugé d'après ce principe, (18 juin 1844),

qu'un accoucheur qui refuse ses soins à une femme en travail, n'est passible d'aucune peine.

En dehors du flagrant délit, ou des premiers moments de la connaissance d'un crime ou délit, il arrive que la justice invoque les lumières des médecins, dans le cours de l'instruction et des débats, pour émettre leur avis sur quelques questions, qui se rattachent aux science médicales, ou pour procéder à de nouvelles investigations et à une autre expertise. Ils ne sont pas tenus d'accepter la mission qui leur est offerte, et s'ils ne se présentent pas à jour et à heure, ils sont remplacés sans être passibles d'aucune peine.

La comparution n'est pas facultative pour celui qui est rappelé afin de donner des explications sur ce qu'il a consigné précédemment dans ses rapports, ni pour celui qui a accepté la mission, mais refuse de la remplir après avoir prêté serment. Dans ces deux cas, ils peuvent être condamnés à des dommages-intérêts et à la peine comminée par l'article 80 du code d'instruction criminelle, c'est-à-dire à une amende ne pouvant excéder cent francs, ils pourront de plus être contraints par corps à venir donner leur témoignage.

En outre, si l'affaire est remise par suite de leur non comparution, ils tomberont sous l'application de l'art. 355 du même code, qui fait supporter par le témoin, faisant défaut (puni de ce fait d'après l'art. 80 déjà cité), tous les frais de citation, actes, voyages de témoins et autres, ayant pour objet de faire juger l'affaire; l'arrêt de condamnation ordonnera que ce témoin sera amené par la force publique devant la cour. En un mot, les frais qui sont le résultat du renvoi des débats à une autre session, sont à la charge du témoin défaillant.

Dans le cas où le médecin a été témoin d'un fait, il doit se conformer à la loi comme tout autre témoin, même il peut se trouver des cas où on lui demande un rapport; par exemple le médecin d'un établissement public où le plaignant ou le prévenu aurait été traité par lui; alors la justice lui demande de relater l'état du blessé lors de son entrée, le traitement employé et les conséquences que ses blessures pouvaient avoir.

Je ferai valoir encore quelques considérations en faveur de cette thèse : que le médecin ne doit obéir, en cette qualité, que lors du flagrant délit. D'abord quelle pénalité encourt le médecin par son refus? Appelé au cabinet du juge d'instruction, il refuse de s'y rendre ou s'y rend et refuse la mission; le seul moyen qui reste pour le contraindre à venir auprès du juge, c'est de le citer à titre de témoin. Alors le magistrat lui fait connaître l'expertise dans son cabinet; si le médecin refuse encore, le juge dresse contre lui les actes qui le condamnent comme témoin en défaut, et qui se terminent par ces lignes : « ...... 1° ledit sieur N., docteur, après avoir représenté la citation à lui donnée, a prèté le serment de dire toute la vérité, rien que la vérité; et enquis par nous s'il est domestique, parent ou allié des parties, à quel degré, a répondu ce qui suit : « Je ne puis pas accepter la mission que vous voulez me confier. » .... Pourquoi nous, juge d'intruction prenant la dite réponse pour un refus de donner *témoignage* et de satisfaire à la citation, etc., etc.

2° Ledit sieur N..., docteur, après avoir représenté les copies de notre ordonnance et de notre mandat précité, a prèté le serment de dire toute la vérité, rien que la vérité. Enquis par nous s'il est domestique, parent ou allié des

parties, et à quel degré, nous a répondu ainsi qu'il suit :
« Je ne puis accepter la mission que vous voulez me confier. » .... Pourquoi nous juge d'instruction... prenant la
dite réponse pour un refus de prêter le secours dont il est
requis, en exécution de l'article 475, § 12 du Code pénal,
refus puni tant par le dit article que par l'art. 478 du même
Code, etc., etc.

Pour qu'une peine soit applicable à ce refus, le juge est
obligé de métamorphoser l'expert en témoin ; preuve nouvelle, que la loi n'oblige point le médecin à rapporter en
cette qualité en dehors du cas de flagrant délit.

Quand le procureur du roi cite le médecin comme témoin,
et que celui-ci allègue un motif faux pour ne pas comparaître, il peut se voir condamner à un emprisonnnement de
six jours à deux mois, par application de l'art. 236 du code
pénal.

L'extrait suivant des instructions du gardé des sceaux,
sur l'art. 16 du décret du 18 juin 1811 que nous trouvons
reproduit dans le traité de M. Devergie, vient prouver encore
que telle est la saine interprétation de la loi :

« Les médecins et experts doivent être appelés par un
simple avertissement, sans citation, dans tous les cas où
leur ministère est requis, soit dans le cours de l'instruction,
soit au moment de l'audience. Lorsque c'est le procureur
du roi qui les requiert, pour *procéder hors de sa présence*,
l'intérêt de la justice exige qu'il leur adresse également, en
même temps que l'avertissement, des instructions suffisamment détaillées sur les points qu'ils ont à constater.— *Pour
prévenir tout refus ou mauvais prétexte* de la part des personnes ainsi appelées, chaque cour, chaque tribunal peut
faire choix à l'avance, comme on vient de le dire pour les
médecins, d'hommes expérimentés dans telle ou telle partie,
et se les attacher de manière, qu'on soit plus assuré de les

trouver au besoin, ou qu'ils puissent se suppléer réciproquement : et s'il y a lieu de leur accorder des taxes, *comme témoins*, elles pourront être délivrées au bas de l'avertissement, visé par l'officier du ministère public. »

Il est facile de voir dans l'exposé de ce qui précède, que nous avons placé chacun dans son droit strict et rigoureux ; mais il est juste, et je crois inutile d'en formuler le souhait, que le médecin sache s'imposer des sacrifices dans l'intérêt de la société, et ne prive point la justice des lumières qu'il pourrait lui apporter.

Cependant, sans révoquer en doute le savoir de mes confrères, il se présentera des questions médico-légales, qui exigent des connaissances spéciales et ne sont pas du domaine de celui qui se livre exclusivement à la pratique de son art ; dans cette occurrence, le médecin inhabile à rapporter, ne doit pas hésiter de refuser la mission ; c'est pour lui un devoir.

Le médecin dûment requis par une autorité qui a mission de le faire, n'a pas à discuter la compétence du requérant ; il doit obtempérer, sans s'inquiéter si celui-ci n'empiète point sur les pouvoirs d'une autre autorité judiciaire, parce qu'il ne lui appartient pas de décider ces sortes de questions.

§ 4. Tout médecin est-il apte à rapporter en justice ?

En Belgique, sous peu, une semblable question sera oiseuse ; — depuis 1835, tous les médecins ont le grade de docteur, de manière qu'il sera aisé à la justice de se servir de ceux-ci, puisqu'elle les trouvera établis dans toutes les localités.

En droit cependant, il serait difficile de démontrer qu'il faut admettre une distinction entre l'officier de santé et le docteur; le code se sert indifféremment de cette double expression. Dans le code civil art. 81, nous lisons : « Lorsqu'il y aura des signes ou indices de mort violente, ou d'autres circonstances qui donneront lieu de le soupçonner, on ne pourra faire l'inhumation qu'après qu'un officier de police, assisté d'un *docteur en médecine ou en chirurgie,* aura dressé procès-verbal de l'état du cadavre, etc., etc. » L'art. 44 du code d'instruction criminelle dit par contre : « Le procureur du roi se fera assister d'un ou de deux *officiers de santé.* » Laquelle de ces expressions diverses doit régir la matière? En pratique, la justice se sert indifféremment de l'officier de santé comme du docteur, et il n'est guère à présumer que cette conduite présente quelque illégalité. Le code d'instruction criminelle qui se sert des termes *officier de santé,* est postérieur de huit ans au code civil, c'est donc lui qui doit dominer la matière. D'ailleurs, la justice n'attache point de valeur au titre, l'expression d'officier de santé est une qualification générique, synonyme de médecin. Il est appelé par la justice, non parce qu'il est docteur ou officier de santé, mais comme personne apte par son art ou sa profession, à lui venir en aide. Le diplôme, conférât-il par lui-même, le grade de docteur dans les trois branches de l'art de guérir, ne donne aucun titre pour rapporter en justice; le titre de médecin légiste, de médecin expert, qui s'acquiert par le fait de recevoir une mission d'un magistrat, est la seule qualité requise pour être apte à rapporter. Il faut du reste qu'il en soit ainsi, pour que l'instruction en matière criminelle ne soit pas entravée dans les petites localités, où le docteur résiderait à une distance trop éloignée du lieu du crime. Une autre considération fait comprendre encore que l'investiture seule que le médecin reçoit du magistrat, lui donne qualité pour rapporter en justice ; c'est la nature de la peine que le code pénal lui inflige par son art. 177 en cas de corruption ; il est poursuivi et condamné comme fonctionnaire public, qui se laisse suborner.

Mais il n'existe pas de devoirs, pas d'obligations, qui n'aient un droit pour corrollaire. Aussi la loi accorde à l'expert une protection exceptionnelle et temporaire, comme compensation de la pénalité plus sévère qui le frappe, s'il vient à faillir aux lois de l'intégrité ; il jouit d'immunités plus étendues que le simple citoyen, ou le médecin non expert, puisque le code punit les outrages ou violences envers l'expert, pendant la durée de sa mission, des peines prévues par les art. 230, 231, 232 et 233 du code pénal ; donc comme des outrages ou violences envers les agents de l'autorité et de la force publique. L'article 230 ne laisse aucun doute ; cette phrase « ou un citoyen chargé d'un ministère de service public » démontre que dans toute mission judiciaire, le médecin est sous l'égide de ces dispositions protectrices.

S'il est légalement indifférent de se servir d'un officier de santé ou d'un docteur, il n'en est pas de même en pratique. Le docteur mérite sans aucun doute la préférence comme ayant fait des études plus complètes, possédant une science plus étendue, des connaissances plus variées. C'est là une garantie qui ne peut cependant pas inspirer une confiance aveugle et illimitée. La médecine légale exige des connaissances spéciales ; de là, la nécessité bien reconnue d'attacher aux cours et aux tribunaux des médecins légistes, capables de rendre les services que la loi est en droit d'attendre de la science.

§ 5. Du serment de l'expert.

Article 44 du code d'instr. crim. § 2. Les personnes appelées, dans les cas du présent article et de l'article précédent, prêteront, devant le procureur du roi, le serment de faire leur rapport et de donner leur avis, en leur honneur et conscience.

L'article 81 du code civil ne fait point mention du serment, parce que les opérations qu'il spécifie, se font sans remplir cette formalité ; de plus, cet article ne règle nullement le mode d'exécution, la manière de procéder ; le *modus faciendi* est réglementé par le code d'instruction criminelle, qui est postérieur au code civil, comme nous l'avons déjà dit.

Le médecin expert doit donc, sous peine de nullité de son expertise, prêter serment entre les mains du procureur du roi, du juge d'instruction, ou des officiers de police auxiliaires, avant de commencer ses opérations. (Arrêts de la cour de cassation du 27 novembre et du 27 décembre 1828). Il n'appartient même à personne de le dispenser de cette formalité ; mais le serment ne doit se prêter qu'une seule fois ; par suite d'un premier rapport, le médecin appelé à l'audience, pour donner des explications orales à la cour ou aux jurés, ne doit plus jurer de faire son rapport, et de donner son avis en son honneur et conscience ; seulement on peut lui imposer celui de simple témoin : de parler sans haine et sans crainte, etc. (Jurisprudence très-incertaine sur ce point, comme il sera démontré au paragraphe qui traite du tarif des visites médicales judiciaires).

La qualité du médecin peut changer en sens contraire, c'est-à-dire : que de simple témoin ayant même prêté serment comme tel, il peut devenir expert et se voir charger par un arrêt de la cour, de procéder à un expertise, à un examen médico-légal, et d'en dresser rapport. A chacune de ces deux qualités est attachée une formule du serment, inviolable comme le serment lui-même, et qui ne permet donc point de substituer l'une à l'autre (1).

Le médecin peut être appelé par le président, dans une affaire qui lui est étrangère, pour donner son avis sur quelque question scientifique, que les débats ont fait surgir. Il n'est appelé alors qu'en vertu de l'article 269 du code d'instruction criminelle, qui exempte ce genre de témoins du serment, parce que leurs déclarations ne sont considérées que comme renseignements.

Les autorités administratives n'exigent presque jamais le serment, cependant il peut être exigé tout aussi légalement en matière administrative qu'en matière judiciaire.

Le serment se prête ordinairement sur le lieu même, où le médecin doit faire son expertise; d'autres fois le procureur du Roi l'appelle à son cabinet, lui remet une ordonnance, contenant l'indication des opérations à faire, et l'énoncé des questions, sur lesquelles l'expert aura à s'expliquer; puis reçoit le serment et ne l'accompagne point sur les lieux, ou au laboratoire où les opérations doivent se faire.

---

(1) La formule du serment que l'expert doit prêter n'est pas sacramentelle, il suffit pour que la procédure ne soit pas entachée de nullité, que les termes employés ne s'écartent pas de l'esprit de ceux indiqués à l'article 44 du code d'instruction criminelle.

CHAPITRE II.

Le médecin peut être appelé à faire en matière administrative ou judiciaire trois genres d'actes : des certificats, des rapports, des consultations médico-légales.

§ 1. Des certificats.

Certifier, c'est constater un fait ; le certificat en est donc l'attestation écrite. Celui qui est apte à constater un fait, l'est pour délivrer un certificat. Pour que celui-ci ait de la valeur, il faut seulement que celui qui le donne, soit capable de juger du fait : il est impossible, par exemple, qu'une personne étrangère à la science puisse porter un jugement sain sur un fait médical.

Le certificat n'exige de la part de celui qui le délivre, aucune mission spéciale, aucune règle, aucune formalité ; seulement, il doit être rigoureusement exact. La loi prononce des peines sévères contre les auteurs de certificats contenant des allégations mensongères, et qui ont été délivrés, pour exempter d'un service public, ou pour servir des intérêts particuliers, contre un tiers, ou contre le trésor public. Citons les articles qui comminent ces peines et voyons dans quelles circonstances on les encourt :

Art. 83 du code d'instr. crim. « Lorsqu'il sera constaté par le certificat d'un officier de santé, que des témoins se trouvent dans l'impossibilité de comparaître sur la citation qui leur aura été donnée, le juge d'instruction se transportera en leur demeure, quand ils habiteront dans le canton de la justice de paix du domicile du juge d'instruction. »

Les paragraphes suivants du même article autorisent le procureur à déléguer le juge de paix du canton du témoin, si celui-ci habite un canton autre que celui de la résidence du juge d'instruction.

L'article 84, prescrit au juge d'instruction de requérir son collègue de l'arrondissement où le témoin est résidant, de se transporter auprès de lui pour recevoir sa déposition, s'il habite hors de son arrondissement.

Art. 86, code d'instr. crim. « Si le témoin auprès duquel le juge se sera transporté, dans les cas prévus par les trois articles précédents, n'était pas dans l'impossibilité de comparaître sur la citation qui lui avait été donnée, le juge décernera un mandat de dépôt contre le témoin et l'officier de santé qui aura délivré le certificat ci-dessus mentionné. »

La peine portée en pareil cas sera prononcée par le juge d'instruction du même lieu, et sur la réquisition du procureur du roi, en la forme prescrite par l'art. 80.

L'art. 80 du code d'instr. crim., donne au juge d'instruction le droit de contraindre par corps, le témoin cité à venir déposer, et de le condamner sur les conclusions du procureur du roi, et sans appel, à une amende qui n'excèdera pas cent francs.

Les pouvoirs dont cet article investit le juge d'instruction, ne s'étendent pas sur l'officier de santé, qui a délivré le certificat, mais seulement sur le témoin, pour refus de comparution. L'officier de santé, si le juge le trouve nécessaire, peut être arrêté sous mandat de dépôt; il sera dans tous les cas poursuivi, pour se voir condamner, s'il y a lieu, aux peines déterminées par l'article 160, du code pénal qui dit :

Tout médecin, chirurgien ou autre officier de santé, qui, pour favoriser quelqu'un, certifiera faussement des maladies ou infirmités propres à dispenser d'un service public, sera puni d'un emprisonnement de deux à cinq ans.

S'il a été mû par dons ou promesses, il sera puni du bannissement. Les corrupteurs seront, en ce cas, punis de la même peine.

Ce qui fait voir que le dernier paragraphe de l'article 86, déjà cité, n'est pas applicable au médecin auteur du faux certificat, c'est que, l'art. 160 du code pénal est réservé à l'homme de l'art qui aurait volontairement lésé la vérité en délivrant un certificat : or, cet article prononce des peines applicables simplement par jugement, et qui ne se prononcent point d'une manière irrévocable et sans appel, comme celle que le juge d'instruction inflige au témoin, en vertu de son pouvoir discrétionnaire, conformément à l'article 80 du code pénal.

Pour encourir ces peines, le médecin doit avoir délivré un certificat mensonger, constatant un fait faux, capable de faire exempter quelqu'un d'un service public. Le service public peut s'entendre de tout acte que la loi réclame des citoyens, ou qu'elle leur impose. Comme par exemple, de remplir les fonctions de juré à la cour d'assises; de venir déposer devant un tribunal, ou d'être tuteur, charge dont peut se faire exempter celui qui se trouve dans les conditions de l'art. 434 du code civil.

Pour être punissable, l'auteur du certificat faux doit l'avoir fait sciemment, volontairement. Il faut que la religion de l'homme de l'art n'ait pas été surprise, qu'il n'ait pas été joué par excès de crédulité, par trop de bonne foi. Enfin, pour être puni du bannissement, il faut, outre les conditions précédentes, qu'il ait agi par dons ou promesses *acceptés*. L'officier de santé doit accepter les dons ou agréer les promesses, pour que l'art. 160 soit applicable.

Art. 159. Toute personne qui, pour se rédimer elle-même ou en affranchir une autre d'un service public quelconque, fabriquera, sous le nom d'un médecin, chirurgien ou autre officier de santé, un certificat de maladie ou d'infirmité, sera punie d'un emprisonnement de deux à cinq ans.

Pour que l'auteur de ce faux soit coupable, trois conditions sont requises :

Le certificat doit attester faussement une maladie; mais si elle existe, le préjudice disparaît, et l'exemption du service public est une conséquence de la maladie et nullement du certificat, qui est désormais sans résultat.

En second lieu, il doit être délivré sous le nom d'un homme de l'art; celui qui ajoute simplement à son propre nom la qualification de médecin, chirurgien ou officier de santé, commet une manœuvre frauduleuse passible de peines comminées par l'article 405 du code pénal. Il faut en troisième lieu, que le certificat ait pour but d'exempter d'un service public (exemples : juré aux cours d'assises, service militaire ou garde civique). CHAUVEAU.

D'autres motifs peuvent amener un individu à demander un certificat au médecin ; par exemple, pour attester qu'un défunt, jouissait à tel jour de toutes ses facultés intellectuelles, et se trouvait par conséquent capable de tester ; pour constater les dégâts que cause le voisinage d'une usine, etc., etc. Si, dans ces cas, le certificat est faux, la peine change : l'art. 162 du code pénal prévoit ce délit.

Les faux certificats de toute autre nature, et dont il pourrait résulter soit lésion envers des tiers, soit préjudice envers le trésor public, seront punis selon qu'il y aura lieu, d'après les dispositions des paragraphes 3 et 4 de la présente section.

Le paragraphe 3 a trait aux faux en écritures publiques et authentiques, et le paragraphe 4 aux faux en écriture privée.

Le certificat pourrait être délivré encore en matière criminelle ; s'il est reconnu faux, son auteur tombe sous l'application de l'art. 361 du code pénal.

Quiconque sera coupable de faux témoignage en matière criminelle, soit contre l'accusé, soit en sa faveur, sera puni de la peine des travaux forcés à temps.

Si néanmoins l'accusé a été condamné à une peine plus forte que celle des travaux forcés à temps, le faux témoin qui a déposé contre lui subira la même peine.

Enfin, le médecin chargé d'un ministère de service public, tel que : la visite des recrues, qui se serait fait donner, et aurait accepté de l'argent, ou un don quelconque, serait coupable de corruption, traduit devant la cour d'assises et puni conformément à l'art 177 du code pénal, qui prononce la peine du carcan, et une amende double des promesses agréées, ou des choses reçues. (Arrêt de la cour de cassation du 15 février 1828).

Modèle de certificat.

Je soussigné N...; docteur en médecine, en chirurgie et en accouchements (1), domicilié à X....., certifie que le nommé

(1) Aujourd'hui le titre de docteur en médecine suffit, parce qu'il implique les deux autres.

Y......, âgé de .... ans, ... de profession..., demeurant à...,
est affecté de.... qui le met dans l'impossibilité de se rendre
à...., où l'appellent ses fonctions de juré.

Fait à X...., le .... 185 .

La formule, « en foi de quoi j'ai délivré le présent certificat, » est tombée en désuétude, elle est abandonnée
comme surannée et inutile.

Nota. Aucun certificat ne peut être valable si la signature
du médecin ne se trouve légalisée par le bourgmestre de
l'endroit.

§ 2. Des consultations médico-légales.

Une consultation médico-légale est l'avis motivé, qu'un
ou plusieurs médecins ou chimistes donnent sur des rapports ou des mémoires, déjà délivrés à la justice par d'autres
experts. Cet avis peut être demandé par l'accusé ou par la
justice; par celui-là, avant de comparaître devant les juges,
ou même après un premier jugement, avant d'aller en
seconde instance, quand on croit le premier jugement susceptible d'être réformé.

Plusieurs médecins chimistes sont consultés à la fois, par
la justice elle-même, ou par le défenseur. Si c'est par le
ministère public, il appelle devant lui ceux qu'il désire
charger de cette mission, pour recevoir leur acceptation et
leur serment, et pour leur remettre les différents rapports
et mémoires déjà délivrés, ainsi que toutes les pièces de
l'instruction, propres à les guider et à les éclairer. -

La justice n'est guère obligée de recourir aux hommes de
l'art qui habitent la ville, où siège le tribunal, ni de s'en
tenir à leurs rapports. Pour vider le désaccord qui existe
entre les premiers experts, elle peut invoquer les lumières

des chimistes, et des médecins qui résident, même hors du ressort du tribunal, devant lequel la cause est pendante. Alors le magistrat envoie au juge d'instruction une commission rogatoire et tout le dossier de l'instruction, l'invitant à consulter telle ou telle sommité scientifique. Le juge d'instruction procède ici comme le procureur du Roi lui-même ; seulement, il communique textuellement la commission rogatoire, dans laquelle sont exposées les questions que les débats viennent de soulever. Chacun des experts examine les pièces remises, sans prendre connaissance du nom des premiers experts, pour n'être pas influencé par l'autorité d'un nom, ou prévenu contre lui par antipathie personnelle ou par le vain désir de lui paraître supérieur. Ces précautions sont indispensables pour être tout-oreilles à la voix de la science et du devoir.

Les experts examinent avec le plus grand soin, une à une, les questions et les premiers rapports ; ils se livrent à des discussions approfondies, à des considérations scientifiques développées ; ils pèsent la valeur de chaque fait, les comparent entr'eux pour en tirer des conclusions ; celles-ci sont rapprochées des précédentes, s'il y a divergence, il est nécessaire de les baser sur tous les faits avérés de la cause, sur les raisonnements théoriques, propres à en démontrer la vérité, et sur l'opinion des auteurs les plus recommandables.

La rédaction de la consultation comprend : 1° le préambule, 2° l'exposé des faits, 3° la discussion des faits, 4° la conclusion.

Préambule. — Le même que pour le rapport, sauf qu'il faut énoncer nominalement les pièces reçues par la justice.

Exposition des faits. — Énoncé bref, méthodique et complet de tous les faits que les pièces de l'instruction renferment, fait par numéros et dans l'ordre des événements, ou des observations présentées par les magistrats et les premiers experts.

Discussion des faits. — Partie la plus difficile de la consultation médico-légale; celle qui demande le plus de science et le plus de sagacité. L'expert doit disséquer chaque fait isolément, puis les comparer entr'eux et à des faits analogues; il peut se livrer à de nouvelles recherches chimiques, à une expérimentation sur les animaux; appeler à son secours l'autorité des médecins légistes les plus distingués, dont les décisions sont toujours d'un grand poids dans cette matière.

Conclusion. — Conséquence naturelle des faits et des discussions auxquelles ceux-ci donnent lieu. La conclusion est le résultat de ces deux prémisses; elle sera exposée avec clarté et solidement motivée; on y indique le numéro d'ordre du fait qui conduit à cette déduction.

Pour achever leur rapport, les experts font ressortir les points de divergence qui le séparent du premier, tout en ajoutant les arguments qui légitiment leurs conclusions nouvelles.

La consultation médico-légale se donne parfois à la demande du prévenu ou de l'accusé. Il est superflu de faire observer, que le devoir du médecin ne saurait changer; il doit toujours se renfermer dans la stricte appréciation des faits. Quand il y a doute, la justice exige qu'il profite à l'accusé; mais dans toute autre circonstance, pour rester homme probe, il faut que le médecin se tienne en dehors du rôle de défenseur ou d'accusateur. Il est obligé, selon nous, de refuser son secours plutôt que de tronquer les faits et les doctrines, pour en faire naître un système favorable à la défense.

En résumé, le médecin n'épousera jamais les intérêts de celui qui réclame son assistance; sans prévention, sans accepter le consultant comme un client, qu'il est obligé de défendre, il restera sur le terrain neutre de la science.

Une consultation médico-légale, délivrée à la demande de l'accusé, mais sans mandat de justice, ne peut être lue que lorsque la cour l'autorise; l'avocat peut y puiser tous les moyens propres à disculper l'accusé.

L'étendue de cet ouvrage ne me permet point de reproduire le beau modèle que donne M. Devergie, nous le placerons à la fin, après l'étude de toutes les parties de la médecine légale : il sera mieux compris.

§ 3. Des Rapports.

Le rapport est une pièce rédigée par un ou plusieurs médecins, à la demande de l'autorité judiciaire ou administrative, pour constater certains faits, les décrire avec soin et en tirer des conclusions. Il se distingue donc essentiellement du certificat ; d'abord, le magistrat nomme le médecin ; ensuite celui-ci prête serment, et en troisième lieu, le rapport a en justice une valeur, que le certificat ne saurait avoir.

Les conclusions du rapport sont considérées par les tribunaux comme un jugement, porté par des hommes compétents, sur une matière qu'ils ne pouvaient juger par eux-mêmes.

Il serait même désirable, (dit de Castelnau), de créer une

commission médico-légale, jouissant d'une autorité suprème et prononçant des jugements irrévocables.

Dans l'organisation actuelle, la justice invoque les lumières de la science. Cet appel est une conséquence de l'impossibilité où le magistrat se trouve, de posséder les connaissances nécessaires pour trancher lui-même ces questions extra-juridiques. Eh bien, le rapport délivré, n'est-il pas rationnel et utile à la justice qu'il soit accepté?

Que les hommes compétents prononcent souverainement sur les faits scientifiques, je le désire, dans la conviction bien intime que semblable procédure tournerait à l'avantage de la société. On objectera que la science n'est pas infaillible et illimitée! Nous reconnaissons l'impuissance du savoir humain, son insuffisante perspicacité à tout expliquer, à tout dévoiler et à échapper dans toutes les circonstances à l'erreur. Mais n'est-il pas naturel d'admettre que les erreurs seront moins fréquentes, en soumettant ces difficultés à l'appréciation des sommités scientifiques, au lieu de les abandonner à des personnes qui y sont étrangères? La question ainsi posée indique la solution.

Pour empêcher qu'on ne se trompe, il faudrait instituer un conseil médico-légal, composé de médecins, de chirurgiens, de chimistes, de physiciens et d'accoucheurs. Une semblable réunion d'hommes est à même d'offrir tout ce que la science peut prêter de forces à l'administration de la justice. Celle-ci peut aussi faillir, en avril 1847, Berenger de la Drôme exposa dans un rapport à la Chambre des Pairs, que les maisons centrales de détention en France contenaient au 1er avril 1844, cent douze aliénés, dont la folie était antérieure à leur condamnation et à leur captivité. Ces faits révolteraient la saine morale, s'ils étaient volontaires, et ne disparaîtront, qu'en accordant à la science ses droits légitimes.

Les médecins qui dirigent les établissements d'aliénés pourraient nous dire combien il faut de longues observations pour décider de l'état mental de certains malades, ce qui doit nous convaincre que ce n'est pas user de trop de précautions, que de réunir en conseil toutes les aptitudes scientifiques.

La division des rapports est faite, d'après la nature même des matières qu'ils traitent, en : judiciaires, administratifs et d'estimation.

Rapports judiciaires.

Les rapports de cette nature, sont délivrés à la demande des magistrats, pour les éclairer sur un crime ou un délit.

Ils joignent fréquemment à leur ordonnance une série de questions auxquelles le médecin doit répondre, et toujours les pièce de la première instruction, comme : procès-verbaux du commissaire de police, dépositions des témoins, etc.; par la prestation du serment, entre leurs mains, l'homme de l'art a reçu l'investiture juridique nécessaire pour rapporter en justice. Quand il y a descente sur les lieux, le serment se prête au moment de commencer les opérations.

Le médecin en compagnie souvent d'un collègue et d'un magistrat, se rend sur les lieux, interroge toutes les personnes de la maison, tient note de leurs réponses, pour les annexer aux pièces reçues des mains de la justice. Puis, chose essentielle et très-importante, il décrit avec une scrupuleuse exactitude la position relative du corps ou des parties éparses du corps du délit, la situation de chaque objet relativement aux objets environnants. L'attention doit être fortement portée sur ces détails, dont l'intérêt ignoré peut se révéler pendant les débats. Il donne ensuite la description de l'habitude extérieure, je dirais, si l'expression était permise, de la surface de la périphérie du corps de délit; et de tout ce que la vue et le palper peuvent y constater. Ceci fait, il est permis de retourner, de déplacer, de transporter le corps de délit, pour se livrer à toutes les opérations que l'expert juge nécessaires, pour arriver à des conclusions logiques et bien fondées.

S'il y a deux experts, ils doivent toujours rédiger le rapport et les conclusions ensemble, pour s'éclairer mutuellement par la discussion des faits observés; et bien se garder pendant qu'ils opèrent, de faire connaître les inductions qu'ils tirent de tel ou tel fait isolé. Fréquemment des faits subséquents les forcent de se dédire, et ils perdent ainsi de leur considération, parce qu'ils n'ont point compris qu'une solution n'est possible que lorsqu'on possède toutes les données du problème.

Achever d'abord les investigations, rédiger immédiatement, et sur les lieux, le rapport des faits constatés et la narration des renseignements que les témoins ont pu donner; en déduire les conclusions, après les avoir mûrement et longuement examinées à tête reposée et dans le silence du cabinet; ou bien après les avoir discutés avec les collègues co-experts, est la marche la plus sûre, et qui doit écarter les appréciations gratuites ou erronées.

Ce rapport se divise en trois parties distinctes : le préambule, l'historique, et la conclusion.

1° Le *préambule*, renferme dans l'ordre de leur énumération : 1º la date précise (année et jour); 2º les noms, titres et demeure de l'expert; 3º la nature de la réquisition faite par la justice; 4º les noms et qualités du magistrat qui a requis; 5º le lieu où l'on s'est transporté pour l'expertise; 6º le but de l'expertise, quelles étaient les questions posées par le magistrat; 7º les déclarations de ceux qui habitent le lieu du crime ou du délit.

2º L'*historique* est l'exposition brève, précise et claire, de tous les faits observés pendant l'expertise. L'expert doit autant que possible s'abstenir d'employer les termes techniques; s'il ne peut les éviter, il ajoutera leur traduction entre parenthèse. Dans l'exposé des faits il est très-utile de faire précéder chacun d'eux d'un numéro d'ordre, ce qui permet d'étayer ses conclusions sans devoir répéter les faits, il suffit de citer leur numéro d'ordre.

3º La *conclusion* n'est autre chose que l'exposé des conséquences qui découlent de la déposition des témoins et de l'ensemble des faits relatés dans la partie historique du rapport. Le médecin expert n'acceptera ces dépositions que sous bénéfice d'inventaire, s'il se remémore combien fortement la haine ou l'amitié, la prévention et la pitié, peuvent les influencer. Il n'écoutera que la voix de sa conscience en exprimant sa conviction morale et intime, d'où dépend parfois le sort de l'accusé.

Le rapport terminé doit être immédiatement envoyé au magistrat qui a requis, en y joignant l'ordonnance que l'on a reçue. Celui-ci taxe le médecin sur la lettre d'invitation.

Quand un rapport est demandé à un médecin, demeurant hors du district judiciaire, les choses se passent comme pour la consultation médico-légale.

Rapports administratifs.

Ce sont des rapports faits à la demande de l'autorité administrative, sur une question de salubrité publique ou de police médicale. Ils ont trait à l'hygiène, en ce qu'ils font savoir que telle ou telle usine, dans tel lieu, est ou n'est pas insalubre. De là, l'ancienne dénomination; de rapports de *commodo* et *incommodo*. Dans ce genre de questions, presque toujours il y a conflit entre deux intérêts, et l'expert doit user de circonspection pour se mettre à l'abri des influences que les deux partis emploient, en vue d'obtenir un rapport favorable à leurs prétentions; pour lutter contre les tromperies de la mauvaise foi et de la cupidité, il doit marcher avec une prudence extrême s'il ne veut s'exposer à être victime des manœuvres frauduleuses, des ruses, des allégations mensongères; d'autant plus, qu'il s'agit souvent de la fortune, de l'existence d'une famille d'industriels.

—Cette mission demande de si vastes connaissances, que l'autorité consulte les comités de salubrité, les conseils d'hygiène ou tout autre corps scientifique légalement constitué.

Il est des cas où ce genre de rapports se rédige à la demande des parties ou de l'une d'elles; ou au moins que l'une des deux poursuit seule l'expertise ordonnée d'office. Dans ces différentes hypothèses, les experts n'ont aucune action solidaire contre les parties pour le paiement de leurs vacations; d'après l'art. 319 du C. de procéd., l'exécutoire est délivré contre la partie qui a requis ou poursuivi l'expertise. Jamais la solidarité ne se présume et aucun texte ne l'établit en faveur des experts (DALLOZ).

Rapports d'estimation.

Dans ces rapports l'expert apprécie la justesse de l'opposition que les intéressés font aux honoraires demandés par le médecin pour soins donnés au malade et à la note du pharmacien pour médicaments fournis.

A ce genre de rapports se rattachent ceux qui constatent : si un médecin ou un chirurgien a bien traité son malade, s'il a aggravé le mal, s'il a rendu l'issue funeste? Je renvoie le lecteur, pour plus de détails sur ce sujet, au chapitre qui traite de la responsabilité médicale.

Afin de parvenir à une évaluation juste des honoraires, il est nécessaire d'avoir égard au rang et à la fortune du client, à la réputation du médecin, à la distance qu'il a parcourue pour voir son malade, au nombre des visites, à l'importance de l'opération et à la gravité de la maladie.

Pour rédiger convenablement ces rapports il faut suivre les règles principales, d'après lesquelles ils doivent être dressés : marquer en marge son opinion sur chaque article du mémoire; ainsi, chaque chiffre diminué ou non est porté en marge, l'addition en est faite, et on dresse au bas un certificat dans lequel on indique le total en toutes lettres.

L'estimation du prix des médicaments se fait ordinairement par un pharmacien. Elle doit se baser sur le cours de ces drogues à l'époque de la fourniture, sur leur détérioration prompte et la nécessité de les renouveler souvent, sur le travail que demande leur préparation et les frais qu'elle nécessite.

Les mémoires des médecins, qui délivrent eux-mêmes leurs médicaments, ne se jugent pas sainement si l'expert ignore que les praticiens qui résident dans les endroits où la délivrance des médicaments est permise, sont obligés, pour recevoir une rémunération en harmonie avec leurs pénibles services, de reporter sur les médicaments une partie de ce qu'il devraient demander à titre d'honoraires; nécessité qu'il serait peut-être désirable de voir changer, mais qui constitue en elle-même une pratique éminemment équitable, puisqu'elle n'a d'autre but que de faire payer ce qui est par trop légitimement dû.

CHAPITRE III.

—

Sommaire : Dispositions préliminaires. — Frais de transport des prévenus, etc. — Honoraires et vacations· des hommes de l'art. — Indemnités de voyage et de séjour. — Vérification des frais de justice. — Paiement et régularisation des frais de justice.

—

HONORAIRES DES EXPERTS.

Les honoraires que les médecins, chirurgiens et sages-femmes peuvent réclamer pour les visites, les opérations, les déplacements et les séjours qu'ils sont obligés de faire hors du lieu de leur domicile, quand le parquet les requiert de procéder à une expertise médico-légale, sont indiqués dans le nouveau tarif du 18 juin 1853.

Je passerai en revue tous les articles dont la connaissance offre quelque utilité.

Dispositions préliminaires.

ART. 1. L'administration de l'enregistrement fait l'avance des frais de justice criminelle, pour les actes et procédures ordonnés d'office ou à la requête du ministère public, sauf à poursuivre, ainsi que de droit, le recouvrement de ceux desdits frais qui ne sont point à la charge de l'État : le tout dans la forme et selon les règles établies ci-après.

Art. 2. Sont compris sous la dénomination de frais de justice criminelle, tous ceux qui sont faits pour la recherche et la poursuite des crimes, délits et contraventions, notamment :

1° .   . .

2° Les honoraires et vacations des médecins, chirurgiens, officiers de santé, sages-femmes, médecins vétérinaires, interprètes et experts ;

3° Les indemnités de comparution des témoins ;

4° Les indemnités de voyage et de séjour ;

Art. 4. Pour le règlement des frais de justice, les communes sont divisées en trois classes, qui comprennent :

La première, les villes d'Anvers, Bruxelles, Gand et Liége ;

La deuxième, les villes où siège un tribunal de première instance ;

La troisième, toutes les autres villes et communes.

TITRE I.

TARIF DES HONORAIRES.

CHAPITRE I.

Des frais de translation des prévenus, des accusés et des condamnés ; des frais de transport des procédures, etc.

Art. 6. La translation par voie extraordinaire pourra être ordonnée d'office ou être demandée par le prisonnier, si celui-ci se trouve dans l'impossibilité de faire ou de continuer le voyage à pied. Cette impossibilité sera constatée par certificat de médecin, chirurgien ou officier de santé.

A défaut de médecin dans le lieu de départ, le réquisitoire motivé de l'officier de justice suffira.

Art. 7. Dans les cas d'exception ci-dessus, les réquisitoires seront adressés aux bourgmestres, qui pourvoiront à leur exécution.

Art. 8.....

Les droits de barrières et de passages d'eau, et les honoraires des médecins, dans le cas de l'art. 26, seront en outre remboursés.

Art. 10. L'administration communale qui aura pourvu au transport, dressera, sur papier libre, un mémoire des frais, auquel elle joindra le réquisitoire de l'autorité compétente, le certificat de visite du médecin et la quittance du voiturier.

Art. 15.....

Il ne pourra être alloué que des indemnités de voyage et de séjour, calculées d'après les art. 77, N° 1, 88, N° 1, et 82, N° 1, aux dépositaires qui sont en même temps fonctionnaires publics et jouissent d'un traitement à charge de l'État, de la province ou de la commune.

CHAPITRE II.

Des honoraires et vacations des médecins, chirurgiens, officiers de santé, sages-femmes, médecins vétérinaires, interprètes et experts.

Art. 16. Les honoraires et vacations des médecins, chirurgiens, officiers de santé, sages-femmes, médecins vétérinaires, interprètes et experts, à raison des opérations qu'ils feront sur la réquisition des officiers de police judiciaire compétents, dans les différents cas prévus par la loi, seront réglés ainsi qu'il suit.

Art. 17. Chaque médecin, chirurgien ou officier de santé recevra, savoir :

1° Pour une simple visite, y compris le rapport et le premier pansement, s'il y a lieu :

Dans les villes de première classe . . . . fr. 6 00
   »   »   deuxième » . . . . » 5 00
Partout ailleurs . . . . » 4 00

2° Pour les ouvertures de cadavres et pour toutes opérations dûment spécifiées, et plus difficiles que la simple visite et le pansement, y compris le rapport, et sans qu'un droit puisse être réclamé pour visite :

Dans les villes de première classe. . . . . fr. 14 00
» » deuxième » . . . . » 12 00
Partout ailleurs . . . . » 10 00

Art. 18. Les visites faites par les sages-femmes seront payées, y compris le rapport :

Dans les villes de première classe. . . . . » 4 00
» » deuxième » . . . . » 3 00
Partout ailleurs . . . . » 2 00

Art. 19. Il est alloué aux médecins vétérinaires :

1° Pour chaque visite, y compris le rapport :

Dans les villes de première classe. . . . . » 4 00
» » deuxième » . . . . » 3 00
Partout ailleurs . . . . » 2 00

2° Pour les ouvertures de cadavres, y compris le rapport, et sans qu'un droit puisse être réclamé pour visite :

Dans les villes de première classe. . . . . » 8 00
» » deuxième » . . . . » 6 00
Partout ailleurs . . . . » 5 00

Art. 20. Il ne sera rien alloué pour soins et traitements administrés, soit après le premier pansement, soit après les visites ordonnées d'office.

Art. 21. Il sera alloué pour les expertises, pour chaque vacation de trois heures, y compris le rapport, savoir :

1° Aux médecins, chirurgiens, officiers de santé, chimistes, ingénieurs, et aux professeurs des universités ou de l'école militaire :

Dans les villes de première classe. . . . . fr. 6 00
» » deuxième » . . . . » 5 00
Partout ailleurs . . . . » 4 00

2° Aux interprètes, sages-femmes, médecins vétérinaires :

Dans les villes de première classe. . . . . » 5 00
» » deuxième » . . . . » 4 00
Partout ailleurs . . . . » 3 00

Il ne pourra être alloué pour chaque journée que trois vacations : la première sera allouée en entier, quelle que soit sa durée; pour chaque heure employée au delà d'une vacation de trois heures, l'indemnité sera payée par tiers de vacation; les fractions moindres seront négligées.

Art. 22. Outre les droits ci-dessus, le prix des travaux et fournitures nécessaires pour les opérations, sera remboursé sur notes détaillées et dûment certifiées.

Art. 26. Dans le cas où un médecin, chirurgien ou officier de santé, autre que celui qui est attaché au service de la prison, est appelé à constater si des prisonniers se trouvent en état de faire ou de continuer la route à pied, il lui sera accordé, pour le certificat de visite des prisonniers d'un même convoi, savoir :

Dans les villes de première et deuxième classe. fr. 1 50
Partout ailleurs . . . . » 1 00
Les communes feront l'avance de ces frais.

Art. 27. Dans tous les cas où les médecins, chirurgiens, officiers de santé, sages-femmes, médecins vétérinaires et experts seront appelés, soit devant le juge d'instruction, soit aux débats, à raison de leurs déclarations, visites ou rapports faits antérieurement, ou à raison de leur art ou profession, les indemnités dues pour chaque jour de comparution leur seront respectivement payées, s'ils requièrent taxe, sur le pied d'une simple visite ou vacation en sus des frais de voyage et de séjour fixés par les articles 77, 81 et 82.

Art. 28. Il ne sera rien alloué aux personnes dénommées dans le présent chapitre ni pour prestation de serment, ni pour remise ou affirmation de rapport, sans préjudice des indemnités de voyage et de séjour, s'il y a lieu.

Art. 29. Les médecins, chirurgiens, officiers de santé, médecins vétérinaires et experts qui, le pouvant, dans les cas prévus par la loi et le présent arrêté, auront refusé ou négligé de faire les visites, le service ou les travaux pour lesquels ils auraient été légalement requis, seront punis d'une amende de 50 à 500 francs.

En cas de récidive, le maximum de la peine sera toujours prononcé. (Art. 10 de la loi du 1er juin 1849.)

Art. 30. Les mémoires dressés par les personnes dont il s'agit au présent chapitre, contiendront les renseignements justificatifs suivants :

1º La date des opérations ou de vacations;

2º Leur nature ou leur objet;

3º L'espèce de crime ou de délit;

4º L'autorité qui a requis les visites et opérations;

5º La distance parcourue par voie ordinaire ou par chemin de fer;

6º L'heure à laquelle les vacations ont commencé et celles à laquelle elles ont fini;

7º La mention des articles du présent arrêté qui prévoient la dépense.

Les devoirs et frais faits dans une même affaire, même par plusieurs personnes lorsqu'elles ont opéré ensemble, seront portés sur un seul mémoire.

Les réquisitoires seront joints à l'appui du mémoire.

Remarques. — 1º L'article 4 divise les médecins en trois catégories, cette distinction n'est fondée ni en fait ni en raison ; le magistrat qui requiert un médecin de la campagne comme expert, lui suppose, et à juste titre, tout autant de science qu'à ceux des grandes villes, le considère comme également capable, de remplir la mission ; il serait équitable de lui accorder la même taxe, puisque le travail est le même. A égalité de peines égalité de salaire, tel devrait être le principe prédominant dans le tarif des frais de justice criminelle.

2º L'article 26 stipule : que le certificat du médecin appelé à constater la possibilité ou l'impossibilité dans laquelle un prisonnier se trouve de continuer le voyage à pied, doit être payé par la commune; le § 2 de l'article 8 ordonne de rembourser ces sommes, pourvu qu'elles soient justifiées par les pièces qui constatent que ces débours ont été faits.

3° Les articles 16 à 22 fixent le prix des visites et de toutes les autres opérations; ces prix nous semblent porter le cachet de la parcimonie. La visite faite à une distance moindre de deux kilomètres, un rapport et un premier pansement, s'il y a lieu, se paient 4 francs dans les localités de troisième ordre! Rédiger un rapport qui ne demande pas moins de *quelques heures*, parcourir sans indemnité une distance de 3 kilomètres, faire la visite et le premier pansement, pour une rémunération illusoire de 4 francs, c'est dénier aux sciences médicales et naturelles les services incontestables qu'elles rendent à la justice, et qui préservent celle-ci de nombreuses et irréparables erreurs.

Il serait équitable d'indemniser les représentants de ces sciences, auxiliaires indispensables des magistrats judiciaires, quand ceux-ci viennent arracher l'un d'eux à ses occupations, qui rapportent des honoraires supérieurs aux 4 francs du tarif.

4° L'article 20 ne reconnaît, comme frais de justice, que les opérations et les visites faites dans l'intérêt de l'instruction de la procédure; les soins donnés au malade en dehors de la requête d'une autorité compétente, ne sont pas compris dans les frais du procès, et restent à la charge de celui qui les reçoit, ou à la charge du bureau de bienfaisance du lieu où il a son domicile de secours, s'il est indigent.

5° D'après l'article 22, pour faire rembourser par l'État les dépenses que l'expertise, les opérations ou le premier pansement du blessé nécessitent, le médecin doit joindre au mémoire un état détaillé des fournitures et les quittances des vendeurs, sous peine de voir rejeter sa demande par le juge taxateur.

6° A l'article 27, le tarif règle les indemnités à accorder

aux personnes que le juge appelle à raison de leur profession ou de leurs travaux antérieurs, afin de recevoir d'elles des explications sur un point de science ou sur un rapport précédemment délivré. Outre les frais de voyage, le séjour est payé comme vacation d'après l'article 26, qui permet d'en compter trois par journée.

Cette disposition redresse un grief du décret de 1811 qui a longtemps régi la matière en Belgique; l'article 25 de ce décret assimile aux témoins, les hommes de l'art appelés soit devant le juge d'instruction, soit aux débats, à raison de leurs visites ou rapports! La métamorphose d'un expert en simple témoin est contraire à la saine logique et à la nature des choses; celui-là ne connaît les faits que par l'examen scientifique auquel il les a soumis, et non pour s'être trouvé sur les lieux au moment du crime, ou pour avoir été en contact avec les accusés. Cette confusion de personnes que la nature des choses a nettement séparées, a donné lieu à d'inextricables contradictions dans la jurisprudence française : 1° La cour de cassation décida le 21 août 1835 : que les experts qui avaient prêté dans le cours de l'instruction le serment prescrit par l'art. 44 du code d'instruction criminelle, ne devaient plus prêter aucun nouveau serment, lorsqu'ils étaient appelés aux débats à donner des explications sur leurs opérations antérieures, même que ce nouveau serment surabondant et inutile, devait être considéré comme non avenu. 2° Arrêt du 13 août 1835 : qu'il y avait lieu de les soumettre à un double serment comme témoins et comme experts. 3° 19 février 1841 : qu'il était préférable de ne leur imposer qu'un seul serment, celui de témoins. 4° 8 janvier 1846 : qu'il est interdit de les soumettre à un autre serment (F. HEL. *Gaz. des tribunaux*).

Dans l'espace de onze ans, nous voyons consacrer par la cour régulatrice, quatre systèmes différents : le plus récent lèse davantage les intérêts et la dignité de celui qui est appelé à diriger la justice dans une question de médecine ou de sciences naturelles.

Par la délivrance d'un premier rapport, l'expert doit rester à la disposition du procureur et des juges pendant le cours des débats sans qu'il puisse devenir témoin, puisqu'il ne possède aucune des conditions du témoignage; les témoins sont responsables de ce qu'ils avancent, passibles de peines, s'ils faussent volontairement la vérité; l'expert n'est responsable d'une hérésie scientifique que devant sa conscience, son serment est la seule garantie. Le témoin a vu ou entendu les faits, l'expert donne son avis sur les éléments du délit. Aucun expert n'est de nécessité absolue à la justice, l'un supplée facilement l'autre, nul ne saurait remplacer le témoin. Le degré d'instruction et de capacité établit une dernière différence ; il suffit de posséder la saine raison pour témoigner, tandis qu'il faut des connaissances spéciales aussi vastes que variées, pour remplir la mission d'expert et rédiger un rapport à l'abri des attaques de la défense.

Cette distinction est si naturelle et si nécessaire que la cour de cassation la reconnait implicitement. La loi défend aux témoins de communiquer entre eux; si les experts sont de simples témoins la même défense doit les frapper; or, ces consultations entre experts sont légales, parce que les règles qui concernent les témoins ne sont pas applicables aux experts (arrêt du 31 juillet 1843).

8° L'article 29 du tarif prononce une amende de 50 à 500 francs, contre les médecins, chirurgiens, etc., qui refuseraient librement de faire les services pour lesquels ils ont été légalement requis. Cette disposition du tarif est la reproduction littérale de l'art. 10 de la loi du 1 juin 1849; nous avons vainement cherché, tant dans les rapports des Sections que dans les discussions de la Chambre et du Sénat, les motifs qui ont porté le législateur à voter ce moyen de contrainte qui place le médecin hors du droit commun; j'aurais à répéter ici l'opinion exprimée au troisième paragraphe du chapitre premier de ce traité; une bonne organisation d'un service médical, destiné à aider la police, la justice et l'administration, satisferait à tous les besoins. Pour échapper aux conséquences de sa néfaste incurie, la société ne possède pas les pouvoirs de priver, sans nécessité aucune, toute une catégorie de citoyens d'une partie de leurs droits. L'injustice ne répare ni la faute ni l'insouciance de ceux qui tiennent les rênes du Gouvernement.

Nonobstant l'institution de nombreux médecins légistes, le flagrant délit ou quelque autre fait peut nécessiter une intervention immédiate et urgente d'un homme de l'art, non revêtu de ce titre; le devoir de prêter son ministère est incontestable, l'art. 478 et le § 12 de l'art. 475 l'y forcent.

Le ministre de la justice De Haussy justifie cette peine devant le Sénat, par l'argumentation suivante: Des hommes de l'art ont souvent répondu par un refus absolu aux réquisitions de la justice, la cour de cassation a décidé que ce refus ne constituait pas un délit, qu'aucune loi pénale ne lui était applicable et que l'art. 475 N° 12 du code pénal s'appliquait à des faits différents. Donc une disposition légale était nécessaire.

Il est d'abord évident que les refus approuvés par la cour

souveraine de Bruxelles, avaient été opposés à une réquisition illégale ; un appel fait au médecin pour lui confier une mission que légalement il ne doit pas accepter contre sa volonté, prouve-t-il la nécessité d'une loi nouvelle, parce que celui-ci, fort de son droit, refuse d'obtempérer aux ordres du magistrat ?

La négative est seule soutenable ; aussi en dehors des faits sur lesquels nous nous sommes expliqué au paragraphe 3 du 1er chapitre, il n'est aucun besoin de justice ou d'administration, auquel un cadre permanent de médecins désignés *ad hoc,* ne puisse satisfaire.

Au-dessus des lois positives, est placée la loi naturelle, immuable de son essence comme la nature intime de l'homme où elle trouve son origine ; loi qui, par bonheur pour sa conservation, n'est pas à la merci d'une assemblée législative. Or, le droit naturel proclame la liberté des hommes et leur égalité. Aucune dérogation à ces principes n'est légitime, si l'intérêt général ne l'impose ; donc, contrairement à la conclusion du ministre, une disposition légale n'était pas nécessaire, tant qu'il n'était point prouvé que des mesures préventives, comme l'institution d'un nombre suffisant de médecins, attitrés, ne pouvaient pourvoir à tous les besoins, à toutes les éventualités.

Sans nécessité impérieuse, le législateur viole gratuitement un droit imprescriptible, et dépose dans son œuvre une iniquité qui froisse le sens intime du juste, autant qu'elle lèse ceux qu'elle atteint.

Une dernière remarque sur le second alinéa de l'art. 29 doit terminer les explications que nous avions à donner ; il y est dit : *En cas de récidive le maximum sera prononcé.* Dans plusieurs lois, comme en matière criminelle et de contraventions, il est indiqué un terme au-delà duquel la récidive n'entraîne plus une aggravation de peine; ici, au contraire, il y a *toujours* récidive; la durée de l'intervalle qui sépare les deux refus est perdue de vue, et l'espace d'un demi-siècle se plaça-t-il entre eux, il y aurait encore récidive; ceci résulte des paroles du ministre repoussant l'amendement de M. Lelièvre, tendant à limiter la récidive à trois ans.

L'amende de 50 à 500 francs pour refus de répondre à la réquisition du magistrat, ne peut être prononcée que par jugement; le médecin condamné peut toujours faire usage du droit d'appel, pour faire juger le fait en seconde instance. Cette procédure distingue nettement l'expert du simple témoin; le refus de ce dernier de satisfaire à la citation, est passible d'une amende de 100 francs; il se voit contraint par corps à venir témoigner. Le juge d'instruction ou le tribunal, sur les conclusions du procureur du Roi, prononce ces peines sans *autre formalité* et *sans appel* (C. d'instr. crim. art. 80 et 157).

CHAPITRE VII.

Des indemnités de voyage et de séjour.

Art. 76. Il sera accordé une indemnité de voyage aux médecins, chirurgiens, officiers de santé, jurés, interprètes, sages-femmes, médecins vétérinaires, dépositaires, experts......, lorsque à raison de leur qualité respective ils seront obligés de se transporter à deux kilomètres ou plus de leur résidence.

Art. 77. Cette indemnité est fixée par kilomètre parcouru tant en allant qu'en revenant, savoir :

1° Pour les médecins, chirurgiens, officiers de santé, jurés, interprètes, sages-femmes, médecins vétérinaires, ainsi que pour les experts de première et de deuxième classe mentionnées dans l'art. 21 ci-dessus. . fr. 0,25

Art. 81. Lorsque les personnes dénommées à l'art. 77 seront arrêtées dans le cours du voyage, par force majeure, elles recevront, pour chaque jour de séjour forcé, une indemnité réglée à raison de leur qualité respective :

1° Celles qui sont dénommées au N° 1 de l'art. 77 fr. 6,00

Elles seront tenues de faire constater par le juge de paix et, à son défaut, par le bourgmestre, la cause du séjour forcé en route, et d'en représenter le certificat à l'appui de la demande de taxe.

Art. 82. Si les mêmes personnes, non compris les jurés, sont obligées de séjourner dans le lieu où se fera l'instruction de la procédure et qui ne sera point celui de leur résidence ; il leur sera alloué, outre la taxe à laquelle elles pourront avoir droit en leur qualité, une indemnité pour chaque jour de séjour, fixée ainsi qu'il suit :

1° Pour celles qui sont dénommées au N° 1 de l'article 77 . . . . fr. 3,00

Art. 86. L'indemnité de voyage fixée à l'article 77, sera réduite de moitié pour les voyages qui pourront se faire par les chemins de fer.

L'indemnité de voyage des témoins fixée à l'article 78, sera dans le même cas réduite de moitié lorsqu'ils doivent se transporter par les chemins de fer à une distance de plus d'un myriamètre ; mais leur indemnité ainsi réduite sera augmentée d'un franc.

Si le parcours sur le chemin de fer devait occasionner une dépense excédant celle par la route ordinaire, le gouvernement ne remboursera que cette dernière.

La partie de voyage qui aura dû se faire par voie ordinaire sera payée conformément aux règles établies par les dispositions précédentes.

Art. 87. Le règlement de l'indemnité de voyage, tant par voie ordinaire que par chemin de fer, sera fait conformément au tableau général dressé par le gouvernement.

TITRE III.

CHAPITRE PREMIER.

Du mode de vérification, de payement et de régularisation des frais de justice.

SECTION I. — **Des frais en général.**

ART. 111. Le mode de taxation et de paiement des frais diffère suivant leur nature et leur urgence.

ART. 112. Sont réputés frais non urgents : 1°, 2°.....

3° Les honoraires, vacations et indemnités des médecins, officiers de santé, chirurgiens, sages-femmes, médecins vétérinaires, interprètes et experts désignés aux Nos 1 et 2 de l'art. 21, et y compris les frais accessoires auxquels leurs opérations pourraient donner lieu ;

Art. 113. Sont réputés frais urgents tous les frais autres que ceux mentionnés à l'article précédent et notamment :

Les honoraires dans le cas prévu par l'art. 27.

Art. 115. La partie-intéressée dressera son mémoire de frais non urgents en double expédition, et elle remettra les deux expéditions, avec les pièces justificatives à l'appui, au magistrat du ministère public chargé de requérir la taxe.

Une des deux expéditions sera sur papier timbré, si la somme à recevoir dépasse 10 francs.

Le papier timbré sera également obligatoire pour chaque quittance dont l'import dépasse cette somme.

Le droit de timbre reste à la charge de la partie intéressée (1).

Art. 116. Aucun mémoire ne sera taxé s'il n'est signé de chacune des parties intéressées ou de leur fondé de pouvoirs.

SECTION II. — **De la Taxe.**

Art. 118. Les frais urgents seront taxés par les présidents,

---

(1) Ces dispositions, relatives au timbre, sont abrogées par la loi du 14 août 1873.

les magistrats instructeurs, les officiers du ministère public et les juges de paix, chacun en ce qui le concerne.

Les taxes seront mises au bas des réquisitions, avertissements ou copies de citations ; elles seront datées ; elles mentionneront qu'elles ont été demandées par les parties intéressées et feront connaître si celles-ci peuvent signer.

Les taxes pour l'indemnité de comparution contiendront en outre la mention que les témoins ne se trouvent pas dans le cas de l'art. 32.

Art. 120. Les dépenses non réputées urgentes seront taxées article par article sur les mémoires des parties intéressées.

Chaque article rappellera la disposition sur laquelle il est fondé.

L'exécutoire sera délivré à la suite par les présidents, les magistrats instructeurs et les juges de paix, chacun en ce qui le concerne, sur les réquisitions écrites de l'officier du ministère public.

En cas de rejet ou de réduction du mémoire ou de quelques articles, les motifs seront sommairement indiqués.

Art. 121. Le juge taxateur est autorisé à réduire, par ordonnance motivée, les indemnités allouées par l'art. 21 ci-dessus aux chimistes ou autres experts, lorsque les prestations faites hors de la présence du magistrat instructeur ou en dehors des termes des réquisitions ne sont pas suffisamment justifiées (Art. 9 de la loi du 1er juin 1849).

Art. 122. Les présidents, magistrats instructeurs et juges de paix ne pourront refuser de taxer des mémoires de frais par la seule raison qu'ils n'auraient pas été faits par leur ordre direct, pourvu toutefois qu'ils l'aient été en vertu de la réquisition d'un officier de justice ou de police judiciaire compétent, dans le ressort de la cour ou du tribunal qu'ils président ou dont ils sont membres.

Art. 123. Sont prescrits les mémoires qui n'auraient pas été présentés à la taxe dans le délai de six mois à compter de l'expiration de l'année pendant laquelle les frais auront été faits.

Le ministre de la justice peut relever les parties de la déchéance, lorsqu'elles auront justifié que le retard ne leur est pas imputable.

Remarque. — Les frais à payer aux experts sont, dits *urgents* ou *non urgents*, ces deux classes sont nettement séparées par les art. 112 et 113 du tarif. Conformément à l'art. 118, les présidents, les juges d'instruction, le procureur du roi, où les juges de paix taxent ceux de la première catégorie à la fin de l'expertise ou après l'audience qui rend la présence ultérieure de l'expert inutile, soit que, la cause est jugée, soit que le président l'autorise à se retirer.

Ces taxes de frais urgents sont mises au bas des réquisitions, avertissements ou copies de citations, et acquittées selon l'art. 125, au bureau du receveur de l'enregistrement dans le ressort duquel elles auront été délivrées.

Frais non urgents. — Les intéressés en dressent un mémoire en double (art. 115) conformément au modèle annexé au présent chapitre, ils l'adressent au magistrat du ministère public (procureur du roi), celui-ci le fait taxer par qui de droit et le leur renvoie, ils peuvent en toucher le montant chez le receveur de l'enregistrement de leur ressort. Le payement des frais non urgents, est soumis à des formalités, ultérieurement encore à des recherches de vérification.

Section IV. — Du payement et de la régularisation des frais.

ART. 125. Les mémoires de frais non urgents seront payés au bureau du receveur de l'enregistrement, dans le ressort duquel les parties intéressées sont domiciliées.

Les taxes des frais urgents seront payées au bureau du receveur dans le ressort duquel elles auront été délivrées.

Les mémoires et les taxes seront acquittés par la partie

prenante. Lorsqu'elle ne sait pas signer, il en sera fait mention, et cette mention tiendra lieu de l'acquit, sans qu'il soit besoin d'autres formalités pour constater les paiements.

Art. 128.....

Toutes les fois qu'il (le ministre de la justice) reconnaîtra que dans les taxes des frais urgents des sommes ont été indûment allouées, il en fera dresser des rôles de restitution, recouvrables contre qui de droit, pourvu néanmoins qu'il ne se soit pas écoulé plus de deux ans depuis le payement de ces sommes.

Toutes les fois qu'il reconnaîtra que des sommes, comprises dans des mémoires déjà vérifiés et revêtus du *bon à payer*, ont été indûment allouées pour des frais réputés non urgents, il en fera dresser des rôles de restitution, recouvrables contre les parties prenantes, pourvu néanmoins qu'il ne se soit pas écoulé plus de deux ans depuis la date du payement.

Dispositions générales.

Art. 147..... Les honoraires et vacations des médecins, chirurgiens, officiers de santé, sages-femmes, médecins vétérinaires, interprètes, dépositaires et experts, seront réglés d'après la résidence effective de ces personnes.

Mémoire des honoraires et indemnités dus à N.... (indiquer sa qualité ou profession), à.... canton de.... arrondissement de.... pour services rendus pendant le....

NUMÉRO D'ORDRE.	DATE des OPÉRATIONˢ.	ESPÈCE DES CRIMES et DÉLITS.	NOM et DOMICILE des ACCUSÉS et CONDAMNÉS.	AUTORITÉS QUI ONT REQUIS LES VISITES, et OPÉRATIONˢ.	NATURE ou OBJET des OPÉRATIONˢ.	NOMBRE DES				
						SIMPLES VISITES.	OPÉRATIOⁿˢ plus DIFFICILES.	MYRIAMÈTRES PARCOURUS		JOURS de SÉJOUR
								PAR CHEMIN DE FER.	PAR VOIE ORDINAIRE.	
1										
2										
3										
etc.										
					Totaux.	. . . .	. . . .	. . . .	. . . .	. . . .

RÉCAPITULATION.	NOMBRE.	COÛT.	MONTANT.	ARTICLES DU TARIF.	TAXE DU JUGE.	OBSERVATIONS.
Visites simples				16-18-19		Les officiers du ministère pu-
Opérations plus difficiles. .				16-18 »		blic et les juges indique-
Myriamètres parcourus par						ront ici les motifs des
1° chemin de fer.				76-77-81-86		réductions qu'ils opèrent.
2° voie ordinaire.				86		(Art. 121 du tarif.)
Jours de séjour				82		
Fournitures faites suivant la						
note ci-jointe dûment ac-						
quittée				22		
Totaux. . .						

Je soussigné..... (médecin.....), certifie véritable le présent mémoire pour la somme de.....

A..... le..... 185.....

(Signature de l'intéressé.)

Nous..... (indiquer l'officier du ministère public.)
Vu les art........... du tarif du 18 juin 1855, et les pièces jointes au présent mémoire, requérons qu'il soit taxé à la
- somme de.....

A..... le..... 185...

(Signature du magistrat requérant.)

Nous..... (président de la cour ou du tribunal, juge de paix du canton de, etc.)
Vu le réquisitoire ci-dessus et les pièces jointes au mémoire,
Avons arrêté et rendu exécutoire le mémoire pour la somme de.....

A..... le..... 185...

(Signature du taxateur.)

Visa du ministère de la justice.

Mémoire des vacations et indemnités dues à N.... expert.... pendant le.... 185...

NUMÉRO D'ORDRE.	DATE des VACATIONS; HEURES AUXQUELLES ELLES ONT COMMENCÉ ET FINI.	ESPÈCE DES CRIMES, DÉLITS ou CONTRAVEN-TIONS.	AUTORITÉS QUI ONT REQUIS LES OPÉRATIONS.	NATURE ou OBJET des VACATIONS.	NOMBRE DES			
					VACATIONS (ENTIÈRES ET DEMIES).	MYRIAMÈTRES PAR-COURUS		JOURS de SÉJOUR
						PAR CHEMIN DE FER.	PAR VOIÉ ORDI-NAIRE.	
1								
2								
3								
etc.								
				Totaux.	. . . .	. . . .	. . . . .	. . .

RÉCAPITULATION.	NOMBRE.	COÛT.	MONTANT.	ARTICLES DU TARIF.	TAXE DU JUGE.	OBSERVATIONS.
Vacations .				21		Les officiers du ministère public et les juges indique-
Myriamètres parcourus par 1° chemin de fer. 2° voie ordinaire.				76-77-81		ront les motifs des ré- ductions qu'ils opèrent. (Art. 121 du tarif.)
Jours de séjour .				81		
Fournitures faites suivant la note ci-jointe dûment ac- quittée .				22		
Totaux. .						

Je soussigné..... (expert), certifie véritable le présent mémoire pour la somme de.....

A..... le..... 185.....
(Signature de l'expert.)

Nous..... (indiquer l'officier du ministère public.)
Vu les art..........; du tarif du 18 juin 1855, et les pièces jointes au présent mémoire, requérons qu'il soit taxé à la somme de.....

A..... le..... 185...
(Signature du magistrat requérant.)

Nous....., (président de la cour, du tribunal de 1re instance ou juge de paix du canton de....., etc.)
Vu le réquisitoire ci-dessus et les pièces jointes au mémoire,
Avons arrêté et rendu exécutoire le mémoire pour la somme de.....

A..... le..... 185...
(Signature du magistrat taxateur.)

Visa du ministère de la justice.

CHAPITRE IV.

PREMIÈRE PARTIE, HONORAIRES DU MÉDECIN. — DEUXIÈME PARTIE, PRIVILÉGES DES HONORAIRES. — TROISIÈME PARTIE, DE LA PRESCRIPTION DES HONORAIRES.

PREMIÈRE PARTIE.

HONORAIRES DU MÉDECIN.

Sommaire : Donations faites au médecin; des personnes qui lui sont assimilées. — Signification des mots : *traiter un malade; maladie dont elle se meurt, pendant le cours de cette maladie.* — Dispositions rémunératoires en faveur du médecin. — Dons au médecin parent ou époux du malade.

---

§ 1. Donations faites au médecin ; des personnes qui lui sont assimilées.

A la suite de ce qui précède, le chapitre qui a trait aux bénéfices que le praticien réalise par la clientèle, trouve sa place naturelle.

Exposer les articles du Code qui viennent se placer entre le médecin et son client, faire voir pourquoi cette intervention est utile et nécessaire, les intérêts qu'elle sauvegarde, les abus, les fraudes que la législature a voulu empêcher, et les garanties qu'elle accorde au médecin contre l'ingratitude des clients, constituent les élémens essentiels de ce chapitre.

Je citerai pour mémoire que le montant de la note d'un médecin peut être contesté par le client et déféré au tribunal pour obtenir réduction. En semblable occurrence, la justice demande l'avis d'une corporation de médecins légalement constituée (commission médicale provinciale, académie de médecine, faculté de médecine, etc.), qui délivre un rapport d'estimation ayant force d'une opinion exprimée par des personnes compétentes et sans autre valeur que celle d'un simple avis. S'il y a lieu, le tribunal prononce librement sur la quotité de la réduction à faire subir à la demande.

Le premier article du Code civil qui a quelque rapport avec les honoraires des médecins est l'art. 909 :

Les docteurs en médecine et en chirurgie, les officiers de santé et les pharmaciens, qui auront traité une personne pendant la maladie dont elle meurt, ne pourront profiter des dispositions entre-vifs ou testamentaires qu'elle aurait faites en leur faveur pendant le cours de cette maladie.

Il y a là des difficultés de plus d'un genre; essayer de les lever toutes serait sortir des bornes d'un travail de cette nature. Je resterai dans les limites du possible en établissant d'après plusieurs auteurs de droit, les règles-principes auxquelles l'auteur d'une libéralité et le médecin qui en est l'objet doivent se conformer.

La profession de l'art de guérir est exercée, en général, par des hommes intègres et d'une généreuse abnégation, leur austère loyauté pâtit du soupçon que la loi élève au sujet d'une captation possible. A ces hommes aux sentiments délicats, les plaintes ne conviennent guère. Tant que les hommes seront soumis aux faiblesses humaines, il y aura des abus nécessitant les mesures préventives du Code. Ce simple considérant doit apaiser leurs scrupules.

Le paragraphe premier de l'article qui nous occupe,

énonce les catégories de personnes incapables ainsi que la règle qui leur défend de recevoir par disposition testamentaire ou par donation entre vifs.

En droit, la signification rigoureuse des mots est d'une importance majeure et emporte souvent la solution des controverses juridiques. Pour ce motif, nous verrons quelle extension il faut donner à la loi quand elle énumère les personnes incapables de recevoir de leur client malade une donation.

La prohibition s'applique-t-elle exclusivement aux personnes désignées, spécifiées dans l'article, ou faut-il consulter l'esprit et le but de la loi, et leur assimiler ceux qui se trouvent en état de pouvoir peser sur la volonté du malade?

Dalloz (*Rép. de lég.*) soutient que les incapacités ne se suppléent pas, et celles établies par le présent article, ne sauraient s'étendre à d'autres personnes qu'à celles qui y sont nominalement énumérées. Mais, ajoute l'auteur, si les garanties de savoir et de moralité que la loi exige des médecins et des pharmaciens ne les mettent pas à l'abri de la prohibition, à plus forte raison cette prohibition doit-elle s'appliquer aux empiriques, aux charlatans, à tous ceux, hommes ou femmes, qui exercent l'art de guérir sans titre légal. Ils ne sont pas désignés dans l'art. 909, mais l'usurpation du titre les soumet aux prohibitions portées contre ceux qui en sont légalement investis; c'est là une conséquence nécessaire. Cette doctrine, soutenue par la majorité des auteurs, se trouve confirmée par plusieurs arrêts.

L'auteur précité ne soumet pas les sages-femmes à la prohibition de recevoir, parce qu'il y trouve une opposition à ce principe : « Il n'est pas permis d'étendre les incapacités. »

La question ne souffre pas de doute pour les gardes-malades, leur influence sur le malade n'est pas comparable à celle du médecin ; dès lors, les défiances du législateur n'ont plus de raison d'être et la défense de recevoir disparaît pour elles.

Marcadé étend aussi la prohibition à ceux qui exercent l'art de guérir sans titres. S'il en était autrement, ces empiriques, aux moyens merveilleux et secrets, souvent d'une moralité équivoque, seraient plus favorablement traités par la loi que les docteurs titrés, que de longues et difficiles études et des sacrifices de fortune ont diplômés.

Ils ne sont pas médecins légalement, donc l'art. 909 ne les désigne pas ! La loi suspecte les relations qui s'établissent entre le malade et son médecin, elle craint que ces rapports fréquents, journaliers, rendus nécessaires par l'état de maladie, n'influencent trop puissamment la volonté affaiblie du client. La crainte s'élève donc contre le médecin de fait, et non contre l'homme diplômé ou titré. Le Code redoute, au nom de la société et des héritiers, les accointances de chaque instant entre un homme souffrant et son semblable qui vient calmer les maux physiques et relever les forces morales ! Or, les rapports entre l'empirique, le charlatan, l'histrion, le magnétiseur et le crédule qui lui accorde sa confiance, sont les mêmes que ceux du médecin avec son client ; son empire sur une personne, que le fait de l'avoir appelé à son secours désigne comme crédule, faible d'esprit et de caractère, sera absolu ; ce qui doit le faire écarter et le frapper d'incapacité de recevoir par testament ou par donation entre vifs.

Le même auteur assimile les sages-femmes diplômées et celles sans titres, qui traitent les femmes malades, aux chirurgiens et aux médecins. Elles sont incapables de recevoir, d'après l'art. 909, parce que les premiers sont, quant aux accouchements, de vrais officiers de santé ; les secondes se trouvent dans le cas des empiriques...

En résumé, quiconque traite une personne pendant la maladie dont elle meurt, est frappé d'incapacité et ne peut profiter des dispositions testamentaires ou entre-vifs faites pendant cette même maladie.

§ 2. Signification des mots : *traiter un malade, — maladie dont elle se meurt, — pendant le cours de cette maladie.*

Que faut-il entendre par traiter un malade ? D'après Marcadé, c'est donner un ensemble de soins continus. Le consultant, le pharmacien qui ne fait que vendre et délivrer les médicaments prescrits peuvent recevoir. Mais si les consultations devenaient fréquentes au point de regarder celui-là comme adjoint au premier médecin traitant, il devient incapable comme celui-ci.

Les expressions : *La maladie dont elle meurt..... Pendant le cours de cette maladie.....* donnent fréquemment lieu à de sérieuses difficultés. Les donations faites par un homme en pleine santé à son médecin sont valables, nonobstant les soins qu'il recevra dans une maladie dont il doit mourir ; celles faites pendant une maladie mortelle sont nulles, si elle se termine par la mort, et valables en cas de guérison. Dans cette dernière hypothèse, une maladie postérieure enlève le donateur ou le testateur sans porter aucun préjudice au donataire ou légataire qui lui donne les soins de médecin pendant cette maladie, parce que la libéralité lui a été faite pendant une première maladie dont il a guéri son bienfaiteur.

Dalloz ne trouve nul inconvénient dans les dispositions légales qui prononcent la validité du testament fait en faveur du médecin traitant, pendant la maladie dont le testateur guérit, parce que le testament est révocable; ne pas le révoquer après le retour à la santé, c'est reconnaître virtuellement qu'il contient l'expression de sa volonté libre et spontanée. Il critique la validité que la loi accorde aux donations entre vifs, faites au médecin traitant pendant le cours d'une maladie grave suivie de guérison. La loi annule ces donations lorsque le malade succombe, il eût été raisonnable que la loi les annulât quand le donateur est revenu à la santé. L'article 909 a voulu combattre l'influence du médecin sur un esprit affaibli par la maladie; cette action ne saurait être modifiée par le décès ou la guérison du malade.

La condition de nullité : « que la disposition soit faite pendant la maladie dans laquelle les soins ont été donnés, » est parfois d'une application difficile. Une guérison apparente, suivie d'une rechute à laquelle le malade succombe, ne saurait valider les dispositions faites dans la période d'amélioration. Comme les circonstances guident le juge, le secours des gens de l'art est nécessaire pour décider si le donateur portait le mal au moment de la donation; si la maladie qui a occasionné la mort est nouvelle, ou la simple continuation d'une affection ancienne et lente dans sa marche, la non-intervention des gens de l'art, pour apprécier les matières étrangères aux juges, ne peut être invoquée comme moyen de cassation contre un arrêt prononçant la nullité du legs.

Quelques cas particuliers ont été décidés par les tribunaux ; je crois utile de les rappporter : Marcadé cite un arrêt de Grenoble, confirmé en cassation le 9 avril 1835, qui déclare valable un legs fait par une testatrice portant, au moment de la donation, un petit bouton qui s'est converti en plaie cancéreuse plusieurs années après, ulcère dont mourut la patiente à un âge très-avancé (77 ans). L'affection, au moment de la rédaction du testament, ne démandait pas les soins d'un médecin, c'est là cependant le début réel du mal qui devait occasionner la mort ; le bouton était une simple indisposition ; la maladie commence avec les soins continus du médecin.

Un autre arrêt de la cour de cassation du 27 août 1822, décide : que l'état continuel de souffrance où se trouve un individu jusqu'au moment de sa mort, peut être considéré comme sa dernière maladie dans le sens de l'art. 909.

Un troisième arrêt, rendu en cassation le 12 janvier 1833, établit : que l'état souffrant et valétudinaire dans lequel un individu est resté jusqu'à sa mort, à la suite d'une fracture qui lui est arrivée dans un âge avancé, ne peut être regardé comme constituant dans le sens de l'art. 909, la maladie dont il est décédé, et qu'une mort de beaucoup postérieure à l'accident, arrivant à un âge avancé (82 ans), a pu être réputée l'effet unique de la vieillesse.

L'action des héritiers pour faire annuler un testament, ou révoquer les libéralités faites par un malade à son médecin, est une rescision dans la véritable acception du mot, c'est une action par laquelle on se fait restituer contre ou malgré la convention ou l'acte écrit ; elle est par conséquent soumise à la prescription de dix ans.

A côté de la règle prohibitive, l'art. 909 établit deux ex-

céptions : la première concerne les dispositions rémunératoires ; la seconde les dons aux médecins, parents du
malade.

§ 3. Dispositions rémunératoires en faveur du médecin.

La loi déclare les médecins habiles à recevoir des récom-
penses pour les soins prodigués à leurs malades et les services rendus à leurs clients, pourvu que ces dons rémunératoires soient en harmonie avec la fortune du donateur
et avec les peines que le donataire s'est données pour
secourir son client ; l'assiduité, la renommée du médecin
et la durée de la maladie feront décider ce dernier point.
Il n'est pas nécessaire, dit Marcadé, que le disposant ait
écrit que sa libéralité était rémunératoire, car ce n'est pas
la qualification de l'acte qu'il faut considérer, mais sa
nature et son but, choses faciles à reconnaître par les circonstances dans lesquelles la libéralité est faite. Ces dispositions rémunératoires, doivent être à titre particulier (1), à
titre singulier ; donc un legs universel, ou à titre universel (2), n'aura jamais le caractère d'un don rémunératoire

---

(1) *A titre particulier.* Dans ces actes, les biens sont spécialement
désignés ; le disposant désigne chaque objet qui fait partie de la libéralité.

(2) *Legs universel.* C'est la disposition testamentaire par laquelle le
testateur donne à une ou plusieurs personnes, l'universalité des biens
qu'il laissera à son décès (art. 1003 du Code civil). S'il y a plusieurs
légataires, ils reçoivent ces biens conjointement, chacun d'eux possède
le droit éventuel à l'universalité des biens ; car la part de chacun n'étant
pas assignée, il peut arriver à la possession de l'universalité des biens.
De sorte que, si tous les légataires d'un legs universel meurent à l'exception d'un seul, celui-ci recueillera la succession entière.

A titre universel. C'est le legs d'une quote-part des biens dont la loi et ne saurait être valable. Un legs d'une valeur excessive et disproportionnée avec l'avoir du défunt, sera valable tant qu'il porte le caractère d'une récompense; le tribunal peut le diminuer, le réduire aux proportions d'une juste et équitable libéralité, mais il ne saurait l'annuler.

Le 13 août 1844, la cour de cassation a jugé que lorsqu'on demande la nullité d'un legs fait par un malade à son médecin, pour cause d'incapacité du légataire, avec offre d'une somme qui doit tenir lieu d'un legs, le tribunal doit réduire le don rémunératoire s'il le juge excessif, mais ne peut l'annuler en condamnant l'héritier à payer la somme offerte, à titre d'honoraires (DALLOZ, *R. de lég.*); car allouer au médecin, à titre d'honoraires, la somme offerte par les héritiers en remplacement d'un legs, c'est vicier le sens des mots : don rémunératoire; les honoraires du médecin constituent envers la succession une dette civile, ils n'ont donc rien de rémunératoire dans le sens de la loi (ibid.).

Un arrêt du 10 décembre 1851 vient de décider, en France, que la remise d'une dette faite par testament à un médecin pour soins reçus, constitue un legs rémunératoire excepté de la prohibition.

Plusieurs auteurs, dit Dalloz, enseignent que le don rémunératoire étant l'équivalent du salaire, le médecin qui

---

lui (au testateur) permet de disposer, telle qu'une moitié, un tiers, ou tous ses immeubles, ou tout son mobilier, ou une quotité fixe de tous ses immeubles ou de tout son mobilier (art 1010 Code civil). Donc, dans les legs de cette nature, il y a assignation de parts; ces légataires ne reçoivent que les portions qui leur ont été spécialement attribuées par le testateur; aussi le décès d'un des légataires à titre universel n'accroît pas la part des co-légataires. Une quotité fixe de la succession ou toute une catégorie de biens peuvent faire l'objet d'un legs à titre universel.

accepterait, ne pourrait réclamer en outre des honoraires, à moins que la réserve ne lui en fût faite dans le testament. Le jurisconsulte que nous citons trouve cette doctrine conforme à la justice, dans le cas d'un don strictement rémunératoire; mais s'il s'agit d'une véritable libéralité, le legs fait au créancier n'est pas censé fait en compensation de sa créance.

§. 4. Dons au médecin parent ou époux du malade.

Une seconde exception est faite à la règle générale en faveur de la parenté. Plusieurs cas peuvent se présenter. En premier lieu, je pose l'hypothèse : que l'héritier défunt ne laisse pas d'héritiers en ligne directe. Selon Marcadé, il peut donner ou tester toute sa fortune à son médecin, parent jusqu'au quatrième degré inclusivement.

Le défunt laisse-t-il des héritiers en ligne directe? Le médecin ne peut recevoir par donation ou testament, que s'il est lui-même l'un des héritiers directs.

D'après une troisième hypothèse, il se présente à la succession une ligne d'héritiers directs et une ligne collatérale? Alors celui qui a donné les soins médicaux au défunt, ne saurait rien recevoir sur la part qui revient aux héritiers directs, mais sa parenté jusqu'au quatrième degré le rend habile à recevoir les dons qui lui sont faits, par disposition testamentaire, sur la part qui revient aux collatéraux ; chacune des parties de cette succession est soumise à des règles spéciales et particulières.

Il reste à résoudre cette question. La prohibition de l'art. 909 doit-elle s'étendre au médecin époux de la personne qui dispose de sa fortune, pendant la maladie à laquelle elle succombe?

Le but de la loi est d'annuler les effets de l'influence du médecin sur son client, mais, dans l'espèce, la qualité de médecin n'ajoute rien à l'empire qu'il exerce sur l'épouse en qualité de mari; les relations sont plus intimes, les rapports plus fréquents entre les deux conjoints, qu'entre le médecin et son client; donc l'époux doit couvrir le titre professionnel. Serait-il fort juste et très-moral d'obliger celui-ci à renoncer au testament de sa femme, ou à sacrifier ses affections les plus chères et ses plus tendres sentiments? La législation (art. 212 C. civ.), comme les préceptes moraux, obligent les époux à une assistance mutuelle et réciproque ; ce sont les devoirs les plus sacrés de l'hymen, et le Code, par une disposition contradictoire, briserait ce devoir! Il refuserait à l'époux survivant, ayant qualité de médecin, la récompense de sa tendresse, de son dévouement et de ses soins passionnés? Évidemment, semblable rigueur n'a pu entrer dans l'intention du législateur.

Mais si le mariage déguisait un calcul! Le médecin se marie à une cliente malade qui meurt de cette affection; la justice ne saurait trop flétrir ce trafic odieux, si le fait est constaté. S'il est prouvé que l'obtention de la fortune a seule guidé l'époux, il devient donataire ou légataire inhabile. Tout acte de cette nature doit être annulé parce que le mari se trouve sous la règle prohibitive.

Un mariage de l'espèce peut être le résultat d'un amour sincère; le médecin, illusionné sur l'état de la cliente qu'il aime, bercé d'un espoir trompeur, a la conviction qu'elle se rétablira et l'épouse; dès lors cette conduite n'offre rien de répréhensible, et les jurisconsultes assimilent ce mariage à celui qu'on contracte avant la maladie de la femme ; toute prohibition et toute entrave disparaissent dès ce moment.

DEUXIÈME PARTIE.

DES PRIVILÉGES ACCORDÉS AUX CRÉANCES DU MÉDECIN.

Le droit de préférence accordé aux créances du médecin n'est pas une libéralité que le législateur a voulu faire à la qualité personnelle du médecin ou à ceux que leur profession appelle à contribuer au soulagement du malade ; des motifs plus sérieux d'humanité sont la raison d'être de la faveur que la loi accorde à ces créances. La personne malade insolvable ou d'une solvabilité douteuse se verrait abandonnée par le médecin et les gens de service. Les gardes-malades, tous ceux qu'elle appelle à l'assister, à lui donner les soins que son état exige, et surtout ceux dont le salaire journalier est la seule ressource, ne se retireront-ils pas de son service, s'ils ne peuvent être payés? Puis cet isolement pénible, ce cruel abandon dans les moments de souffrance viendront lui navrer l'âme et réagir défavorablement sur le moral aux prises avec la maladie, ajoutant ainsi les tortures morales aux maux physiques, aux douleurs corporelles. Par un acte de pitié envers le malade, le législateur accorde une garantie exceptionnelle aux créances de ceux qui lui donneront aide et assistance. Les frais de la dernière maladie non privilégiés dans la loi romaine, l'étaient dans le droit ancien, comme elles le sont dans la législation moderne par l'article 2101 du code civil.

Législation française.

Art. 2101 C. civ. Les créances privilégiées sur la généralité des meubles, sont celles ci-après exprimées, et s'exercent dans l'ordre suivant :

1° Les frais de justice; 2° les frais funéraires; 3° les frais quelconques de la dernière maladie, concurremment entre ceux à qui ils sont dus; 4° les salaires de gens de service, pour l'année échue et ce qui est dû sur l'année courante; 5° les fournitures de subsistances faites au débiteur et à sa famille, etc.

Parmi les frais de la dernière maladie se trouvent les honoraires du médecin, qui jouissent selon le code d'un privilége sur les meubles et subsidiairement sur les immeubles (1). Ces dispositions donnent lieu à quelques contro-

---

(1) Art. 2104 C. civ. Les priviléges qui s'étendent sur les meubles et les immeubles sont ceux énoncés en l'art. 2101.

Art. 2105 C. civ. Lorsqu'à défaut de mobilier les privilégiés énoncés en l'article précédent se présentent pour être payés sur le prix d'un immeuble en concurrence avec les créanciers privilégiés sur l'immeuble, les payements se font dans l'ordre qui suit :

1° Les frais de justice et autres énoncés en l'article 2101.

2° Les créances désignées en l'art. 2103.

Les frais quelconques de la dernière maladie rentrent avec tous ceux de l'article 2101 dans les priviléges généraux sur les meubles, pouvant se recouvrer sur les immeubles mais d'une manière subsidiaire, c'est-à-dire quand la valeur du mobilier est épuisée ou à défaut de mobilier. Bruxelles, 21 août 1810.

En conséquence de ces principes il a été jugé : 1° Que le privilége des frais de justice, de fournitures de subsistance, peut être exercé même contre les créanciers hypothécaires sur le prix des immeubles. Paris, 28 janvier 1812.

2° Que les créanciers privilégiés sur les meubles et les immeubles ne peuvent être payés sur les prix de ces derniers qu'après avoir arrêté le prix des meubles. « Ils ne doivent être colloqués sur le prix des immeubles, qu'après avoir discuté les meubles. » Amiens, 24 avril 1822.

3° Que les priviléges qui s'étendent sur les meubles et les immeubles peuvent être placés conditionnellement sur le prix des immeu-

verses sérieuses sur les questions de savoir : 1° Si le décès
seul crée le privilége, ou si celui-ci existe également en cas
de *faillite* ou de *déconfiture*. Si tous les frais de la dernière maladie à quelque époque qu'ils remontent, sont
privilégiés.

Ces difficultés recevaient une solution dans les différents
projets de réforme de la loi hypothécaire, soumis aux chambres législatives, le dernier en date allait subir l'épreuve
finale de la délibération, quand le 1er juin 1851 la discussion en fut ajournée; depuis lors elle n'a pas été reprise.
La règle en France pour ce qui concerne les honoraires du
médecin reste donc l'art. 2101 du code Napoléon.

Nous avons dit que la première difficulté est de savoir si
le malade doit être décédé pour privilégier les honoraires
du médecin?

Quelques jurisconsultes se prononcent pour l'affirmative,
et soutiennent que la mort seule engendre le privilége.
Bradeau motive cette opinion. « A l'égard des malades
guéris, l'apothicaire faisant crédit au débiteur suit sa foi,
rentre dans le droit commun, et renonce facilement à son

---

bles, si le prix des meubles non encore vendus paraît devoir être
insuffisant. Agen, 28 août 1834.

Toutefois le créancier qui jouit d'un privilége sur la généralité des
meubles et des immeubles, et qui néglige de se présenter à la distribution du prix du mobilier, n'est plus en droit de faire valoir son privilége sur les immeubles, il ne jouit plus d'aucune préférence vis-à-vis
des créanciers hypothécaires, ceux-ci ne doivent nullement subir les
conséquences d'une semblable négligence. Il a été jugé dans ce sens :
Que l'administration du domaine qui a négligé de se faire payer sur le
prix du mobilier des frais dont la condamnation avait été prononcée
à son profit, n'est plus recevable à se faire colloquer par privilége et
de préférence aux autres créanciers hypothécaires, sur le prix des
immeubles, vendus postérieurement à la distribution du prix du
mobilier. 22 août 1836.

privilége..... mais la personne morte ne peut avoir soin d'une dette si charitable et si favorable; la loi y emploie son office et donne un privilége. » Troplong soutient les mêmes principes. « L'humanité s'oppose à ce qu'on vienne augmenter les angoisses du moribond par des réclamations pécuniaires; au contraire, lorsque la convalescence approche ou est arrivée, rien ne s'oppose à ce que ceux qui ont donné assistance au malade exigent ce qui leur est dû. » L'auteur raisonne ici dans l'hypothèse que le malade succombe ou guérisse sans qu'il survienne pour le médecin la nécessité de réclamer le bénéfice de l'art. 2101. Nous verrons plus loin son opinion en cas de faillite ou de déconfiture du malade.

Grenier dit aussi (Hypoth. 1 et 2) : « Je pense que, d'après l'esprit de cet article 2101, le privilége ne doit avoir lieu que pour les frais de la maladie dont le débiteur est décédé. »

Pour compléter l'étude de la question je citerai, en faveur de l'opinion négative, quelques auteurs dont le nom jouit de toute l'autorité que leur brillant talent commande. J'ajouterai les arguments qu'ils font valoir pour soutenir leur thèse. Troplong, supposant un débiteur malade déclaré en faillite, maintient le privilége des honoraires du médecin, mais pour autant : « que la maladie durerait encore dans toute sa gravité au moment de la faillite. Car si le malade eût été guéri à cette époque, ou en convalescence, on devrait imputer aux créanciers pour frais d'assistance de ne s'être pas fait payer. » Dans une note ajoutée à l'ouvrage de droit civil de Troplong, l'éditeur belge se prononce pour le maintien du privilége : « En cas de faillite, dit-il, le privilége aura lieu pour les frais de la dernière maladie

dont a été atteint le failli, soit que la maladie dure encore
où qu'elle ait cessé. » Nous nous faisons un devoir de reproduire l'argumentation solide qu'il apporte à l'appui de son
opinion : « Les privilèges que les n°s 4 et 5 de l'art. 2101
établissent, ne se bornent pas aux cas de mort. Un débiteur
en liquidation, ses créanciers sont en droit de faire valoir
leurs privilèges, conformément à l'article 502 du Code de
commerce. Pourquoi n'en serait-il pas de même du n° 3?
A ne consulter que le numéro d'ordre, le privilège du
médecin est placé après les frais funéraires, mais est-il
rationnel d'en déduire qu'il n'y a privilège qu'en cas de
décès? Le législateur prévoyant le cas d'insuffisance de
l'actif du défunt ou du failli, établit parmi les créanciers
privilégiés, une classification d'après laquelle on paiera
jusqu'à épuisement des fonds, mais elle n'a aucune autre
portée. Si la guérison détruit les dispositions de l'art. 2101
pour la catégorie des personnes du troisième alinéa, elle
doit avoir la même conséquence pour tous les créanciers;
or, il n'en est pas ainsi, les auteurs qui ont écrit sur le droit
civil dénient que le retour à la santé puisse détruire le privilège des créances des n°s 4 et 5, d'où il faut tirer cette
conclusion logique et rigoureuse, que la guérison n'enlève
pas le privilège aux honoraires des médecins. »
Trébuchet soutient également le privilège en faveur de la
créance du médecin, en cas de guérison; puisque le législateur a voulu reconnaître un droit qui dérive de la nature
et de la qualité de la créance, le privilège fondé sur la
justice et l'équité met celui qui le possède en dehors des
autres créanciers. Le médecin qui laisserait périr son
client failli serait mieux traité que celui qui le guérirait,
puisque celui-là aurait une créance privilégiée et que

celui-ci perdrait par la cure les honoraires qui lui sont dus.

Dalloz émet une opinion favorable au privilége même en cas de faillite ou de déconfiture. Le moindre soupçon de fraude peut-il s'élever, dit-il, si le débiteur est encore malade ou s'il entre à peine en convalescence? les fraudes ne sont pas à craindre, il résulte de l'art. 2272 C. civ. que l'action des médecins, chirurgiens et apothicaires se prescrit par un an, c'est donc pour une maladie qui aura eu lieu depuis moins d'un an, et dont la gravité et la longue durée sont constatées d'une manière suffisante que le privilége sera réclamé; enfin, les juges ne peuvent-ils pas rejeter les frais trop considérables? Quel motif pourrait-on alléguer dans ce cas, pour refuser aux frais de la dernière maladie le bénéfice du privilége?

Jurisprudence française. — Il n'existe qu'un seul jugement qui refuse aux médecins le privilége pour leurs honoraires de dernière maladie, s'il ne s'agit pas de la maladie dont le débiteur est décédé. (Trib. de comm. de la Seine, 28 janvier 1834.)

La seconde controverse est soulevée par la question de savoir si une maladie chronique d'une durée de plusieurs années qui enlève le malade, donne privilége aux frais qui en résultent?

Duranton et Troplong se prononcent pour l'affirmative.

Une seconde opinion voulant mettre l'article 2101 en rapport avec l'article 2272, limite le privilége des frais de dernière maladie à un an, quelque durée qu'ait eu le traitement.

Législation belge. Loi sur le régime hypothécaire.

Art. 19. Les créances privilégiées sur la généralité des

meubles sont celles ci-après exprimées, et s'exercent dans l'ordre suivant :

1° Les frais de justice faits dans l'intérêt commun des créanciers ;

2° Les frais funéraires en rapport avec la condition et la fortune du défunt ;

3° Les frais de dernière maladie, pendant un an.

Les époques indiquées aux trois paragraphes précédents sont celles qui précèdent la mort, le dessaisissement ou la saisie du mobilier.

Lorsque la valeur des immeubles n'a pas été absorbée par les créances privilégiées ou hypothécaires, la portion du prix qui reste due est affectée de préférence au payement des créances énoncées au présent article.

Cet article modifie profondément celui du code (2101) ; les priviléges des frais de justice sont limités à ceux qui sont faits dans l'intérêt commun des créanciers ; les frais funéraires et ceux de dernière maladie n'ont plus qu'un privilége sur les meubles, de manière que ces créances, à défaut de meubles ou en cas d'insuffisance de meubles, ne peuvent se recouvrer sur la valeur des immeubles, si non quand cette dernière n'a pas été épuisée par les créanciers hypothécaires ou privilégiés ; dans ce cas seulement, les dépenses de la dernière maladie sont payées avant les créanciers chirographaires (qui n'ont ni privilége ni hypothèque) sur le restant des valeurs immobilières.

L'époque à laquelle les frais de dernière maladie peuvent remonter pour jouir du privilége, est également déterminée dans la loi belge ; elle est limitée à un an. La dernière maladie du débiteur peut être une affection chronique une maladie de langueur à laquelle il succombe après plusieurs années de souffrances, les frais médicaux de la *dernière année sont seuls* privilégiés et non ceux qui ont été faits pendant toute la durée de la maladie, donc à une époque plus éloignée d'un an du décès ou de la faillite.

Enfin, la loi nouvelle a résolu celle des questions qui était la plus controversée; la *dernière maladie* n'est pas celle dont le débiteur est décédé, mais bien celle qui précède l'événement qui donne lieu au partage des valeurs mobilières entre créanciers. L'expression dernière maladie signifie celle qui précède d'un an le décès, la déconfiture ou la faillite. Un médecin, dit M. Lelièvre, rapporteur, qui a donné ses soins à un malade, en comptant sur une juste rémunération, ne doit pas être privé d'une créance sacrée, parce qu'avant l'époque à laquelle d'ordinaire se paient les dettes de cette nature, le débiteur est tombé en faillite ou en déconfiture. (Ann. parlem. 1850.)

TROISIÈME PARTIE.

DE LA PRESCRIPTION ET DE LA COMPENSATION.

La prescription est la déchéance que la loi prononce contre un créancier, pour n'avoir pas exigé le paiement en déans le temps fixé par le Code. Cependant il paraîtrait que ce qui est juste ne peut subir l'influence du temps ni changer de nature; ce qui est moralement déclaré un droit équitable, est immuable de son essence; comment la loi positive peut-elle détruire ce caractère et empêcher une créance, qui est un droit incontestable, de perdurer? Les années ne modifient point ce droit, mais la loi a pris pour base de la prescription non-seulement le temps, mais encore la présomption que celui qui néglige de faire acquitter sa créance endéans le temps fixé, renonce à sa propriété.

La prescription d'une dette telle que les honoraires du médecin (la seule qui doive nous occuper), trouve sa raison d'être dans l'intérêt public qui exige qu'il y ait un terme au delà duquel la possession et la jouissance d'un bien soient établies et incontestables. L'utilité publique commande ces mesures de sécurité pour les propriétés.

Pour nous médecins, les paiements se font d'ordinaire annuellement; quand la maladie dure des années on présente un compte partiel. Troplong croit la prescription annale qui frappe ces créances, basée sur une présomption de paiement. Créée pour éteindre des actions, dit-il, qui ne sont basées sur aucun titre écrit, on a pensé que là où les conventions étaient verbales, et où le paiement se faisait d'habitude de la main à la main et sans retard, c'était se conformer à la marche ordinaire des choses que de supposer que l'obligation avait été acquittée après un certain temps; on a donc admis une prescription de paiement qui sort du droit commun.

La prescription annale s'étend aux honoraires des médecins et pharmaciens, mais où faut-il placer son commencement?

Troplong, rejetant un arrêt de la cour de cassation du 29 octobre 1810, fait commencer la prescription un an après que le décès ou la guérison du malade est venu mettre un terme aux soins et visites du médecin. La créance d'un médecin, dit-il, n'est pas composée d'autant de créances séparées qu'il a fait de visites, ou de pansements; *ce n'est qu'une seule et même créance qui n'a été consommée que lorsque la maladie a pris fin par mort ou guérison.* Ainsi la prescription ne court que dès le jour de la mort du malade, ou dès l'instant que le médecin ou le chirurgien a été congédié; un grand nombre d'arrêts confirment cette doctrine. S'il y a eu assistance pour différentes maladies, il y aura prescription pour les notes des soins et visites qui ont plus d'une année de date. Quant aux pharmaciens, l'auteur pense qu'il y a autant de créances diverses que de fournitures différentes.

Le médecin créancier ne perd pas toute action contre son débiteur par la prescription, il lui reste toujours la ressource de réclamer judiciairement ses honoraires; il défère le serment à ceux qui se prévalent de la prescription; si le débiteur affirme par serment que le médecin a été payé ou qu'il ne lui doit rien, celui-ci perd toute action contre ce débiteur, dont la conscience ne recule pas même devant un faux serment.

La prescription cesse si la dette est avérée et constatée par un compte arrêté, une reconnaissance de la dette par acte sous-seing privé ou par acte notarié, ou même encore par citation en justice non périmée.

Le médecin qui ne possède aucun titre qui prouve la dette, le client étant décédé, peut poursuivre les héritiers en paiement devant les tribunaux; si la mauvaise foi les pousse à nier la somme due, ou s'ils croient qu'elle a été payée, il possède encore la ressource de déférer le serment.

La créance d'un médecin, pour le paiement de ses visites, est-elle liquide, susceptible d'être opposée en compensation, encore qu'elle soit assujettie aux règlements d'experts, si d'ailleurs elle n'est pas contestée au fond?

Cette question a été résolue affirmativement par la cour

de cassation de France; ainsi les dispositions de l'art. 1289 du Code civil : lorsque deux personnes se trouvent débitrices l'une envers l'autre, il s'opère entre elles une compensation qui éteint les deux dettes, de la manière et dans les cas ci-après exprimés; et celles de l'article 1291 : la compensation n'a lieu qu'entre deux dettes qui ont également pour objet une somme d'argent ou une certaine quantité de choses fongibles de la même espèce, et qui sont également liquides et exigibles; — ces dispositions, dis-je, sont applicables aux honoraires du médecin, qui constituent une véritable dette liquide, c'est-à-dire qu'il est patent qu'elle est due et que la quotité en est déterminée, malgré qu'elle puisse être soumise à un jury médical pour statuer sur le montant, et que le tribunal puisse l'augmenter ou la diminuer. Il n'en serait pas ainsi si les débiteurs niaient la créance, car une des conditions essentielles, c'est qu'elle soit incontestablement due, pour pouvoir être opposée en compensation. Cette compensation s'opère de plein droit par la seule force de la loi, même à l'insu des débiteurs, dit l'arrêt de la cour.

Les conventions verbales ou écrites, faites entre le médecin et son client, de payer telle somme en cas de guérison, sont comme non existantes, entachées d'une violence morale qui vicie le consentement et annule le contrat; et certes les tribunaux ne les admettraient pas. L'on applique aux obligations contractées par un malade, envers son médecin, les dispositions de l'art. 1109 du Code civil (1) qui n'admet

---

(1) Art. 1109 du Code civil. Il n'y a pas de consentement valable, si le consentement n'a été donné que par erreur, ou s'il a été extorqué par violence ou surpris par dol.

la validité d'un contrat ou d'une convention, si la partie qui s'oblige n'y donne un consentement valable. Ce dernier caractère n'existe pas aux yeux de la loi, dans les conventions entre le médecin et son malade (1); elles semblent être le produit d'un esprit affaibli, incapable de peser la portée de ses promesses, ou l'effet d'un espoir d'être mieux traité. Si le médecin lui-même exige l'obligation, le malade redoutera l'abandon ou les soins insouciants et insuffisants; il y a donc violence morale, dans l'une comme dans l'autre de ces hypothèses. Ces conventions n'étant pas nulles de plein droit, il faut se conformer aux prescriptions de l'article 1117 (2), et bien se rappeler qué l'action en nullité ou en rescision se prescrit par dix ans.

Dalloz admet les conventions de cette nature comme valables, s'il est constaté par les faits de la cause que le médecin n'a exercé aucune influence blâmable sur son client, et que celui-ci a spontanément offert une somme fixe, pour le récompenser de ses soins, en cas de guérison.

Coffinières, moins absolu, laisse aux tribunaux la pleine liberté d'appréciation, pour juger la validité de la convention et le taux de la somme, celle-ci pouvant être réduite par les juges.

---

(1) Art. 1112 du Code civil. Il y a violence, lorsqu'elle est de nature à faire impression sur une personne raisonnable, et qu'elle peut lui inspirer la crainte d'exposer sa personne ou sa fortune à un mal considérable et présent.

On a égard, en cette matière, à l'âge, au sexe et à la condition des personnes.

(2) Art. 1117 du Code civil. La convention contractée par erreur, violence ou dol, n'est point nulle de plein droit; elle donne seulement lieu à une action en nullité ou en rescision, dans les cas et de la manière expliqués à la section VII, etc.

Le tribunal de Senlis a décidé, par son jugement du 30 juin 1853, « qu'une telle convention (dans l'espèce, de donner 10,000 francs à son médecin en cas de guérison), intervenue librement entre les parties, n'est pas contraire aux lois. »

La convention de donner à une personne ses soins comme médecin, n'importe dans quel pays elle se rende, constitue un contrat valable. *(Ibid.)*

Par contre, le contrat qu'un médecin passe avec un confrère et qui a pour objet la vente de sa clientèle, n'est pas valable, parce qu'une clientèle n'a d'autre consistance que le choix libre des parties et la confiance publique, et ne constitue pas du tout un objet qui se trouve dans le commerce. Toutes les conditions accessoires d'une vente semblable subissent le sort de la stipulation fondamentale et sont par conséquent nulles.

Je crois avoir rencontré dans cette courte analyse, toutes les dispositions légales qui touchent les intérêts professionnels. Ces questions forment la matière d'une dissertation juridique plutôt qu'un thème de la compétence du médecin; mais les problèmes qui y sont le sujet de nos méditations se lient si intimement aux intérêts majeurs de notre profession, qu'en les exposant nous avons cru être utile au corps médical.

CHAPITRE V.

1re PARTIE, RESPONSABILITÉ MÉDICALE. — 2e PARTIE, SECRET MÉDICAL. — 3e PARTIE, DÉCLARATION DE NAISSANCE.

Les sciences médicales rendent d'éminents services à la justice et à l'administration, tout ce traité est une preuve constante de cette vérité; la médecine politique n'intervient-elle pas pour une large part dans l'administration des états, par les données qu'elle fournit sur les questions d'hygiène publique, de police médicale et de médecine judiciaire? En vertu du rôle important dévolu à cette partie des connaissances humaines, ceux qui les possèdent, porteraient préjudice à la société, s'ils abusaient d'un dépôt qui ne leur est confié que pour le bien-être général. Les garanties que chacun doit trouver contre ces coupables abus, expliquent assez qu'il doit exister de nombreux points de contact entre la profession de médecin et les lois qui nous régissent. Ce fait d'ailleurs suffisamment établi, ressort spécialement des trois parties de ce chapitre, 1° Responsabilité médicale, 2° Secret médical, 3° Déclaration de naissance.

PREMIÈRE PARTIE.

RESPONSABILITÉ MÉDICALE.

Sommaire : Responsabilité professionnelle. — Différences entre les responsabilités pénale et civile. — Responsabilité pénale. — Responsabilité civile.

La matière de ce chapitre est du domaine du droit bien plus que de celui de la médecine légale, dont elle est presque complètement séparée; son importance majeure ne nous permet pas de suivre l'exemple de plusieurs auteurs qui la passent sous silence, par le motif probable que ces choses n'intéressent que le juge et le législateur. J'estime que l'homme de l'art a tout intérêt à en prendre connaissance pour y trouver un guide sûr de sa conduite et pour avoir une connaissance exacte des obligations de sa profession.

L'examen de la question doit se faire au triple point de vue, des lois sur l'art de guérir, du code pénal et du code civil; la nature des choses divise la matière en trois parties distinctes que je désigne par les mots : responsabilité professionnelle, pénale et civile.

*

§ I. Responsabilité professionnelle.

L'art de guérir est réglé en Belgique par la loi du 12 mars 1818 et par les instructions et les arrêtés royaux subséquents; je renvoie le lecteur à la partie de l'ouvrage où j'exposerai le code complet des lois organiques de notre profession; je dois en agir ainsi pour lui éviter les ennuis des répétitions.

§ II. Différences entre les responsabilités pénale et civile.

L'action publique est entièrement distincte de l'action civile, chacune d'elles a une existence indépendante et des règles propres. Elles sont intentées par des personnes distinctes et dans un intérêt différent. Les responsabilités pénale et civile sont d'une nature diverse, elles peuvent coexister mais elles naissent de deux principes qui ne permettent point de les confondre; la première résulte d'une infraction aux lois répressives, la seconde d'une action nuisible aux intérêts d'autrui. J'expose sous forme de notions préliminaires leurs caractères différentiels, saillants, tels qu'on les trouve dans le *Répertoire de législation*, à l'article instruction criminelle (Dalloz).

D'abord, il faut un fait défendu et réprimé par la loi pénale, pour qu'il y ait lieu à l'action publique (instr.

cr. 364); un fait immoral non défendu n'est susceptible d'aucune poursuite, tandis que toute contravention à une prescription pénale peut donner lieu à une action publique contre son *auteur*.

La responsabilité des crimes et délits étant exclusivement personnelle, la poursuite doit être dirigée contre leur auteur, tandis qu'au civil l'action peut être dirigée tant contre l'auteur et ses représentants ou ses complices (instr. crim. 2, c. pén. 60) que contre les personnes que l'article 1384 c. civ. rend civilement responsables; d'où il suit que le décès qui anéantit toute poursuite criminelle n'éteint pas l'action civile, seulement celle-ci n'est plus recevable que devant les tribunaux civils, ceux de répression ne connaissent qu'accessoirement d'une demande en dommages-intérêts, et dans le cas supposé, l'action principale a disparu.

Le crime ou le délit commis peut en même temps donner lieu à une responsabilité civile qui s'exerce alors accessoirement à l'action publique devant les juges de celle-ci; ils ne peuvent connaître d'une demande en idemnité que pour autant qu'elle résulte d'un fait puni par la loi, encore faut-il que le dommage soit le résultat *direct* d'un délit, il ne suffit pas qu'il ait été souffert à l'*occasion* de ce fait.... « les tribunaux de répression ne sont compétents pour connaître de la réparation civile d'un dommage qu'autant que le fait d'où il résulte constitue par lui-même un crime, un délit ou une contravention. » (Cassation 30 juillet 1829, Paris.)

Les infractions aux lois pénales se poursuivent à la diligence du ministère public, mais le plaignant ne saurait mettre celui-ci dans la nécessité d'agir, il n'est pas obligé de poursuivre d'office sur toutes les plaintes et dénonciations. Agissant exclusivement dans l'intérêt de la société il poursuit d'ordinaire spontanément, il ne doit attendre ni la plainte ni la dénonciation des intéressés, et la renonciation de la partie civile ne peut arrêter son action, sinon pour certains délits spécifiés par le code et pour lesquels une plainte préalable est nécessaire; ces précautions sont prises parce qu'il n'y a plus d'avantage pour l'ordre social à les laisser impunis qu'à vouloir les poursuivre dans l'absence de toute plainte. La thèse change quand le plaignant se constitue partie civile, elle donne lieu à une controverse dans laquelle MM. Hélie et Dalloz soutiennent contrairement à l'opinion de Mangin, que le ministère public ne possède plus la faculté de ne pas poursuivre, attendu que la partie civile prend une part active au procès à ses risques et périls, elle prend des engagements et assume une responsabilité tels qu'il est raisonnable de considérer sa plainte comme n'étant pas dénuée de fondement et qu'il est juste dès lors de la soumettre à l'examen du juge. D'ailleurs, l'action civile pouvant être intentée accessoirement à l'action publique devant la juridiction criminelle (instr. cr. 3), il est rationnel d'en conclure que la partie civile a le droit de saisir cette juridiction de sa demande.

Dans toutes ces hypothèses, le juge, bien qu'il ait été pris des conclusions en dommages-intérêts par la partie civile et qu'il punisse le prévenu comme auteur du fait à raison duquel il a été conclu, n'est pas dans la nécessité d'allouer des dommages-intérêts, les deux actions restent entièrement séparées et soumises à la libre appréciation du tribunal ou de la cour; il appartient même aux juges saisis de l'action publique d'apprécier si une personne qui veut se porter partie civile, en tant que lésée par le fait poursuivi, a ou non un intérêt qui rend son intervention recevable.

La plainte et la dénonciation peuvent être faites par tout le monde, même par une personne étrangère aux faits accomplis, tandis que pour être admis à se porter partie civile, une condition première est de posséder l'exercice de ses droits, par conséquent, la capacité d'ester en justice ; une seconde est d'avoir été lésé par un fait punissable, qui a causé un dommage *personnel* dont on vient demander la réparation ; jamais elle ne peut être exercée par le ministère public ; quiconque n'a pas été particulièrement lésé n'est pas dans les conditions voulues pour se porter partie civile (instr. crim. art. 1 et 63). Merlin dit à ce sujet « pour être admis à rendre plainte il faut un intérêt direct à constater le délit et à en poursuivre la réparation civile à laquelle il faut avoir un droit formé, un droit actuel.... » L'action civile doit être fondée par un préjudice sérieux et appréciable, non dans ses affections, ses goûts ou ses habitudes, mais sur un dommage éprouvé par le plaignant dans sa personne, son honneur ou ses biens. Une lésion *morale* résultant d'un crime ou délit, peut encore y donner lieu ; il y a autant d'intérêt à réparer l'atteinte portée à la réputation qu'à obtenir l'indemnité d'un dommage matériel.

Il est dit plus haut que le code exige une lésion personnelle pour être apte à demander civilement une réparation, d'où nous devons inférer que personne n'est recevable à exercer l'action civile en son nom et comme un droit propre, en réparation d'un dommage causé à un parent, un pupille ou à une personne sous sa dépendance, il ne le pourrait que s'il est en droit d'exercer les actions de la partie lésée, ou s'il souffre un dommage personnel résultant d'un crime ou délit commis envers une tierce personne. Cependant M. Hélie accorde le droit de se porter partie civile, pour le dommage causé par le décès d'une personne tuée par imprudence ou crime : A la veuve, au mari et aux enfants qui sont préférés et peuvent agir concurremment ; ensuite, et à défaut des enfants aux ascendants et aux frères et sœurs. Les plus diligents sont préférés..... le juge n'a pas la faculté d'opter entre plusieurs parties, il ne peut qu'apprécier leur intérêt à l'action et rejeter celles qui n'en ont aucun. Dalloz combat cette opinion ; un préjudice matériel ou moral et non pas une lésion d'affection, peut seul donner lieu à l'action civile ; dont les parents qui n'invoquent que la parenté pour intervenir dans les procès criminels ne sont pas recevables ; s'ils ont subi un dommage réel, tous sont recevables simultanément dans la mesure de leur intérêt et sans distinction du degré de parenté.

Un arrêt reconnaît au père la faculté de demander des dommages-intérêts comme l'auteur volontaire ou involontaire de la mort de son fils, même quand celui-ci a été renvoyé de l'accusation : attendu, dit la cour, que, l'action civile étant indépendante de l'action publique, il est resté (l'inculpé renvoyé par le jury) soumis à l'effet de la première encore qu'il ait été acquitté sur la seconde. (Colmar, 3 mars 1810.)

A la suite de ces prolégomènes indispensables à l'entente de ce qui doit suivre, je vais examiner chacune de ces responsabilités chez les personnes qui exercent les différentes branches de l'art de guérir.

§ III. Responsabilité pénale.

L'homme de l'art peut-il encourir une responsabilité pénale à l'occasion de l'exercice de sa profession?

Art. 319. Quiconque, par maladresse, imprudence, inattention, négligence ou inobservation des règlements, aura commis involontairement un homicide, ou en aura involontairement été la cause, sera puni d'un emprisonnement de trois mois à deux ans, et d'une amende de cinquante francs à six cents francs.

Art. 320. S'il n'est résulté du défaut d'adresse ou de précaution que des blessures ou coups, l'emprisonnement sera de six jours à deux mois, et l'amende sera de seize francs à cent francs.

Un principe d'éternelle équité domine toute la matière, c'est que dans une société civilisée personne ni aucune profession ne jouit de l'irresponsabilité devant la justice, ce privilège serait la source d'abus criants, comme il serait l'excuse des crimes et délits commis par une caste privilégiée; ce serait assurer l'impunité à quelques uns au détriment de la généralité et du bien-être social. Il est nécessaire de ne pas perdre de vue ce principe de droit naturel pour rester dans les limites du vrai, et de se servir de ce flambeau pour nous éclairer dans l'examen des questions difficiles et controversées qui forment la matière de ce chapitre. Toute la difficulté se concentre sur cette question : quels sont les faits qui donnent lieu à une responsabilité pénale?

La responsabilité pénale de l'homme de l'art ne se trouve dans aucun texte de loi d'une manière explicite, elle ne peut s'établir que par induction et d'après les principes généraux des articles 319 et 320. Or, ces articles réputent punissables : l'homicide involontaire, ou celui qui en est

7

la cause involontaire, en second lieu, les coups et blessures ; donc, le préjudice de toute autre nature n'entraîne aucune responsabilité à charge de son auteur. L'extension de la pénalité restreinte quant au nombre des fautes, l'est encore par les conditions exigées pour que l'acte puisse donner lieu à une poursuite correctionnelle ; la loi exige qu'il y ait eu *maladresse, imprudence, inattention, négligence* ou *inobservation des règlements,* en un mot, une condition légale essentielle de culpabilité c'est que l'auteur du mal ait *pu l'éviter*, car l'imputabilité d'une omission quand il n'était point dans le pouvoir de la personne d'exécuter la chose, serait contraire à la justice morale.

Il sera établi plus bas que la doctrine ou le système médical, le choix du mode opératoire, ne peuvent être le sujet d'un procès civil ou correctionnel, le lecteur trouvera ces détails au paragraphe suivant, je dois y renvoyer pour n'avoir pas de redites ; ceci est d'autant plus rationnel, que la responsabilité pénale et civile du médecin sont intimement unies, résultent d'une même faute et sont presque toujours inséparables ; ici l'auteur du délit est toujours personnellement en cause. Il serait ridicule, dit Trébuchet, de scinder ainsi la responsabilité du médecin ; si on rejette l'application de la peine, c'est qu'on reconnaît qu'il a été animé par de bonnes intentions et qu'il n'a eu en vue que le salut de son malade ; comment pourrait-on reconnaître à celui-ci ou à sa famille, le droit de le poursuivre ? Vous abandonnez l'action criminelle parce qu'il n'y a point eu de délit de la part du médecin, et vous demandez contre lui l'application d'articles qui commencent un chapitre intitulé : *des délits et quasi délits,* vous voilà donc, en contradiction, car votre raison se refuse à considérer comme délits et quasi délits, l'opération ou le traitement à l'occasion duquel le médecin sera actionné. Si on admet la responsabilité, les deux actions doivent marcher de front; car si vous allouez des dommages, il faut reconnaître qu'il y a eu négligence etc., de la part du médecin, et il vous sera impossible, de distraire ces faits de l'application des art. 319 et 320 du Code pénal.

La loi n'a pas défini, elle n'a pu définir ce qu'elle entendait par maladresse, imprudence, négligence, inobservation des règlements, inattention; il appartient exclusivement aux tribunaux, d'apprécier souverainement les faits et les circonstances d'où l'on veut faire résulter un acte donnant lieu à une condamnation correctionnelle ou civile; le jugement doit constater la faute et y reconnaître les circonstances énumérées par l'art. 319 ou au moins l'une d'elles, parce qu'elles seules peuvent constituer un délit. Chauveau et Hélie (th. du Code pénal) voulant préciser la valeur des termes de l'art. 319 donnent l'interprétation suivante :

La *Maladresse* embrasse deux classes de faits : les maladresses purement matérielles, et les autres dues à l'impéritie ou à l'ignorance de l'agent. « Il faut mettre au nombre des dommages causés par des fautes, ceux qui arrivent par l'ignorance des choses que l'on *doit savoir* » (Domat.) Cette règle s'applique aux médecins qui, par leur impéritie ou l'ignorance des règles de leur art, ont été la cause d'un homicide ou de blessures graves. Montesquieu *(Esprit des lois)* approuve la responsabilité qui résulte de l'impéritie ou de la maladresse dans les lois romaines, mais il la repousse pour la législation moderne; « à Rome, s'ingérait de la médecine qui voulait; mais parmi nous, les médecins sont obligés de faire des études et de prendre certains grades, ils sont donc censés connaître leur art ; » il est vrai que le diplôme donne une présomption de capacité, mais les faits peuvent la détruire.

Nous ne voyons aucun motif pour ne pas étendre les dispositions des art. 319 et 320 aux hommes de l'art qui, par leur maladresse et leur impéritie, ont été la cause d'un accident grave ; ces articles embrassent dans la généralité de leurs termes aussi bien les hommes de l'art que tout autre individu qui occasionne accidentellement des blessures ou commet un homicide involontaire. Aucun texte ne consacre l'irresponsabilité du médecin.

L'argument d'une présomption de capacité chez ceux qui sont diplômés et se sont livrés à de longues études, peut être détruit par le fait d'une bévue qui démontre chez eux une absence complète de connaissances et de talents.

Inobservation des règlements. Pour la médecine, la loi organique de 1818 et les instruction subséquentes, défendent aux chirurgiens de procéder à une opération importante mettant la vie en danger, en dehors de la présence d'un docteur en médecine ; cette disposition ne crée pas une exception à l'article 319, elle établit le cas où l'homme de l'art ne s'est pas conformé aux lois réglementaires de sa profession, mais elle n'exclut nullement l'application d'une peine dès que la faute commise par l'officier de santé rentre dans les termes de la loi pénale ; la même règle est applicable à la sage-femme qui exécute une opération ou une manœuvre qui lui est défendue par la loi. On a dit : Puisque la seule surveillance du docteur donne à l'officier de santé son irresponsabilité, il est lui-même irresponsable. Cette conclusion est inexacte, il existe la seule différence que le docteur n'est responsable qu'à raison des fautes graves qu'il commet dans l'exercice de son art, tandis qu'à l'égard des officiers de santé, le seul fait de n'avoir pas réclamé l'assistance d'un docteur est une négligence suffisante pour entrainer sa responsabilité dès que l'opération a été suivie d'accidents graves. (Ibid).

Comment apprécier avec justesse que le médecin, dans telle circonstance, s'est conformé aux règles de son art, ou qu'il s'en est imprudemment écarté?

Les tribunaux seront-ils appelés à juger les systèmes? Ils n'ont pas à s'immiscer dans les querelles de la science, à blâmer ce qui a été fait, ni à décider ce qui aurait dû être fait, ils constatent si l'homicide ou les blessures résultent d'une *imprudence*, d'une *maladresse*, ou d'une *négligence*. Cette difficulté disparaît en partie si l'action répressive n'agit que lorsque la maladresse, etc., sont évidentes; et jamais elle ne sera un motif suffisant pour rejeter l'action répressive; seulement les poursuites de cette nature doivent être exercées avec une extrême circonspection, et dans le cas où la maladresse est notoire. (Ibid.). Dalloz adopte cette opinion, et n'admet point que le diplôme devienne un brevet d'irresponsabilité absolue.

Imprudence. — « L'homicide par imprudence est celui que la prudence ou la prévoyance de son auteur aurait fait éviter.

Négligence, inattention, c'est l'omission ou l'oubli d'une précaution commandée par la prudence qui aurait prévenu la faute.

Jurisprudence. — 1° L'officier de santé qui, en saignant, atteint l'artère brachiale, doit être puni conformément à l'art. 320 C. pén., si la gangrène s'étant mise au bras par suite non-seulement de la maladresse avec laquelle l'opération a été faite, mais pour *n'avoir pas employé les moyens que l'art prescrivait*, l'amputation est devenue nécessaire (Angers, 1 Avril 1833).

2º Le médecin qui prescrit par inattention une potion qui empoisonne son client dès la première fois que celui-ci en fait usage conformément aux instructions reçues, est coupable d'homicide involontaire. (Rennes, 7 décembre 1842).

3º Les tribunaux ne doivent prononcer les peines portées par ces articles qu'autant qu'il est *évident* pour tout homme de bon sens qu'il y a eu de la part du médecin faute lourde, maladresse visible, impéritie et ne peuvent se rendre juges des théories, des opinions ou des systèmes; leur action ne peut s'exercer dans cette région réservée à la science. (Besançon, 18 déc. 1844).

4º Les officiers de santé sont non-seulement civilement responsables, mais même coupables du délit de blessures par imprudence, et soumis à l'application des art. 319 et 320 C. pén., s'ils pratiquent en dehors de l'assistance d'un docteur en médecine une opération grave suivie d'accidents. (Paris, 5 juillet 1833).

5º Un docteur soumet au chloroforme un patient qui se meurt dès les premières inhalations; condamné par le tribunal correctionnel, il fut acquitté en appel par arrêt du 30 juin 1853, (Ch. C. Paris). Velpeau témoin dans ce procès, s'est exprimé ainsi : « ce ne sont pas les chirurgiens mais les malades qui ont besoin du chloroforme et qui en réclament l'emploi; il est évident que si, au moment d'employer le chloroforme, le médecin entrevoit la possibilité d'un évènement dont il n'est pas maître et qui peut entraîner pour lui une condamnation judiciaire, quel que soit son désir

d'éviter des douleurs au patient, il s'y refusera et opérera
sans user d'un moyen anesthésique. S'il faut que le médecin
soit exposé à des poursuites, alors qu'il aura usé de toutes
les précautions dictées par la plus exacte prudence, je
déclare que moi-même je n'oserai plus employer le chloroforme. »

§ 4. Responsabilité civile.

Art. 1382. Tout fait quelconque de l'homme, qui cause à
autrui un dommage, oblige celui par la faute duquel il est
arrivé, à le réparer.

Art. 1383. Chacun est responsable du domage qu'il a
causé non-seulement par son fait, mais encore par sa négligence ou par son imprudence.

Trébuchet n'admet aucune responsabilité pour les doctrines et quand les soins ont été consciencieusement et
assidûment donnés ; l'issue de la maladie et les connaissances du praticien ne sont pas en cause quand celui-ci a
qualité pour exercer son art. Elle commence avec la contravention aux lois, ou avec la faute *matérielle grave*, la
négligence coupable, la maladresse lourde et visible pour
tout homme de bon sens. L'auteur cite les exemples suivants à
l'appui de son opinion : Les mauvaises suites d'une opération pratiquée en état d'ivresse rend responsable. Un
médecin envoie son client chercher sa prescription chez un
pharmacien qu'il sait n'être pas diplômé, le remède mal
préparé fait mourir le malade, le médecin est responsable.
Le juge apprécie la moralité des faits, il est dépositaire
d'un pouvoir discrétionnaire pour déterminer s'il y a faute
lourde.

Dalloz soutient les mêmes principes, la science, le talent
du praticien sont au-dessus de l'action du juge, mais la

responsabilité accompagne constamment la faute *grave*; les fautes de l'homme et non celles du médecin sont punissables. Dans les faits pratiques, le médecin répondra de sa légèreté s'il a prescrit l'une substance pour l'autre et occasionné la mort; de sa négligence, s'il omet d'indiquer la manière de se servir des remèdes prescrits et que le client s'empoisonne; de son imprudence, s'il prescrit des choses inusitées, s'il fait des essais téméraires, audacieux et non justifiés par la science; de son ignorance impardonnable, s'il ignore ce que *doivent* savoir tous ceux qui pratiquent le même art que lui.

Briand et Chaudé sont d'accord avec les auteurs que nous venons de citer; « l'irresponsabilité absolue est une absurde exagération, mais s'il n'y a pas eu négligence ou faute grossière le médecin n'est pas responsable; s'il y a eu faute grossière, grande négligence, il est responsable, et doit s'imputer d'exercer une profession dont il néglige les devoirs essentiels. »

Jurisprudence. 1° L'accoucheur qui, sans nécessité évidente, ampute les bras de l'enfant pour terminer l'accouchement doit des dommages-intérêts. (Domfront, 28 sept. 1830.)

2° Un médecin qui blesse par maladresse l'artère brachiale en saignant un malade, est responsable civilement de négligence et de faute grave s'il a *abandonné* le blessé au moment où il avait le plus besoin de soins, et que l'amputation du bras est devenue nécessaire. (Paris, 18 juin 1835.)

3° Il n'y a pas de responsabilité pour une question de science, de pratique médicale ou de mode opératoire, s'il n'y a pas de faute lourde, de négligence, de maladresse, d'impéritie ou d'ignorance des choses que tout homme de l'art *doit savoir*. (Caen, 5 janvier 1844.)

Je me plais à reproduire les éloquentes paroles prononcées par le procureur-général, M. Dupin, devant la cour de cassation ; ce réquisitoire du savant magistrat suffirait à lui seul pour fixer les principes de la responsabilité civile et pénale du médecin : « Si le défaut de science ou de succès ne suffit pas pour motiver une action contre les médecins, il peut se rencontrer des circonstances où le dol, la mauvaise foi, une pensée criminelle, une négligence inexcusable, et d'autres faits du même genre, entièrement séparés de la question médicale, constituent de leur part un manquement aux devoirs de leur état tel, qu'on ne pourrait proclamer en pareil cas l'irresponsabilité de l'homme de l'art, sans mettre en péril le reste de la société. Dans ces circonstances rares qui peuvent se présenter, ce n'est pas sa réputation qui est à leur merci, mais ses actes qui sont soumis à leur équitable appréciation, comme les actions de tous les autres citoyens, quels que soient d'ailleurs leur état et leur condition.

Chacun est responsable des dommages qu'il a causés par son fait et par sa négligence ou par son imprudence. Toutes les pertes et tous les dommages, dit Domat, qui peuvent arriver par le fait de quelque personne, soit imprudence, légèreté, ignorance de ce qu'on doit savoir, ou autres fautes semblables, doivent être réparées par celui dont la faute y a donné lieu ; car c'est un tort qu'il a fait, quand même il n'aurait pas eu intention de nuire. Ce principe est établi dans la loi civile sans exception. Il exerce sa puissance sur les actes de la vie privée et sur ceux des diverses professions, même des fonctions publiques. Il faut mettre au nombre des dommages causés par des fautes, dit Domat, ceux qui arrivent par l'ignorance des choses que l'on *doit savoir*. Ainsi l'architecte ou l'entrepreneur est responsable pendant dix ans, aux termes de l'art. 1792 du Code civil, de l'édifice qu'il a construit, il doit réparer tous les dommages qu'aurait occasionnés sa chute, survenue par le vice de construction, et même du sol, parce qu'il devait connaître les règles de son art et les mettre en pratique, de manière à prévenir cette chute. Pothier cite comme exemple de responsabilité, le charpentier qui aurait mis des étais trop faibles, et aurait ainsi entraîné par sa faute la chute d'un édifice.

Cette rigueur de principes, puisée dans la loi naturelle même, n'est pas uniquement réservée contre les professions mécaniques, industrielles ; il y a aussi responsabilité dans les professions scientifiques, dans les charges ou dans les fonctions publiques ; dans toutes, nous trouvons l'application des mêmes principes pour la réparation du dommage causé.

Dans la responsabilité, telle que l'entend la loi civile, il ne s'agit pas de capacité plus ou moins étendue, de talent plus ou moins brillant, plus ou moins solide, mais de la garantie contre l'imprudence, la négligence, la légèreté, et une ignorance crasse de choses qu'on devait nécessairement savoir et pratiquer dans sa profession.

Les tribunaux apprécient les faits ; et pour qu'un homme puisse être déclaré responsable d'un acte de sa profession, il faut qu'il y ait une faute dans son action, qu'il lui ait été possible, avec plus de vigilance sur lui-même ou sur ce qu'il exécute, de s'en garantir ; ou qu'il soit tout à fait inexcusable d'avoir commis le fait reproché. »

M. le procureur-général prouve qu'il y a recours contre les juges en réparation du dommage causé par leur faute à des justiciables, pour des cas de négligence (Ins. cr. 164, C. pr. civ, 15) et d'ignorance ou d'oubli de la loi (C. civ. 2063, Ins. cr. 77, 112, 415 et 271) puis il ajoute :

« Les médecins et chirurgiens seraient-ils seuls exempts de cette responsabilité qui pèse sur toutes les professions? Ils subissent des examens, leur capacité est légalement établie, ils n'ont plus à répondre! Le notaire, l'avoué, l'avocat ont des épreuves à subir, et ne restent pas moins responsables. Le client est lui-même coupable de son mauvais choix ! il en serait de même pour l'avocat, etc. : il n'y a pas là matière à excuser l'homme de l'art. — La médecine est un art conjectural; les renommées de la science diffèrent souvent d'opinion, de vues, sur la nature, les causes, les remèdes, nul n'osera entreprendre une cure, hasarder une opération, s'il lui faut répondre du résultat.

Dans les questions de ce genre, il ne s'agit pas de savoir si tel traitement a été ordonné à propos ou mal à propos, s'il devait avoir des effets salutaires ou nuisibles, si un autre n'aurait pas été préférable, si telle opération était ou non indispensable, s'il y a eu imprudence ou non à la hasarder, adresse ou malhabileté à l'exécuter, si, avec tel ou tel instrument, d'après tel ou tel procédé, elle n'aurait pas mieux réussi ; ces questions scientifiques sont à débattre entre docteurs, et ne peuvent pas constituer des cas de responsabilité civile ni tomber sous l'examen des tribunaux.

Du moment que les faits se compliquent de négligence, de légèreté ou d'ignorance de choses qu'on devrait nécessairement savoir, la responsabilité de droit commun est encourue, et la compétence de la justice est ouverte. Le

médecin, le chirurgien ne sont pas indéfiniment responsables des résultats qu'on voudrait attribuer à l'ignorance,
mais ils le sont quelquefois; ils ne le sont pas toujours,
mais on ne peut pas dire qu'ils ne le sont jamais. La limite
de cette responsabilité? Il est impossible de la fixer d'une
manière générale. C'est au juge à la déterminer dans chaque
espèce, selon les faits et les circonstances qui peuvent varier
à l'infini, en ne perdant jamais de vue ce principe fondamental : qu'il faut qu'il y ait eu faute d'ignorance ou d'attention, pour qu'un homme soit responsable. La loi spéciale
sur l'art de guérir qui rend l'officier de santé responsable
des suites d'une opération grave faite hors de la surveillance d'un docteur en médecine, ne décharge pas le docteur
de toute responsabilité. On dit : puisque la seule surveillance du docteur donne à l'officier de santé son irresponsabilité, il est lui-même irresponsable; la conclusion est
injuste, la loi ne dispense nulle part le docteur de répondre
de sa négligence, toute la différence c'est qu'il faut prouver
que le docteur a été négligent, imprudent, etc., tandis que
le simple fait de n'avoir pas réclamé l'assistance d'un docteur est une négligence suffisante pour entraîner la responsabilité de l'officier de santé. »

Les professions qui demandent certaines conditions d'aptitude et de capacité sont-elles recevables à intenter une
action civile contre ceux qui exercent indûment ou doivent-
elles se borner à dénoncer ce fait au ministère public?

La jurisprudence présente des décisions variables et
contradictoires. 1° Un pharmacien n'a pas le droit de poursuivre correctionnellement le débit illégal de médicaments
ni celui de réclamer des dommages-intérêts (Bourges,
17 mars 1831).

2° Les huissiers n'ont pas qualité pour se constituer partie civile dans une poursuite correctionnelle dirigée par le ministère public contre un individu pour avoir procédé sans titre à la vente publique de récoltes (Rouen, 11 déc. 1840). «Attendu dit l'arrêt que rien n'établit que ces vendeurs auraient chargé les intervenants ou l'un deux de la vente de leur récolte; que dès lors le préjudice, si tant est qu'il en existe, est inappréciable. »

3° La poursuite des infractions aux lois sur l'exercice de la médecine vétérinaire appartient exclusivement au ministère public, un artiste vétérinaire n'est pas recevable à intenter une action correctionnelle contre celui qui se livre sans droit au traitement des animaux (Bourges, 2ᵉ ch., 14 janvier 1832).

Il a été jugé dans le sens contraire, que l'action civile en réparation d'un dommage peut être exercée dans une poursuite correctionnelle, par tous ceux qui en ont souffert, n'importe la difficulté d'en apprécier la valeur; et qu'un ou plusieurs pharmaciens d'une ville peuvent intervenir dans un procès correctionnel, à raison d'un dommage spécial, ou à raison d'une part dans le dommage commun (C. de cass., 1 septembre 1832, C. de cass., ch. réunies, 15 juin 1833. Bordeaux, 28 janvier 1830).

M. Hélie combat cette doctrine parce que les plaignants ne peuvent établir qu'ils ont éprouvé un préjudice direct et personnel, rien ne prouve que si les acheteurs des remèdes prohibés ne les avaient trouvés chez le prévenu, ils en auraient cherché ailleurs; il est moins prouvé encore qu'ils en auraient demandé aux pharmaciens plaignants. Comment évaluer le montant du préjudice? Si le dommage était bien établi, la difficulté d'en fixer le chiffre ne peut faire rejeter l'action en réparation, mais la difficulté résulte ici de l'incertitude de l'existence du dommage, ce qui enlève tout fondement à l'action civile.

Dalloz se prononce pour l'opinion de la cour suprême : tout intérêt protégé par la loi, dit-il, compromis par un délit doit avoir le moyen de se faire respecter alors même que le ministère public ne consent pas à diriger les poursuites. Il ne s'agit pas de l'intérêt d'une corporation, chaque pharmacien a son droit reconnu par la loi, il peut l'exercer isolément et même en concurrence avec les autres, ce qui exclut toute idée de corporation, qui toutes sont abolies par nos lois modernes. La difficulté d'évaluer la quotité du dommage ne saurait détruire un droit. Or, les pharmaciens sont lésés dans leurs intérêts par la vente illicite de remèdes, donc ils ont le droit d'en poursuivre la réparation. Le dommage éprouvé donne qualité pour intenter un procès civil en tout indépendant de la quotité des sommes à allouer; il entre dans les attributions du juge de fixer ce dernier point.

Dans un procès civil intenté par trente deux pharmaciens de Paris contre trente-un prévenus, pour vente illégale de préparations pharmaceutiques, le procureur général, M. Dupin, a conclu devant la cour suprême, à la recevabilité des pharmaciens dans un réquisitoire remarquable, dont je reproduis quelques passages textuellement pour ne pas en affaiblir la puissante argumentation.

« Les principes posés, dit l'éminent magistrat, par le premier arrêt sont les véritables : il accorde à la fois protection à la société, à l'ordre public et à une profession dont l'exercice intéresse au plus haut degré la santé publique, que la loi soumet, pour ce motif, à des conditions légales d'existence, mais à qui en revanche elle accorde un droit exclusif. La concurrence illégale porte atteinte à l'ordre public et aussi d'une manière incontestable à l'intérêt privé; premièrement sous le rapport matériel, car toute concurrence est nuisible; à côté de cet intérêt matériel, et en première ligne, se place un intérêt moral pour chaque pharmacien; car chacun d'eux est intéressé à ce que sa profession ne soit exercée qu'honorablement, par des personnes ayant les connaissances que la loi exige, de peur que les fâcheux effets de l'ignorance, du charlatanisme, des ventes illicites de drogues et de remèdes secrets, ne retombent sur les pharmaciens; le peuple imputant l'abus de la profession à ceux mêmes qui l'exercent légalement et consciencieusement.

On objecte que l'action contre les débitants de drogues et de remèdes secrets est fondée sur l'ordre public; il en est de même de toute action pénale, ce qui n'empêche pas l'intérêt privé de pouvoir être en cause, et de s'unir pour sa défense à l'action publique.

La cour de cassation rejette ce principe « que la loi qui prohibe les ventes illicites de drogues et remèdes, eût donné aux pharmaciens un droit d'action pour qu'il puisse le posséder » et admet, pour que les pharmaciens fussent privés, contrairement au droit commun, du droit d'action en qualité de parties civiles, qu'il faudrait que la loi spéciale leur eût retiré ce droit, et eût dérogé, en cette matière, aux règles du code d'instruction criminelle.

Les tribunaux n'ont-ils pas reconnu maintes fois le droit d'action comme parties civiles, aux médecins contre les charlatans, aux courtiers réels contre les courtiers marrons? etc.

La difficulté d'apprécier le dommage, est une difficulté sur le chiffre, c'est au juge à l'estimer; mais il n'y en a aucune sur le principe.

L'erreur capitale c'est de croire qu'il n'y a qu'un préjudice matériel et d'argent qui puisse donner lieu à une action en dommages intérêts. Citons pour exemples des cas plus graves, les cas d'assassinat ou de meurtre par accident. Ne voit-on pas les dommages-intérêts demandés par le fils pour la mort de son père, par le père pour celle de son fils, par la femme pour celle de son mari ou de son enfant? On dira peut-être qu'ici il y a encore un intérêt matériel; que le père était le soutien de sa famille, que le fils nourrissait son père et sa mère; mais si le cas est inverse, si le meurtre est tombé sur un enfant, sur un vieillard qu'il fallait nourrir, que sa faiblesse et ses infirmités rendaient à charge sous le rapport des intérêts pécuniaires, il faudra donc déclarer la mère ou le fils non recevables; on pourra donc, en poussant le raisonnement dans ses conséquences, aller jusqu'à dire que, loin de leur nuire, on leur a rendu service! Évidemment, c'est ici méconnaître la morale du droit, mettre l'argent à la place des affections, à la place de l'honneur. Celui qui agit en pareille matière, selon la belle expression de la loi romaine, plaide la cause de la douleur, *causam agit doloris*.

Dans l'espèce soumise à la cour, l'action des pharmaciens, à part et avant l'intérêt pécuniaire, poursuit la réparation d'un préjudice tout moral; la conservation de l'honneur et de l'exercice consciencieux de la profession. »

Arrêt. — Attendu que l'exercice illégal de la pharmacie porte nécessairement un dommage aux pharmaciens, puisqu'il constitue une usurpation des droits qui leur sont garantis par la loi. Que le fait de cette concurrence illicite donnant aux pharmaciens un intérêt actuel tant à arrêter la continuation qu'à obtenir la réparation du dommage consommé, il s'ensuit que l'action en réparation de ce dommage repose sur une cause légale, et qu'elle est recevable.

Attendu qu'il n'appartient pas aux tribunaux de déclarer l'action non recevable à raison de la seule difficulté d'apprécier le quantum d'un dommage reconnu en principe, etc., etc. »

La durée de cette action civile est subordonnée à l'action publique, elle se prescrit par dix, trois et un an suivant qu'il s'agit d'un crime, d'un délit ou d'une contravention. (Art. 637, 638 et 640 instr. cr.).

La jurisprudence qui s'éloigne tant de l'irresponsabilité absolue que de la responsabilité trop étroite, est la voie sage dans laquelle il importe de persévérer, dans le double intérêt de la société, du progrès et du libre exercice des sciences médicales. Susciter des procès à l'occasion des fonctions du praticien consciencieusement remplies, serait arrêter les découvertes scientifiques, embarrasser l'exercice de la médecine jusqu'à la rendre impossible, tout en engageant la magistrature judiciaire dans une procédure pleine de périls et dans des difficutés inextricables. La bonne foi, le zèle et l'instruction nécessaire doivent excuser la faute, puisqu'il n'est pas donné de dépasser les limites de la science et de prévoir toujours les résultats d'un traitement ou d'une opération. La justice naturelle défend d'exiger de tous une instruction, une capacité égales; le médecin guidé par la somme des connaissances que la loi a exigées de lui lors de sa réception, s'engage envers le malade à lui donner des soins, non à le guérir, à combattre le mal, non à le vaincre et à sauver le patient. Il y a erreur! mais qui saurait la constater après coup? L'état du malade au moment d'instituer le traitement incriminé, échappe à l'appréciation de l'expert, les changements survenus ont détruit jusqu'à la possibilité de juger de l'opportunité ou de l'inopportunité de la médication exécutée.

Quand rendrez-vous le médecin responsable d'une erreur de traitement? N'est-ce pas aux mille causes d'erreur qui environnent la connaissance exacte de l'état du malade, que la justice doit s'en prendre? L'âge, le sexe, la constitution, le tempérament, l'idiosyncrasie ou les écarts imprévus d'une nature capricieuse, l'indocilité du patient, ses habitudes cachées sont autant d'influences dont il est impossible d'évaluer les conséquences. L'incurie des gardes-malades, la diversité des systèmes thérapeutiques, l'infidélité du médicament ou une susceptibilité extrême, le lieu où le malade séjourne, les événements de force majeure, les circonstances imprévues que la sagacité et la prudence de l'homme de l'art ne peuvent empêcher, doivent être pris comme seules causes des accidents qui surviennent dans un traitement.

Toute autre interprétation de la loi aurait les plus fâcheuses conséquences pour les médecins eux-mêmes, elle ferait naître la calomnie, la persécution et l'intrigue chez ceux que l'ambition, l'intérêt ou l'amour-propre pousseraient à recourir aux tribunaux pour triompher d'une rivalité.

Les magistrats ne pouvant apprécier les questions de science, auraient recours aux lumières d'experts qui souvent ne seraient que des rivaux ou des adversaires des doctrines ou des pensées de celui qu'ils appellent à leur barre pour répondre de ses actions. Ainsi exposé aux attaques haineuses de la médiocrité, l'homme instruit, aurait encore à subir l'ingratitude du client, qui répondrait par une action judiciaire au bienfait reçu.

La morale publique, dit Collard de Martigny, flétrit la calomnie, la délation, l'intrigue, les scandales inutiles, les calculs de la jalousie et de l'égoïsme, bientôt la responsabilité pour la manière de traiter, ferait surgir de ces basses passions une foule de procès interminables.

DEUXIÈME PARTIE.

SECRET MÉDICAL.

En remontant à l'origine de l'art, nous voyons déjà le père de la médecine, Hippocrate, imposer le secret à ses disciples et le consacrer par un serment solennel. Plus tard ce précepte fut reproduit dans la loi romaine, dans les théologies et dans l'ancienne législation comme simple conseil, comme un acte de probité auquel le serment les obligeait.

Les tribunaux et les parlements reconnaissaient en principe que le médecin ne pouvait faire aucune révélation des faits relatifs à sa profession; ils punissaient même sévèrement les indiscrétions de cette nature. Les facultés et les colléges de médecine prescrivaient également le secret professionnel, et naguère encore il formait une des clauses principales du serment exigé de ceux qui recevaient le diplôme de médecin. La législation morderne a substitué au serment un moyen éminemment plus efficace, à mon avis, c'est là pénalité édictée par l'art. 378 du C. pénal :

Art. 378. Les médecins, chirurgiens et autres officiers de santé, ainsi que les pharmaciens et sages-femmes, et toutes autres personnes dépositaires, par état ou profession, des secrets qu'on leur confie, qui, hors le cas où la loi les oblige à se porter dénonciateurs, auront révélé ces secrets, seront punis d'un emprisonnement d'un mois à six mois, et d'une amende de 100 francs à 500 francs.

La raison d'être de cette législation se trouve dans les besoins naturels de l'homme collectif, de l'homme vivant en société. Le sceau du secret oblige le citoyen avant de lier le médecin; de par la nature de ses relations, celui-ci entre dans la confiance illimitée des personnes qui le reçoivent fréquemment. Les confidences de l'amitié sont aussi nombreuses que celles de la souffrance, il devient le dépositaire des secrets les plus graves, dont les relations professionnelles sont la cause unique.

Dans la société, le secret est chose sacrée, et nos mœurs réprouvent l'indiscret qui divulgue une confidence. L'oubli de ces devoirs sociaux rend le médecin coupable aux yeux de la morale, à titre de concitoyen; traduit de ce chef devant le tribunal de l'opinion publique, la conscience le frappe d'une juste réprobation, mais la loi ne considère pas la chose comme délit; le fait change s'il vient à trahir une confidence *nécessaire*, comme celle faite par un malade à son médecin dans l'espoir d'une guérison, le législateur trouve un intérêt majeur et direct à incriminer cette coupable trahison, et à la punir au nom de la sécurité, du repos, de l'union et de la paix des familles, autant que dans l'intérêt de la vie des malades. Car celui qui trahit les secrets qu'il ne possède qu'à la faveur de la noble profession médicale, compromet, par la défiance qu'il inspire, la vie des citoyens, ceux-ci aiment mieux être victimes de leur réserve et se passer des secours de l'art, que de voir compromettre leur réputation par un secret divulgué; en outre, il sème la discorde, détruit l'union des meilleurs époux, et anéantit sans retour les plus doux hymens.

Usant d'une juste rigueur, le code punit d'un emprisonnement de un à six mois et d'une amende de cent à cinq cents francs, l'indiscrétion des personnes dépositaires par état ou profession, des secrets qu'on leur confie, et qu'elles révèlent, hors les cas où la loi les oblige à se porter dénonciateurs; parmi ces personnes sont le médecin et toutes celles dépositaires par profession, des secrets qu'on leur confie. Pour me renfermer dans le cadre de mon travail, il sera uniquement question des médecins, des chirurgiens et officiers de santé, ainsi que des pharmaciens et des sages-femmes; tous nominalement désignés dans l'art. 378 du Code pénal.

Tout fait dont la divulgation porte atteinte à la considération de celui à qui il est imputé ou lui fait injure, peut faire l'objet d'un secret professionnel (Dalloz); mais ce précepte légal est-il absolu? La réponse sera affirmative tant que le médecin se trouve dans les relations ordinaires de la vie, toute parole inconsidérée est contraire à la méticuleuse délicatesse professionnelle, qui anime les véritables médecins, les hommes qui comprennent leur mission et pratiquent les devoirs du mandat dont ils sont investis.

Je ne puis cependant admettre l'opinion d'un auteur, qui enseigne, conformément à l'ancienne et sévère jurisprudence des parlements : qu'un médecin doit renoncer à poursuivre devant les tribunaux le recouvrement de ses honoraires, contre un mari guéri d'une maladie secrète qui refuse de payer; parce que ce médecin s'exposerait ainsi à faire connaître la nature de la maladie à l'épouse de son client. Arrière tant de scrupules; à chacun à faire son devoir, à tenir ses engagements et à acquitter ses obligations; sous prétexte de délicatesse, rendre une profession dupe de l'avare ingratitude de ceux à qui elle profite, je ne saurais le comprendre! J'engage fortement mes confrères à fermer l'oreille à toute exploitation déguisée, à défendre leurs intérêts et à soutenir leurs droits avec autant de fermeté, qu'ils mettent de loyauté à observer la parole engagée.

Une expression légère de l'homme de l'art mérite un blâme aux yeux de la morale tandis que, pour enfreindre la loi et encourir ses rigueurs, il faut :

1° Être obligé au secret par état ou profession, 2° que le secret soit reçu dans l'exercice de la profession, 3° qu'il y ait intention de nuire, volonté de révéler.

I. Être obligé au secret par état ou profession. La profession ou l'état de la personne peut seul l'obliger à garder le secret. La qualité de l'agent est donc le premier élément à considérer dans le délit de la violation des secrets, puisque la confidence *nécessaire* donne seule lieu à une divulgation délictueuse.

II. Le secret doit être reçu dans l'exercice de la profession. Parce que légalement, ces personnes n'existent qu'autant qu'elles sont dans l'exercice de leur ministère; de manière que cette clause n'a point de limites, elle se rapporte à tout ce que le client croit devoir faire connaître, à tout ce que le médecin peut découvrir à l'occasion des soins qu'il lui donne; car celui qui se livre aux investigations d'un homme de l'art lui confie tout ce qu'il peut découvrir par cet examen.

III. Qu'il y ait intention de nuire, volonté de révéler.

Dans tout délit, la loi punit l'intention qui en est un caractère essentiel, donc la révélation doit être volontaire et non le résultat d'une circonstance fortuite (Dalloz).

« La violation du secret, disent Chauveau et Hélie Faustin, doit être volontaire, si elle était le résultat d'un hasard, d'une circonstance fortuite, la réparation du préjudice ne pourrait être poursuivie par la voie criminelle ; car la négligence, l'imprudence même, ne peuvent remplacer la volonté, élément essentiel de tout délit. »

Faut-il distinguer, se demandent les mêmes criminalistes, les révélations indiscrètes et celles qui sont faites avec l'intention de nuire ?

Les plus rigides crient au délit, du moment que le secret est divulgué, pour eux l'intention criminelle ressort d'une manière indubitable du fait de la divulgation volontaire. Il suffit de vouloir nuire au secret reçu et non à la personne qui a fait la confidence, pour mériter le châtiment dû à semblable forfaiture (Rauter).

Abstraction faite de l'intention, Chauveau ne voit qu'un fait matériel préjudiciable, mais dépouillé de toute criminalité. La révélation du secret est une espèce de diffamation ; or, l'intention de diffamer est nécessaire pour constituer ce délit.

« On ne peut admettre avec Rauter que l'intention criminelle *existe* par cela seul que le dépositaire du secret viole volontairement ce dépôt ; car il n'existe point, en droit pénal, de preuve nécessaire d'une intention criminelle ; mais, de même que cette intention est présumée en matière d'injure quand les expressions sont par elles-mêmes injurieuses, le seul fait d'une indiscrétion volontaire doit faire présumer l'intention de nuire, et c'est au prévenu à justifier qu'il n'avait pas cette intention. Point d'injure sans esprit d'injure; point de délit de révélation de secrets sans intention de violer la foi due au secret, de nuire à la personne qui l'a confié. Point de preuve nécessaire du délit dans l'indiscrétion même du dépositaire. »

Un secret *nécessaire* doit être confié à une personne dans l'exercice de sa profession; et ce dépositaire doit le divulguer dans une intention criminelle pour qu'il y ait délit.

Tels sont les devoirs légaux du médecin dans l'exercice de son art; mais la thèse change s'il est *obligé* par la loi elle-même, *à se porter dénonciateur*, ou s'il est interpellé par la justice. L'art. 103 du Code pénal oblige tout citoyen à faire la déclaration des complots formés et des crimes projetés contre la sûreté intérieure ou extérieure de l'état, dans les 24 heures après qu'il en aurait eu connaissance; l'art. 136 Code pénal oblige ceux qui ont connaissance d'une fabrique ou d'un dépôt de monnaies d'or, d'argent, de billon ou cuivre ayant cours légal, à les révéler dans les 24 heures, sous peine d'un emprisonnement d'un mois à deux ans.

Ces pénalités sont abolies en France par la loi du 28 avril 1832, par conséquent l'obligation de se porter dénonciateur n'existe plus dans ce pays, cette clause de l'article 378 est donc virtuellement abrogée. Cependant Dalloz considère ces mots: *hors les cas où la loi les oblige à se porter dénonciateurs*, comme des termes généraux; rien ne lui indique qu'ils ont exclusivement en vue les crimes contre la sûreté de l'État; celui qui en obéissant à une prescription légale, dévoile un secret, n'encourt aucune peine parce qu'il se trouve dans le cas de devoir se porter dénonciateur.

En Belgique le texte du Code pénal n'a pas subi les mêmes changements, l'obligation imposée à chaque citoyen, par l'art. 103 et suivants, lie de même les médecins, chirurgiens, sages-femmes etc. D'après l'art. 30 du code d'instruction criminelle, le témoin d'un attentat contre la sûreté publique, contre la vie ou la propriété d'un individu, est tenu d'en donner connaissance au procureur du roi, soit du lieu du crime ou délit, soit du lieu où le prévenu pourra être trouvé. Aucune sanction pénale n'est attachée à la négligence de cette prescription, de manière qu'on peut l'envisager comme un conseil ou une simple obligation morale; cependant l'homme de l'art qui se conformerait à cet article, n'encourrait aucune pénalité, mais il est de toute évidence aussi qu'il pourrait se taire. Les obligations de l'art. 30 du Code d'instruction criminelle incombent à tous ceux qui ont été témoins de ces faits; elles ne se rapportent pas aux *secrets nécessaires*.

Le médecin appelé à tester en justice doit-il répondre à toutes les interpellations du juge?

En présence d'une question aussi vivement controversée, mon rôle se borne à donner une analyse exacte de l'opinion des criminalistes qui l'ont agitée.

Legraverend soutient que l'avocat, le médecin, le prêtre doivent déclarer tout ce qui est à leur connaissance. La société, dit-il, est intéressée à la punition des crimes et des délits; la loi défend de faire des actes criminels, il ne peut donc être permis à qui que ce soit, de prêter son ministère à de pareils actes; il ne peut lui être permis de se taire, lorsqu'il est interrogé par la justice sur des actes de cette espèce, ou sur des actes licites qui ont pour objet de couvrir des faits criminels aux yeux de la loi ; il doit être mis, par des interpellations précises, dans la nécessité de répondre catégoriquement sur les faits qu'il importe d'éclaircir et d'approfondir, et s'il refuse de dire toute la vérité, on doit user contre lui des voies de droit que la loi a mises à la disposition de ses ministres. Chauveau et Faustin Hélie reprochent à leur contradicteur d'argumenter à faux, parce qu'il pose l'hypothèse que les médecins, avocats, etc., auraient participé d'une façon quelconque aux actes sur lesquels ils doivent déposer ; ils seraient complices, et c'est comme prévenus et non comme témoins qu'ils seraient cités ; dès lors leur témoignage ne pourrait être exigé, puisqu'il pourrait avoir pour effet de les inculper eux-mêmes ; la cour de Bruxelles a décidé (21 février 1833) qu'un témoin ne peut être tenu de déposer en police correctionnelle sur des faits personnels dont l'aveu pourrait l'exposer à des poursuites.

Ces mêmes auteurs professent des doctrines contraires à celles de Legraverend ; il suffira de les faire connaître pour voir que celles-ci doivent dicter la conduite du médecin ; ils posent la question de la manière suivante : les renseignements que les médecins ont recueillis dans l'exercice de leur ministère, en donnant, par exemple, des soins à un malfaiteur blessé dans un acte d'agression, doivent-ils être livrés à la justice ?

« Étrangers au crime, ils prêtent aux coupables l'assistance de leur ministère après sa consommation, doivent-ils être contraints de révéler ces actes d'assistance, de trahir la confiance dont ils ont été l'objet, de détruire la sûreté des rapports de leur profession avec les citoyens?

Ils admettent que les médecins peuvent s'abstenir de déposer, en vertu d'un devoir professionnel, dont la justice ne peut exiger la violation. Appuyés sur la loi même qui les oblige au secret, ils doivent se borner à déclarer, avant de prêter serment, qu'ils ont été les médecins du prévenu, et requérir d'être dispensés de déposer. Les juges doivent s'arrêter à cette fin de non-recevoir, si le fait qui la fonde est vrai : la loi n'a point de moyens de contrainte qui puissent dans ce cas forcer la déposition. L'homme de l'art n'a pour arbitre de sa conduite, que sa conscience et l'intelligence des devoirs de son état.

Deux grands principes d'ordre public et d'intérêt général, se combattent; il faut sauvegarder l'action libre et toute puissante de la justice qui, pour découvrir les crimes et délits, doit tout voir et tout connaître, en même temps que le secret prescrit par le code, aux personnes qui par état ou profession, *doivent* recevoir les confidences des particuliers.

L'intérêt social demande une liberté d'action illimitée à la justice pour arriver à la vérité; chaque restriction, en lui ôtant un moyen de preuve, lui enlève une garantie (Ibid).

Le libre cours de la justice, la répression des délits sont les intérêts publics des plus graves; mais d'autres intérêts sociaux d'une non moindre importance, coexistent et viennent poser des limites aux investigations des magistrats. En effet, dans un état civilisé, les relations entre les citoyens, la vie civile, reposent sur la sûreté des confidences et la fidélité à garder le silence promis, la foi jurée; ces devoirs de pure morale obligent tous les citoyens ; d'autres incombent uniquement à certaines professions, à cause du mandat spécial qu'elles remplissent. La loi ne saurait équitablement avantager les personnes, il nous faut donc trouver dans la nature même de la profession médicale les motifs qui doivent exempter l'homme de l'art de l'obligation de déposer en justice, sur les faits qu'il ne connaît qu'en sa qualité de médecin.

La nécessité est le fondement de la dispense que la loi nous accorde de déposer en justice, or, la justice, selon l'expression de Faustin Hélie, ne saurait méconnaître cette nécessité sans cesser d'être la justice elle-même ; d'une part, le législateur ordonne aux personnes, qui doivent recevoir par état ou profession, les confidences des particuliers, de garder le secret ; d'autre part, il existe un droit corrélatif de se taire sur ces faits et de ne pas répondre aux interpellations de la justice. Ce devoir et ce droit forment les caractères fondamentaux, les conditions vitales d'une profession éminemment utile à l'humanité, d'un art dont la plus malveillante satire ne saurait dénier les services.

Avant d'édicter des peines contre le médecin qui divulgue un secret nécessaire, le législateur a reconnu dans l'inviolabilité des confidences du malade un des plus graves intérêts sociaux, et la première des nécessités professionnelles, pour lui conserver cette confiance publique sans laquelle il ne saurait exercer son art ; l'intérêt de l'humanité est l'irréfutable argument qui assure au médecin le droit de refuser son témoignage, quand il a soigné l'accusé. La justice, dit Faustin Hélie, doit respecter le devoir qui pèse sur le médecin, lorsque l'accomplissement de ce devoir est une nécessité sociale ; il est indispensable de conserver à des fonctions sur lesquelles la société s'appuie, une indépendance qui seule peut garantir les intérêts qu'on leur confie. C'est une limite posée aux droits du juge; mais cette limite, ce n'est pas la loi, c'est la nature même des choses qui l'a faite.... Ce n'est pas un privilége, c'est la conséquence nécessaire des rapports de la profession avec les citoyens. »

Ces lignes sont de nature à lever tout doute sur l'obligation de garder le secret, devant la justice, sur les confidences de son client; une doctrine contraire détruirait entre le médecin et le malade les rapports de confiance, et priverait les victimes et les auteurs repentants d'un crime, des consolations et des ressources de la science.

Ce serait fréquemment ôter au criminel le désir de réparer son crime ; le remords pénètre dans l'âme d'un empoisonneur, la vie de sa victime se débat dans une lutte suprême contre l'agent délétère, un contrepoison et elle est sauvée! La crainte seule de la dénonciation ne permet pas au criminel de recourir à l'homme de l'art et l'homicide est consommé! Cet exemple fait sentir, les conséquences désastreuses des doctrines que nous combattons.

L'avocat est dispensé de déposer en justice, en qualité de conseil, parce que ce serait porter une grave atteinte à la défense de l'accusé ou du prévenu que de baser sa condamnation sur les aveux qu'il a faits, même avant toute poursuite, à un homme offert par la loi elle-même à sa consolation ; la divulgation serait odieuse. Ces mêmes considérations ne sont-elles pas applicables au médecin, puisque sa déposition sur les aveux du client faits pendant l'exercice de sa profession, rendrait la défense également impossible? Semblable témoignage équivaut à l'aveu du prévenu.

Un autre motif doit faire rejeter le témoignage du médecin, c'est la suspicion de partialité ; comme médecin traitant il a reçu les confidences, il n'est donc plus entièrement désintéressé ; l'affection, la sympathie qui s'établit entre lui et son client, ne lui permettent plus de donner un témoignage d'une sévère impartialité. Donc la dispense de témoigner en justice doit rester une prérogative de la profession médicale, non *absolue* mais *limitée* aux confidences faites dans l'exercice de sa profession et sous le sceau du secret.

Je résume la question par un passage de Chauveau. « Il est certain que l'intervention de la justice ne modifie nullement les obligations des personnes auxquelles des secrets sont confiés à raison de leur état ou de leur profession, et qu'elles doivent s'abstenir de répondre aux interpellations qui leur sont adressées, en se bornant à déclarer le titre qui leur commande le silence. Néanmoins, l'art. 378 ne serait pas applicable au témoin dépositaire du secret, qui aurait répondu à une interpellation, en révélant à la justice des faits qu'il devait céler ; parce que le fait matériel de la révélation du secret ne suffit pas pour constituer un délit, il faut que ce fait soit accompagné d'une intention de nuire. Sa révélation n'est pas moins la violation d'un devoir, mais les ordres de la justice sont sa justification.

« Si le dépositaire d'un secret, qui voudrait le trahir impunément, répandait des soupçons suffisants pour éveiller l'action publique, et profitait du rôle de témoin, qu'il aurait provoqué, pour révéler publiquement les confidences reçues, le délit serait évident. Car l'intervention de la justice ne modifie pas l'obligation du dépositaire, elle établit seulement une présomption qu'il n'a déposé qu'en

vue d'un intérêt général et non de ses haines particulières;
or, cette présomption est détruite par les faits qui ont
accompagné la révélation, et le crime reprend alors tous
ses éléments.

« Nous admettons que les personnes désignées dans
l'art. 378 du Code pénal peuvent se dispenser de déposer
en justice sur les faits qui ne leur ont été confiés qu'à
raison de leur profession, mais ce n'est pas parce que cet
article leur inflige des peines en cas de révélation ; l'obligation morale qui leur est imposée suffit pour que ces personnes ne puissent être forcées de rendre témoignage en
justice. Cependant, cédant aux injonctions des magistrats,
si elles se laissent aller à rendre compte de ce qu'elles devaient tenir secret, nous ne croyons pas qu'elles enfreignent
l'art. 378 ; en présence des magistrats, leur volonté n'a pas
été entièrement libre, et l'on ne pourrait sans injustice
punir celui qui n'a fait qu'obéir aux ordres d'une autorité
agissant régulièrement dans le cercle de ses attributions. »
Celui qui a fait une confidence nécessaire au médecin,
peut-il délier celui-ci de l'obligation de garder le secret?
Chauveau se prononce pour la négative. « Le consentement de la personne qui a confié le secret, ne saurait délier
le dépositaire du devoir imposé à sa profession ; sa violation
ne blesse pas seulement la personne qui a confié le secret,
elle blesse la société entière, parce qu'elle enlève à des professions sur lesquelles elle s'appuie, la confiance qui doit
les environner. Mais cette adhésion doit faire présumer que
le dépositaire n'a pas eu l'intention de nuire en déclarant
le secret. » Cependant, ce qui fait l'essence du secret, c'est
la volonté de l'auteur de la confidence ; il suffirait à celui-
ci de déclarer au médecin que ce qu'il lui confesse ne doit

point faire le sujet d'un secret, pour le laisser libre de divulguer ce qu'il a appris. Le secret déposé, le droit de propriété, s'il est permis de s'exprimer ainsi, que l'auteur conserve, reste intact et illimité ; il jouit du plein droit d'en retirer le caractère de secret, et d'en autoriser la déposition, à moins qu'une tierce personne n'y soit intéressée ; dès lors, il ne jouit plus de la possession pleine, entière et exclusive de ce dépôt ; en disposer serait usurper les droits d'autrui, enfreindre les lois morales, et le médecin qui se croirait alors autorisé à le divulguer, serait complice du même délit.

Les circonstances qui permettent au médecin dépositaire de secrets, de les divulguer sur l'ordre de celui qui les confie, sont celles où le client confident étant seul en cause, les déclarerait lui-même, si indépendamment de sa volonté, il n'était empêché de venir répondre aux interpellations de la justice ; ou encore, quand il appellerait son médecin en témoignage pour confirmer sa propre déclaration ; il est dès lors impossible de trouver chez le médecin la volonté et l'intention de nuire par une indiscrétion, cette divulgation n'a donc aucun caractère délictueux.

Cependant la cour de cassat. (11 mai 1844) de Paris a jugé contrairement à cette opinion : que l'obligation de garder un secret inviolable, sur tout ce que l'avocat apprend à ce titre, est absolue et d'ordre public ; que, cité en témoignage, il n'a pour règle, dans sa déposition, que sa conscience, et qu'il doit s'abstenir de toutes les réponses qu'elle lui interdit ; que dès lors il n'appartient pas même à celui qui a confié son secret, de l'en affranchir.

M. Didot (Bulletin de 1849 de l'Académie de médecine de Bruxelles) établit comme règle de conduite pour le médecin, la volonté de ceux qui subissent le dommage ou le tort; ainsi le consentement et la volonté ferme d'un homme à laisser consommer sur sa personne un acte qui lui porte préjudice, le crime que quelqu'un commet sur lui-même, et le mal qui arrive à ceux qui agissent volontairement et de propos délibéré, les uns contre les autres, ne constituent qu'un préjudice personnel, il n'atteint que les individus qui en sont responsables; le médecin doit se taire, même à la barre du juge, parce que la vindicte publique n'a qu'un tort relatif à réparer; un intérêt indirect à défendre.

Mais quelqu'un est victime d'un crime, il a vainement évité et combattu les attentats contre sa personne; il y a préjudice individuel et social que l'action des lois doit réparer; par devoir le médecin doit instruire la justice sur ce qu'il a connu du crime, même dans l'exercice de sa profession. Conformément à ces prémisses, il arrive à cette conclusion : qu'il serait licite et moral de dénoncer l'assassin qui vient chez le chirurgien faire panser une blessure reçue de sa victime pendant la lutte qui précède le crime; le criminel ne peut pas imposer son secret et le praticien se trouve libre de toute obligation envers le meurtrier; il doit la vérité toute entière à la justice.

Ce système s'éloigne de celui des criminalistes Chauveau et Faustin Hélie, qui n'autorisent jamais le médecin, hors le cas où il est tenu de se porter dénonciateur, à déposer en justice, sur des faits que le malheur lui confie sous le sceau du secret. Son inviolabilité est absolue, et ne permet jamais de trahir la confiance de celui qui invoque le secours de l'homme de l'art; cette manière de voir est la seule conforme à l'honneur du médecin, comme aux intérêts et à la dignité de la profession ; aucune considération ne doit nous écarter de sa rigoureuse application, ni nous autoriser à trahir la foi jurée.

Jurisprudence. — Les annales judiciaires belges n'offrent, à notre connaissance, qu'un exemple de poursuites dirigées contre un chirurgien pour refus de témoignage. Le 11 avril 1845, M. Seutin, cité devant le tribunal correctionnel de Bruxelles, pour déposer dans une affaire de duel qui avait eu lieu dans l'intérieur d'une maison et auquel il avait assisté, ne consent à prêter le serment qu'avec cette restriction : qu'il s'abstiendra de révéler ce qui s'est passé en sa présence, là où il ne s'est trouvé que comme médecin du maître de la maison, donc, uniquement en qualité de médecin ; il est autorisé par le tribunal à se retirer sans déposer. Sur appel du ministère public, l'incident s'est représenté en seconde instance ; M. Seutin a renouvelé la déclaration faite devant le premier juge de vouloir prêter serment, mais avec les restrictions indiquées alors ; la cour rend un arrêt qui admet le serment avec la restriction du secret sur les faits appris à l'occasion de l'exercice de sa profession, sauf à la cour, à examiner la nature de ceux que le témoin veut faire entrer dans cette catégorie ; celui-ci refuse de répondre aux questions énoncées plus bas, et M. le substitut Corbisier prononce contre ce refus de témoignage, un réquisitoire dont voici la reproduction sommaire :

« Le refus du témoin ne peut être admis, parce que nous questionnons le médecin sur des faits passés en sa présence mais à un instant où il n'exerçait pas encore son ministère, et ensuite, sur les blessures qu'il aurait observées ou pansées, mais non pas sur les révélations d'un patient, faites confidentiellement et sous le sceau du secret. Nous soutenons que le refus de répondre à ces questions, qui toutes portent sur des frais étrangers aux révélations qui auraient pu être faites à l'homme de l'art, n'est pas légal.

« Toute personne est redevable de son témoignage à la justice, c'est un devoir de citoyen et une obligation d'ordre public, ce principe général comporte des exceptions, dictées par l'intérêt de la société, d'une bonne administration de la justice et jamais par des considérations d'intérêt privé; mais toutes, surtout en matière pénale, sont de stricte interprétation, le devoir est imposé par la loi, elle seule peut dispenser de l'accomplir. Or, la justification du refus de déposer en justice répressive fait par un médecin, n'est écrite nulle part. Vouloir la trouver dans l'article 378 du Code pénal, c'est mal interpréter la loi, car le législateur n'a voulu punir que l'indiscrétion, la légèreté, le sacrifice du devoir à la causticité, comme le démontrent l'exposé de Faure au conseil d'État, et le rapport de Morseignat au corps législatif; comment ce même législateur aurait-il voulu défendre les témoignages requis par la justice? La cour de Paris, 23 juillet 1830, a décidé dans ce sens: Attendu que l'art. 378, c. pén., est placé sous la rubrique : des calomnies, injures et révélations de secrets; qu'il a pour objet de punir les révélations indiscrètes, inspirées par la méchanceté et le dessein de diffamer ou de nuire; mais qu'il ne s'en suit pas que les personnes qui exercent ces professions doivent être dispensées de faire à la justice la révélation, etc.

« L'exception réclamée par le témoin n'est donc pas dans la loi; mais la jurisprudence a sanctionné quelques exemptions au devoir social de témoignage, en dehors des exceptions formellement écrites dans la loi; toutes s'appuient sur la morale publique, sur des motifs d'ordre social et d'intérêt général. Le confesseur, l'avocat forment exception, mais ils ne peuvent se taire que sur les faits qu'ils ont connus par la confession, par la consultation; les médecins ne sont pas protégés par les mêmes principes. Leurs devoirs ne les appellent pas directement à recevoir des secrets, des confidences de leurs clients; ils ne sont appelés qu'à les voir, à constater leur état et à leur fournir des secours. »

Je néglige la partie du réquisitoire où l'argumentation est basée sur les formules du serment que le témoin a prêté lors de sa réception, et de celui que la loi de 1818 prescrivait; il n'est plus exigé dans notre pays depuis 1835, et peut-être faut-il considérer comme non assermentés ceux même qui ont été diplômés antérieurement. En effet, les obligations contractées par serment, peuvent-elles perdurer, quand le serment lui-même n'existe plus? En faveur de la négative, je ne trouve que le silence de la loi nouvelle, aucune clause ne relève nos confrères du serment, pour les placer avec nous sous une loi commune, et même le principe de la non rétroactivité, semble s'opposer à cette assimilation. Cependant admettre que les effets du serment doivent persister, c'est diviser les médecins en deux classes, les assermentés et les libres, les obligés et les indépendants; dès lors, le code sert de guide aux uns, le serment aux autres, ce qui est contraire à l'égalité, à nos institutions comme à l'esprit de notre législation. Il serait désirable de voir décider la question qui vient d'être soulevée.

Nous voyons que le réquisitoire n'admet pas en faveur des médecins la dispense de déposer, il refuse de les assimiler au prêtre et à l'avocat, il cite un passage de Boncenne qui en résume toute la pensée « c'est la discrétion qu'on attend d'un médecin; on attend de l'avocat, le secret et le silence. » Je cherche vainement les raisons qui légitiment cette disjonction de deux catégories de personnes que le texte même de l'art. 378 unit intimement, et auxquelles il impose des devoirs professionnels, sinon égaux au moins d'une nature identique. Ces devoirs, c'est les méconnaître bien volontairement, que de les borner « à voir le malade, à constater son état et à lui fournir des secours. » Leurs devoirs ne les appellent pas à recevoir des secrets! voir le malade, constater son état, n'est-ce pas pénétrer un secret? Pour arriver à la connaissance de l'état d'un malade, il se pose une série de questions, il se fait une exploration minutieuse, qui ne permettent au client ni le silence ni les réticences, pas même sur les circonstances d'un crime qu'il voudrait cacher à l'homme de l'art. N'est-ce pas là recevoir un secret? Le médecin ne reçoit-il pas là les confidences et les aveux de son client, comme l'avocat? Ne les reçoit-il pas dans l'exercice de sa profession et comme secret nécessaire, puisqu'il peut seul secourir le patient qui en appelle à son talent?

En dehors de l'interrogatoire du malade, ce que l'examen fait connaître doit rester caché au même titre; selon Dalloz, cette phrase, *fait confié dans l'exercice de leur profession*, se rapporte à tout ce que le client croit devoir faire connaître, indistinctement à tout ce que le médecin peut découvrir à l'occasion des soins qu'il donne; car celui qui se livre aux investigations d'un homme de l'art lui confie tout ce qu'il peut découvrir par cet examen. Pour ces motifs, il est plus rationnel et plus conforme aux texte et à l'esprit de la loi, d'admettre avec Dalloz et Faustin Hélie une règle unique et obligatoire pour le prêtre, l'avocat et le médecin.

Au point de vue de l'art de guérir, le ministère public ne trouve d'autre raison d'être à l'art. 378, que les garanties nécessaires contre la causticité et les révélations indirectes pouvant déshonorer ceux qui en sont victimes. Pour être un des principaux, ce motif n'est pas unique, le secret professionnel est fréquemment une condition *sine quâ non* de l'intervention de l'homme de l'art. Or, admettre le bénéfice du silence dans une cause et la rejeter dans une autre, c'est tomber dans l'arbitraire, et dépouiller une profession basée sur la confiance publique, d'un caractère essentiel à son existence, tout en détruisant le texte du code qui exige une interprétation stricte, une et invariable. Le législateur a créé des garanties contre la parole maligne, mais cela n'engendre pas le devoir de déposer; de ce que la révélation avec intention de nuire soit seule punissable, ne résulte pas l'obligation de répondre en justice; le secret est un principe général, auquel la position de témoin ne permet pas au médecin de déroger.

Dans l'espèce, le jugement intervenu n'infirme pas le devoir du silence, même à la barre du juge, sur les secrets professionnels nécessaires. M. Seutin n'était pas médecin quand il assistait aux pourparlers et au duel, le chirurgien ne paraît qu'au pansement du blessé. Les motifs de l'arrêt qui condamne le témoin à déposer, sont conformes aux doctrines des auteurs que nous avons cités en faveur du secret : le témoin, dit la cour d'appel, a assisté à toutes les circonstances qui ont précédé et accompagné le combat; sauf les exceptions établies par la loi, tout témoin doit déclarer en justice ce qu'il sait relativement à un crime ou un délit; s'il est permis aux médecins de ne pas révéler certains faits, même à la justice, cette faculté est limitée aux choses de nature secrète dont ils n'ont connaissance que dans l'exercice de leur profession; le docteur Seutin *ne se livrait pas à la pratique de son état* quand il a vu les faits mentionnés dans les trois premières questions (Êtes-vous intervenu, ou avez-vous été présent à des pourparlers qui ont eu lieu pour amener un arrangement et prévenir le duel? Avez-vous été présent au duel, quelles en ont été les circonstances? Avez-vous vu l'un des prévenus ..... infliger une blessure à l'autre, quelle a été cette blessure?). Et les faits compris dans les deux dernières, (Avez-vous pansé une blessure? Quels ont été la nature et les caractères de cette blessure?) ne constituent pas, *vu les circonstances* de la cause, des secrets qu'un médecin soit *tenu* de respecter; la promesse du témoin de se taire sur un délit dont il a été *témoin oculaire*, reprouvée par l'art. 6 Code civil (1), ne l'autorise pas à refuser le témoignage que la société lui demande, et que lui doit tout citoyen quand la loi ne l'en exempte pas formellement.

Il y a eu condamnation à déposer parce que la connaissance des faits était acquise comme simple *témoin oculaire* et non comme médecin dans l'exercice de sa profession; la promesse de garder le secret était illicite, puisque la connaissance des préparatifs et du duel lui-même ne sont pas des secrets *nécessaires*; cette distinction sauvegarde les principes que j'ai tâché de faire prévaloir dans ce chapitre,

_____

(1) Art. 6 C. c. On ne peut déroger, par des conventions particulières, aux lois qui intéressent l'ordre public et les bonnes mœurs.

et qui doivent guider le praticien dans les cas analogues à celui de l'éminent chirurgien de Bruxelles.

TROISIÈME PARTIE.

DÉCLARATION DE NAISSANCE.

L'examen doit porter sur trois différentes question : 1° A qui incombe l'obligation de déclarer les naissances ? 2° L'accoucheur viole-t-il le secret professionnel en déclarant le nom de la mère qui veut rester inconnue ? 3° Le nom de la mère doit-il toujours être déclaré ?

1° La sollicitude du Code pénal et la prévoyance du Code civil pour le nouveau-né tendent à éloigner de lui les dangers auxquels l'égoïsme, l'intérêt ou la honte exposent ses jours, à lui conserver ses droits de famille, son état et les avantages qui y sont attachés. Pour atteindre ce résultat, le législateur ordonne de déclarer la naissance endéans les trois jours, et désigne les personnes tenues de faire la déclaration dans les formes prescrites par la loi, sous peine d'un emprisonnement de 6 jours à 6 mois, et d'une amende de 16 à 300 francs. Je cite les articles qui se rapportent à l'objet de ce chapitre.

Art. 346 Code pénal. Toute personne qui, ayant assisté à un accouchement, n'aura pas fait la déclaration à elle prescrite par l'article 56 du Code civil, et dans le délai fixé par l'art. 55. du même Code, sera punie d'un emprisonnement de six jours à six mois, et d'une amende de seize francs à trois cents francs.

Art. 55 Code civil. Les déclarations de naissance seront faites, dans les trois jours de l'accouchement, à l'officier de l'état civil du lieu : l'enfant lui sera présenté.

Art. 56 Code civil. La naissance de l'enfant sera déclarée par le père, ou, à défaut du père, par les docteurs en médecine ou en chirurgie, sages-femmes, officiers de santé ou autres personnes qui auront assisté à l'accouchement; et lorsque la mère sera accouchée hors de son domicile, par la personne chez qui elle sera accouchée.

L'acte de naissance sera rédigé de suite, en présence de deux témoins.

Art. 57 Code civil. L'acte de naissance énoncera le jour, l'heure et le lieu de la naissance, le sexe de l'enfant, et les prénoms qui lui seront donnés, les prénoms, noms, profession et domicile des père et mère, et ceux des témoins.

Les termes du Code pénal sont généraux pour tous les lieux et toutes les personnes qui assistent à l'accouchement; postérieur au Code civil, il semble avoir modifié l'art. 56 de ce dernier, en ce sens, qu'il n'est plus question d'obliger une certaine catégorie de personnes de faire la déclaration, mais indistinctement tous ceux qui se trouvent présents aux couches, abstraction faite des lieux, du domicile et des cas. Cependant les dispositions du Code civil, évidemment prises afin de mieux empêcher l'abstention du fait prescrit, ont été maintenues par la jurisprudence; suivant plusieurs arrêts, l'art. 346 ne s'applique qu'aux personnes indiquées à l'art. 56, lorsque le père légalement connu est sur les lieux, le docteur-accoucheur ne peut être poursuivi pour n'avoir pas fait la déclaration de l'enfant si le père l'a négligé. (Bruxelles, 20 octobre 1831.)... Quand l'accouchement a lieu hors du domicile, le maître de la maison est exclusivement tenu de faire la déclaration, l'accoucheur en est déchargé, sans doute, parce que celui-là remplace aux yeux de la loi le père, qui est seul tenu quand l'enfant naît au domicile : « Attendu que le Code pénal (art. 346) ne punit pour défaut de déclaration de la naissance d'un enfant, que les personnes ayant assisté à l'accouchement, à qui l'obligation de faire cette déclaration est imposée par l'art. 56 du Code civil; que cette obligation est imposée par la dernière disposition de cet article, à la personne chez qui la mère est accouchée, dans le cas où elle accouche hors de son domicile; que, Ch.... chez qui la mère était accouchée, et qui avait assisté à l'accouchement, a été condamné pour défaut de déclaration de la naissance de l'enfant, que, dans cet état de faits, le renvoi du chirurgien D., qui a également assisté à l'accouchement, de la prévention de n'avoir pas déclaré la naissance de l'enfant, n'a pas été une violation des art. 346 du Code pénal et 56 du Code civil. » Paris, cour de cassation 7 novembre 1823, Bruxelles, 16 février 1828.

A défaut du père, le Code civil n'appelle ceux qui ont assisté à l'accouchement qu'après les gens de l'art qui y ont donné leurs soins; il n'a pas voulu les obliger solidairement, mais dans un ordre successif. « Considérant que, si la loi avait voulu les obliger solidairement, elle s'en serait expliquée d'une manière expresse, et n'aurait point séparé ces personnes par la particule *ou* placée entre les membres de la phrase où elles sont désignées; — que, dans l'espèce, la loi est satisfaite par une seule condamnation, et que c'est méconnaître ses termes et son vœu que de punir à la fois diverses personnes qu'elles n'avaient appelées que dans un ordre successif, etc. »

La non-solidarité entre les personnes légalement obligées de faire la déclaration, admise par la cour suprême, donne lieu à une difficulté de conciliation entre les articles 346 du Code pénal et 56 du Code civil; le premier établit comme condition unique et essentielle, la présence à l'accouchement : toute personne *ayant assisté* à un accouchement, donc, tout témoin serait passible d'une peine s'il ne fait pas la déclaration, la pénalité est inapplicable si la personne n'a pas assisté à l'accouchement. Cependant, le C. civ. rend la personne, chez qui la mère est accouchée, responsable de toute négligence de la déclaration, à l'exclusion de toutes les autres personnes et sans faire mention de sa présence à l'accouchement.

Dans l'ordre successif établi par la loi, les médecins, chirurgiens, sages-femmes arrivent après le père de famille ; à défaut de celui-ci (en cas d'absence complète, ou d'empêchement absolu du père, Cour de Rouen,) ils ne peuvent s'affranchir de l'obligation de déclarer les enfants qu'ils ont mis au monde ; pour se soustraire à la loi pénale, il ne leur suffit pas d'invoquer le secret reçu dans l'exercice de leur profession, la déclaration sauvegarde un intérêt majeur, la vie de l'enfant que le législateur a voulu garantir ; il n'est donc pas admissible qu'il ait établi par l'art. 378, C. p., une exception à l'art. 346 du même code. L'accoucheur ferait surtout usage de cette prérogative pour l'accouchement clandestin que le mystère recouvre d'un voile que l'œil du public ne peut pénétrer, au grand péril du nouveau-né dont les jours ne seraient protégés ni par la loi, ni par la conscience publique, qui ignorerait son existence.

Le tribunal correctionnel de Gand, a décidé le 12 janvier 1828 et la cour de Bruxelles a confirmé le 16 février, que l'art. 346, C. p., s'applique uniquement à ceux qui ont assisté à l'accouchement, et non pas à tous ceux que l'art. 56, C. c., charge de faire cette déclaration.

2° L'accoucheur est-il passible d'une peine s'il déclare le

nom de la mère qui lui demande le secret en invoquant le devoir professionnel?

La solution de cette question dépend exclusivement de la réponse que recevra la question principale : doit-on toujours déclarer le nom de la mère? Dans la supposition que la mère doive être connue dans l'acte de naissance, l'accoucheur qui l'a délivrée et qui fait la déclaration n'est passible d'aucune peine s'il fait connaître le nom de la mère alors même qu'il n'eût connu celui-ci que dans l'exercice de ses fonctions et en promettant le secret, il aurait la prescription de la loi pour excuse et il pourrait toujours l'opposer à celui qui demande contre lui l'application de l'art. 378, C. p. Dans l'hypothèse que le nom de la mère ne doive pas être déclaré, l'accoucheur encourrait ces peines par la désignation spontanée et volontaire du nom de la mère.

3° Le nom de la mère doit-il toujours être déclaré? La question a reçu diverses solutions, la jurisprudence Belge s'écarte, sous plusieurs rapports, de celle de la France; la doctrine et les décisions judiciaires doivent guider l'homme de l'art dans les situations très-délicates où le devoir professionnel vient parfois le placer.

Les naissances, dans l'état de mariage, ne donnent pas lieu à des difficultés, l'intérêt des parents est garant de la bonne exécution de la loi; ce que nous dirons a donc exclusivement trait aux enfants naturels, auxquels la mère refuse de donner son nom pour échapper elle-même à la honte que sa faute doit lui attirer.

Si le déclarant refuse de faire connaître le nom de la mère à l'officier de l'état civil, nous croyons que celui-ci ne peut légalement refuser d'inscrire l'acte de naissance, parce qu'aucune loi n'oblige de faire connaître la mère, c'est ce que nous tâcherons de démontrer.

La recherche de la paternité d'un enfant illégitime est interdite, cette défense nous suffit pour permettre de conclure qu'on ne peut inférer de l'art. 57, C. c., l'obligation de déclarer le nom de la mère; ce texte, en stipulant que l'acte de naissance renfermera les noms du père et de la mère, indique clairement qu'il ne règle que les actes de naissance des enfants nés dans le mariage (Mourlon). Si les termes de l'art. 57 étaient généraux, d'une exécution obligatoire pour toute naissance, comment pourrait-on s'y conformer quand il s'agit d'enfants adultérins ou incestueux dont la loi défend de faire connaître le père? On oppose à ces arguments la distinction des naissances qui doivent et celles qui peuvent se déceler par la connaissance du nom des deux parents, celles en outre dont le père ne peut être connu et celles où son nom est d'une déclaration facultative et dépend de sa libre volonté. C'est créer de l'art. 57 une interprétation arbitraire toute à l'avantage de ses opinions et conforme au système que l'on s'est donné la mission de défendre; il y est dit d'une manière générale, sans égards pour la légitimité du nouveau-né, que l'acte de naissance énoncera les prénoms et noms des père et mère; or, étendre la pénalité de l'art. 346, C. p., à l'art. 57, c'est généraliser l'obligation de déclarer le nom du père et l'étendre à tous les cas qui ne forment pas exception légale expresse, comme celui de l'inceste ou de l'adultère.

Les prescriptions de l'art. 57 n'ayant en vue que les parents légitimes constituent la formule à laquelle l'officier de l'état civil se conformera, les pères et mères naturels peuvent s'y assimiler volontairement; le principe que les lois pénales sont de stricte interprétation (l'art. 346 ne mentionne pas l'art. 57) s'oppose à ce qu'aucune menace de pénalité pèse sur leur détermination, le législateur s'est fié au seul intérêt qu'ont les parents de faire la déclaration selon la teneur de cet article.

Au corps législatif, le tribun Chabot formula l'objection suivante : « Les adversaires du projet diront que l'art. 57 du nouveau projet de loi, qui ordonne l'insertion dans les actes de naissance des noms des pères et mères, s'expliquant en termes généraux à l'égard des pères, sans aucune exception, doit s'appliquer aux pères des enfants nés hors de mariage comme aux pères légitimes... Si tel devait être le sens et l'effet de l'article, il présenterait plus d'inconvénients encore que celui qui a été supprimé, celui-ci *autorisait* à insérer le nom du père naturel sur la désignation faite par la mère, le présent article *ordonnerait* expressément cette insertion; la désignation de la mère ne serait plus nécessaire, puisqu'elle n'est pas exigée, et que, dans tous les cas et sans exception, le nom du père devrait être inséré dans l'acte de naissance. »

« L'article maintenu ne s'appliquait, dans le projet de loi présenté en l'an X, qu'aux enfants légitimes, puisqu'on y avait inséré un autre article particulier pour les enfants nés hors du mariage. Cet article qui a été maintenu dans le nouveau projet de loi, et auquel il n'a été fait aucun changement, ne s'applique donc encore qu'aux enfants *légitimes;* l'article particulier aux enfants nés hors du mariage ayant été supprimé, tout ce qu'il ordonnait se trouve écarté de la législation. On ne peut appliquer l'art. 57 du projet de loi qui parle du père, et ordonne l'insertion de son nom dans l'acte de naissance de l'enfant, qu'au père qui est indiqué par le mariage, ou à celui qui se présente lui-même pour reconnaître l'enfant né hors mariage. »

. L'orateur traite la question au point de vue exclusif du père, mais l'art. 57 ne renferme pas de distinctions entre le père et la mère, les y introduire serait non interpréter mais violenter le texte ; de plus, aucune autre loi ne venant disjoindre ce que cet article a réuni, le père et la mère naturels doivent subir le même sort, ils conservent, pour ce qui concerne les déclarations à l'état civil, les mêmes droits comme les mêmes obligations ; l'article étant sans sanction pénale, le père naturel sera désigné s'il se déclare, la mère sera connue si elle se fait connaître, ainsi le veut la logique.

Nous avons vu que l'art. 57 du Code civil n'a pas de sanction pénale ; en effet, en vertu de ce principe que les lois pénales sont d'interprétation rigoureuse, il n'est pas permis d'étendre la pénalité de l'art. 346 à l'article 57 du Code civil, tandis que le législateur l'a bornée à l'art. 56 de ce dernier Code ; les déclarations obligatoires ont une sanction pénale, or, celle-ci se borne à l'art. 56 ; l'historique de la législation fait connaître l'intention du législateur à cet égard : l'art. 5 de la loi du 20 septembre 1792, punit de deux mois de prison les personnes chargées de faire ces déclarations et qui les négligent ; par ce temps, les scrupules religieux et les dissensions politiques conseillaient ces omissions ; l'esprit d'opposition aux lois nouvelles et le trouble des consciences qui s'effrayaient de voir transférer l'état civil des mains du clergé aux mains des laïques, furent les obstacles à vaincre. Depuis la promulgation du Code civil jusqu'à celle du Code pénal, aucune sanction pénale ne rendait la déclaration obligatoire, les dangers de ces temps de guerre inspirèrent aux parents l'idée de ne pas faire connaître l'existence de leurs enfants pour les soustraire au service militaire, de là est né l'article 346. Chaque fois donc, la pénalité est résultée du défaut de déclaration, non pas du nom de la mère, mais du fait matériel de la naissance de l'enfant. De 1803 à 1810, la déclaration était un conseil donné aux intéressés, aux parents du nouveau-né, elle n'est devenue obligatoire que parce que ce conseil était méconnu par la crainte de voir enlever les enfants mâles par les nécessités du recrutement. Les officiers de l'état civil devaient se contenter d'inscrire le fait de la naissance et la présentation de l'enfant si le déclarant se bornait à cela ; si le Code pénal avait changé cet état de choses, pourquoi ne l'indiquerait-il pas d'une manière catégorique ?

Demolombe se prononce pour la non déclaration du nom de la mère naturelle, si celle-ci n'y consent point ; la loi a voulu, dit-il, que la déclaration de cette paternité ou de cette maternité ne fut admise qu'autant qu'elle constituerait un aveu, une reconnaissance de la part du père ou de la mère. L'auteur place les deux parents naturels sur le pied d'une parfaite égalité vis-à-vis des obligations qu'ils ont à remplir envers l'enfant, pour lui conserver son état par l'acte de l'état civil, le père peut se taire, la mère jouit du même avantage.

L'acte de naissance doit constater nécessairement le fait principal, l'existence d'un nouveau-né et tout ce qui peut garantir son identité, et secondairement tout ce qui peut prouver sa filiation ; mais comme nous le verrons établi par la jurisprudence, l'acte ne doit satisfaire qu'aux conditions essentielles énoncées en l'art. 57 du code civil pour être valable. D'ailleurs à quoi servirait l'indication du nom de la mère sans son consentement?

L'objet de l'acte de naissance n'est pas d'établir la filiation de l'enfant naturel dont la mère ne veut pas se faire connaître; l'enfant légitime seul établit sa filiation par les actes de naissance inscrits sur les registres de l'état civil (art. 319), la loi n'autorise pas l'enfant naturel à recourir au même genre de preuve; pour lui, sa filiation s'établit par la reconnaissance et par le témoignage corroboré d'un commencement de preuve par écrit. Or, l'acte authentique de reconnaissance d'un enfant naturel, auquel l'art. 334 du code civil attache la preuve de filiation, implique nécessairement chez son auteur une liberté d'action pleine et entière, un consentement volontaire; cette condition est si essentielle à la validité de l'acte, que sans elle il est nul. La reconnaissance du père, dit l'art. 336 du code civil, sans l'*aveu* de la mère, n'a d'effet qu'à l'égard du père; chacun agit en son nom personnel, à cela se borne son pouvoir. L'essence de cet acte est donc l'intention, le vouloir du parent de reconnaître tel enfant comme sien.

Pour avoir un effet légal, ce même assentiment est requis de la part de celui des parents qui veut reconnaître un enfant naturel dans l'acte de naissance, à quoi servirait-il alors de faire connaître le nom de la mère naturelle qui veut rester inconnue? La déclaration du nom de la mère, en dépit de sa volonté, est si complètement dépourvue de toute force probante, qu'elle ne peut même pas servir de commencement de preuve par écrit. Le commencement de preuve par écrit résulte, art. 324 du code civil, des actes privés *émanés* d'une partie *engagée* dans la contestation, etc., encore de tout acte écrit *émané* de celui contre lequel la demande est formée, ou de celui qu'il représente, et qui rend vraisemblable le fait allégué, art. 1347 du code civil. Nous raisonnons dans l'hypothèse que la mère naturelle refuse de se faire connaître; l'acte de naissance qui mentionne son nom n'émane pas d'elle et ne peut donc servir de commencement de preuve par écrit (1).

Lorsque les registres de l'état civil sont perdus ou qu'il n'ont jamais existé, les mariages, naissances et décès peuvent être prouvés tant par les registres et papiers émanés des pères et mères décédés que par témoins (art. 46 du code civil). Mais pour que l'enfant naturel soit admis à réclamer sa mère et à prouver par *témoins*, qu'il est identiquement le même que l'enfant dont elle est accouchée, il a besoin d'un commencement de preuve par écrit (art. 331 du code civil). Comme il a été démontré, l'énoncé du nom de la mère et son inscription sur le registre de l'état civil ne pouvant avoir cet effet, si elle n'en fait la déclaration spontanée et volontaire, il devient inutile, au point de vue de la loi et des avantages légaux qui peuvent en résulter pour l'enfant, d'exiger la connaissance du nom de la mère naturelle dans la rédaction d'un acte de naissance.

En général, l'état des personnes se prouve par les actes écrits sur les registres publics par l'officier de l'état civil;

---

(1) Art. 324 Code civil. Le commencement de preuve par écrit résulte des titres de famille, des registres et papiers domestiques du père ou de la mère, des actes publics et même privés, émanés d'une partie engagée dans la contestation, ou qui y aurait intérêt si elle était vivante.

Art. 1347 Code civil. Les règles ci-dessus reçoivent exception lorsqu'il existe un commencement de preuve par écrit.

On appelle ainsi tout acte par écrit qui est émané de celui contre lequel la demande est formée, ou de celui qu'il représente, et qui rend vraisemblable le fait allégué.

l'art. 46 C. c., établit une exception à la règle générale pour les cas de non existence de ces registres; la filiation qui pourrait se prouver à la faveur de cette exception, ne présente aucune analogie avec celle de l'enfant naturel qui invoque la preuve testimoniale, pour l'admissibilité de laquelle il lui faut un commencement de preuve écrite.

En présence de ces considérations, faut-il astreindre l'accoucheur ou la sage-femme à déclarer le nom de la mère, alors qu'ils n'en ont eu connaissance que sous le sceau du secret et dans l'exercice de leur profession?

Outre les arguments déjà développés, j'invoque encore en faveur de la négative, l'art. 378, C. p.; le devoir professionnel qu'il prescrit est absolu et ne permet d'y déroger que dans les cas spécifiés par la loi même, et l'art. 346 ne forme pas une exception au précepte du secret, car les art. 55 et 56, seuls soumis à une sanction pénale, y satisfont suffisamment. En matière pénale, tout est de droit strict, d'application rigoureuse et étroite, et ce n'est qu'en faisant rentrer l'art. 57 dans celui qui le précède que l'on arrive à conclure que le nom de la mère doit se déclarer sous peine d'un emprisonnement de six jours à six mois et d'une amende de seize à trois cents francs. Ce mode de raisonner accuse le législateur de légèreté, d'inadvertance! il mentionne nominalement les articles du code civil dont il soumet la transgression à une pénalité, et l'on vient soutenir que d'autres articles doivent également y rentrer! Pour que semblable oubli soit explicable, il faudrait que ces dispositions légales se trouvent égarées dans quelques chapitres bien disparates, mais, elles se suivent! Ce qui empêche de réclamer la déclaration du nom de la mère sous peine d'une poursuite correctionnelle, c'est la volonté

manifeste du législateur, l'art. 346 ne dit pas : toute personne qui n'aura pas fait la déclaration à elle prescrite par
les art. 56 *et* 57 du code Napoléon.....

Le système contraire fait naître la difficulté de se conformer en même temps aux articles 346 et 378 du C. p., le
dernier ordonne le secret dans tous les cas hormis ceux
exceptés par la loi même; les exceptions à la loi pénale
comme ses applications sont de droit étroit, il n'est pas plus
permis d'étendre les dispositions de l'art. 346 que de restreindre celles de l'art. 378; la conciliation de ces apparentes contradictions doit obtenir la préférence sur ces
interprétations créées au service d'une cause.

Quand la loi ordonne au médecin de parler, elle crée une
exception au principe du secret et il doit obéir ! sans nul
doute, les prétentions contraires seraient absurdes, mais
toute la question est de savoir si l'art. 346 établit une semblable dérogation? Il n'est pas difficile de démontrer la
négative : les termes littéraux du code font, du silence
imposé aux médecins un ordre absolu, hors le cas où la loi
les oblige à se porter dénonciateurs, et l'obligation de
dénoncer est elle-même rigoureusement déterminée par la
loi; n'était l'exception indiquée, l'art. 346 priverait peut-
être l'accoucheur des prérogatives de sa profession; mais il
est patent que le législateur a voulu relever les hommes
de l'art d'un devoir dans telle circonstance déterminée et
non dans telle autre, quand il doit dénoncer et non quand
il a à déclarer le nom de la mère ! Sinon, comment expliquer
pourquoi l'exception dont on veut se prévaloir contre le
médecin n'est pas inscrite dans l'art. 378 à côté de la dénonciation *limitée;* serait-ce encore un oubli de la part du
législateur?

Ce qui intéresse la société au plus haut point, ce qui est pour elle d'un intérêt majeur, c'est la déclaration du fait de la naissance, avec les circonstances de temps et de lieu, afin qu'elle puisse protéger le jeune être et veiller à la conservation de ses jours. L'enfant fait partie de la grande famille sociale, des devoirs et des droits réciproques enchaînent leur destinée, celle-ci doit lui garantir l'existence et prendre toutes les mesures propres à atteindre ce but; les art. 55 et 56 ont cet effet; le suivant tend à établir la filiation qui est d'un intérêt social inférieur et secondaire; infiniment plus importante au point de vue de la famille qu'au point de vue de l'état, aucune injonction impérative ne l'ordonne, et ceci fût-il, cet ordre exprès ne serait obligatoire que là où il sortirait son effet, là où la déclaration du nom de la mère peut constater la filiation, et non quand elle est sans valeur légale.

Maintenant, je me demande si la mention du nom de la mère naturelle dans un acte de naissance, faite contre son gré, nulle vis-à-vis de la loi et au point de vue de la filiation, n'entraîne pas des conséquences plus sérieuses pour l'enfant et pour celle qui lui a donné le jour?

A priori, nous pouvons dire que les mères qui refuseront de décliner leur nom seront celles qui ont tout à y perdre, la faute de la fille pauvre compromettant peu son avenir, elle prendra peu de soins à cacher un fait qui exerce peu d'influence, c'est ce qui se manifeste par l'insouciance que nous lui connaissons à cacher sa grossesse ou ses couches, c'est tout au plus si parfois elle va accoucher dans une commune voisine. Cette quiétude de la fille déshéritée, qui touche à l'indifférence, fait place à d'autres sentiments quand l'aisance ou la fortune permettent à la jeune per-

sonne d'aspirer à une destinée brillante. Dans l'immense
majorité des cas, c'est une jeunesse que de fallacieuses
promesses ont séduite! C'est une demoiselle de famille que
les galanteries du monde ont victorieusement disputée aux
sentiments du devoir et de l'honneur !

Le moment d'oubli passé, et en supposant la déclaration
de son nom d'ordre légal, la mère future se trouve dans
l'alternative de renoncer à la vie, de sacrifier son fruit ou
de subir la honte qui s'attache impitoyablement à son nom!
C'est une existence désormais troublée, un bonheur à
jamais impossible, une vie infortunée et sans charmes que
lui réserve la société si elle parvient à connaître sa maternité!
Ces pensées brisent les principes moraux et religieux capables de soutenir cette âme dans une destinée, qui sera la
lutte incessante du déshonneur et du mépris contre la tentative du suicide ou de l'infanticide. Dans ce cœur se livre
un combat entre les prescriptions du devoir et la crainte
du scandale, d'une flétrissure publique d'un nom jusqu'alors
sans tache; exalter cette infortune par les rigueurs de la
loi, c'est pousser au sacrifice du devoir, à l'infanticide!

Le refus de déclarer son nom sauve la mère du déshonneur, sans briser les liens naturels qui existent entre elle
et son enfant; si elle conserve les sentiments d'une véritable
mère. En supposant que l'acte de naissance prouve ce fait,
qu'une telle est accouchée, l'enfant a encore plus à attendre
de l'amour maternel, de la pitié de celle qui l'a engendré,
que de la loi; la vraie mère n'attend ni les avertissements
ni les menaces pour prodiguer à sa progéniture tous les
soins tendres qui sont en son pouvoir, la femme qui n'a de
la mère que juste ce qu'il en faut pour mettre un enfant
au monde, ne sentira pas naître dans son sein sous l'in-

fluence de la contrainte légale, l'amour maternel, ce sentiment d'instinct capable d'inspirer les dévouements les plus
héroïques et les plus sublimes! La loi positive est impuissante à conduire à ce résultat, à produire semblable métamorphose dans le cœur d'une femme qui repousse le fruit
de ses entrailles.

J'entends objecter qu'une crainte chimérique ou exagérée
m'inspire une appréhension démesurée, l'enfant et la mère
connus, les agents de la loi, le public veillent à la conservation de celui-là! Je serais heureux de partager ces convictions et de pouvoir me reposer avec quiétude sur l'effi-
cacité de cette mesure préventive, consistant en la
connaissance du nom de la mère, et la surveillance exercée
sur elle. D'abord, l'enfant inscrit à l'état civil sans mention
du nom de sa mère, sera l'objet d'une même surveillance
de la part du public et de l'autorité; chaque fois qu'elle le
réclame, les personnes à qui il est confié, doivent le montrer, plus de vigilance est impossible; cependant, l'impuissance de ces moyens m'est démontrée jusqu'à l'évidence,
j'ai vu mourir des enfants légitimes robustes nés au centre
d'une population nombreuse, mais mal conformés, objets
de pitié pour leurs parents, ces décès qui ont lieu sans
qu'un médecin ait été appelé et dans quelques jours de
temps constituent entre Dieu et les auteurs de leurs jours
un mystère impénétrable qui m'inspire des réflexions
sérieuses et pénibles! Le défaut de soins, l'inanition n'étei-
gnent-ils pas la vie entourée des meilleures garanties
légales!

La déclaration du nom de la mère, inutile à la filiation,
offre un danger pour les jours de l'enfant, en ce sens, que
la mère aimera mieux se passer des secours de l'art au

moment des couches, que de les demander au prix d'une divulgation de son secret; d'ailleurs, la fréquence des avortements doit nous avertir que les mesures de rigueur seraient à redouter et qu'il est nécessaire de les éviter à l'égard de la mère naturelle. Pour ma part, j'ai l'intime conviction que la tendresse maternelle est pour la vie de l'enfant un gage plus certain que les prescriptions de la loi; que cette dernière, impuissante à inspirer cet amour, ne doit au moins ni l'éteindre ni le mettre en lutte avec le sentiment de l'honneur que la crainte du scandale surexcite.

Mes confrères, ceux surtout des grandes villes, où les avortements se provoquent et se récèlent avec une égale facilité, connaissent si ce que j'avance est conforme à la vérité.

Jurisprudence française. — Il a été jugé que les médecins et l'officier de santé, devaient déclarer à l'officier de l'état civil le nom de la mère alors même qu'il ne leur était révélé que comme un secret professionnel.

1° .... On voit par le texte de l'art. 346 aussi bien que par le titre de la section du Code pénal dans laquelle cette disposition est placée, qu'elle a pour objet de réprimer un délit qui empêcherait la preuve de l'état civil de l'enfant..... Il faut, pour échapper à la loi, faire la déclaration du nom de la mère ;.... la réticence à cet égard empêcherait la preuve de l'état civil de l'enfant.... l'art. 378 du Code pénal ne dispose que pour les cas où la loi n'a pas imposé le devoir d'une révélation (Dijon, 14 août 1840).

2° .... L'acte de naissance doit contenir aux termes de l'art. 57, plusieurs énonciations parmi lesquelles se trouvent celles des noms des père et mère de l'enfant; ces dispositions essentielles sont prescrites non-seulement dans l'intérêt public; mais encore dans celui de l'enfant, dont la preuve de l'état civil doit être protégée par la loi; ces dispositions du Code civil ont trouvé une sanction dans l'art. 346 du Code pénal qui oblige à faire la déclaration telle qu'elle est prescrite par l'art. 56 du Code civil; lorsqu'il s'agit de filiation, la déclaration du nom de la mère est de la plus grande importance pour l'enfant, qui a le droit de rechercher sa maternité, et que si ce nom n'était pas porté dans l'acte de naissance, il en résulterait une omission qui empêcherait ou détruirait la preuve de l'état civil de celui auquel il s'applique; les dispositions de l'art. 378 du Code pénal sur le secret imposé aux médecins, sont sans applications dans l'espèce. (Cour de Paris, 20 avril 1843).

D'autres décisions judiciaires sont venues établir que l'accoucheur ne doit pas déclarer le nom de la mère qu'il affirme n'avoir connu que sous le sceau du secret.

1° Attendu qu'aux termes de l'art. 346 du Code pénal toute personne, qui, ayant assisté à un accouchement, ne fait pas la déclaration prescrite par les articles 55 et 56 du Code civil, se rend passible de peines correctionnelles ;..... qu'aux termes de l'art. 378 du Code pénal tout médecin qui révèle un secret dont il est devenu dépositaire, à raison de l'exercice de sa profession, se rend également passible de peines correctionnelles; qu'ainsi le cas où un médecin n'a connu la mère d'un enfant nouveau-né que sous le sceau du secret et à l'occasion de l'exercice de sa profession, est dans un cas d'exception légale où il lui est non-seulement permis, mais encore enjoint de garder le secret à lui confié; la loi ne peut avoir entendu punir d'un côté comme un délit, le silence qu'elle prescrit d'un autre côté comme un devoir; vainement prétendrait-on que la disposition de l'art. 378 renferme une restriction qui replace les médecins sous la prescription générale de l'art. 56 du Code civil; le mot *dénonciateur* dont se sert l'art. 378, et l'exposé des motifs qui en ont déterminé l'emploi, indiquent assez que le silence ne cesse d'être obligatoire pour les médecins que lorsqu'ils sont confidents d'un crime intéressant le salut public, ce qui ne peut s'appliquer à la déclaration prescrite par l'art. 56 du Code civil; la nécessité du secret à garder par le médecin en matière d'accouchement, repose tout à la fois et sur les dispositions de la loi civile, et sur l'intérêt de la morale publique; il est, en effet, des naissances dont le législateur n'a pas voulu qu'on put révéler l'origine, parce que cette révélation, sans profit pour les enfants, ne serait qu'une cause de scandale et de perturbation pour la société, de malheur et de honte pour les familles; le déclarant s'est conformé autant qu'il était en lui aux prescriptions de l'art. 56 du Code civil, en conciliant les devoirs de sa profession avec ceux que la loi impose à tous les citoyens en pareille matière, et qu'il n'a pas dès lors encouru les peines portées par l'art. 346 du Code pénal. (La Rochelle, tribunal correctionnel du 6 avril 1843).

2° Par arrêt du 16 septembre 1843 la Cour de cassation a confirmé le jugement de la Rochelle dont le tribunal supérieur de Saintes avait adopté les motifs..... L'art. 56 du Code civil n'impose aux personnes y dénommées qu'une obligation formelle, celle de déclarer le fait de la naissance de l'enfant à laquelle elles ont assisté; cet article n'exige pas que l'on déclare les noms des père et mère de l'enfant; les dispositions de l'art. 56 ne sauraient être étendues, alors surtout qu'il s'agit d'appliquer l'art. 346 du Code pénal qui leur sert de sanction ; le dit article se réfère uniquement à l'art. 56 du Code civil, et ne s'occupe que de la déclaration qu'il prescrit.

Tous ceux qui assistent à un accouchement, remplissent l'obligation de déclarer la naissance, par la déclaration du fait matériel dans le délai voulu; ils ne doivent pas satisfaire aux indications de l'art. 57 ; les accoucheurs et accou-chéuses en outre liés par le secret que l'art. 378 leur impose, ne peuvent pas déclarer le nom de celle qui accouche chez eux, et dont ils ne connaissent le nom qu'à raison de l'exercice de leur profession.

3° Un jugement du 22 mars 1844 acquitte un médecin poursuivi pour avoir refusé de décliner le nom de la mère, mais il le condamne pour n'avoir pas fait la déclaration du nom maternel en qualité de maître de la maison dans laquelle celle-ci est accouchée. Sur appel, le tribunal de Saintes réforme ce jugement en ce qu'il a séparé dans sa personne la qualité de chef de maison de celle de médecin, qui lui impose d'une manière absolue l'obligation du secret, en cassation le jugement du tribunal de Saintes fut confirmé.

Attendu..... qu'en premier lieu, il ne résulte pas de l'art. 57 que toutes ces énonciations, souvent impossibles à recueillir, soient nécessaires pour la régularité d'un acte de naissance; qu'en second lieu, du rapprochement de ces trois articles 55, 56, et 57, il ne résulte pas que celui qui est tenu de déclarer le fait de la naissance, soit tenu de fournir toutes les énonciations voulues par l'art. 57, énonciations qu'il peut ignorer ; que cette interprétation desdits articles est confirmée par les dispositions de l'art. 346 du Code pénal, qui ne peut être spécialement appliqué, en ce qui concerne la désignation du nom de la mère, au médecin qui n'a su qu'à raison de son état, la grossesse et le nom de la mère, et à qui tout a été confié sous le sceau du secret ; — qu'au lieu d'être puni par l'article 346, le silence sur toutes ces choses à lui confiées lui est imposé par l'art. 378 du même Code, qui lui défend, sous des peines sévères, de révéler de tels secrets..... (Cour de cassation, chambre criminelle, 1er juin 1844.)

4° La Cour royale d'Agen a donné un arrêt conforme le 20 avril 1844... Attendu dit la Cour, que les devoirs que l'art. 56 impose aux docteurs, chirurgiens, etc., sont de déclarer la naissance de l'enfant ; — que cette déclaration ne saurait se composer de tous les éléments qui, d'après l'art. 57 du même Code, doivent constituer l'acte de naissance, parce qu'il arriverait souvent que les personnes autres que le père, désignées en l'art. 56 seraient dans l'impuissance de les fournir ; — si le législateur avait voulu donner une extension aux devoirs qu'il impose à ces personnes, il s'en serait clairement expliqué, surtout dans l'art. 346 du Code pénal mais cet article ne punit que le défaut de la déclaration prescrite par l'art. 56 du Code civil, sans se référer à l'art. 57, et qu'il serait contraire à tous les principes d'étendre cette disposition pénale à toutes les circonstances énumérées dans ce dernier article ; — que cette interprétation de la loi est la seule qui soit en harmonie avec l'art. 378 du Code pénal, qu'il serait contraire à la saine morale d'obliger, hors certains cas formellement prévus, les médecins à la révélation de secrets confiés par des personnes qui savaient que la loi elle-même leur faisait un devoir du silence; — que, s'il importe à la société de favoriser la recherche de la maternité, il importe aussi à l'honneur des familles de ne pas encourager la violation de tels secrets — qu'un système contraire aurait des dangers plus graves que les inconvénients des accouchements clandestins.

Jurisprudence Belge. — Le tribunal d'Ypres a rendu deux jugements qui admettent le secret professionnel et relèvent le médecin de l'obligation de délarer le nom de la mère; je reproduis le dispositif de celui du 19 mai 1853 prononcé en faveur de M. Lecluyse, docteur à Poperinghe. Attendu... que la loi de 1792 prononçait, en cas de contravention deux mois d'emprisonnement contre toute personne chargée de faire les déclarations prescrites, et que les auteurs du Code civil, frappés des inconvénients d'une semblable disposition, se sont abstenus de comminer aucune espèce de pénalité; — que l'art. 346 du Code pénal est venu changer cet état de choses en déclarant punissable toute personne qui, ayant assisté à un accouchement, n'aura pas fait la déclaration à elle prescrite par l'art. 56 du Code civil et dans le délai fixé par l'art. 55 du même Code; — que les lois pénales étant de stricte interprétation, il n'est pas permis d'étendre l'art. 346 du Code pénal à l'inobservation de l'art 57 du Code civil, auquel il ne se réfère point textuellement et qui n'est relatif qu'aux énonciations que doit contenir en général l'acte de naissance, lesquelles sont toutes utiles, mais dont nulle n'est essentielle; — que la désignation de la mère, sans son aveu, n'a en dehors du mariage, aucun effet légal, et qu'il peut en résulter pour elle de fâcheuses conséquences; — qu'il serait contraire à l'esprit de la loi d'exiger cette désignation de la part des médecins dépositaires par leur profession des secrets qu'on leur confie, et à qui l'art. 378 du Code pénal défend de les révéler, hors les cas où la loi les oblige à se porter dénonciateurs; — que s'il importe à la société et à l'enfant de favoriser la recherche de la maternité, il importe aussi à l'honneur des familles de ne point provoquer la violation de tels secrets, ce qui exposerait aux dangers des accouchements clandestins.

La cour d'appel de Gand a réformé ce jugement et a condamné le médecin à 16 francs d'amende par arrêt du 2 août 1853.

Attendu que l'art. 346 du Code pénal ne définit pas l'étendue de l'obligation prescrite par l'art. 56 du Code civil, aux personnes y désignées, mais se borne à prononcer des pénalités contre l'inaccomplissement de l'obligation que cet article impose; — qu'il y a lieu conséquemment de déterminer quels sont les éléments que cette déclaration doit comprendre; — qu'il résulte de la combinaison de ces diverses dispositions que la déclaration doit comprendre tous les éléments nécessaires pour pouvoir procéder, conformément à l'art. 57 du Code civil, à la rédaction de l'acte de naissance; — que l'art. 346 se rapporte à une obligation de fournir une déclaration qui puisse sinon prouver d'une manière complète, du moins servir d'acheminement à la preuve de l'état civil de l'enfant; — que l'art. 378 du Code pénal n'a pas pour objet de consacrer un droit en faveur de certaines catégories de personnes, ni de dispenser celles-ci de remplir certaines obligations que la loi com-

mande par une disposition formelle, mais de punir les
relations spontanées; — pour ces motifs, met le jugement
à néant et condamne M. Lecluyse à un amende de 16 fr.
et aux dépens.

Contrairement à la jurisprudence française, si conforme
à la dignité de notre profession, la Cour de Gand exige la
déclaration du nom de la mère naturelle; la Cour de cassation n'a pas encore été appelée à statuer.

Faut-il déclarer à l'état civil l'enfant mort-né?

Cette naissance doit être déclarée comme celle de l'enfant
vivant, elle est exigée par l'intérêt général qui ne permet
point d'ignorer une naissance ou un décès sans en recueillir
les preuves; cette surveillance est au plus haut point nécessaire à l'enfant et à la famille, elle sert à constater l'état
des personnes et les droits dont elles peuvent jouir, en un
mot, à organiser la famille, base de nos sociétés civilisées.
Il est, en second lieu, d'une haute importance pour la
famille, de savoir que le nouveau-né n'a pu jouir d'aucun
droit civil, qu'il est né non-vivant, donc privé de la condition *sine qua non* pour la possession de la vie civile. La vie
physique de l'enfant demande encore que cette délaration
soit obligatoire, car s'il était permis de ne pas déclarer les
morts-nés, ce serait favoriser l'infanticide et enlever à l'autorité le moyen de constater si l'enfant porte des traces de
violence (Cour de cassation, 2 septembre 1842 et 2 août
1844). Attendu dit ce dernier arrêt, qu'en supposant même
que l'enfant fut mort en naissant, cette circonstance ne
dispensait pas les personnes présentes à l'accouchement de
l'obligation de déclarer cet accouchement, conformément
à la loi.

CHAPITRE VI.

DE LA GROSSESSE.

PREMIÈRE PARTIE, VISITE DE LA FEMME. — DEUXIÈME PARTIE, SIGNES DE LA GROSSESSE. — TROISIÉME PARTIE, GROSSESSES ANORMALES.

PREMIÈRE PARTIE.

VISITE DE LA FEMME.

De nombreuses circonstances constituent aux yeux de la femme un motif imaginaire ou réel de cacher ou de simuler une grossesse; cependant, il est rare que le médecin doive en décider, parce qu'il suffit de séquestrer la femme et d'attendre le terme de la gestation pour éclairer le fait et vérifier ses allégations.

Dans le cas de l'article 27 du code pénal, il est formellement indiqué de vérifier la déclaration de la femme, comme on peut s'en convaincre par la lettre même de la loi :

« Si une femme condamnée à mort se déclare et s'il *est vérifié* qu'elle est enceinte, elle ne subira sa peine qu'après la délivrance. »

Il est donc de tout intérêt pour la condamnée, afin de prolonger son existence, et dans l'espoir d'obtenir sa grâce, de simuler une grossesse. L'intervention de l'accoucheur est nécessaire pour ne pas sacrifier l'innocent avec le coupable.

D'autres motifs, peuvent encore engager la femme à induire la justice en erreur sur son état; je les trouve dans les articles 144, 145, 185, 229, 272, 274, 340, 725 et 906 du Code civil.

Art. 144. L'homme avant dix-huit ans révolus, la femme avant quinze ans révolus, ne peuvent contracter mariage.

Art. 145. Néanmoins il est loisible au roi d'accorder des dispenses d'âge par des motifs graves.

Art. 185. Néanmoins le mariage contracté par des époux qui n'avaient point encore l'âge requis, ou dont l'un des deux n'avait point atteint cet âge, ne peut plus être attaqué, 1° lorsqu'il s'est écoulé six mois depuis que cet époux ou les époux ont atteint l'âge compétent; 2° lorsque la femme qui n'avait point cet âge a conçu avant l'échéance de six mois.

Art. 229. Le mari pourra demander le divorce pour cause d'adultère de sa femme.

Art. 272. L'action en divorce sera éteinte par la réconciliation des époux, survenue soit depuis les faits qui auraient pu autoriser cette action, soit depuis la demande en divorce.

Art. 274. Si le demandeur en divorce nie qu'il y ait eu réconciliation, le défendeur en fera preuve soit par écrit, soit par témoins, dans la forme prescrite en la première section du présent chapitre.

Art. 340. La recherche de la paternité est interdite. Dans le cas d'enlèvement, lorsque l'époque de cet enlèvement se rapportera à celle de la conception, le ravisseur pourra être, sur la demande des parties intéressées, déclaré père de l'enfant.

Art. 725. Pour succéder, il faut nécessairement exister à l'instant de l'ouverture de la succession.

Ainsi, sont incapables de succéder,

1° Celui qui n'est pas encore conçu;

2° L'enfant qui n'est pas né viable;

Art. 906. Pour être capable de recevoir entre vifs, il suffit d'être conçu au moment de la donation.

11

Pour être capable de recevoir par testament, il suffit d'être conçu à l'époque du décès du testateur.

Néanmoins la donation ou le testament n'auront leur effet qu'autant que l'enfant sera né viable.

De ces dispositions légales, les unes sont favorables, les autres défavorables aux intérêts de la femme, ce qui engage celle-ci à simuler ou à dissimuler une grossesse d'après les situations. Examinons ces données légales pour comprendre et spécifier, autant que faire se peut, les cas où la constatation de l'état de la femme offre quelque avantage et ceux où elle est inutile ou illusoire.

Pour les dispenses d'âge à accorder conformément aux articles 144 et 145, il n'est aucune clause qui ordonne la visite de la fille pour qui la demande de dispense est faite. Le garde des sceaux, par circulaire en date du 10 mars 1824, fait connaître les formalités à observer en France pour obtenir ces dispenses, mais il ne prescrit point, et à juste raison, l'obligation de visiter la jeune personne. Le procureur du roi donne son avis sur la demande, et il est laissé au pouvoir royal de la refuser ou de l'accorder ; l'immoralité de la visite ne saurait être compensée par le faible degré de lueur qu'elle fournirait à ceux qui doivent statuer sur la requête en dispense. Un intérêt majeur est en jeu : la fille, en devenant mère, donne une preuve matérielle de l'offense faite à l'honneur d'une famille ; il est du plus haut intérêt pour elle de prévenir l'effet scandaleux que ce résultat d'une faiblesse produirait en public.

La visite corporelle ne saurait rien apprendre aux premiers mois de la grossesse, et pût-elle aboutir, il est d'une importance bien mesquine de savoir que le motif de la demande en dispense d'âge est réel et non supposé ou prétexté.

L'art. 185 octroie à l'épouse le droit d'opposer son état de grossesse au ministère public, à son époux, à sa famille ou à tout autre intéressé qui attaquerait en nullité le mariage contracté avant l'âge légal ; dans cette circonstance encore, la visite de la personne est hautement repoussée par la morale, elle ne peut rien apprendre si la grossesse est récente, et la séparation provisoire des époux, moyen certain de connaître la vérité, dispense de ces indécentes investigations.

La rédaction du second paragraphe de ce même article semble indiquer que la grossesse doit commencer quand l'épouse a déjà atteint sa 15e année ; ainsi entendu, ce serait une absurdité, puisque la conception fait rejeter l'action en nullité du mariage, lorsqu'elle a lieu pendant les six mois qui suivent l'âge légal, il doit en être de même si l'épouse conçoit avant cet âge. Le mariage contracté avant quinze ans est attaquable jusqu'à quinze ans et six mois, mais il est juste et moral de laisser à la femme le droit d'opposer son état si elle a conçu même avant sa 15e année. Le défaut de puberté qui est la raison d'être de cet article, n'existe plus, donc, la nullité ne peut être demandée avec plus de raison que si la conception avait lieu pendant les six mois qui suivent l'âge requis.

Art. 272 et 274. L'action en divorce ou en séparation de corps peut émaner du mari ou de la femme, dans les deux cas, la visite de l'épouse est impuissante à démontrer la reconciliation des époux par la grossesse. Dans une première hypothèse, supposons le mari demandeur, et la femme opposant la reconciliation dont son état de grossesse doit être une preuve suffisante selon la défenderesse. Y a-t-il lieu d'ordonner la visite ? Évidemment non, la visite corporelle, outre les inconvénients signalés plus haut, ne peut guère établir d'une manière précise l'époque de la conception, et ce point fût-il rigoureusement établi, n'autorise pas à en conclure la réconciliation, puisque ce fruit peut n'être qu'adultérin si l'épouse est défenderesse.

Dans l'hypothèse que le mari serait défendeur, la grossesse peut être due à un abus de la force brutale dont il aurait usé pour contraindre l'épouse à céder à ses désirs.

Art. 340. Les couches peuvent seules démontrer si l'époque de l'enlèvement se rapporte à celui de la conception, donc la visite corporelle de la femme est en tout point inutile.

Art. 725 et 906. Ces articles établissent une double condition pour être susceptible de succéder ou de recevoir une donation ou un legs : celle d'être conçu au moment où ces biens doivent lui revenir et celle de naître viable. Constater par visite l'état de grossesse serait un hors-d'œuvre, puisqu'il est de toute impossibilité de savoir si le fœtus naîtra viable, et de préciser l'époque de la grossesse; la date de la naissance seule démontre si la conception a eu lieu dans le temps fixé par l'art. 312 du Code civil (1).

L'indécence de ces visites et fréquemment l'impossibilité d'en déduire quelque preuve, font voir qu'il y a rarement avantage à y recourir.

La police judiciaire dans la recherche des crimes et des délits, la femme pour une suppression des menstrues, consultent souvent l'accoucheur pour s'éclairer sur l'état d'une grossesse. Afin de mettre nos collègues à même de résoudre ces questions difficiles, nous toucherons tous les points qui

---

(1) Voir cet article au chapitre de l'accouchement.

peuvent soulever quelque doute; cet exposé sera bref, puisque nous ne faisons que redire ce qui fait l'objet de leurs études journalières.

DEUXIÈME PARTIE.

SIGNES DE LA GROSSESSE.

Sommaire : Signes équivoques ou de présomption. — Signes vraisemblables. — Signes sensibles.

La femme est-elle enceinte?

Les signes rationnels tant ceux de présomption que ceux qui la rendent vraisemblable sont de peu de valeur en médecine légale; j'insisterai spécialement sur les signes certains de la grossesse.

§ 1. Signes équivoques ou de présomption.

L'utérus réagit sympathiquement sur tout l'organisme, cette réaction se manifeste par les dérangements, les troubles les plus bizarres :

1° Des fonctions digestives : nausées, vomissements, le pica, le malacia, l'anorexie et d'autres dérangements plus ou moins notables.

2° Des fonctions respiratoires : toux, hoquet, bâillement, oppression, voix altérée dans le timbre et le ton, sensation de suffocation.

3° Du système circulatoire : pouls irrégulier, varices aux jambes, palpitations du cœur, syncopes et hémorrhagies.

4° Des sécrétions et excrétions : beaucoup de femmes semblent s'infiltrer, le sang est refoulé à l'intérieur du corps, sa coloration devient blême, d'autres fois brune, jaunâtre ou même blanche, mamelles gonflées et plus sensibles, vulve et vagin secs ou inondés de mucosités.

5° De la nutrition : l'embonpoint se perd, le visage se décompose, d'autres femmes au contraire gagnent en force et en fraîcheur pendant la gestation.

6° Des facultés sensoriales : la vue s'obscurcit ou se trouble, les femmes disent voir des bleuettes, des étincelles, des taches noires, les yeux s'entourent d'un cercle bleuâtre, etc. : les oreilles bourdonnent, l'odorat se perd et ne supporte que certaines odeurs, le goût s'altère, le sommeil tantôt plus profond, tantôt plus agité.

7° Des facultés de l'âme : les passions se réveillent, le caractère s'aigrit, les femmes deviennent chagrines, acariâtres, elle passent de la tristesse à la joie, de l'amour à l'aversion, à la jalousie ; le caprice devient leur unique raison.

Il serait difficile de parvenir à trouver quelque preuve de la conception dans tous les phénomènes que nous venons de reproduire et que Capuron expose dans son traité des accouchements. Au début de la grossesse tous incertains, irréguliers, ils ne se manifestent que chez peu de femmes, jamais qu'en petit nombre chez la même, et pas même à chacune de ses grossesses.

Ces signes peuvent être dûs aussi à d'autres causes, puisqu'ils ne sont qu'un effet de l'influence sympathique de l'utérus sur l'économie entière, un état pathologique des organes génitaux internes (utérus, ovaires) qui augmente leur vitalité, y appelle le sang, y développe plus de chaleur, plus de circulation sanguine, plus de tonicité et réagit sur l'économie générale comme la grossesse elle-même. Nous nous dispensons de citer ici les affections qui jettent tant de doute sur une récente grossesse, elles trouveront plus loin leur véritable place.

§ 2. Signes vraisemblables.

Plusieurs phénomènes indiqués comme signes équivoques se reproduisent dans ce paragraphe comme signes vraisemblables, ce fait résulte de ce que ces symptômes augmentent de valeur en s'éloignant du moment de la fécondation, et gagnent en force probante, en se rapprochant du terme de la gestation.

1° *Suppression des règles.* — Dans l'ordre de leur importance la suppression des règles, accidentelle ou par fécondation, se trouve naturellement en première ligne puisqu'elle peut être cause occasionnelle ou déterminante de plusieurs autres signes rationnels de la grossesse. L'absence des menstrues, surtout si elle se prolonge à plusieurs époques menstruelles, est de quelque valeur chez les femmes d'une santé florissante, qui ont toujours été bien réglées antérieurement, ne sont exposées à aucune cause capable d'opérer cette suppression et se trouvent en dehors de toute influence morbide, toutefois elle n'est point démonstrative, la conception peut précéder la menstruation et même ne pas la troubler jusqu'au moment des couches; l'aménorrhée complète qui se prolonge de la puberté à la ménopause n'est pas un obstacle absolu à la conception, comme celle-ci n'empêche pas toujours le flux menstruel pendant une partie ou toute la durée de la gestation.

2° *Développement du ventre.* — Trop de causes peuvent produire une augmentation du volume du ventre pour ne pas pressentir qu'il est nécessaire de préciser à quels caractères le développement dû à la grossesse se reconnaît. Vers le deuxième mois, la gestation produit une tension, une rénitence à la région hypogastrique, elle commence par proéminer, puis l'augmentation est progressive de haut en bas. La tumeur fait saillie à la partie antérieure de l'abdomen, tandis que les flancs sont aplatis, en cela elle diffère de l'ascite qui distend uniformement le ventre dans toute la périphérie; un diagnostic différentiel limité à ces deux cas ne donnerait jamais lieu à l'erreur; mais toute affection morbide de l'utérus (môles, polypes, tumeurs, etc.) produit dans cet organe les mêmes changements que la grossesse et diminue de beaucoup la confiance que ce caractère pourrait mériter.

3° *Modification de l'Ombilic.* — Beaucoup d'auteurs prêtent une attention plus forte aux changements que la grossesse produit sur la cicatrice ombilicale. On ne peut mieux étudier ce point que dans le traité des accouchements de Cazeaux : l'utérus augmente d'abord de poids sans varier sensiblement de volume, descend dans l'excavation pelvienne, entraîne la vessie qui à son tour tiraille l'ouraque attaché à l'ombilic, celui-ci se déprime et même devient douleureux. Au troisième mois, il reprend sa forme normale, et au quatrième, il est moins enfoncé qu'avant la conception, la dépression s'élève de plus en plus du cinquième et sixième mois, de manière à faire saillie au septième, pendant les deux derniers mois, la cicatrice se dilate au point de pouvoir recevoir l'extremité du doigt et se trouve surmontée d'une saillie formée par la peau. Ces modifications sont d'une grande valeur parce qu'elles sont constantes, l'ascite et les fortes tumeurs pathologiques de l'utérus peuvent les produire, mais du moins leur absence prouve qu'il n'existe pas de grossesse.

4° *Mamelles*. — Ces organes nourriciers du jeune être ont une connexion si intime avec les organes de la génération que toute modification de ceux-ci retentit dans ces premiers. Ainsi la suppression des règles, un état pathologique de l'utérus peuvent développer, rendre douloureux et durcir les seins, y faire naître une sécrétion de sérosité laiteuse, tout comme la grossesse elle-même. Dûs à la conception, ces signes n'apparaissent point dans les premiers temps chez les femmes délicates et faibles; d'autre part, ils peuvent se produire sous l'influence des premières approches conjugales ou de succions fréquemment répétées, ce qui rend ce signe très-incertain. Le gonflement du mamelon a lieu du second au troisième mois et constitue un caractère moins illusoire; cette turgescence augmente sa saillie et sa sensibilité, l'aréole qui l'entoure grandit et prend une couleur brune foncée comme le mamelon lui-même; coloration plus foncée, dit Cazeaux, chez les femmes aux cheveux et aux yeux noirs, à la peau brune et d'une constitution forte et robuste. Sur l'aréole il se forme douze à vingt glandules ou tubercules papillaires qui disparaissent après l'allaitement.

5° *Coloration de la muqueuse vaginale*. — Les recherches du docteur Jacquemin l'ont conduit à conclure que les changements de la coloration rosée de la muqueuse vaginale, en teinte plus foncée, en couleur de lie de vin, violacée ou même bleuâtre en même temps qu'une turgescence de ces parties, sont des phénomènes infaillibles chaque fois qu'on les rencontre, puisqu'aucune affection morbide ne les produit, la grossesse elle-même ne les produit pas nécessairement, mais quand ils existent, ils sont concluants. De préférence ils se produisent comme l'aréole mamillaire chez les femmes grasses, fortes et sanguines.

6° *Urine*. — Quelques auteurs accordent une valeur décisive aux caractères de l'urine chez les femmes enceintes ;
l'un des principaux est la formation de la kiestéïne ; la
nouveauté assure à cette découverte quelque vogue sans
justifier l'importance que plusieurs accoucheurs lui accordent : nous citons pour-mémoire les nombreuses évolutions
que les urines de la femme enceinte accomplissent dans
un verre à champagne. Acceptons sérieusement, s'il est
possible, l'uroscopie pendant quelques jours seulement, et,
en oracle inspiré, nous prononcerons sur l'état de la femme.
Nous donnons la description de Cazeaux reproduite d'Egui-
sier : Recevez les urines d'une femme enceinte dans un
verre à champagne, placez-le sur une surface bien horizontale dans un endroit bien éclairé et bien ventilé où on
le laisse en repos ; alors, armé de bonne volonté, il faut
observer : que ce liquide est acide, louche, blanchâtre
d'une odeur fade au moment de l'émission ; grâce à la
loupe, il est permis de distinguer de petits corpuscules
blancs en suspension qui se déposent sous forme de flocons
nuageux et l'urine plus limpide devient plus transparente ;
d'après les auteurs même de la découverte, tout ceci ne
prouve rien vu l'impossibilité de le distinguer des mucosités des urines ordinaires, mais après 18 à 24 heures de
repos, de nombreux petits grains brillants, cristallins,
isolés, surnagent. Statu quo pendant quelques jours,
car l'urine se prépare à manifester la grossesse. Au
troisième jour de transparence, elle devient louche, d'une
odeur plus forte, et, à la surface, on distingue des traces
d'une pellicule, d'abord sous forme d'une traînée nébuleuse
qui s'épaissit insensiblement du troisième au quatrième
jour, et rend ce caractère plus sensible. Puis, de la pelli-

cule se détachent de petits débris qui tendent à gagner le fond du verre, et du quatrième au cinquième jour sa destruction est complète. Une seconde pellicule moins blanche y succède, et de laiteuse, l'urine devient verdâtre; les jours suivants, la seconde se détruit et la putréfaction commence. Une troisième se forme, mais elle est analogue à celle que la putréfaction engendre sur l'urine ordinaire.

Cazeaux reproduit la description de ces phénomènes faite par d'autres auteurs; le peu d'intérêt qu'ils présentent nous dispense de les indiquer.

§ 3. Signes sensibles.

Il sont au nombre de trois : changements de l'utérus, mouvements actifs et passifs du fœtus, signes stéthoscopiques.

I. *Changements de l'utérus.* — Ces changements surviennent au corps, au col et à l'orifice de cet organe; placé dans l'excavation pelvienne, il est d'un trop petit volume chez les femmes non enceintes pour être accessible au palper abdominal, la hauteur du corps n'est que de 8 centimètres, la largeur en haut de 4, son épaisseur de 1 centimètre, d'une consistance dure, du poids de 24 grammes chez les vierges et de 50 grammes chez les femmes qui ont été mères. Pendant les deux premiers mois, l'exploration directe ne peut découvrir son développement, mais à la fin du troisième, il dépasse les pubis et peut se découvrir par le palper chez les femmes qui ont les parois abdominales lâches et faibles. A quatre mois, il dépasse les pubis de six centimètres; à cinq, il s'approche de l'ombilic qu'il atteint au sixième; au septième mois il le dépasse de cinq centi-

mètres et au huitième il s'étend jusqu'à la région épigastrique pour s'abaisser pendant la dernière moitié du neuvième.

La matrice se développe pour proportionner sa cavité au
volume du fœtus, mais ce développement peut être morbide,
est-il possible de porter un diagnostic différentiel positif?
Cazeaux croit la chose très-difficile, et pour y parvenir il
fait valoir les caractères suivants : l'utérus développé par
l'œuf est plus souple que s'il était le siége d'une affection
pathologique chronique. Afin de constater cette souplesse,
on pratique le toucher vaginal pour explorer la face postérieure de la matrice à travers les parois vaginales ; pendant
la grossesse, le globe utérin reste lisse, sans bosselures, ce
qui exclut le cancer et la transformation fibreuse de ses
parois. Les môles ne peuvent se distinguer du fœtus par le
palper ou le toucher.

Les menstrues irrégulières, les retards des règles, développent, chez certaines femmes, l'utérus de telle manière que
le diagnostic est impossible à porter.

Col et orifice au début de la grossesse. — Les changements du col se bornent à un léger ramollissement inappréciable au doigt, si l'accoucheur n'a pas bien constaté son
état avant la grossesse. A la fin du sixième mois, dit Chailly,
le col s'arrondit, s'épaissit, se ramollit et se raccourcit en
même temps que l'ouverture se dilate. A la fin du huitième,
le col vaginal est presque effacé et l'orifice en forme d'en-
tonnoir est agrandi. A la fin du neuvième, le col est presque
effacé et plus bas dans le vagin. Je n'insiste pas davantage
sur ces choses parce que les signes du col ne présentent
qu'un faible intérêt pour le médecin légiste.

II. *Mouvements du fœtus.* — A. Actifs : c'est d'ordinaire à la fin du quatrième mois que la mère commence à sentir les mouvements du fœtus, d'abord confus et comme produits par les pattes d'un insecte, ces mouvements se caractérisent davantage avec les progrès de la grossesse. La femme ressent le déplacement total ou en bloc du fœtus qui lui cause une sensation de frottement, ou bien les mouvements des extrémités abdominales ou thoraciques parfois assez violents pour être douloureux. Ces phénomènes sont de nature à certifier une grossesse; mais toutes les femmes ne les éprouvent pas, plus d'une arrive au terme de la gestation sans avoir senti son fruit. Ces mouvements sont encore moins bien perçus par la femme quand une hydropisie ascite vient compliquer la grossesse parce qu'ils ne peuvent se communiquer aux parois abdominales. S'il est des grossesses où le fœtus ne se trahit pas par ses mouvements, il existe, au contraire, des phénomènes qui font croire à la mère qu'elle les sent distinctement : ces sensations proviennent d'un état convulsif de la matrice, d'une contraction irrégulière et partielle des muscles abdominaux, d'un déplacement des gaz intestinaux, des pulsations d'une grosse artère comprimée par une tumeur; quoi qu'il en soit de leurs causes, des femmes même qui ont eu plusieurs enfants, s'y trompent et croient à une grossesse qui n'existe que dans leur imagination.

B. Passifs : Ainsi nommés parce qu'on les imprime au fœtus comme à un corps inerte. Le ballottement se produit vers le quatrième mois, de la manière suivante : l'accoucheur place la femme debout et pose une main largement ouverte sur la partie du ventre qui correspond au fond de la matrice, puis il repousse vivement l'utérus de bas en haut au moyen d'un doigt de l'autre main introduit dans le vagin, l'extrémité de ce doigt reste appliquée· sur la paroi utérine et sent le fœtus retomber au fond de cette poche; c'est vers le septième mois que cette exploration donne les plus beaux résultats. On parvient au même but par la percussion abdominale ; le plat d'une main placé sur la tumeur utérine, on percute de l'autre le côté opposé comme pour constater un épanchement, ces manœuvres font sentir un corps flottant dur et léger qui vient choquer la main, c'est le fœtus qui se déplace et vient heurter les parois de l'organe gestateur.

Dans l'absence de toute grossesse, quelques circonstances peuvent faire naître les mouvements passifs que nous percevons par le toucher vaginal, ce sont les cas de forte antéversion de la matrice et la présence d'un calcul volumineux dans la vessie, quelques autres, les positions du siége et du tronc, rendent la perception du ballottement impossible. En résumé, les mouvements actifs et passifs du fœtus sont d'un grand poids en sémiotique obstétricale. En général, le médecin qui les constate clairement est autorisé à affirmer la grossesse s'il a soin de bien établir que ces signes ne sont pas le résultat de l'une des causes qui peuvent simuler ces mouvements en dehors de l'état de grossesse. Lorsque l'utérus est distendu comme du sixième au septième mois, l'illusion serait difficile, car cette distension ne peut être dùe qu'à un corps solide ou à une collection liquide; il n'existe aucun cas pathologique où celle-ci renferme simultanément un solide et un liquide, condition d'absolue nécessité pour produire le ballottement.

III. *Signes stéthoscopiques.* — Ils sont au nombre de deux, le bruit de souffle et le bruit du cœur, perçus à une époque très-variable de la gestation, suivant les positions

du fœtus, et probablement suivant les insertions du placenta.
Le dos de l'enfant en contact avec la paroi postérieure de
la matrice, ne permet d'ouïr les pulsations cardiaques qu'à
une époque fort avancée de la gestation; il en est de même
du bruit de souffle, quand le placenta se trouve inséré sur
la partie postérieure. Dans les positions où la région dorsale se trouve contiguë au segment antérieur de la matrice,
l'auscultation peut aboutir, même à une époque beaucoup
plus rapprochée de la conception. Ordinairement c'est de
quatre mois et demi à six mois que ces bruits se font
entendre.

a. Bruit de souffle. Ce bruit qu'on a tâché de faire comprendre en le comparant au souffle des carotides chez les
chlorotiques, à un anévrisme variqueux, au souffle d'une
tumeur érectile, est intermittent et isochrone au pouls de
la mère; il est loin d'être permanent, et ne mérite qu'une
faible attention, puisqu'une tumeur fibreuse ou une môle
hydatique qui développent la matrice autant qu'un fœtus,
le déterminent.

b. Bruit du cœur, seul signe de certitude de la grossesse,
La région abdominale où il se fait entendre est très-variable,
comme la position du fœtus elle-même, avant la fin du septième mois; la mobilité du fœtus doit nécessairement
déplacer les pulsations et les bruits du cœur. Les auteurs
ont comparé ces bruits aux mouvements d'une montre
enveloppée de linge; ce battement double, ce tic-tac, dont
le premier est plus faible que le second, est l'effet de la
systole et de la diastole du cœur, et forme le plus précieux
des signes de la grossesse, seul il lève tout doute, parce
que nulle autre cause ne saurait le produire. Les battements du cœur de la mère, s'ils se transmettaient jusque dans

la région sous-ombilicale, sont isochrones avec son pouls, et ne tromperaient que l'inadvertance ou l'inhabile légèreté. Les pulsations cardiaques de l'enfant non isochrones avec le pouls de la mère, sont de 120 à 140 par minute; elles s'accélèrent et se ralentissent sans cause appréciable, sont parfois difficiles à découvrir; mais elles n'échappent à une auscultation bien faite et souvent répétée que lorsque le fœtus est mort.

TROISIÈME PARTIE.

GROSSESSES ANORMALES.

Connaissant les signes qui décèlent la grossesse régulière et utérine, il reste à examiner quels sont ceux de ces signes qui persistent également dans les différentes grossesses extra-utérines et les modifications qu'ils subissent.

Au début de la conception, le diagnostic présente d'invincibles difficultés, parce que le corps de l'utérus et son col se modifient comme si l'ovule y était descendu. Les modifications de volume, de consistance et de position que les parties de cet organe éprouvent, sont les mêmes dans les grossesses utérines et dans les extra-utérines. Les signes de présomption, comme les vraisemblables, ne présentent pas de différences qui autorisent une déduction diagnostique valable. La menstruation persiste ou cesse d'une manière très-irrégulière, les neuf mois de la grossesse extra-utérine évolus, la cessation des menstrues peut persister encore plusieurs années, comme elles peuvent périodiquement couler durant ces gestations anormales.

Le développement de l'abdomen offre des caractères

diagnostiques plus certains, d'abord, il est plus irrégulier, et la tumeur est plus superficielle et moins arrondie au palper que celle de l'utérus dans les grossesses régulières ; les formes du fœtus, ses mouvements actifs et passifs se distinguent plus nettement, en même temps qu'ils sont plus pénibles pour la mère. Unissant le toucher au palper, il est permis de sentir une tumeur double, l'utérus vide et le kyste fœtal ; cette distinction est difficile dans la grossesse extra-utérine intersticielle et celle qui siége à l'insertion des trompes à la matrice.

A l'auscultation on découvre mieux les bruits du cœur que dans la grossesse utérine, puisque les parois utérines ne sont pas interposées entre l'oreille et le fœtus.

Le bruit de souffle n'est pas encore démontré, son existence n'est pas hors de doute : si la circulation sanguine des parois utérines est cause de ce phénomène, il ne saurait se produire dans la grossesse extra-utérine ; d'après les deux autres hypothèses émises pour l'expliquer (la circulation placentaire, celle des parois abdominales) il devient facile à comprendre, les observations stéthoscopiques ultérieures éclairciront ce fait. Mais ce qui diminue beaucoup les services que le stéthoscope rend ici, c'est la courte vie du fœtus qui, dans les grossesses extra-utérines n'est que de quelques mois. Fréquemment donc un diagnostic de ce genre présente de hautes difficultés, qui deviennent inextricables lorsque ces grossesses anormales se compliquent de l'une des affections suivantes pouvant simuler à elles seules une gestation :

1° Rétention des Règles. — Cette rétention est due à la suppression de la sécrétion ou à un obstacle mécanique à l'écoulement du sang menstruel, cette barrière peut être un

12

diaphragme dans le vagin, l'agglutination des lèvres du museau de tanche, ou l'hymen imperforé. L'accumulation du sang agit sympathiquement sur tout l'organisme, fait naître les signes de présomption de la vraie grossesse, occasionne une augmentation du globe utérin, ce qui, ajouté à l'absence des trois signes de certitude, rend le diagnostic différentiel impossible. Plus tard, le défaut des mouvements actifs et passifs du fœtus et des bruits du cœur ne laisse aucun doute sur la non grossesse. 2° Grossesse nerveuse, fausse grossesse des plus curieuses, présentant plusieurs signes de présomption et une augmentation du volume de l'utérus et des parois abdominales. Les femmes mêmes multipares se méprennent au point de se dire enceintes et de croire qu'elles sentent les mouvements actifs du fœtus bien au-delà du neuvième mois, terme ordinaire de la gestation. Il n'est pas rare même d'en voir qui se mettent au lit croyant le moment de l'accouchement arrivé. Les causes de ces illusions sont des mouvements spasmodiques de la matrice ou des intestins et non ceux d'un fœtus. 3° Hydrométrie et tympanite utérine : l'ampliation graduelle de l'organe utérin par un liquide clair citrin ou sanguinolent constitue l'hydrométrie, une ampliation analogue par un fluide gazeux forme la tympanite. Ces deux états réagissent sympathiquement sur l'organisme d'une manière analogue à la conception elle-même, et engendrent la plupart des signes équivoques. La méprise est inévitable avant le troisième ou le quatrième mois, dès cette époque les signes de certitude, plus la résonnance dans la tympanite doivent motiver le diagnostic. 4° Polypes utérins; ceux qui se développent dans le tissu même de l'utérus et le distendent sans se montrer à l'ouverture du

col sont capables d'induire en erreur. 5° Môles de génération, faux germes, môles hydatiques qui distendent la matrice avec la régularité de l'œuf lui-même. Il est de pratique
sage de suspendre son jugement s'il n'est point possible de
découvrir les principaux signes de la grossesse. 6° L'ascite
notable, la distension de la vessie, ne prêtent pas à méprise
si la légèreté ne préside à l'examen. 7° Les tumeurs de
l'ovaire ne permettent très-souvent de se prononcer qu'au
moment où les mouvements actifs et le stéthoscope décèlent
la présence du fœtus ; peut-être aucune autre affection ne
produit aussi fortement les signes sympathiques que les
états pathologiques des ovaires, ces affections nombreuses
rendent l'examen de la femme et le jugement à porter sur
son état, très-difficiles, même impossibles quand la grossesse coexiste avec l'un d'eux.

1re QUESTION. — *Établir l'état de grossesse après la mort?*

D'ordinaire le diagnostic de la grossesse après la mort
n'offre aucune difficulté si la conception date de 25 à
30 jours, puisqu'il est permis d'ouvrir le cadavre et d'examiner le contenu de la matrice ; cependant il se rencontre
des incertitudes difficiles à lever, telle est la présence d'un
fœtus ou des parties d'un fœtus dans la cavité abdominale
chez une personne qui porte les signes de la virginité.
L'expert a-t-il à faire à une monstruosité ou au produit de
la conception? Malgré les signes de la virginité, la conception est possible, mais aussi ce fœtus peut n'être qu'une
conséquence d'une conception double avec emboitement
de l'un des deux embryons dans l'autre ; monstruosité par
inclusion. Dans la première supposition (coït et fécondation),
la grossesse extra-utérine développe toujours l'utérus dans
certaines limites, et les parties génitales elles-mêmes four-

nissent des indices qui permettent de soupçonner la défloration. Dans la supposition contraire, l'embryon n'est
qu'une monstruosité aussi âgée que celle qui le porte, et
cet âge trahit son origine d'une manière plus certaine que
la persistance ou la destruction de l'hymen. L'embryon-
monstruosité est d'une organisation plus avancée, plus
parfaite que le produit d'un coït récent ; étant du même
âge, ce fœtus inclus se manifeste dès l'enfance de la jeune
fille, en formant chez celle-ci une tumeur abdominale,
tandis qu'une grossesse extra-utérine ne peut produire
qu'une tumeur récente.

2ᵉ QUESTION. — *Déterminer l'époque de la grossesse?*

Cette question suppose la grossesse établie. Le dire de
la femme ne saurait inspirer aucune confiance ; pour ce
motif, l'expert ne fera pas dater la conception du 10ᵉ au
15ᵉ jour après la dernière menstruation comme l'accoucheur, puisqu'il ne connaît cette époque que par le témoignage de l'intéressée. D'ailleurs, dans la pratique, la femme
n'a aucun intérêt à induire son accoucheur en erreur,
celui-ci connaît la dernière époque menstruelle, encore il
ne saurait en déduire qu'une supposition approximative, la
suppression des règles pouvant être accidentelle et indépendante de tout commerce charnel, comme elles peuvent persister pendant une partie de la grossesse. La donnée que
fournit l'époque menstruelle manque complétement si la
conception s'accomplit avant l'apparition des règles ainsi
que chez les femmes qui ne sont jamais réglées.

Raisonnant dans la même hypothèse (la conception établie), il faut, dans l'absence de signes plus précis, considérer le développement de l'utérus et bien se représenter
l'élévation et le volume qu'il acquiert à chaque phase de la

grossesse, les autres signes sensibles sont de nulle valeur pour résoudre le problème en question. Il faut se rappeler encore le moment de la manifestation des mouvements du fœtus (les actifs, du 4e au 5e mois ; les passifs, au 5e) et des pulsations cardiaques (du 3e au 7e mois).

3e Question. — *Une femme peut-elle concevoir à son insu, et ignorer sa grossesse jusqu'à l'accouchement?*

Une multitude d'observations frappées au coin de la vérité ne permettent pas d'en douter, la conception peut se faire à l'insu de la future mère; mais dans des circonstances tout exceptionnelles, comme chez les femmes idiotes, en état de grande ivresse, fortement narcotisées, asphyxiées, frappées d'apoplexie ou insensibilisées par l'éther ou le chloroforme, et dans cette dernière circonstance, il faut une anesthésie qui détruise non la sensibilité et le mouvement mais même la conscience de tout ce qu'on peut leur fait subir.

Il n'est pas présumable, dit Duvergie, que le coït fécondant puisse s'opérer pendant le sommeil ; pour être possible, il faut supposer un sommeil lourd, une position de la femme tout-à-fait favorable, les parties génitales très-larges et une verge petite chez l'homme.

Après un commerce charnel d'où résulte une conception, la femme peut-elle ignorer longtemps son état?...

Les auteurs de médecine légale rapportent des exemples de femmes qui, connaissant les rapports qu'elles avaient eus, ne savaient croire à leur grossesse, trompées qu'elles étaient par leur âge ou le dire même de leur amant, et vivaient en parfaite quiétude jusqu'au moment même de l'accouchement. D'autres faits constants répondent encore d'une manière affirmative ; mais il est complètement impossible d'établir, à priori, les états qui peuvent produire cette ignorance, la décision doit être déférée à la sagacité de l'expert et du juge. Ainsi l'aliénation mentale renferme des variétés nombreuses qui présentent des moments de lucidité suffisants pour permettre à la femme de reconnaître son état; chez celles qui jouissent de leurs facultés intellectuelles, les mouvements du fœtus doivent détruire leur illusion avant le terme de la grossesse, s'il n'est pas d'une petitesse extrême et partant peu viable.

S'il est avéré qu'une femme puisse ignorer son état, l'accoucheur ne saurait perdre de mémoire qu'il est une foule de causes où cette ignorance est invoquée pour se soustraire à la juste action répressive de nos lois. Les antécédents, la moralité, la position de la femme doivent peser dans la solution de semblables questions.

4e QUESTION. — *Une femme non déflorée peut-elle avoir conçu?*

Différents auteurs nous rapportent des exemples de grossesse avec persistance de l'hymen. Ces cas sont positivement exceptionnels et si rares que l'observateur, heureux de sa découverte, se hâte de la publier et de la faire connaître au monde médical. L'intelligence humaine naturellement portée à se rendre compte de ce qu'elle observe, a créé quelques explications hypothétiques dont nous devons forcément nous contenter. La première hypothèse explique la fécondation en admettant chez la femme le même conduit que De Blainville a trouvé chez la truie : conduit double s'ouvrant à côté du méat urinaire et à l'intérieur dans les trompes, le sperme éjaculé sur les parties génitales externes gagne la vésicule de Graaf par cette voie.

Une seconde hypothèse l'explique par la souplesse de

l'hymen, naturelle ou due au sang menstruel qui le lubrifie et l'imbibe; grâce à cette disposition, le membre viril le refoule contre les parois du vagin et s'introduit sans le rompre. Une troisième manière de voir est celle-ci : le sperme lancé par le pénis contre la membrane hymen, passe en partie les ouvertures qu'elle porte et chemine jusqu'à l'ovule de Graaf tout comme si la verge l'avait déposé sur le col utérin.

5ᵉ QUESTION. — *Une femme non réglée peut-elle concevoir?*

Les accoucheurs sont d'accord sur cette question et y donnent une solution affirmative.

6ᵉ QUESTION. — *Quelle est la limite d'âge de la fécondité?*

Nous savons que la première apparition des règles a lieu dans nos climats tempérés vers la 15ᵉ année, dans les climats septentrionaux de la 16ᵉ à la 20ᵉ et dans ceux du midi, de la 8ᵉ à la 12ᵉ année.

La ménopause offre des différences plus surprenantes et moins régulières. Dans les pays tempérés, elle arrive de 45 à 50 ans, de 30 à 40 dans les climats chauds et de 50 à 55 dans les pays froids. Mais la science possède un grand nombre d'observations de femmes réglées jusqu'à 60 et 70 ans, dans ces cas, il est à remarquer qu'il y a eu cessation des règles pendant une ou plusieurs années, suivie d'un vrai retour de la menstruation à un âge avancé.

7ᵉ QUESTION. — *La grossesse peut-elle troubler l'intelligence jusqu'à détruire la volonté?*

Un grand nombre d'exemples semblent prouver que la grossesse peut pervertir la volonté à tel point que la femme soit entraînée irrésistiblement à commettre les actes les plus répréhensibles, les plus criminels. Voici quelques-uns de ces faits : aux environs de Cologne une femme assassine son mari pour manger sa chair, et même elle en met une partie en saumure pour prolonger son criminel plaisir (Langius parle de ce cas). Vivès dit avoir vu une femme prête à avorter, si elle n'avait pu mordre dans le cou d'un jeune homme. Le penchant le plus fréquent est celui du vol; Baudeloque cite le fait d'une femme qui dévorait avec délices du poisson cru volé. Ces exemples démontrent que la grossesse peut faire naître des penchants irrésistibles, mais dans cette matière, l'abus est très-près de la vérité; pour l'éviter, le médecin doit considérer la constitution, l'irritabilité de la femme qui invoque pour excuse l'envie d'une femme grosse. S'il ne peut établir le désordre moral, il donnera un avis général, laissant aux juges l'examen de la moralité du fait incriminé.

Il est d'observation journalière que la grossesse exerce une très-forte influence sur le moral de la femme, de sensible, douce, aimante, elle devient rude, antipathique, haineuse, l'amour conjugal fait place à l'indifférence ou à l'aversion, l'amour maternel et les témoignages de la tendresse maternelle cèdent aux emportements, et les enfants sont exposés aux mauvais traitements de toute nature de la part de leur mère.

Jusqu'où peut s'étendre cette perturbation des facultés intellectuelles et affectives? Capuron croit aux troubles dûs à la grossesse tant qu'il ne s'agit que d'expliquer les envies de manger des objets de mauvais goût ou impropres à nourrir (fruits verts, poivre, sel, plâtre, etc.), mais, dit cet auteur, il y a loin de là au désir de voler ou d'assassiner. Oui, la distance est grande du crime à la simple perversion du goût, mais est-il donné au médecin de limiter l'action perturbatrice de la grossesse? Dénier en principe la possibilité d'une influence qui pousse la femme invinciblement au crime, c'est dénier en même temps les faits observés qu'il est impossible de ne pas attribuer à un penchant irrésistible.

Ce penchant, effet direct de la grossesse, a été admis en 1812 par la Cour d'assises du département de la Seine comme excuse, et la prévenue a été acquittée. En morale, l'acte n'est imputable que lorsque l'agent a la connaissance de ce qui est mal en soi, or, l'aversion, la haine pour son époux et ses enfants, les goûts qui portent la femme à manger des substances nuisibles à sa santé sont des actes mauvais en eux-mêmes, affranchie de la justice humaine, la femme serait encore moralement coupable, si elle jouissait de sa pleine liberté, personne jamais n'a osé désigner comme coupables les malheureuses chez qui la gestation a d'aussi fâcheuses influences et cause ces troubles profonds de l'imagination et des sentiments, la conscience n'oserait les accuser. Ceci établi, nous demandons à ceux qui nient l'entrainement invincible quand il s'agit d'un vol ou d'un meurtre, sur quoi cette négation se base et comment ils la motivent? De la perversion des goûts au délit, il y a une distance notable, mais rien ne peut empêcher le mal, il nous semble, d'atteindre le summum d'intensité.

Pour éviter les abus et déjouer les calculs des femmes qui voudraient invoquer le bénéfice de cette excuse, les juges, l'avocat et le médecin doivent examiner, dans chaque cause particulière, les antécédents, la position sociale, la constitution irritable, et nerveuse de la femme, afin de bien saisir l'étendue de l'imputabilité et le degré de culpabilité de la prévenue. Le médecin, craignant la possibilité d'un tel écart, fera un rapport en termes généraux, si les circonstances particulières ne viennent établir le trouble de l'intelligence et de l'imagination chez la personne en cause.

Conduite du médecin appelé à constater l'état d'une femme. — Il doit établir l'état de la menstruation, celui des seins et du ventre. Pour éviter la méprise, il faut qu'il sache si la femme a intérêt oui ou non à se dire enceinte. Pendant l'interrogatoire, pour qu'il soit possible de démêler la vérité, il verra que celle qui désire se faire juger enceinte donnera des explications sur ce qu'elle sent et sur ce que le médecin observe, celle qui désire cacher son état dira avoir toujours eu les signes que l'examen fait découvrir. Puis vient l'exploration du ventre et de l'utérus par le palper, le toucher et l'oreille, répétée dans les diverses positions que l'expert juge convenable de donner à la femme, afin de parvenir à constater le ballottement, les mouvements actifs, les bruits du cœur et le souffle placentaire. La présence de ces signes de certitude mène à une conclusion affirmative, tandis que leur absence ne saurait légitimer une négative, car on ne peut déclarer qu'une femme est grosse avant le terme de quatre à cinq mois, époque à laquelle ces signes de certitude apparaissent. Ne pouvant former son jugement en connaissance de cause, le médecin demande à tenir la femme en observation, à la soumettre ultérieurement à des visites et à des examens dont il déterminera lui-même la fréquence. Durant cette épreuve, la plus attentive surveillance est nécessaire pour que la femme ne cache point l'écoulement menstruel ou qu'elle ne le simule en produisant des taches d'un sang d'une autre provenance. Les explorations répétées feront connaître le développement graduel de l'utérus dû à une conception. Mais nous ne saurions trop le dire, toujours l'expert sera obligé d'attendre la manifestation des signes de certitude avant d'affirmer une grossesse.

CHAPITRE VII.

DE L'ACCOUCHEMENT.

Sommaire : Signes de l'accouchement. — A quelle époque remonte l'accouchement. — Date précise de l'accouchement. — États qui simulent l'accouchement — L'accouchement peut-il avoir lieu à l'insu de la mère. — La mère peut-elle toujours secourir l'enfant qu'elle vient de mettre au monde. — La mère et l'enfant périssant qui a survécu?

Les difficultés que l'infanticide et les articles 341 du code civil et 345 du code pénal soulèvent, rendent l'intervention de l'accoucheur fréquemment nécessaire, pour éclairer les juges dans la solution des questions suivantes.

§ I. Signes de l'accouchement.

PREMIÈRE QUESTION. — *Une femme est-elle accouchée?*

Quand un enfant vient réclamer sa mère, conformément à l'article 341 du Code civil; un laps de temps notable nous sépare du moment de l'accouchement, et rend le résultat de l'examen de la femme plus douteux et moins concluant; cette visite est plus concluante immédiatement après les couches; on remarque alors : que les parties génitales externes sont béantes; les grandes lèvres et les nymphes sont gonflées, engorgées, contusionnées, surtout après une parturition laborieuse et chez les primipares. Le palper les trouve tendues, endolories, la fosse naviculaire a disparu

par la déchirure de la fourchette, et parfois même du périnée. Le vagin élargi permet de toucher le col utérin aux
lèvres plus allongées, pendantes, grosses, souples, engorgées, douloureuses, et fendillées surtout à la partie antérieure. Le col dilaté entr'ouvert laisse pénétrer le doigt
jusqu'à la cavité utérine. En plaçant la main gauche sur
l'hypogastre, on sent une boule dure et mobile, grosse
comme un double poing, qui dépasse les pubis de 2 à 3 travers de doigts; il suffit de presser la tumeur entre les deux
mains ainsi placées pour augmenter les tranchées utérines,
et sentir sur la main l'écoulement d'une plus forte quantité
de liquide. Le canal de l'urèthre est gonflé au point de rendre l'émission urinaire difficile ou impossible. Outre l'état
physique des parties génitales internes et externes, il faut
considérer leurs sécrétions; l'extraction de l'arrière faix est
suivie d'un écoulement de sang en caillots, mêlé d'une
légère quantité d'eau amniotique qui lui prête son odeur,
et parfois de lambeaux du placenta; après les premières
heures, les lochies s'établissent, l'écoulement est d'abord
d'un sang pur et inodore, séreux et pâle au troisième jour,
il se supprime au quatrième sous l'influence de la fièvre de
lait.

Les parois abdominales sont lâches au point de se laisser
facilement déprimer contre la colonne vertébrale, et les
muscles abdominaux écartés, parfois même les aponévroses
déchirées de manière à permettre aux intestins de se hernier.
Le tissu tégumentaire de la même région distendu au delà
des limites de son élasticité, s'est éraillé en tout sens, et
présente des lignes dites vergetures qui s'étendent sur la
partie supérieure des cuisses, livides d'abord, elles deviennent ensuite luisantes; une ligne brune se dessine du pubis

jusqu'à l'ombilic, et cette dernière cicatrice est distendue et élargie.

Les seins indolores et non tendus, secrètent un liquide d'un blanc grisâtre visqueux, plus clair que le lait.

La marche est difficile et provoque des douleurs dans les articulations du bassin.

Nous venons d'exposer tout ce que l'observation peut constater les deux premiers jours des couches. Du second au quatrième jour, une autre période commence, la fièvre de lait se déclare et dure de trois à vingt-quatre heures ; son début n'est jamais marqué par un frisson, et toujours plus forte chez les femmes qui n'allaitent pas, elle se diagnostique : à une céphalalgie modérée, une face rouge et animée, une langue couverte d'un enduit blanchâtre, à une chaleur vive et sèche de la peau ; le pouls d'abord concentré devient fréquent et développé, puis large et souple. Les mamelles se gonflent rapidement et leur extrême tension empêche les libres mouvements des bras. Une sueur profuse survient et à la suite de cette abondante diaphorèse la fièvre tombe, l'excrétion séro-laiteuse diminue la tension des seins ainsi que la douleur qui s'y éteint au bout de quelques jours.

Du quatrième au cinquième jour, quand la fièvre tombe, l'écoulement lochial reprend, il est alors laiteux, d'un blanc jaunâtre, d'une odeur nauséabonde spécifique qui le caractérise ; il devient ensuite sero-muqueux pour se supprimer du quinzième au vingtième jour. L'écoulement des lochies est occasionné par le dégorgement de l'utérus, dont les parois expriment les fluides dont elles sont imprégnées ; l'organe revient sur lui-même et retombe dans l'excavation pelvienne.

Chaque signe pris isolément ne peut conduire à une démonstration certaine, il faut interroger leur ensemble, et les liaisons qu'ils présentent entr'eux. L'accouchement récent d'un enfant à terme, chez une primipare est celui qui se constate le plus facilement, tout en reconnaissant que les traces en disparaissent en très-peu de temps. Quelques jours de repos (4 à 5) enlèvent tous les signes que fournissent les lèvres et le vagin, à l'exception de la déchirure de la fourchette qui peut manquer quand l'enfant est petit, comme elle peut être dûe, selon l'opinion de quelques uns, au passage d'un corps volumineux autre qu'un fœtus ; comme, par exemple, une forte môle, ce corps produirait en outre tous les caractères que la vulve et le vagin présentent après un accouchement. Les vraies môles peuvent produire ces délabrements, mais les môles hydatiques n'offrent pas assez de consistance pour déchirer ou contondre les parties molles, et il n'existe pas, à notre connaissance, d'autres tumeurs pathologiques dures qui se développent dans l'utérus, et en sont expulsées quand elles ont le volume nécessaire pour produire ces lésions. La déchirure seule peut être dûe à une cause traumatique ayant agi de l'extérieur.

Le relâchement des parois abdominales peut dépendre de même d'un amaigrissement considérable, celui qui résulte d'une grossesse disparaît promptement. Les lochies sont irrégulières dans leur durée et leur commencement, elles manquent complètement chez certaines femmes, elles se suppriment pour des causes légères (froid, émotion, etc.), ce signe quand il existe, mérite toute confiance s'il est accompagné de l'odeur caractéristique.

La sécrétion séro-laiteuse et le gonflement qui en occupe les organes, peuvent dépendre d'une affection de l'utérus comme il a été démontré au chapitre de la grossesse.

La tumeur hypogastrique dûe à la présence de la matrice est palpable pendant douze à quinze jours.

Au moment de la visite de la femme, s'il existait dans la matrice des morceaux de placenta enchatonnés, la certitude serait établie.

L'examen de l'enfant est parfois utile, il vient fortifier les soupçons, si son âge correspond à l'époque présumée de l'accouchement, comme il infirme les présomptions dans le cas contraire.

§ 2. A quelle époque remonte l'accouchement?

2ᵉ QUESTION. — *Combien de jours peut-on reconnaître un accouchement?*

Les auteurs limitent la possibilité de cette reconnaissance à huit ou douze jours, quoiqu'il ne soit pas vrai d'une manière absolue, que la visite de la femme ne puisse rien apprendre après ce terme, elle peut porter les signes de la virginité, dès lors le soupçon tombe, le passage du fœtus peut avoir occasionné des délabrements qui persistent plus de dix jours; et des circonstances imprévues peuvent rendre les signes apparents après le quinzième jour; ces faits s'éloignent de la règle générale; mais ils ne permettent pas de tracer une limite fixe, au-delà de laquelle la visite serait inutile.

§ 3. Date précise de l'accouchement.

3ᵉ QUESTION.— *Quelle est l'époque précise d'un accouchement?*
Les signes décrits plus haut, la vulve béante, la tumé-

faction, l'engorgement et la déchirure fraîche des organes extérieurs de la génération, l'écoulement d'un fluide séro-sanguinolent, la flaccidité et la coloration brune et non luisante des vergetures, autorisent à fixer l'accouchement à deux ou trois jours. Dès ce moment, ces traces s'efface-ront de plus en plus en s'éloignant du moment des couches, la sagacité et l'expérience de l'expert deviennent les meil-leurs guides, pour déterminer l'époque d'un accouchement qui a eu lieu depuis huit à dix jours ; car à semblable date, les marques de violence ont presque disparu, et l'utérus descendu laisse à peine sentir une petite tumeur arrondie.

Les mamelles se préparent à l'allaitement bien avant l'arrivée du nouvel être, au moment de la naissance elles sécrètent un lait particulier, d'une composition spéciale, et destiné à débarrasser les premières voies de leur méco-nium. Ce lait dit colostrum, est d'un brun jaunâtre, sucré, alcalin, albumineux, coagulable par la chaleur, et conserve ces caractères pendant les deux premiers jours.

Quarante-huit heures après l'accouchement survient une fièvre de lait, dont la durée maxima est de vingt-quatre heures, il est donc permis d'indiquer le moment des couches quand la visite a lieu durant cette fièvre.

M. Donné a fait une analyse microscopique du colostrum chez la femme qui allaite ; ces véritables mères remplissent religieusement les devoirs de leur état et nécessitent bien rarement un examen judiciaire. Je regrette que l'auteur dont nous reproduisons textuellement les investigations, ne les ait pas étendues au lait des mères dénaturées qui se défont de leur fruit et qui par conséquent n'allaitent pas.

« Premier jour : colostrum jaunâtre, visqueux, demi transparent, alcalin, composé de globules la plupart agglomérés, très-disproportionnés entre eux par la grosseur, mêlé de corps granuleux d'une forme variée, ainsi que de gouttelettes oléagineuses. Ce liquide traité par l'ammoniaque, se prend tout entier en une masse visqueuse et filante.

» Troisième jour : invasion de la fièvre de lait ; ce liquide est jaune, ressemble à celui du premier jour, sauf qu'il contient moins de corps granuleux.

» Sixième jour : lait très-jaune, bleuit le papier de tournesol rougi. Les globules laiteux sont généralement gros, mais mieux proportionnés entr'eux. Il existe encore quelques gouttes oléagineuses, mais on ne voit pas cette espèce de poussière de petits globules que l'on remarque dans certains laits pauvres. Les masses globulaires agglomérées n'ont pas disparu, mais les corps granuleux deviennent assez rares. Du reste, les globules laiteux sont rares et serrés.

» Septième jour : la couleur du lait est toujours très-jaune et la consistance assez grande. On voit encore quelques gros globules huileux, mais ils sont bien nets, bien circonscrits et bien proportionnés. Les masses agglomérées disparaissent peu à peu, et les corps granuleux deviennent très-rares.

» Dixième jour : le lait étant abondant, est formé de globules très-nombreux, très-serrés; mais ils offrent encore une certaine disproportion choquante dans leur grosseur.

» Quinzième jour : lait d'un beau blanc mat, avec une légère teinte jaune; on aperçoit de temps en temps un corps granuleux avec quelques petites agglomérations. L'ammoniaque lui communique encore un peu de viscosité.

» Vingt-quatrième jour : lait tout à fait blanc, riche en

globules uniformément proportionnés, et ne contenant plus aucun corps étranger. »

Nous ferons observer que le lait ne se constitue définitivement qu'après la fièvre de lait : même il est des femmes dont le lait conserve toujours les éléments du colostrum, et une maladie, une indisposition légère les reproduisent; ce qui infirme considérablement la valeur de l'observation microscopique dans la détermination de l'époque d'un accouchement, par le lait maternel.

Ces données sont sujettes à de nombreuses erreurs; le régime, le genre de vie, la constitution humorale et lymphatique, ou bien nerveuse et sèche, les influences morales, font varier à l'infini la richesse du lait. Le temps que ce produit des glandes mammaires séjourne dans les vaisseaux gulactophores, change sa densité, il est d'autant plus aqueux que l'intervalle de la sécrétion à l'excrétion est plus long; ce qui doit varier à l'infini les résultats de l'observation microscopique comme ceux de l'analyse chimique, selon le moment auquel on extrait le lait des mammelles.

§ 4. États qui simulent l'accouchement.

4ᶜ QUESTION. — *Quels sont les états ou maladies qui peuvent simuler les suites de l'accouchement?*

ACCOUCHEMENT.	EXPULSION D'UNE MÔLE.
1º Développement graduel du ventre pendant neuf mois.	1º La môle séjourne rarement plus de quatre mois dans l'utérus.
2º Douleurs utérines et évacuation de sang ayant l'odeur des eaux de l'amnios.	2º Le sang n'a pas l'odeur caractéristique des eaux de l'amnios.

3° Dilatàtion des parties avec déchirure de la fourchette.	3° Rarement déchirure de la fourchette.
4° Fièvre de lait et sécrétion laiteuse.	4° Rarement une fièvre de lait et jamais de sécrétion laiteuse
5° Lochies ayant une odeur *sui generis*.	5° Lochies sans odeur.
6° Relâchement des parois abdominales et vergetures.	6° Relâchement beaucoup moindre, vergetures moins prononcées.

L'extirpation d'un polype utérin ne peut guère simuler un accouchement parce que leur développement est moins régulier, d'une durée illimitée et qu'il n'atteint jamais le volume d'un fœtus. Les hydatides altèrent la santé de la femme, et ne peuvent léser ses parties charnues.

Les autres affections de l'utérus (rétention des règles, hydropisies utérines, etc.), ne peuvent simuler une grossesse, encore moins un accouchement.

§ 5. L'accouchement peut-il avoir lieu à l'insu de la mère?

5e QUESTION. — *L'accouchement peut-il avoir lieu à l'insu de la mère?*

La théorie et l'observation répondent affirmativement à cette question; en effet, les contractions utérines sont en dehors de l'action de la volonté et indépendantes des muscles de la vie de relation; ces deux assertions sont mises hors de doute par les anesthésiques employés pour faire accoucher sans douleur, et par l'expulsion du fœtus après le décès de la mère.

Selon M. Duvergie, les états suivants rendent l'accouchement imperceptible à la mère :

1° L'état comateux, l'apoplexie, l'asphyxie et la syncope peuvent éteindre la sensibilité au point de n'être plus impressionnée par les douleurs de l'enfantement.

2° L'anesthésie éthérique ou chloroformique et le narcotisme, poussés à un haut degré peuvent avoir le même résultat.

3° Cet auteur pense qu'il pourrait en être de même d'un accès d'hystérie avec perte absolue de connaissance, absence de respiration et de circulation.

Tout ces états présentent différents degrés, fréquemment la sensibilité non éteinte est émoussée au point de rendre la mère insensible aux douleurs de l'enfantement; d'autres fois, elles font sortir de ces états les femmes qui y sont plongées.

La femme qui jouit de ses facultés intellectuelles ne peut accoucher à son insu; seulement, il est admissible qu'elle soit surprise par une sortie brusque du fœtus au moment qu'elle s'y attend le moins. — Une primipare accouche debout, l'enfant est tué dans sa chûte sur le sol, ou tombe dans les latrines, y a-t-il crime?

M. Duvergie résolvant cette question en thèse générale, admet cette possibilité; mais pour faire choir l'enfant dans les lieux d'aisance, il place la femme debout sur l'ouverture de la latrine les jambes écartées. Dans quelle intention prend-elle donc une position si fatigante et si difficile? A elle seule, cette pose n'indique-t-elle pas une pensée d'infanticide? Pour se prononcer sur le cas qui se présente devant un tribunal, l'auteur en appelle en outre à l'âge de l'accusée, à la marche de l'accouchement, il s'informe si elle est primipare ou non, s'il y a eu des assistants, etc., de manière à se former une conviction par l'ensemble des données recueillies.

§ 6. La mère peut-elle toujours secourir l'enfant qu'elle vient de mettre au monde?

6ᵉ Question. — *La mère peut-elle toujours secourir l'enfant qu'elle vient de mettre au monde, de manière à lui conserver la vie?*

La femme qui laisse volontairement périr l'enfant sorti en partie ou en totalité de la vulve est coupable d'infanticide par négligence, par omission, l'excuse n'existe que lorsqu'elle résulte de l'impossibilité de porter des secours à son enfant; il est d'abord naturel d'admettre cette impossibilité dans toutes les situations exposées dans la cinquième question; il faut y assimiler quelques espèces d'aliénations mentales qui ne peuvent se juger qu'au moment de se présenter aux juges. Duvergie suppose un dernier cas : Une primipare dépourvue de secours, l'enfant sorti reste avec la bouche dans l'eau amniotique et, le sang écoulé, il ne peut crier et s'asphyxie. Il est de rigoureuse justice d'admettre cette possibilité, car la femme à la suite de très-fortes douleurs, d'une hémorrhagie ou d'un long travail, peut se trouver dans un état lipothymique qui la mette dans l'impossibilité de secourir le jeune être.

§ 7. La mère et l'enfant périssent, qui a survécu?

7ᵉ Question. — *La mère et l'enfant périssent, qui a survécu?*

Les articles 720 et 721 du Code civil établissent ce qui suit ; c'est la règle la plus certaine et la seule applicable :

Art. 720. Si plusieurs personnes, respectivement appelées à la succession l'une de l'autre, périssent dans un même événement, sans qu'on puisse reconnaître laquelle est décédée la première, la présomption de survie est déterminée par les circonstances du fait, et, à leur défaut, par la force de l'âge ou du sexe.

Art. 721. Si ceux qui ont péri ensemble avaient moins de quinze ans, le plus âgé sera présumé avoir survécu.

S'ils étaient tous au-dessus de soixante ans, le moins âgé sera présumé avoir survécu.

Si les uns avaient moins de quinze ans et les autres plus de soixante, les premiers seront présumés avoir survécu.

Ces textes ne s'appliquent pas expressément au cas qui nous occupe ; la mère a moins de 60 et l'enfant moins de 15 ans, selon l'esprit de la loi, le comourant qui est dans la plénitude de sa force a survécu ; la mère est donc présumée avoir survécu à son enfant.

La science ne possède pas le moyen d'établir la survie ; à moins de circonstances toutes particulières que la cause peut présenter, il sera toujours impossible d'établir des prémisses qui permettent de conclure. Duvergie conseille au médecin de se guider dans la solution de ce problème, sur les quelques données suivantes : 1º La mère a-t-elle senti les mouvements actifs de l'enfant jusqu'au moment de l'accouchement ? — 2º Le fœtus est-il mort dans le sein de sa mère ? Il est des cas où la solution de cette question ressort des lésions ou de l'état de décomposition du fœtus. — 3º Dans les couches compliquées d'une forte hémorrhagie, le fœtus est-il anémique, exsangue ? — 4º Présente-t-il les symptômes de l'asphyxie des nouveau-nés ? — A-t-il respiré ? — 6º Le cordon est-il entortillé autour du cou ? 7º La délivrance a-t-elle été effectuée ? — 8º L'enfant est-il immédiatement sorti, d'une manière complète ou incomplète ? —

9° A quel genre de mort l'un et l'autre ont-ils succombé? L'examen cadavérique doit résoudre ce problème.

La question du prédécès, quand la mère et l'enfant succombent, ne saurait se présumer ; des faits positifs et irrécusables doivent faire connaître lequel a survécu. A leur défaut, la survie non déterminée par les circonstances du fait, est établie dans le Code, par la force de l'âge. Si les lumières de la science et les investigations de l'enquête ne fournissent qu'une solution conjecturale au lieu d'offrir un résultat incontestable, les tribunaux décident d'après les prescriptions absolues du Code. La décision arbitraire du législateur était nécessaire en présence des éventualités et des causes diverses qui occasionnent la mort de la mère et de l'enfant dans l'acte de la parturition.

Ceci termine le chapitre de l'accouchement, celui de l'avortement, qui n'est autre chose qu'un accouchement avant le terme de la viabilité, y succède d'une manière naturelle.

CHAPITRE VIII.

AVORTEMENT.

Sommaire : La tentative n'est pas punissable. — Les violences qui produisent l'avortement, faites sans intention de le produire, sont-elles punissables des peines portées par l'art. 317? — Faut-il assimiler les sages-femmes aux médecins dans l'application du § 3 de l'art. 317? — L'avortement qui résulte d'un médicament administré de bonne foi, est-il criminel? — Dans les cas d'angustie pelvienne, l'avortement médical est-il illégal? — Des causes naturelles d'avortement. — Les moyens physiques et les ingesta capables de faire avorter. — Y a-t-il avortement? S'il existe est-il naturel ou provoqué?

L'avortement est l'expulsion de l'ovule, de l'embryon ou

du fœtus avant le terme de la grossesse, provoquée dans une intention criminelle.

Je le définis de cette manière pour faire comprendre que ce fait peut se produire à toutes les périodes de la gestation, avec tous les caractères du crime.

Cette action, une des plus coupables révoltes contre les lois naturelles et morales, est réprimée dans notre législation par l'art. 317 du Code pénal.

§ 1. La tentative n'est pas punissable.

Art. 317. Quiconque, par aliments, breuvages, médicaments, violences, ou par tout autre moyen, aura procuré l'avortement d'une femme enceinte, soit qu'elle y ait consenti ou non, sera puni de la réclusion.

La même peine sera prononcée contre la femme qui se sera procuré l'avortement à elle-même, ou qui aura consenti à faire usage des moyens à elle indiqués ou administrés à cet effet, si l'avortement s'en est suivi.

Les médecins, chirurgiens et autres officiers de santé, ainsi que les pharmaciens qui auront indiqué ou administré ces moyens, seront condamnés à la peine des travaux forcés à temps, dans le cas où l'avortement aurait eu lieu.

Ces paragraphes renferment trois dispositions différentes : le premier prononce la réclusion indistinctement contre toute personne qui aura procuré l'avortement; le second inflige la même peine à la mère qui s'est fait avorter elle-même, si l'avortement a eu lieu; le troisième punit plus rigoureusement les personnes qui, abusant de leurs connaissances spéciales, conseillent ou administrent des moyens abortifs.

La difficulté est de savoir si la tentative d'avortement est punissable? Selon la rédaction de l'article, ces peines semblent édictées contre l'avortement effectué, et non contre la tentative; les expressions restrictives : *aura procuré... si l'avortement s'en est suivi... dans le cas où l'avortement aura eu lieu,* ont fait naître une vive controverse : l'avortement consommé et la simple tentative sont-ce des crimes également punissables, ou le premier seul tombe-t-il sous l'application de la loi répressive?

Jurisprudence française. — La tentative est déclarée crime par plusieurs arrêts (16 octobre 1817, 17 mars 1827, 15 avril 1830) de la Cour de cassation de France, dont nous faisons connaître le dispositif analysé par Dalloz. « D'après l'art. 2 du Code pénal (1), toute tentative de crime, accompagnée des circonstances qu'il détermine, est considérée comme le crime lui-même. Telle est la règle générale ; il n'existe d'exception que pour les cas et les crimes exclus expressément et en termes formels par la loi pénale elle-même, ou par des dispositions inconciliables avec cette application. Or, aucune disposition pénale n'établit que la tentative d'avortement ne sera pas punie comme le crime accompli, il n'existe pas d'exception expresse, au principe général de l'art. 2 pour le crime d'avortement. D'autre part, le texte de l'art. 317 du Code pénal ne renferme aucune disposition inconciliable avec l'application de l'art. 2 du Code pénal, et toutes trois sont distinctes et indépendantes les unes des autres. Dans la première, rien n'exclut implicitement l'application de l'art. 2, la deuxième, relative à la

---

(1) Art. 2. Toute tentative de *crime* qui aura été manifestée par des actes extérieurs et suivie d'un commencement d'exécution, si elle n'a été suspendue ou n'a manqué son effet que par des circonstances fortuites ou indépendantes de la volonté de l'auteur, est considérée comme le *crime* même.

femme qui tente de se faire avorter elle-même, renferme une condition taxative (si l'avortement s'en est suivi) qui modifie le principe général en faveur de la femme enceinte et lui rend l'art. 2 inapplicable, pour la simple tentative; c'est là une dérogation spéciale, non susceptible d'une interprétation extensive, basée sur les motifs graves qui portent le législateur à traiter la future mère avec indulgence. La troisième prononce des peines plus sévères contre certaines professions spéciales, mais seulement quand l'avortement a lieu : cette clause conditionnelle se rapporte à l'aggravation de la peine et non à tout le paragraphe; l'art. 2 est donc applicable, car les médecins et autres personnes de la profession rentrent dans les termes généraux du premier paragraphe; ils sont assimilés à ceux qui tentent de procurer l'avortement, et punis de réclusion, si les remèdes sont restés inefficaces. »

Jurisprudence belge. — La jurisprudence belge, contraire à celle de la France, a été fixée par un arrêt de la Cour de cassation, motivé de la manière suivante : L'art. 2 du Code pénal assimile d'une manière générale toute tentative, accompagnée des circonstances qu'il exige, au crime même; cette disposition souffre une exception, dans les cas incompatibles avec son application.

L'art. 317 du Code pénal contient trois dispositions distinctes : la première punit de la réclusion *quiconque aura procuré* l'avortement; la seconde composée de deux parties indépendantes, punit la femme de la même peine, 1° lorsqu'elle se sera procuré l'avortement à elle-même, et 2° quand elle aura consenti à faire usage des moyens à elle indiqués ou administrés à cet effet, *si l'avortement s'en est suivi.* La troisième prononce contre les hommes de l'art la peine des travaux forcés à temps, lorsqu'ils auront indiqué ou administré ces moyens dans le cas où *l'avortement a eu lieu.*

Les phrases *procurer l'avortement...*, *si l'avortement s'en est suivi...*, *a eu lieu...*, indiquent que l'article 317 ne s'occupe que du crime consommé, et que la tentative ne peut être punissable que pour autant que l'art. 2 du Code pénal puisse lui être appliqué.

Le mot *procurer* a la même signification, la même portée et la même conséquence dans les deux premiers paragraphes; dans la première partie du second paragraphe, il a l'effet d'*exclure* à l'égard de la femme, la simple tentative, puisqu'elle ne devient coupable aux yeux de la loi, que lorsque l'avortement est consommé; ce qui ne peut être vrai pour ce primo, que pour autant qu'on attache au mot *procurer*, l'effet de rendre l'article 2 inapplicable à la femme : donc cette expression doit avoir le même effet dans l'hypothèse du § 1ᵉʳ du même article.

Les termes : *si l'avortement s'en est suivi.... dans le cas où l'avortement aurait eu lieu...* sont synonymes, et doivent avoir la même force et une égale valeur dans l'un comme dans l'autre cas; il s'en suit qu'étant également exclusifs de la tentative, dans la seconde partie du 2ᵉ §, à l'égard de la femme, ils doivent l'être, au même titre, dans le § 3, à l'égard des hommes de l'art.

Le § 3, qui punit les hommes à connaissances spéciales, des travaux forcés à temps, pour le crime consommé, leur rend inapplicable l'art. 2; car en assimilant la tentative au crime, il faut par cela même qu'elle soit punie de la même peine, à moins d'une exception qui ne se trouve pas dans l'art. 317. Punir les hommes de l'art de la réclusion pour la tentative, alors que la loi prononce contre eux la peine des travaux forcés à temps, pour le crime consommé, serait déroger arbitrairement à l'art. 2, et supposer que le. législateur aurait admis en faveur des hommes de l'art, et pour la tentative, une réduction de peine qu'il refuse aux simples particuliers. Une pareille inconséquence ne pouvant se supposer, on doit en conclure que le § 1 de l'art. 317 est étranger aux médecins, et que l'expression *quiconque* est modifiée à leur égard par les dispositions spéciales du § 3, qui leur est seul applicable.

Il en résulte que les §§ 2 et 3, contenant des dispositions incompatibles avec l'art. 2 du Code pénal, introduisent en cette matière une exception à la généralité des termes de ce dernier. Et par une conséquence ultérieure, il faut admettre qu'il doit en être de même du § 1er; car l'équité et la justice ne permettent pas de punir la tentative dans le chef de simples individus, alors que la loi ne la punit pas chez ceux qu'elle croit plus coupables en raison de leur qualité professionnelle.

Le législateur avait de puissants motifs de ne pas autoriser les poursuites contre la simple tentative, elles n'aboutiraient qu'à beaucoup de scandales, par défaut de certitude d'une grossesse souvent trompeuse et presque toujours entourée de mystères, sans résultat pour la vindicte publique.

Il résulte des discussions qui ont eu lieu devant le Conseil d'État et le Corps législatif, que l'art. 317 a été adopté tel qu'il est, malgré la remarque faite par un membre : que sa rédaction ne permettait pas d'atteindre la tentative ; et sur la réponse faite par un autre orateur, qu'il suffisait de punir le crime consommé, sans aller au-delà.

Un membre du Corps législatif, le rapporteur Morseignat,

disait : « Il est un crime des plus graves pour lequel les rédacteurs de la loi n'ont pas cru devoir punir la simple tentative de le commettre, c'est l'avortement volontaire, » système accueilli après le rejet d'un amendement tendant à punir la tentative.

Au Conseil d'État, Berlier a expressément soutenu que la simple tentative devait rester en dehors de toute pénalité et son opinion a prévalu. (Bruxelles, 21 décembre 1847.)

Dans cette cause, M. le premier avocat général Dewandre a estimé qu'en présence des discussions de l'art. 317 du Code pénal et de la déclaration formelle des auteurs de la loi, qu'ils entendaient ne pas punir la seule tentative du crime d'avortement, toute discussion de texte devenait sans objet.

M. Dolez, avocat aussi érudit que représentant distingué, exposa pour le demandeur en cassation, un ensemble de considérations solides, dont nous reproduisons quelques-unes.

Le § 2 de l'art. 317 exige que l'avortement ait eu lieu pour que la femme soit punissable ; le § 3 du même article exige le même fait pour que les hommes de l'art le soient ; serait-il équitable de soustraire à la pénalité la tentative perpétrée par les hommes de l'art, plus coupables à cause de leur qualité, et qualifier crime la tentative perpétrée par toute autre personne? Pour échapper à cette conséquence logique et nécessaire, la Cour de cassation de France a déclaré que la tentative d'avortement perpétrée par les hommes de l'art devait être, comme celle perpétrée par toute autre personne, punie de la réclusion ; mais avec ce système elle arrivait à ne plus considérer la tentative comme le crime même, ainsi que le veut l'article 2 du

Code pénal, puisqu'elle punissait la tentative de la réclusion, alors que le crime même était puni des travaux forcés à temps.

Sans l'art. 2 du Code pénal, la tentative ne serait pas punissable, mais avec lui elle doit être considérée comme le crime même; il en résulte donc qu'on arrive à ne plus considérer la tentative comme le crime même, dès qu'on doit reconnaître que le crime consommé doit être puni des travaux forcés à temps, et la tentative de ce crime, de la réclusion. Ce n'est plus à l'art. 2 du Code pénal qu'on peut faire appel, puisqu'on consacre des principes qu'il proscrit.

Puisque l'art. 317 ne renferme aucune disposition qui proclame que la tentative du crime d'avortement est toujours punissable de la réclusion, perpétrée par les hommes de l'art ou par toute autre personne, comment justifier l'exception arbitraire faite au principe de l'art. 2, en appliquant à la tentative d'avortement perpétrée par le médecin une peine moindre qu'au crime consommé, c'est-à-dire, en proclamant que la tentative ne doit pas être considérée comme le crime lui-même?

Les exceptions ne se présument pas, il faut qu'elles se déduisent logiquement et nécessairement de la loi; or, l'art. 317 proclame que l'avortement commis par les hommes de l'art a plus de gravité que lorsqu'il est commis par tout autre individu, mais il veut que l'avortement commis par le médecin *ait eu lieu* pour être punissable. Il est dès lors d'une conséquence invincible que le crime commis par une autre personne ne soit punissable que lorsqu'il a eu lieu.

Après cet aperçu analytique des jurisprudences belge et française, nous passerons en revue la doctrine de quelques auteurs, pour compléter ce qui reste à dire sur la question qui nous occupe.

L'opinion de Dalloz est en parfaite concordance avec l'arrêt de la Cour de Bruxelles.

Selon l'auteur, les mots *aura procuré* supposent le crime consommé, et la jurisprudence française conduit aux plus étranges conséquences : en cas de simple tentative faite par la femme et un complice, ce dernier seul serait punissable.

La qualité de médecin, qui constitue une cause d'aggravation de peine, aggravante en cas de crime consommé, est indifférente en cas de tentative sans résultat ; cependant, s'il y a un crime dans les deux cas, l'inflexible logique veut que la qualité de médecin exerce la même influence sur la pénalité. La tentative et l'exécution seraient inégalement punies chez l'homme de l'art, tandis que, pour tout autre, il n'y a qu'une seule pénalité pour les deux faits.

La tentative sans résultat n'est pas incriminée : l'incertitude des preuves, la difficulté de saisir l'intention de celui qui a pris ou administré telle substance, la nécessité d'empêcher de troubler l'honneur des femmes, le repos des familles, sur des indices équivoques, l'impossibilité d'établir que la tentative n'a pas échoué par la volonté de l'accusé, sont les raisons pour lesquelles le législateur n'autorise à détruire l'honneur d'une femme, que lorsqu'il existe un fait matériel saisissable.

Chauveau (théorie du Code pénal), fait valoir contre la jurisprudence française, attaquée par tous les auteurs qui ont écrit sur le Code pénal, l'argumentation suivante : « Le mot *a procuré* du § 1er semble supposer l'avortement consommé. Le § 2 confirme cette opinion, il punit de la réclusion la femme qui se procure l'avortement à elle-même, et celle qui fait volontairement usage des moyens indiqués ou administrés à cet effet, *si l'avortement s'en est suivi*. Ces derniers mots se rapportent exclusivement à la femme qui consent à se servir des moyens indiqués et à ceux qui les administrent, car la loi désigne, par la femme qui s'est procuré à elle-même l'avortement, un avortement qui a eu lieu. Mais puisque l'expression *procurer l'avortement* n'exclut pas la simple tentative dans le § 1er de l'article 317, il ne saurait avoir cet effet dans le § 2 du même article; ce qui mènerait à cette conséquence que la simple tentative serait imputable à la femme qui la ferait sur elle-même, tandis qu'elle serait innocente aux yeux de la loi, en autorisant cette tentative, faite sur elle par un tiers.

Le § 3 punit les hommes de l'art, des travaux forcés, si l'avortement a eu lieu. Il faut en tirer la conséquence naturelle, que la tentative n'est passible d'aucune peine à l'égard des hommes de l'art comme à l'égard de toutes autres personnes.

En admettant comme la Cour de cassation, que la peine du médecin est aggravée si l'avortement s'est *effectué*, mais qu'il rentre dans la disposition du premier paragraphe, en cas de simple tentative infructueuse, la qualité de médecin n'aurait pas toujours la même conséquence; aggravante en cas de succès, elle serait sans effet en cas d'insuccès. Or, s'il y a crime dans les deux cas, la qualité de médecin doit exercer la même influence sur la pénalité dans les deux circonstances.

Dans le système de la Cour, la tentative est punie chez les médecins, d'une peine moins grave que le crime consommé; comment admettre qu'une dérogation aussi formelle au principe qui veut que la tentative soit punie comme le crime même, n'eût été exprimée par la loi d'une manière implicite? »

Duvergie, dans son traité de médecine légale, considère la tentative comme punissable ; cette opinion est basée sur les arguments qui forment le dispositif des arrêts de la Cour suprême de France.

§. 2. Les violences qui produisent l'avortement, faites sans intention de le produire, sont-elles punissables des peines portées par l'art. 317?

2e QUESTION. — *L'auteur de violences volontaires, qui produisent l'avortement, sans intention de sa part de le produire, encourt-il les peines portées par l'art. 317?*

Un arrêt du 8 octobre 1812, statue : que l'avortement occasionné par des violences volontaires, mais *sans intention de le produire*, rend l'auteur de ces faits punissable d'après l'art. 317 du Code pénal.

Bourguignon approuve cet arrêt, il doit en être de ce cas, dit-il, comme de l'homicide occasionné par des violences volontaires et sans intention de donner la mort.

Dalloz rejette une semblable interprétation comme contraire à ce principe fondamental : *qu'il n'y a pas de crime sans l'intention de le commettre.* Tout crime se compose de deux conditions essentielles, d'un fait criminel, le corps du délit, et d'une intention de le commettre, d'une volonté libre de poser ce fait; on y rencontre donc toujours un élément matériel et un élément moral. Or, dans l'espèce celui qui maltraite la femme, ignorant sa grossesse ou se livrant à ces actes coupables sans aucune intention de la faire avorter, ne peut être coupable du crime d'avortement; mais simplement de blessures faites involontairement et par imprudence.

Chauveau : L'agent des violences doit être puni à raison de leur gravité, l'avortement ne prouve pas leur gravité, mais la position particulière de la blessée ; le fait ne peut changer de caractère par une circonstance accidentelle qu'il a produit. L'avortement n'est punissable que comme une blessure involontaire et par imprudence.

§ 3. Faut-il assimiler les sages-femmes aux médecins dans l'application du § 3 de l'art. 317 ?

3ᵉ Question. — *Les sages-femmes doivent-elles être assimilées aux médecins dans l'application du § 3 de l'art. 317 ?*

La Cour suprême de France a rendu un arrêt affirmatif le 26 janvier 1839, basé sur ce considérant : que la sage-femme fait des études théoriques et pratiques, et qu'elle n'obtient le diplôme qu'après avoir subi un examen.

Chauveau soutient la négative, parce que les lois sur l'enseignement ont fait une classe à part des accoucheuses ; ensuite, l'art. 317 ne les mentionne pas, tandis que l'art. 378 les désigne formellement ; preuve que le législateur ne les confond pas avec les autres officiers de santé, d'où il faut conclure qu'il n'a pas fait peser sur les sages-femmes, complices d'un avortement, l'aggravation du § 3. Elles restent donc dans les termes du § 1ᵉʳ.

Le silence (Dalloz) de l'art. 317 sur les sages-femmes n'est peut-être qu'une inadvertance, l'analogie qui les rapproche des officiers de santé le fait présumer. Mais cette inadvertance ni cette analogie ne sont assez complètes pour autoriser le juge à donner une interprétation extensive à une aggravation de peine. Il vaut mieux, en matière pénale, rester en-deçà de la volonté présumée du législateur, que de la dépasser.

La responsabilité morale de la femme est moindre que celle de l'homme ; elle résiste moins aux larmes et aux sollicitations, ce qui rend l'accoucheuse moins coupable que l'homme de l'art.

Remarquons que la qualité de médecin, etc., est une circonstance aggravante et doit faire l'objet d'une question au jury, séparée et distincte du fait principal. Cour de cassation, 10 décembre 1835.)

§ 4. L'avortement qui résulte d'un médicament administré de bonne foi, est-il criminel ?

4e QUESTION. — *Le médecin, etc., qui produit un avortement involontairement, en administrant de bonne foi des médicaments, est-il punissable?*

La Cour de cassation de France a rendu le 27 juin 1806 un arrêt, qui n'admet la culpabilité de l'homme de l'art, que lorsqu'il est constaté que l'avortement a été produit volontairement et dans une intention criminelle. Considérant, dit l'arrêt, qu'en cette qualité (d'officier de santé) il ne pouvait être frappé d'une peine afflictive, qu'autant qu'il avait opéré par une complaisance coupable et criminelle. Chauveau professe la même opinion : le médecin, s'il n'a pas eu l'intention de concourir à une pensée criminelle (formée par la cliente qui lui cache sa grossesse), n'est pas responsable : la pensée du crime peut seule le produire. Comment lui imputer un événement qu'il n'a pu ni prévoir ni prévenir, ou bien encore, si des circonstances particulières le *forcent* à administrer des remèdes capables de faire avorter?

§ 5. Dans les cas d'angustie pelvienne, l'avortement médical est-il illégal?

5ᵉ QUESTION. — *Dans les cas d'angustie pelvienne, l'accouchement prématuré ou au moins l'avortement médical est-il illégal?*

Duvergie partant de ce principe : que le fœtus doit être viable pour que l'on soit autorisé à provoquer son expulsion prématurée; cherche à en établir la légalité, par des considérations tirées de la lettre et de l'esprit de la loi. L'art. 317, dit-il, punit l'avortement *accompli* dans une *intention criminelle*, c'est-à-dire dans l'intention de faire périr l'enfant.

Cette double condition ne se trouve pas dans l'intervention du médecin; celui-ci provoque volontairement l'accouchement prématuré, mais dans le but de sauver l'enfant et de le soustraire à la mort certaine qui l'attend si la femme accouche à terme; toute intention criminelle est inadmissible, puisqu'il agit au grand jour et à la connaissance des parents de la femme, dont l'autorisation a été préalablement obtenue. En devançant de quelques semaines le terme de la grossesse, il a la certitude de ne pas nuire à la mère, tout en conservant un espoir légitime de sauvegarder l'enfant. Avant d'opérer, il consulte les collègues qui doivent l'assister et ils conviennent des procédés dont ils se serviront pour assurer le succès; une aussi prudente et sage conduite est loin de toute idée criminelle !

Ce que nous venons de voir a trait à l'accouchement prématuré; ce qui explique pourquoi l'auteur que nous citons limite la question de cette manière, c'est qu'il rejette l'avortement médical comme contraire aux mœurs et prohibé par nos lois pénales.

Mais cette opération a pénétré dans le domaine de la pratique obstétricale, malgré la valeur scientifique et la puissance de logique de ses adversaires; il est donc nécessaire de nous livrer à un examen complet de ce problème de droit et d'établir la légalité de l'avortement médical, sans égards pour les difficultés morales et religieuses qu'une aussi brûlante question soulève. Le droit positif nous occupe exclusivement, les questions litigieuses d'une autre nature sont étrangères à notre travail..

L'interdiction portée par l'art. 317 du Code pénal, de faire avorter, s'étend-elle à l'avortement médical?

Le Code ne renferme aucune disposition relative à ces opérations, nous devons donc nous en référer à l'intention du législateur, au but qu'il s'est proposé et à l'analogie qui existe entre les dispositions des art. 316 et 317.

Selon la lettre de la loi, la pénalité est d'une application générale, absolue, non susceptible de recevoir une dérogation et n'admettant aucune exception. Mais il est de toute évidence que le législateur n'a eu d'autre volonté que de réprimer le crime; or, il manque un élément essentiel pour convertir l'avortement médical en action coupable, c'est l'intention criminelle, donc il doit jouir de l'impunité.

Les blessures, les mutilations chirurgicales compromettent la santé et la vie de ceux qui les subissent, faites dans une intention criminelle ou par des mains inhabiles non autorisées, elles trouvent la répression dans le titre du Code pénal qui traite des crimes et délits. Cependant le chirurgien reste libre dans ses actions, et jamais il n'est arrivé à l'esprit de personne de les juger coupables, après une opération sanglante.

Un simple rapprochement des deux articles nous autorise à rejeter toute culpabilité, à innocenter, aux yeux de la loi positive, l'accouchement prématuré et l'avortement médical. L'art. 316 punit des travaux forcés le crime de la castration; elle n'en est pas moins pratiquée, quand le chirurgien la juge nécessaire; il n'ignore pas qu'il produit des lésions souvent mortelles, mais sous l'empire d'une nécessité pathologique, il opère sans que la crainte des lois puisse arrêter sa main, rassuré par la conviction que le législateur ne punit que le crime; cette pensée est vraie, puisque jamais magistrat ne s'est cru obligé d'intervenir ou de sévir contre l'opérateur qui obéit à un devoir. Il doit en être encore ainsi chaque fois que l'accoucheur, subissant une triste nécessité, provoque l'avortement, formellement et expressément défendu par l'art. 317. Une analogie qui s'approche de l'identité, ne suffit-elle pas pour établir, en droit, la parfaite innocence de l'avortement médical? Ce raisonnement n'emporte pas toutes les convictions, il en est qui dénient l'analogie, parce que l'individu qui se soumet à une opération chirurgicale, décide de sa propriété; guidé par l'instinct de sa conservation, il choisit librement la main qui doit le secourir et juge de l'étendue du sacrifice que sa guérison nécessite; volontairement il supporte la perte d'une partie de lui-même, offerte au salut du restant, sans léser les droits d'un tiers. Dans l'avortement, une volonté étrangère dispose de la vie d'un tiers, et oubliant tous ses droits, la sacrifie au bien-être de la mère : donc, toute identité échappe, et le raisonnement qui s'étayait sur elle se trouve anéanti.

Nous envisageons ces considérations comme logiquement vicieuses; en droit pénal, la volonté de la personne lésée ne

modifie ni la portée ni les rigueurs de ses prescriptions. Il
est aisé de le démontrer : supposons, par exemple, quelqu'un qui a la ferme volonté de se détruire, n'ayant pas le
courage de s'exécuter lui-même, il a recours au bras d'un
autre qui cède à ses désirs ; dès ce moment, cette obéis-
sance en fait un assassin, et la volonté de la victime est
impuissante à atténuer le crime, à changer sa gravité ou à
en diminuer l'horreur.

Vouloir rejeter l'analogie, parce que les deux sujets sur
lesquels on opère, ne jouissent pas également de leur libre
arbitre ; c'est méconnaître formellement les termes de la
comparaison ; les personnes soumises aux différentes opérations (fœtus ou adulte), sont étrangères à la démonstration
que je désire faire et aux éléments de notre raisonnement.
Je présente le fait sous la forme classique du syllogisme,
pour le rendre palpable : les art. 316, 317 prononcent des
peines contre deux opérations nominalement spécifiées ;
or, le chirurgien ne les encourt pas quand il pratique par
nécessité la castration (art. 316), donc l'accoucheur ne peut
les subir quand il provoque par nécessité l'avortement.

Ce qui engendre l'analogie et l'argument qui en découle,
ce ne sont pas les individualités sur lesquelles se pratiquent
les opérations désignées dans les art. 316 et 317, mais le
rapprochement même de ces deux numéros du Code pénal.
La juxtaposition de deux défenses légales *semblables,* dont
l'une n'atteint pas le chirurgien dans l'exercice de son art,
nous autorise à conclure que la seconde n'atteint pas davantage l'accoucheur, quand il pratique dans un but de
conservation de la mère, l'opération que l'art. 317 défend
nominalement.

Les sommités scientifiques sont unanimes à défendre

l'accouchement forcé, tous le pratiquent chaque fois que l'indication se présente. Or, c'est là un avortement, si l'accident qui exige l'intervention de l'accoucheur, survient avant le septième mois et plus tard, l'accouchement forcé est encore fréquemment mortel pour l'enfant. La nécessité de l'avortement médical est basée sur un danger qui ne le cède en gravité à aucun des périls qui amènent l'accouchement forcé; il n'est pas immédiat et immiment, mais son existence est certaine; une question de temps est impuissante à changer en crime une opération obstétricale qu'une impérieuse nécessité légitime devant la loi positive.

Du reste, le silence du ministère public, en présence d'une opération pratiquée au grand jour (l'avortement médical), jugée nécessaire par plusieurs consultants, et livrée au domaine public dans les revues et les publications, prouve que cette pratique est conforme aux principes et aux prescriptions du Code, comme aux intentions du législateur.

§ 6. Des causes naturelles de l'avortement.

Pour être à même de reconnaître les causes criminelles d'un avortement, il est nécessaire de bien établir celles qui sont inhérentes à certaines constitutions, et qui éloignent, là où elles se rencontrent, tout soupçon de crime.

Les agents qui provoquent les contractions utérines ou la mort de l'embryon, causent l'avortement. Chailly divise les causes prédisposantes en 1° celles qui résident dans la santé du père et 2° celles qui siègent dans l'organisme de la mère.

Causes qui dépendent du père. — La santé du père peut

être cause éloignée de l'avortement. Lugol et Ricord le reconnaissent : « La scrofule héréditaire, la syphilis constitutionnelle, l'abus des plaisirs vénériens, les mariages précoces, l'âge trop avancé des parents, sont autant de causes de scrofules, et par suite d'avortement. » L'affaiblissement de la puissance génératrice de l'homme a une telle importance, qu'ils affirment avoir vu des femmes scrofuleuses fécondées par un homme sain, donner le jour à un enfant sain ; tandis qu'ils n'ont pas observé une femme saine et un père qui ne l'est pas, avoir un enfant bien constitué.

Guillemot cite l'exemple d'une jeune femme qui avorte plusieurs fois ; veuve de ce mari caduc, elle se remarie et accouche à terme. Stoll reconnaît aussi l'influence du père sur l'avortement : *Ne sint immemores mariti*, dit-il, *dissolutæ baccho, venere forte exhaustæ vitæ, hic potius abortuum causæ sint.*

Causes qui dépendent de la mère. — Tout ce qui détermine un afflux de sang vers l'utérus est une cause prédisposante à l'hémorrhagie et à l'avortement. La position assise prolongée chez les femmes délicates qui mènent une vie oisive et sédentaire, de même que leur tempérament surexcité par une vive imagination désœuvrée, provoquent une congestion sanguine vers l'utérus et donnent lieu à une métrorrhagie qui entraîne le germe.

Les fatigues excessives, les travaux pénibles et le tempérament sanguin ont un effet analogue. Les diathèses qui affectent la constitution du père, toutes les causes qui nuisent à ses facultés génératrices, ne sont pas moins désastreuses, quand elles siègent chez la mère ; leurs conséquences sont plus redoutables encore quand père et mère les portent, et que l'œuf comme la liqueur prolifique s'en trouvent altérés.

L'irritabilité nerveuse et l'anémie, la pléthore, l'albuminuerie, l'éclampsie et l'ictère (selon Chailly) sont autant de causes d'avortement.

Causes locales d'avortement. — Elles occupent l'utérus et les autres parties de l'excavation pelvienne. La rigidité des fibres de la matrice s'oppose au développement régulier de l'organe et occasionne l'expulsion du fœtus; le rhumatisme de cet organe provoque les contractions et a le même résultat. Une grossesse double, l'hydropisie de l'amnios, forcent l'utérus, arrivé aux limites de son extensibilité, à se vider avant le terme de la gestation. Tout obstacle à l'extension graduelle de la matrice est une cause d'avortement; ainsi agissent la rétroversion, les déformations et adhérences des annexes (trompes, ovaires, ligaments), une tumeur dans l'utérus ou dans l'abdomen et la compression du corset.

Les irritations portées sur la vessie, le rectum par les drastiques ou directement sur l'utérus par la cautérisation et d'autres opérations, sont encore des causes d'avortement.

Les maladies graves, aiguës ou chroniques, qui ruinent la constitution de la mère, par exemple, les fièvres éruptives, l'ictère, la phthisie, le typhus, font avorter.

Une dernière série des causes abortives sont : l'influence de certaines conditions atmosphériques, les secousses imprimées à l'utérus par la danse, les vomissements, les sternutatoires, la commotion électrique, la toux, les chutes, les efforts, les contusions extérieures sur l'utérus, qui décollent le placenta, rompent les membranes ou en provoquent l'inflammation, les violentes émotions de l'âme (frayeur, tristesse, saisissement) sont capables de faire avorter. Le toucher souvent répété, un coït fréquent, un pessaire, les tentatives criminelles, irritent le col, celui-ci se dilate et laisse échapper le contenu.

Causes qui agissent sur le produit. — Parmi les causes précitées, celles qui ont pour conséquence une métrorrhagie grave ou les contractions utérines, déterminent la mort du fœtus en agissant directement sur lui ; comme les coups sur le bas ventre, décollent partiellement le placenta, provoquent l'inflammation et un afflux sanguin vers l'organe. Les émotions morales fortes et les secousses électriques peuvent avoir les mêmes suites néfastes pour le fœtus.

Les maladies propres du fœtus et de ses annexes, la syphilis congéniale, les apoplexies et abcès placentaires, la dégénérescence osseuse, la cartilaginification et son atrophie, font périr l'œuf par défaut de nutrition.

Le décollement du placenta, effet des tiraillements occasionnés par la brièveté du cordon, la dégénérescence, la déchirure des vaisseaux ombilicaux ; l'hémorrhagie dans la gaine du cordon, suivie de la formation d'un caillot qui y comprime les artères ou les veines ; la constriction du cordon sur un organe essentiel à la vie (col, poitrine, etc.) ; les nœuds, les anévrismes et les varices du cordon ; la conformation monstrueuse du fœtus, le font périr, il devient dans la matrice un corps étranger, dont cet organe se débarrasse par l'avortement.

Le tableau que je viens de tracer des causes de l'avortement, je n'oserais le présenter comme complet ; les influences nuisibles à la grossesse, et celles qui viennent enrayer le développement de l'embryon sont si variées, que les auteurs ne peuvent nous en donner une description circonstanciée exempte de lacunes. Cependant les données que nous venons de recueillir permettent d'aborder la solution de la question suivante.

§.7. Les moyens physiques et les ingesta, capables de faire avorter.

7ᵉ Question. — *Déterminer les moyens physiques et les ingestà, capables de faire avorter.*

En présence de la série des causes innocentes d'une fausse couche, et de la facilité de faire disparaître le corps du délit; eu égard à l'action incertaine, irrégulière et inconstante des breuvages abortifs; je confesse que ce crime est un des plus difficiles à constater, si la preuve testimoniale ou l'aveu des coupables ne vient révéler que la justice se trouve en présence d'un avortement prémédité. Ces difficultés imposent des réserves, la prudence ne permet aucune assertion hasardée sur les vertus abortives des emménagogues, dont les propriétés sont contestées et révoquées en doute.

Que dire des tentatives faites, dans l'intention de diminuer la nutrition de l'embryon pour le perdre par inanition! Les saignées, l'administration prolongée et continuée des purgatifs, surtout des drastiques, qui provoquent des contractions intestinales capables de réagir sympathiquement sur la matrice, peuvent-elles atteindre ce but? En présence des saignées nombreuses pratiquées chez les femmes pléthoriques pour prévenir l'avortement, et dans les cas d'étroitesse du bassin, pour avoir un enfant petit; en présence des observations qui constatent l'ingestion de substances drastiques, ou emménagogues jusqu'à produire des entérites, des péritonites, des hyperpurgations graves, et même la mort, sans nuire à la gestation; est-il permis d'exprimer une affirmation formelle et catégorique?

Dans cette lutte entre l'accusation et la défense, l'honneur, peut-être la vie d'une femme ou de son complice forment l'enjeu! La matière est trop sérieuse, et les conséquences trop redoutables, pour oser prononcer un oui catégorique sans restriction.

L'administration de ces substances, favorisée par un ensemble de causes prédisposantes, provoque l'avortement. Vienne le cas pratique, quelle habileté, quel coup-d'œil, que de perspicacité et de science ne faut-il point, pour découvrir l'effet réel de la boisson et des médicaments ingérés! Faire la part des prédispositions constitutionnelles de la femme, de la faiblesse du fœtus, ce qu'il présente de germes de destruction, funeste héritage paternel! Bien peser l'influence atmosphérique, est-ce chose facile? Dans l'accomplissement d'une mission aussi épineuse, hérissée de difficultés, malgré lui, l'expert se replie sur lui-même, pour faire un appel à sa conscience, heureux si le calme de son âme le rassure et vient témoigner qu'un devoir est accompli.

Les propriétés abortives des cantharides ne sont guère mieux établies, les auteurs leur accordent une faible confiance. Le seigle ergoté n'est pas plus efficace; puisqu'il ne provoque pas les contractions utérines, quand le travail de l'accouchement n'est pas déjà commencé.

Le suc frais de la rue paraît être un abortif puissant; les femmes qui en font usage présentent les symptômes qui accompagnent l'ingestion d'un poison narcotico-âcre, suivis d'un état typhoïde.

Les agents mécaniques forment la seconde catégorie de

moyens qui provoquent l'avortement, mais ceux-ci agissent sur l'utérus et son contenu à travers les parois abdominales, ou bien directement sur l'organe. Les premiers qui produisent un choc sur la matrice, tels que la course, le saut, la danse, les contusions sur l'hypogastre etc., ne laissent pas de traces ; les seconds (dilatation artificielle du col, rupture des membranes anmiotiques), ne laissent des traces que lorsque ces violences sont produites par un instrument piquant ou tranchant, qui blesse toujours le museau de tanche, quand une main criminelle agit chez une primipare aux premiers mois de la gestation.

Les phlébotomies au pied ou au bras, ainsi que les sangsues sur les cuisses ou les grandes lèvres laissent des traces qui sont un indice de quelque valeur, si un état anémique de la femme vient confirmer le soupçon.

§ 8. Y a-t-il avortement, et s'il existe, est-il naturel ou provoqué ?

8ᵉ QUESTION. — *Y a-t-il avortement, et s'il existe, est-il naturel ou provoqué ?*

La solution de la première partie de la question, se trouve dans l'examen du produit expulsé et dans celui de la femme, afin d'arriver à un ensemble de données, qui permette de conclure quelle est la mère de l'embryon ou du fœtus (1) soumis à l'expertise.

Examen du produit de la conception. — Pour être apte à juger, si ce produit est un fœtus, quel est son âge, les ano-

---

(1) Briand maintient le nom d'embryon jusqu'au 4ᵉ mois de la grossesse ; celui du fœtus, depuis cette époque jusqu'au terme de la grossesse ; il serait peut-être tout aussi naturel de ne se servir de cette dernière qualification qu'à partir de l'époque de la viabilité de l'enfant.

malies et les lésions qu'il présente ; il est nécessaire de bien connaître le développement et la conformation des organes, correspondant aux différents âges de la vie intra-utérine. Le tableau que je reproduis, d'après Chailly, doit servir de guide dans les recherches de ce genre. (Voir le tableau).

Les avortements criminels sont rares avant le troisième mois et demi, époque à laquelle les mouvements actifs du fœtus viennent dévoiler à la femme sa position, qu'elle considérait comme un retard, une rétention des règles ; s'il se fait pendant les deux premiers mois de la gestation, le caillot expulsé ne peut donner lieu à un examen médico-légal, l'œuf informe et ses annexes sont expulsés avec les caillots de sang, à l'époque menstruelle, et les plus minutieuses recherches ne peuvent y distinguer les formes d'un embryon.

L'expert examine le produit avec une attention spéciale pour vérifier s'il ne porte aucune trace de piqûre ou de blessure, faite par les instruments dont une main criminelle s'est armée pour provoquer l'avortement ; cette dernière conclusion n'est permise qu'en acquérant la preuve que la lésion a été faite sur le fœtus vivant.

Afin de bien examiner la masse expulsée au début d'une grossesse, on la lave dans un grand vase d'eau claire, sans la contusionner ou la déchirer ; le sang caillé se dissout en grande partie dans l'eau, il reste sur le linge, la fibrine et l'albumine du sang, une production morbide (les môles) ou un embryon rudimentaire ; dans ce dernier cas, les annexes (placenta et membranes) demandent une analyse minutieuse et sévère, car les instruments dont on se sert pour perforer les membranes, y laissent des solutions de continuité qu'il est permis de retrouver.

Si au lieu d'un embryon, la justice soumet à l'expertise un fœtus, l'examen se porte en premier lieu sur chacun des points indiqués au tableau, pour déterminer son âge; ensuite sur le derme, pour découvrir les plaies qu'il pourrait présenter, et pour voir si elles ont été faites pendant la vie ou après le décès; dans le premier cas, elles sont entourées d'une forte ecchymose.

L'avortement criminel, provoqué quand le fœtus est viable, rend les expériences docimasiques sur les poumons, indispensables; s'il en résultait que ce parenchyme a reçu l'air atmosphérique, il resterait à déterminer si la mort est le résultat d'un crime ou un fait naturel.

Le séjour prolongé d'un fœtus mort dans la matrice, rompt les relations proportionnelles entre son développement et l'époque de la gestation; celui-là s'arrête quand celle-ci se prolonge encore, d'où il résulte qu'il est moins complet qu'il ne devait l'être à pareille époque.

La nature du corps expulsé dans un avortement peut devenir, par certaines circonstances particulières, importante et utile à connaître. Le crime disparaît là où le corps du délit n'existe pas, la destruction d'une môle ne saurait jamais constituer un acte criminel.

Les corps dont le développement présente jusqu'à un certain point les caractères de la grossesse, s'appellent môles; elles sont de différentes espèces, et présentent, d'après Chailly, les caractères suivants : *fausses môles*, 1º Môle charnue, concrétions membraneuses qui se développent aux époques menstruelles, chez les vierges comme chez les femmes mariées. 2º Les corps fibreux sont des caillots de sang dégénérés. *Vraie môle*, môle de génération, môle légitime, il est toujours possible d'y trouver des traces de tissu, des restes de l'embryon ou de ses annexes. Formée sous l'influence de la fécondation, elle peut présenter trois formes décrites par Briand; le *faux germe*, sous forme d'une poche ovoïde transparente, formée par l'amnios et remplie d'eau ; dans la cavité flottent quelques filaments ou quelques corps charnus informes qui semblent être les vestiges du cordon. S'il séjourne longtemps dans la matrice, il se nourrit du sang destiné au fœtus, les parois s'épaississent considérablement, les caillots s'unissent aux éléments du placenta, prennent une organisation pareille à celle du placenta lui-même, et engendrent la *môle charnue*, dont le séjour dans l'utérus peut persister au-delà du terme d'une grossesse normale. Durant ces métamorphoses, elle reste creuse et remplie d'eau, présentant une surface arrondie, fongueuse, lobée ou anguleuse; ou bien la cavité centrale s'oblitère, par l'absorption du liquide ou par son écoulement par une fissure des membranes. Les membranes et le placenta, ainsi que les caillots du sang continuent à se développer et forment une masse spongieuse ou de texture charnue.

La môle hydatique ou vésiculaire. — Résultat d'une fécondation, paraît provenir d'une dégénérescence du placenta, qui fait périr l'œuf; ces productions, aussi bizarres dans leurs formes que variables dans leurs volumes, ne laissent aucune trace de l'ovule, la résorption en a enlevé tous les éléments.

Examen de la prévenue.

Après un accouchement, les signes persistent 8 à 10 jours au maximum; ceux de l'avortement sont d'autant moins visibles, que celui-ci a lieu à une époque plus rapprochée de la fécondation. La distension des organes génitaux et des parois abdominales de la mère sont en raison directe du volume de l'enfant. Une gestation commençante suivie d'un avortement ne produit ni les vergetures ni les autres traces que le passage d'un fœtus à terme ou la pression de l'utérus gravide sur les parois du ventre laissent après un accouchement à terme. (Voir le chapitre *accouchement*.)

La tuméfaction des seins, leur coloration, la sécrétion de lait et la fièvre de lait manquent également.

Les signes concomitants de l'avortement sont les mêmes que ceux de l'accouchement, les douleurs, les contractions utérines, etc., existent si la grossesse est avancée. (Voir *accouchement*.) L'avortement est éminemment difficile à constater chez les multipares ; les couches antérieures laissent un ensemble de modifications anatomiques, qui rendent les signes d'un récent accouchement inappréciables, ou tout au moins les diminuent au point de les effacer dans un temps extrêmement court.

L'état général de l'inculpée fournit des données meilleures, chaque fois qu'il est possible d'établir les causes de ses altérations. L'inflammation d'un organe de l'abdomen, de l'estomac, des intestins, du péritoine ou de la matrice, dûe à l'ingestion d'un remède ; l'anémie de la femme dûe aux sangsues appliquées à la vulve, aux phlébotomies du bras et du pied ou à une métrorrhagie ; tous ces états donnent lieu à une présomption rationnelle, qui se change en probabilité, si la cause productrice de ces phlegmasies est l'ingestion d'un purgatif drastique âcre, ou d'une boisson irritante réputée abortive, dont l'usage ne se justifie, non plus que celui des saignées et des sangsues, par une indisposition ou une maladie étrangère à la gestation.

L'ensemble des signes fournis par la femme, doit motiver les conclusions du rapport; dans leur énoncé, l'expert tiendra compte de la constitution de la femme, de sa santé habituelle comme de toutes les influences capables de faire avorter naturellement.

L'intention de la femme se déduit de ses propos et de la conduite qu'elle a tenue avant et pendant l'avortement. Les soins employés pour cacher son état, les informations prises auprès de ses amies, pour connaître les substances abortives, les médicaments achetés et bus en secret ; les dispositions prises à l'avance, qui prouvent qu'elle s'attendait à devoir garder le lit (Briand) ; la maladie qu'elle prétexte pour justifier la nécessité de s'aliter, et toutes les particularités de mille nuances diverses, que chaque cas particulier présente, feront découvrir ou présumer l'intention de la mère.

Les lésions de la matrice par un instrument vulnérant se constatent avant l'avortement au moyen du spéculum ; après, les déchirures produites par le passage de l'œuf ne permettent plus d'explorer cette partie avec avantage et utilité. Sur le cadavre, ces blessures se présentent sur le col ou sur les parois internes de l'utérus, accompagnées d'un état ecchymotique autour de la piqûre ; elles produisent, en outre, une phlegmasie intense du péritoine et des parties blessées et une tuméfaction générale des organes de la génération. Comme la mort arrive dans les premiers jours qui suivent l'avortement, la matrice n'est jamais entièrement revenue sur elle-même.

Des recherches faites premièrement sur l'âge de l'avorton,

sur le moment de sa mort, puisqu'il peut vivre après la naissance, comme il peut périr dans l'utérus ou au passage; en second lieu, sur les traces de violences qu'il porte sur le derme, l'expert déduira ses conclusions sur les causes de l'avortement, il pèsera impartialement les preuves qui militent en faveur de l'innocence de la femme, et celles qui doivent établir le fait criminel.

CHAPITRE IX.

PREMIÈRE PARTIE, DU MARIAGE ET DES CAUSES DE NULLITÉ. — DEUXIÈME PARTIE, DU DIVORCE ET DE LA SÉPARATION DE CORPS.

—

PREMIÈRE PARTIE.

DU MARIAGE ET DES CAUSES DE NULLITÉ.

SOMMAIRE : Des nullités du mariage. — Défaut d'âge. — Vices de consentement; défaut de raison; erreur dans la personne, signification de ces mots. — De l'impuissance. — Des hermaphrodites; des impuissances naturelles, accidentelles et pathologiques.

—

§ 1er. Des nullités du mariage.

Nous touchons à un sujet des plus importants et des plus délicats, à la législation qui régit, dans nos sociétés civilisées, la multiplication de la population dans l'état de mariage; les points que la jurisprudence ne peut résoudre, sans l'intervention de la science, fixeront exclusivement notre attention.

De tout temps, le mariage a éveillé la sollicitude du

législateur, qui a cru devoir régler le premier, le plus vif et le plus profond des sentiments naturels; ce chapitre traite de l'amour qui porte l'homme et la femme à s'unir, des solutions à donner aux problèmes médicaux que soulève devant la justice le puissant instinct de la propagation, instinct destiné à maintenir l'équilibre dans la création où la mort implique la nécessité de la génération pour perpétuer l'espèce.

La vie sociale, seule naturelle à l'homme, veut que la loi gouverne l'amour dans les limites que la morale et l'intérêt de l'espèce imposent à son intervention, variable, pour cette raison, selon l'âge du genre humain. A l'origine, l'accroissement de la population est la première nécessité et le « croissez et multipliez » la seule règle; il suffit aux futurs époux d'être pubères, la parenté collatérale n'est pas un empêchement, et la polygamie comme la répudiation et le divorce sont tolérés sinon expressément admis.

Plus tard, le législateur restreignit davantage la liberté du choix des époux; les alliances entre parents à degré rapproché furent interdites, et la séparation des conjoints, soumise à certaines conditions, fut prononcée par l'autorité pour des faits déterminés.

Avant la révolution française, la législation se composait d'un mélange de lois romaines et canoniques, d'arrêts, de règlements spéciaux et d'ordonnances royales; l'état civil se trouvant entre les mains du clergé, celui-ci décrétait les conditions d'un mariage valide, et les empêchements absolus ou relatifs; tant que la bénédiction du prêtre créait le lien civil, le mariage était indissoluble devant la loi comme devant l'Église.

A cette époque, la liberté de conscience devint une loi de

l'État, la liberté des cultes fit séculariser la législation, qui vit dans les citoyens non des croyants mais des hommes ayant des droits qu'ils possèdent dès la naissance et qu'ils tiennent de la nature et de leur qualité d'êtres humains ; ces droits naturels sont au physique la faculté de se reproduire et de céder au désir qui attire un sexe vers l'autre ; le choix libre de la personne, le sentiment d'amour et d'attachement qui fixent ce désir tiennent à l'homme moral, c'est cette personne double que la loi envisage quand elle stipule les conditions de validité du mariage, le plus ancien des contrats, qui naquit avec l'homme ; tacite, à l'origine, plus tard, principe de droit écrit ou de droit coutumier chez les peuples policés.

§ 2. Défaut d'âge.

Conformément aux vœux de la nature, puissance primordiale et antérieure à toute religion positive, le droit moderne a déclaré prohiber les unions entre personnes trop jeunes, d'une consanguinité trop rapprochée, d'une impuissance physique à remplir le but du mariage, d'une incapacité intellectuelle à conclure un contrat civil.

De ces causes de nullité, l'âge, la démence et l'erreur dans la personne appellent une décision médicale, la première pour confirmer la grossesse qu'on invoque à l'appui d'une demande en dispense d'âge, quand le mariage a été contracté avant l'âge légal ; les deux autres, parce qu'ils vicient le consentement.

Les dispenses d'âge sont réglées par les articles 144 à 145 du code civil, le premier défend à l'homme de contracter mariage avant dix-huit ans révolus ; à la femme avant quinze ans révolus, sauf, dit le second article, pour motif grave et par dispense accordée par arrêté royal.

J'ai déjà tracé la conduite à tenir par le médecin expert, lorsqu'il s'agit de la visite de la personne; j'ai fait mention d'une circulaire du ministre-garde des sceaux, en date du 10 mars 1824, donnant les instructions relatives aux pièces à produire en obtention d'une dispense d'âge ou de parenté (page 156). Voici sa teneur en ce qui concerne le médecin : « S'il y a grossesse, elle devra être constatée par le rapport d'une personne de l'art assermentée; le rapport sera annexé aux autres pièces. — Tout rapport de ce genre qui laisserait des incertitudes et des doutes sur le fait de la grossesse, et qui n'offrirait que des présomptions vagues, serait considéré comme le résultat d'une complaisance coupable, tendant à induire en erreur l'autorité, et ne produirait aucun effet. » Sans prescrire expressément la visite de la personne, on comprend que l'obligation de statuer d'une manière certaine sur la grossesse, rendra parfois indispensables ces indécentes investigations; la plus intéressée, la jeune personne jouit d'une liberté complète vis-à-vis de la loi; arbitre de son sort, seule bénéficiaire de la dispense, elle peut refuser de remplir ces conditions ou l'une d'elles, ou attendre qu'elle puisse y satisfaire, sans subir un humiliant examen, une époque plus avancée de la grossesse. En pratique, ce serait ma manière de faire, quand il s'agit d'une personne dont le seul tort est d'avoir consommé le mariage avant de l'avoir contracté devant l'officier de l'état civil, mais dont la pudeur et la chaste réserve se révoltent à l'idée d'un examen par ordre. Pareille conduite est superflue chez celles qui ont une connaissance précoce du vice;

spontanément, elles viennent au devant d'une semblable expertise, mettent un sans gêne peu édifiant à laisser tomber le dernier voile devant le médecin appréciateur de la réalité du motif de leur demande en dispense d'âge. Il n'est d'ailleurs fait aucune prescription sur la manière d'établir la grossesse ; la circulaire garde le silence sur la visite, et le médecin ne doit compte à personne de la manière dont il acquiert la conviction que la demanderesse est enceinte ; on exige qu'il le puisse catégoriquement affirmer sous serment.

§ 3. Vices de consentement.

Article 146. Il n'y a point de mariage lorsqu'il n'y a point de consentement.

Art. 180. Le mariage qui a été contracté sans le consentement libre des deux époux, ou de l'un d'eux, ne peut être attaqué que par les époux, ou par celui des deux dont le consentement n'a pas été libre.

Lorsqu'il y a eu erreur dans la personne, le mariage ne peut être attaqué que par celui des deux époux qui a été induit en erreur.

Art. 174. A défaut d'aucun ascendant, le frère ou la sœur, l'oncle ou la tante, le cousin ou la cousine germains, majeurs, ne peuvent former aucune opposition que dans les deux cas suivants :

1°.....

2° Lorsque l'opposition est fondée sur l'état de démence du futur époux : cette opposition, dont le tribunal pourra prononcer main-levée pure et simple, ne sera jamais reçue qu'à la charge, par l'opposant, de provoquer l'interdiction, et d'y faire statuer dans le délai qui sera fixé par le jugement.

Art. 312. L'enfant conçu pendant le mariage a pour père le mari.

Néanmoins celui-ci pourra désavouer l'enfant, s'il prouve

que, pendant le temps qui a couru depuis le trois centième jusqu'au cent quatre-vingtième jour avant la naissance de cet enfant, il était, soit par cause d'éloignement, soit par l'effet de quelque accident, dans l'impossibilité physique de cohabiter avec sa femme.

Art. 313. Le mari ne pourra en alléguant son impuissance naturelle, désavouer l'enfant : il ne pourra le désavouer même pour cause d'adultère, à moins que la naissance ne lui ait été cachée, auquel cas il sera admis à proposer tous les faits propres à justifier qu'il n'en est pas le père.

Les principes et les termes de l'art. 146 sont généraux, le défaut de consentement de quelque nature qu'il puisse être, annule le mariage. Condition essentielle de toute convention civile, l'accord de deux volontés, la libre décision des parties régit le plus important des contrats. L'absence de discernement y a la toute puissance d'une cause dirimante, d'un empêchement absolu ; cette condition faisant défaut, le mariage est comme non avenu. L'article 146 déclare qu'il n'y a pas de mariage vu qu'il n'y a pas de consentement.

Le défaut de consentement est non-seulement son absence, ou la difficulté de prouver que les deux conjoints ne l'ont ni exprimé ni constaté, mais de plus, tout ce qui influence suffisamment la volonté libre et spontanée, infirme le consentement au point d'invalider le mariage ; le législateur abandonne aux tribunaux l'appréciation du degré de pression que ces causes, variables à l'infini, exercent sur la détermination libre ; ne pouvant les préciser, il se contente du principe général, sauf au juge à en faire l'application.

L'article 180 n'a en vue que les vices de consentement capables de rendre le mariage nul de plein droit ou annulable par jugement; deux de ceux-ci nous concernent et seront l'objet d'un examen de notre part. Le premier, est l'aliénation mentale, nom générique, par lequel nous désignons toute absence de l'usage de la raison; le second, c'est l'erreur dans la personne impuissante.

Défaut de raison.

L'absence de liberté intellectuelle qui résulte d'un dérangement de l'esprit, prouvée au moment de contracter mariage devant l'officier de l'état civil, annule ce contrat de fait et sans autres formalités. La divergence d'opinions entre les auteurs n'existe que sur la portée de l'interdiction des fous. Quelques citations feront connaître ce différent, mieux que nous ne pourrions le faire.

Zachariæ : « Le mariage contracté pendant un intervalle lucide, avec l'autorisation de ceux qui en ont l'autorité, par une personne habituellement atteinte de fureur ou de démence doit être regardé comme existant, quand même cette personne aurait été antérieurement interdite *(Cours de droit civil).* »

Mourlon est du même avis, « il admet l'annulabilité du mariage d'un aliéné, alors même qu'il est contracté dans un moment lucide, s'il est interdit, l'interdiction étant par elle-même un obstacle permanent au mariage; s'il n'est pas interdit, semblable contrat est valable (*Répétitions écrites sur le Code*). »

Marcadé : « Un fou non interdit peut avoir des moments lucides, ôr, tant que l'interdiction n'est pas prononcée, tous les actes faits pendant un intervalle lucide sont valables. »

Un esprit malade qui a des intervalles lucides peut contracter mariage, qu'il soit ou ne soit pas interdit selon les uns; selon les autres, pour autant qu'il ne le soit pas; les parties peuvent contester ces moments de raison pour vider le procès, le juge en appelle au médecin; les phrénopathies peuvent donc faire le sujet d'une expertise médico-légale tendant à établir si la maladie est à un degré capable d'annuler le discernement, si elle a des intermittences, des paroxysmes et des moments lucides; les données nécessaires à la solution de ces problèmes complexes se trouveront esquissées au chapitre des aliénations.

Erreur dans la personne, signification de ces mots.

Le second vice de consentement dont nous devons dire un mot, c'est l'impuissance envisagée comme erreur dans la personne. L'erreur de cette espèce est une des questions les plus controversées et jusqu'ici sans solution satisfaisante pour tout esprit logique et conséquent. L'erreur se rapporte-t-elle exclusivement à l'identité de la personne physique? S'étend-elle à la personne sociale, à ses qualités civiles? Ou comprend-elle encore les qualités matérielles, les attributs corporels des conjoints?

L'intelligence des controverses que l'erreur dans la personne soulève, nous commande une analyse de ces luttes savantes engagées entre les auteurs, afin d'en fixer la portée et la signification. Erreur dans la personne, s'agit-il de la substitution d'une personne à une autre? ou de telles qualités qu'on croit trouver chez la personne et qu'elle n'a réellement pas? Là sont les premières difficultés sur lesquelles les commentateurs, tant dans leur enseignement doctrinal que dans l'interprétation du texte, se divisent en trois camps bien tranchés.

Les plus serviles à la lettre n'admettent d'autre erreur que celle sur la personne physique; cependant sous l'empire du Code, on ne se marie plus par procureur, la substitution matérielle d'une personne à une autre est une fiction chimérique, d'une réalisation complètement impossible. D'ailleurs, semblable méprise serait exclusive de tout consentement, dans cette hypothèse on ne s'en référerait plus à l'article 180 puisque le contrat n'est pas annulable, mais nul de lui-même en vertu du principe général de l'art. 146, ce qui ferait de l'article 180 et du suivant des dispositions oiseuses et inutiles.

Le conseiller d'état Portalis fait valoir ce système restrictif dans un de ses rapports « l'erreur en matière de mariage, ne s'entend pas d'une simple erreur sur les qualités, la fortune ou la condition de la personne à laquelle on s'unit, mais d'une erreur qui aurait pour objet la personne même (*séance du 16 Ventôse, an II*). » N'est-il pas évident que le législateur, en accordant six mois depuis la découverte de l'erreur pour intenter l'action en nullité, avait en vue une méprise pouvant se prolonger indéfiniment? Or, une erreur sur la personne physique qui dure à l'infini est impossible dans l'espèce.

Un second système étend l'erreur à la personne civile; ainsi opinent Zachariæ et ses savants annotateurs : « l'erreur qui tombe sur la personne physique ou civile vicie par elle-même le consentement, l'erreur sur les qualités ne suffit pas pour invalider le consentement..... L'erreur de l'un des époux sur les qualités physiques, morales ou sociales de l'autre, ne suffirait pas pour invalider le consentement du premier. Le consentement peut se trouver vicié par une erreur sur la *personne civile*, lorsque cette erreur a été la cause déterminante du mariage. (*Cours de droit civil*.) »

Mourlon enseigne de même « qu'une seule qualité par son absence peut constituer l'erreur dans la personne civile. Cette qualité essentielle est celle qui personnalise l'individu dans la famille et la société. »

Dalloz semble s'en référer aux circonstances et à l'arbitre des juges : « La question de savoir dans quels cas il y a erreur dans la personne, dit-il, dépend des circonstances; pour la résoudre on doit examiner quels étaient, dans la pensée de celui des contractants, dont le consentement a été entaché d'erreur, les éléments constitutifs de la personnalité, et n'admettre la demande en nullité qu'autant que l'erreur a porté précisément sur ces éléments. — Pour que l'erreur entraîne nullité, il faut qu'elle porte sur l'identité de la personne, et l'erreur sur les qualités ne vicie le consentement qu'autant que ces qualités étaient, dans l'espèce, constitutives de la personnalité.

Le troisième système loin de borner l'erreur à la seule personne physique, range sous l'article 180 : premièrement l'erreur sur l'identité civile ou sociale, sur ces attributs propres que Demolombe définit : cet ensemble de qualités qui individualise et personnifie chacun de nous, aux yeux de la loi, dans la famille et dans la société; secondement, celle qui porte sur les *qualités;* de cet avis se range Marcardé : « L'erreur sur les *qualités* de la personne, dit-il, est aujourd'hui une cause de nullité en *principe* et d'une *manière absolue,* on comprend que les circonstances diverses de chaque affaire devront exercer une grande influence sur la décision. (*Éléments de droit civil.* »

Demolombe (*Cours du Code civil*), hostile aux subtilités de langage qui distinguent la personne civile et sociale des *qualités* de la personne, soutient avec Marcadé que l'erreur sur les qualités peut donner lieu à une demande en annulation d'un mariage, ce qu'il démontre ainsi à ses adversaires : « N'est-il pas évident en effet que l'erreur sur la personne civile, sur la personne sociale, ne constitue elle-même qu'une erreur sur les *qualités civiles* et *sociales !* Or, vous admettez cette erreur comme cause de nullité ; donc vous reconnaissez vous-même que l'erreur sur les qualités peut être telle, dans certains cas, qu'elle doive produire cet effet ; l'application est plus restrictive de votre part, plus extensive seulement de la part des autres.

De ce qui précède nous déduisons un fait immense, d'une conséquence majeure pour le débat qui doit s'ouvrir sur l'impuissance ; c'est que les *qualités* de la personne peuvent induire en erreur et vicier suffisamment le consentement pour invalider le mariage. L'un des plus grands orateurs du corps législatif réduit également le différent à une question de fait « on a fait beaucoup d'efforts, dit le tribun Boutteville, pour régler les cas où il y a erreur sur la personne, l'on a demandé s'il fallait s'attacher aux seules qualités physiques, ou si les qualités morales devaient être également considérées. Dans les différents cas, les décisions de la justice dépendent nécessairement des *faits particuliers à chaque espèce.* Le plus grand acte de sagesse du législateur est de s'en remettre à celle des tribunaux. — Point de consentement parfaitement libre, point de mariage. — Ce fanal dirigera bien plus sûrement les juges, que les idées métaphysiques ou complexes qui pourraient ne faire que les embarrasser ou les égarer. » (*Séance du 22 Ventôse, an II.*)

Ce préalable vidé, la nature de ces qualités, leur importance, deviennent questions de fait déférées au pouvoir discrétionnaire du juge, à l'appréciation libre du tribunal ; dès lors, la litigieuse cause d'erreur dans la personne, l'impuissance, n'est qu'un fait sur lequel le juge prononce librement ; ainsi réduit le champ de la controverse se trouve nettement délimité.

§ 4. De l'impuissance.

Longtemps incontestée, la nullité du mariage pour impuissance se décidait par une épreuve faite devant experts, dite : épreuve du congrès. C'est dans cette immonde pratique, opprobre de la raison humaine, que la justice cherchait les motifs de ses jugements. Quelques détails sur cet inconcevable usage, nous feront comprendre jusqu'où peut descendre le bon sens de notre espèce, quand les règles d'une science sûre ne peuvent l'éclairer. Le congrès dont la cynique immoralité nous stupéfie, est la meilleure des preuves de cette vérité : qu'à toute époque, la science sera la maîtresse du monde, que la loi doit se régler d'après elle et accepter ses arrêts.

Le congrès était une preuve juridique dont les tribunaux se servaient pour décider de l'impuissance de l'un des époux dont le mrriage était attaqué en nullité pour ce motif. Supprimée en 1677, cette insulte publique à la morale avait subsisté plus d'un siècle, née de l'imprudente forfanterie d'un jeune débauché qui offrit de prouver, en consommant le mariage en présence de témoins, que l'accusation d'impuissance lancée contre lui, était erronée et mensongère, elle périt par l'évidence de sa nullité. Le marquis de Langey avait vu casser son mariage pour cause d'impuissance ; remarié, sa progéniture rend l'erreur palpable et la bestiale épreuve disparaît, au bénéfice des bonnes mœurs et de l'honnêteté.

Nous comprenons difficilement une époque où l'oblitération du sens moral put introduire pareille législation coutumière sans révolter la pudeur publique, et ravaler l'homme au-dessous des animaux, en le forçant de prouver sa virilité en vertu d'une sentence, tandis que ceux-ci n'obéissent qu'à l'instinct de la nature et qu'ils ne choisissent pas les moments où les besoins organiques les pressent !

Contraire aux lois morales, le congrès ne l'était pas moins au simple bon sens, puisqu'il s'adressait à un genre de preuves incapables de fournir un résultat satisfaisant, qu'il tournait souvent à la confusion de la pudique réserve du mari au grand triomphe d'une femme, ne rougissant plus de dévoiler ses appâts, pour provoquer son époux à une cohabitation publique affirmée par témoins oculaires !

Au point de vue de la force probante, la sottise de la preuve du congrès étonne, on se demande comment il se fit admettre par les magistrats et les parlements ? En vertu d'un jugement, les conjoints sont enfermés ensemble dans un appartement, un médecin ou chirurgien vient examiner leur conformation ; puis, dans les premiers temps de l'institution, il les abandonne à une matrone assermentée qu'il nomme d'office ; plus tard, la vénalité de celle-ci y fit ajouter plusieurs autres témoins pris parmi les juges. Que se passe-t-il dans ce lieu où des magistrats viennent surprendre les secrets de l'alcôve, où les mystères du lit conjugal sont traduits à la barre d'experts, dont la présence est peu favorable à faire naître les désirs, effets de l'amour et de l'isolement?

Il répugne de décrire ces scènes scandaleuses dont les magistrats ordonnaient la représentation! Comment rendre ce qui se passait pendant plusieurs jours, entre le mari et la femme couchant ensemble par ordre, en présence de témoins et d'une matrone, qui les exhortait à se cajoler, à s'embrasser, à se chatouiller, qui donnait aux époux des remèdes réputés aphrodisiaques, dans le but d'exciter les passions, qui leur frictionnait certaines parties mises à nu devant un feu de sarment, avec des onguents convenables! Sur sa relation, le médecin faisait son rapport. En cette matière, le trop clair n'est plus de mise. Passons, l'ombre convient à ce tableau.

En théorie, s'il est permis d'affirmer les caractères de la virilité qui donnent à l'homme le droit de se marier, l'expert ne peut acquérir la certitude qu'ils existent chez celui qu'une accusation d'impuissance amène devant lui. La conformation, le développement et le nombre des organes, la susceptibilité d'entrer en érection, sous l'influence des désirs qu'une personne de l'autre sexe lui inspire, les qualités fécondantes de la liqueur prolifique, la faculté de l'éjaculer au sein de la femme au moment de leur union, sont autant de conditions difficiles ou impossibles à établir.

La législation moderne ne s'explique pas sur l'impuissance, ce silence ne permet pas de conclure que le mariage de celui qui ne possède pas les organes nécessaires à sa consommation, soit inattaquable ; beaucoup de jurisconsultes pensent qu'une telle union serait annulable pour erreur dans la personne, d'autres professent l'opinion contraire.

Merlin dit à ce sujet : « On peut dire qu'un pareil mariage serait essentiellement vicié, même d'après le code Napoléon, par l'erreur dans laquelle cet individu aurait induit la personne qui aurait cru en faire son époux, car l'article 146 déclare qu'il n'y a pas de mariage, lorsqu'il n'y a pas de consentement; et il n'y a certainement point de consentement lorsqu'il y a erreur sur une qualité de cette nature. » *(Répert. de jurispr.,* vº Impuiss.)

Démolombe pense de même qu'il y a nullité du mariage pour cause d'impuissance, toutes les fois qu'elle est manifeste et extérieure, pour les raisons suivantes : « L'impuissance est une erreur physique ! J'ai démontré, dit-il, que l'erreur dans la personne est finalement toujours, d'après l'article 180, le résultat de l'erreur sur les qualités, et qu'il appartient aux juges d'apprécier dans quels cas l'erreur sur les qualités avait un degré de force assez considérable pour devenir erreur dans la personne; or, telle est l'espèce d'erreur qui nous occupe ! — Après avoir démontré que les discussions du Conseil d'État ne sauraient détruire cet argument, l'auteur rejette, comme impossible à prouver, l'impuissance naturelle dûe à la faiblesse, à la frigidité, et considère comme inique et immoral le mariage d'une personne avec quelqu'un dont les organes sexuels seraient imparfaits d'une manière certaine et patente, dont l'impuissance serait incontestable par l'état extérieur des parties.

La distinction de l'article 312 en impuissance naturelle et accidentelle est étrangère à la thèse; l'action en nullité intentée par l'époux trompé contre l'impuissant, la cause de son infirmité est hors de cause, l'impuissance démontrée ne souffre point d'autres considérants.

Que faire si le défendeur refuse de se laisser visiter? On le fera visiter de vive force; les ordres de la justice doivent être exécutés toutes les fois qu'ils peuvent l'être. En matière criminelle, ces visites sont quelquefois ordonnées, encore pour l'exécution des lois sur le recrutement de l'armée ou sur les douanes. En vertu de quel privilége le défendeur pourrait-il, par son refus, rendre l'administration de la justice impossible?

Mazerat professe la même opinion dans ses annotations du cours de droit civil de Demante : « La fin principale du mariage, dit-il, étant la procréation des enfants, il ne peut être contracté par ceux qui ne sont pas en âge d'engendrer; l'impuissance naturelle ne peut être une cause d'empêchement au mariage; elle est trop difficile à constater : aussi, anciennement, l'on a souvent déclaré impuissantes des personnes qui ont eu des enfants. L'impuissance accidentelle, au contraire, s'aperçoit facilement, elle est admise comme obstacle légitime (argumentation de l'art. 313 du C. c.); l'homme qui en est frappé est incapable de remplir le but principal du mariage; il ne peut être admis à contracter ce lien, ce serait lui permettre de se jouer de son conjoint qu'il pourrait néanmoins punir pour un écart, jusqu'à un certain point pardonnable (article 337 C. p.) tandis qu'il jouirait en paix du malheur qu'il lui aurait causé frauduleusement. (Voir *Inst. de Just.*, § 9 *De adoptione.*)

Dalloz soutient la thèse contraire. Ce jurisconsulte, résumant les différents systèmes et l'argumentation qui les appuie, arrive à conclure que « l'impuissance, soit naturelle, soit accidentelle, ne peut être proposée comme cause de nullité. »

Zachariæ maintient le mariage, parce que le Code ne place pas l'impuissance parmi les causes de nullité ; au contraire, l'intention des rédacteurs du Code a été de la rejeter à cause de la grande difficulté de la prouver. L'impuissance manifeste, dit-il, ne peut être une erreur qui vicie le consentement, elle ne porterait que sur les qualités physiques, et une pareille erreur ne peut jamais fonder une demande en nullité de mariage.

Les parties contractantes doivent être de sexe différent. Mais l'impuissance résultant, soit de la faiblesse des parties sexuelles, soit de la conformation vicieuse ou de la mutilation de ces organes, ne s'oppose pas à l'existence du mariage, pourvu que le sexe soit reconnaissable et qu'il soit différent chez l'un et chez l'autre des contractants. (Ibid.)

Tronchet au Conseil d'État : « On n'a pas fait de l'impuissance l'objet d'une action en nullité, et le silence de la loi est fondé en raison ; car il n'est pas de moyen de reconnaître avec certitude l'impuissance.

Touillier admet comme nullité, l'impuissance accidentelle manifeste, par exemple : si un eunuque avait eu l'impudence de contracter mariage en cachant son état à la future, il y aurait en effet dans ce cas, erreur sur la personne, et, en outre, dol de la part du mari.

De l'enseignement des jurisconsultes, nous passons à celui des médecins-légistes ; chez la plupart, il se remarque une démonstration insuffisante de l'opinion qu'ils professent sur l'impuissance envisagée comme erreur dans la personne ; un bref examen de leurs doctrines est encore avantageux à la connaissance du problème difficile qui nous occupe; toutes les pièces du procès seront ainsi soumises à l'inspection du lecteur, afin qu'il puisse se prononcer en juge compétent.

Bayard, adopte l'opinion de Demolombe comme la mieux établie : l'impuissance constitue une erreur dans la personne, il en trouve la preuve dans l'article 181 du Code civil, (probablement parce qu'une erreur sur la puissance virile doit se découvrir dès la première nuit); il dit avec Marc, ne pas vouloir que l'époux trompé soit condamné à terminer son existence, sans espoir de donner le jour à une postérité légitime.

Sedillot, regrette l'oubli du législateur de n'avoir pas interdit le mariage (positivement prohibé aux impuissants) aux tuberculeux pulmonaires, aux épileptiques et à beaucoup d'autres malades en état de transmettre leurs maux par contagion ou par hérédité. Une réponse péremptoire à ce qu'il appelle des considérations sociales, c'est que le législateur ne le pouvait pas; dans l'élaboration des codes, il se trouve constamment en présence d'une puissance supérieure et indestructible, d'un droit inaliénable, le droit naturel; celui-ci impose comme nécessité, le devoir de la procréation; la loi écrite, comme nous l'avons dit, règle cette obligation pour fonder la famille et sauvegarder la moralité des unions, là se borne son pouvoir.

Sur une donnée conjecturale de transmissibilité d'une maladie, interdire le mariage serait faire bon marché de la loi naturelle! Méconnaître la nature, ce n'est pas l'anéantir, les maux que vous voulez proscrire se multiplieront hors du mariage; si les personnes qui en souffrent ne peuvent contracter ce lien, elles auront des enfants naturels!

Que répondre à ceux qui interdisent le mariage à la femme pour angustie pelvienne, à celle dont le diamètre sacro-pubien du détroit supérieur (pourquoi pas tout autre retrécissement?) n'atteint pas quatre pouces (opinion de Foderé)? Quel beau spectacle que ces fiancées cherchant, la veille de leurs noces, un certificat d'expert constatant que la mensuration intra et extra-pelvienne donne un résultat favorable, que la conformation est parfaite et à souhait!!

M. Devergie d'une opinion contraire à celle d'Orfila, soutient la validité du mariage d'un impuissant, soit qu'il tienne sa triste infirmité de la nature, soit qu'elle résulte d'un accident et qu'elle soit manifeste. Il trouve les preuves de sa conviction dans les discussions du Code civil et dans un arrêt de la cour de Gênes, qu'il oppose à celui de Trèves, pour conclure : « Que la loi a préféré laisser subsister cette cause de dommage pour les époux, plutôt que d'admettre l'impuissance comme motif de nullité de mariage. Elle l'a fait pour deux motifs, dit-il : le premier, parce qu'il est souvent *impossible de constater d'une manière certaine l'impuissance, soit naturelle, soit accidentelle;* le second, parce que dans les cas où la personne réputée impuissante voudrait s'opposer à l'examen des causes d'impuissance, elle mettrait les juges dans l'impossibilité de porter un jugement sur l'existence de ce fait, et que, par cela même, l'application de la loi ne pourrait avoir lieu. Après l'examen de la législation, l'auteur discute tous les cas d'impuissance; à ce propos, Orfila le taxe d'inconséquence; d'un côté, plaider l'indissolubilité du contrat passé avec un impuissant, et d'autre part, discuter la valeur de chaque infirmité considérée comme impuissance, est illogique puisque, dans l'esprit de l'auteur, elle ne peut jamais. donner lieu à une action en séparation. Une simple ré- flexion aurait fait éviter au critique semblable erreur; quelque solide que soit une argumentation en faveur d'un système, elle ne saurait jamais convaincre tout le monde; M. Devergie devait exposer ces vices de conformation pour ceux qui restent dans le camp opposé, de plus, il devait discuter leur valeur.

Briand et Chaudé, en concordance avec Orfila, voient dans l'impuissance une nullité du contrat de mariage, par une extension de ce principe, que l'union entre personnes de même sexe serait non avenue. Ainsi a jugé le parlement de Paris le 18 janvier 1755, déclarant nul le mariage de la fille Grand-Jean, qui se croyait homme, tellement les or- ganes féminins étaient mêlés à plusieurs signes de virilité. Or, étendez ce principe, supposez un individu privé de l'organe viril, n'y aura-t-il pas également chez l'épouse *erreur dans la personne?* Elle a cru épouser un homme, il n'en est que la vaine apparence; toute la différence n'est que du plus au moins. Dans les deux cas, la raison de décider est la même; il faut annuler un pareil mariage ou valider celui de la fille Grand-Jean.

Qu'il nous soit permis de faire une observation critique sur cette manière de voir, elle confond deux principes dis- tincts, deux conditions légales simultanément exigées pour pouvoir contracter mariage, mais nettement séparées dans notre législation. La première, la plus essentielle veut des personnes de sexe différent, la seconde, qu'il y ait consen- tement libre, volontaire et non vicié par l'erreur dans la personne; or, l'arrêt du parlement annule le mariage parce que le sexe de l'un des époux est méconnaissable et indéchiffrable, et non parce qu'il lui est impossible de consommer le mariage; la distinction est essentielle et on ne saurait la perdre de vue.

Suit un examen des discussions du Conseil d'État sur les titres : divorce, paternité, et le mot *impuissance;* l'auteur en déduit cette proposition : « Que l'action en nullité du mariage pour impuisance est exclue, non parce qu'en point de droit, il y a véritablement mariage, mais parce qu'en point de fait, il n'est pas possible de constater *légalement l'impuissance.* » Cette raison n'est pas applicable à l'impuissance manifeste, accidentelle et antérieure au mariage, d'où il conclut : « que la nullité peut être demandée par l'époux trompé, dans les six premiers mois de la cohabitation, pour cause d'impuissance, non-seulement lorsque celle-ci est accidentelle, manifeste et antérieure au mariage, mais aussi lorsqu'elle est naturelle et tellement *manifeste qu'on ne peut la révoquer en doute.* »

Nous adoptons cette conclusion sans réserve, sauf à motiver notre opinion à la suite de la jurisprudence que nous allons passer en revue.

Dira-t-on qu'en pratique, le refus de l'époux accusé d'impuissance, de se laisser visiter par les gens de l'art, serait un obstacle insurmontable, et que la justice ne saurait passer outre? Pareille opinion est suffisamment refutée par Demolombe et par l'arrêt de la cour de Trèves, en date du 27 janvier 1808.

Jurisprudence. — Il a été jugé par la cour royale de Riom que, sous le code civil, l'impuissance ou le défaut de conformation de l'un des époux n'est pas une cause de nullité du mariage, alors même qu'elle mettrait obstacle à l'union des sexes. — Attendu que la nouvelle législation a bien classé au nombre des nullités du mariage l'erreur sur la personne, mais qu'on ne trouverait nulle part que l'action en nullité pour cause d'impuissance ou défaut de conformation eût été conservée; — que si le législateur, qui connaissait bien l'ancienne jurisprudence, eût voulu l'admettre comme moyen de nullité, il l'aurait classée parmi les autres, et son silence à cet égard est une preuve de proscription : *inclusio unis est exclusio alterius;* — que..... l'erreur de la personne n'a pour objet que l'identité de l'individu, et ne s'étend pas à ses qualités morales et physiques.... Suivent de nombreux considérants pour prouver, par des extraits des discussions du Conseil d'État, que le législateur a voulu rejeter l'impuissance comme cause de nullité, que cette intention est écrite dans ces discussions et que les tribunaux ne sauraient l'introduire. Ensuite la cour dit repousser semblable action pour le scandale qu'elle produirait, et que c'était le même scandale qui l'avait fait rejeter; qu'il faudrait ordonner une visite de la femme, que le tribunal n'aurait aucun pouvoir de faire exécuter si elle s'y refusait; dans le cas de refus, admettre le vice et annuler le mariage, ce serait faire revivre le divorce par consentement mutuel, le pire de tous. (30 juin 1827.)

La cour de Gênes.... Attendu que si les auteurs du code avaient reconnu cette cause de nullité, ils auraient déterminé, comme ils l'ont fait à l'égard de celles dont ils se sont expliqués, par qui et dans quel délai elle pourrait être poposée, et surtout à quel genre de preuve on pourrait recourir; — que, du silence qu'ils ont gardé, il est raisonnable de conclure qu'ils n'ont pas trouvé cette cause suffisante pour entraîner la dissolution du nœud conjugal, parce qu'ils sont demeurés convaincus qu'il n'y avait rien de sûr dans tout ce qu'on avait imaginé pour vérifier l'impuissance naturelle, et qu'il était préférable de laisser subsister un petit nombre de mariages dont la consommation né serait pas possible, plutôt que de fournir un remède qui avait été longtemps la source de procédures scandaleuses; attendu qu'il résulte du procès-verbal de la discussion du code civil, que l'impuissance est au nombre des causes de nullité de mariage qui ont été rejetées par le Conseil d'État : ce qui est encore plus clairement expliqué dans le rapport fait au Corps législatif par le tribun Duveyrier, où, au sujet de l'art. 313, l'orateur dit formellement que cette cause nommée *impuissance naturelle* n'est pas au nombre des causes qui conduisent à la dissolution du mariage; attendu qu'inutilement on allèguerait qu'il y a eu erreur de la part de l'individu qui a contracté mariage avec une personne incapable de le consommer, et que cette erreur vicie son consentement, sans lequel il ne peut exister mariage, puisque l'erreur en cette matière ne s'entend pas, comme l'observait Portalis, d'une simple erreur sur les qualités, la fortune ou la condition de la personne avec laquelle on s'unit, mais d'une erreur sur la personne même; que la capacité de consommer le mariage n'est qu'une qualité de la personne, et que l'époux qui en est privé n'en est pas moins identiquement le même que celui avec lequel on s'était engagé par contrat (7 mars 1811).

Il a été jugé en sens contraire que les causes physiques et le défaut de conformation qui s'opposent à la procréation des enfants et auxquels il n'est pas possible de remédier, rendent le mariage annulable, lorsque leur existence remonté à une cause antérieure à sa célébration.

Attendu que les causes physiques et le défaut de conformation qui s'opposent au but naturel et légal du mariage, sont des empêchements qui l'annulent de plein droit ; — que les nullités dont il est fait mention dans le code civil, n'ont évidemment rapport qu'aux cas prévus par le même code ; et qu'ainsi la fin de non-recevoir opposée par l'intimée n'est, dans l'espèce, d'aucune considération : .... OR- DONNE que, par des gens de l'art, dont les parties conviendront, dans le délai de trois jours, ou qui, faute de ce, seront nommés d'office, l'intimée sera vue et visitée à l'effet de constater si son état physique et sa conformation s'opposent au but naturel du mariage ; et dans le cas où il existerait un obstacle à cet effet, s'il n'existait déjà avant le mariage, ou s'il est survenu depuis, et s'il est possible d'y remédier. (27 janvier 1808.) — La visite eut lieu, et à la suite la cour donna l'arrêt suivant : Attendu qu'il résulte des rapports faits par les gens de l'art que son état physique et sa conformation s'opposent au but naturel et légal du mariage ; que cet empêchement a existé avant le mariage, et qu'il n'est pas possible d'y remédier, déclare le mariage nul de plein droit. (1er juillet 1808.)

N'ayant pas voix au chapitre pour décider ces questions, les plus épineuses de notre législation civile, il nous est tout au plus permis d'exprimer nos préférences personnelles et d'indiquer celle de ces opinions qui possède nos sympathies.

Sous l'ancien droit, l'impuissance de l'un des époux était une cause de nullité du mariage ; le code Napoléon garde le silence ; comment l'interpréter ?

Nous nous plaisons à voir nos idées en parfaite concordance avec le système qui nous paraît le plus conforme à la nature, aux lois morales et aux données scientifiques, celui qui délie les époux dont l'un d'eux porte une cause d'impuissance évidente, incontestée, incurable et antérieure au mariage. L'union conjugale, comme le dit le savant rapporteur, ne tient pas exclusivement de la loi écrite, mais aussi de la nature; le contrat écrit fixe le choix, tend, par la nature des droits et des devoirs nouveaux, à calmer les passions, à détruire l'inconstance et avec elle tous les désordres d'une société non basée sur la famille, par l'indissolubilité du lien et l'habitation forcée sous le même toit; la nature dans cette cohabitation a ses apaisements légitimes, et l'homme moral est satisfait par la possession d'un conjoint de son amour et de sa prédilection; il goûte en quiétude le bonheur de posséder un être rêvé, dont l'image, la voix et les confidences avaient tumultueusement surexcité les plus fortes passions de son âme! Ces passions délirantes que l'amour vrai soulève dans le cœur humain, ces indomptables exubérances de la vie sentimentale sont inséparables de l'homme physique; elles y allument des désirs, sûrs garants de la conservation de l'espèce. Ces deux ordres de forces, morales et physiques, nécessaires à l'union des sexes par le mariage, sont l'œuvre de la sage nature, elles échappent à la main sacrilége qui voudrait les séparer ou les mutiler, elles triomphent de toute entrave, car elles sont l'œuvre de Dieu.

L'homme, ce produit complexe de la création, ainsi dépeint dans son vrai jour, ne jouira du bonheur que s'il trouve à satisfaire les affections et les justes appétits de sa nature double; il ne regardera sa position comme tolérable que s'il y trouve la somme de jouissances que rêvait son imagination. Non-seulement le malheur de l'un des époux découle de ce simulacre de mariage, mais les plus graves conséquences doivent en résulter; ce lit, où le mariage ne

peut se consommer, doit chaque jour aiguiser ces impérieux besoins de l'amour physique sans trouver à les as-
souvir dans celui ou celle qui partage la couche nuptiale;
morigéner le désespoir, lui crier qu'il doit stoïquement
supporter ce malheur, pour le triomphe du principe, est
chose aisée, le maintenir dans le devoir est-ce aussi facile?
N'imposons pas à l'homme ce que sa faiblesse ne peut
porter; tous les désordres de l'infidélité naîtront dans cette
famille. Le mari, victime d'une bizarrerie de la nature, fera-
t-il usage de l'article 312, viendra-t-il, à chaque naissance,
désavouer l'enfant en invoquant l'impossibilité de cohabiter
avec sa femme, ajouter ainsi à sa honte le mépris du public? Cela ne se peut d'abord que pour l'impuissance accidentelle, et ce serait si peu édifiant, qu'il vaut infiniment
mieux prévenir le scandale, sauver l'épouse du déshonneur,
les enfants d'une tache et faire retomber sur le vrai coupable, sur l'homme privé des organes de la virilité, le fait
d'avoir pris femme, alors que la cohabitation lui était
impossible.

Je plaide la nullité du mariage pour impuissance naturelle ou accidentelle palpable, patente, évidente et visible,
au nom des droits sacrés de la nature; cette pensée du
médecin, je tenterai de la concilier avec la jurisprudence
et avec l'opinion des célèbres jurisconsultes dont les citations précèdent.

Ceux qui excipent du silence de la loi pour rayer l'impuissance du catalogue des causes de nullité, reculent à
l'idée des difficultés de prouver le fait; ils dépeignent les
écueils, les obscurités de l'examen des gens de l'art, les
instructions immorales et les procédures scandaleuses qui
en résulteraient. Nous ne pouvons nous le dissimuler, cette

crainte a vivement préoccupé les auteurs du code; tous, dans tous les rapports et dans toutes les discussions, invoquent *les difficultés de constater le fait* et comme corollaire de ce premier embarras, le scandale et l'immoralité d'un semblable procès; l'ancienne jurisprudence leur apparaissait avec tous ces défauts; pour y échapper ils s'imposent le silence. Ce qui arrête le législateur, c'est la crainte de retomber dans les conjectures, son intention écrite dans les discussions est toujours motivée par la même *difficulté de constater*; si donc nous pouvons établir au-dessus de toute contestation, que certains vices de conformation sont un obstacle absolu et sans remède à la consommation du mariage, ne sommes-nous pas bien près de nous entendre? Tout le vague de l'action en séparation s'évanouit, la preuve s'administre par le rapport catégorique des gens de l'art; où sont le scandale et l'immoralité?

Parmi les conditions du mariage valable, l'essentielle est la différence de sexe. Or, il est des conformations vicieuses, des anomalies si phénoménales que le sexe de l'individu ne se distingue point; de là, une première catégorie d'impuissants, inhabiles à contracter mariage, vu qu'il est impossible d'établir s'ils sont d'un sexe contraire à celui de l'autre époux.

D'autre part, nous écartons du débat les impuissances nerveuses et toutes celles qui ne sont que problématiques, sur lesquelles il n'est permis de donner qu'une décision conjecturale, ou dubitative, comme ouvrant une trop vaste carrière aux disputes qui révoltent nos mœurs, et ballottent l'esprit du juge sans jamais pouvoir lui donner une conviction fondée en raison. Dans ces limites, le doute ne s'élève qu'autour de ces conformations bizarres d'un sexe reconnaissable, mais impuissantes à reproduire, inhabiles à cohabiter. Des jurisconsultes répudient ces anomalies qui, sous le masque d'un sexe, n'en apportent que les rudiments. C'est l'opinion que j'adopte. Ces dehors trompeurs déterminent le choix d'une personne, dont l'amour n'aurait été qu'un dédaigneux mépris, si elle avait connu la réalité des choses. N'est-ce pas là l'erreur la plus lamentable pour cette victime vouée au célibat dans les liens conjugaux.

On objecte que la procréation n'est pas le but unique du mariage, et que ce serait empêcher ceux des vieillards, et ceux qui ont pour fin la légitimation d'enfants procréés avant l'impuissance, que d'admettre celle-ci comme cause de nullité. L'impuissance de la vieillesse est connue; il n'y a donc pas question d'erreur, on serait mal accueilli devant les tribunaux en venant se plaindre après la célébration du mariage, de l'impuissance d'un mari qu'on savait devoir être ainsi par son âge; il est une loi naturelle que tous doivent connaître, l'extinction des forces génésiques dans la vieillesse. Le système de M. Demolombe n'empêche pas davantage les mariages ayant pour but la légitimation des enfants; les deux époux se décident par un motif majeur, l'intérêt de leur progéniture. La mère ne viendra jamais plaider en nullité pour cause d'impuissance chez le père de ses enfants, elle a tout à gagner à leur donner un père légitime et à ne pas rester seule chargée de leur entretien. En présence des sentiments maternels qui n'ont d'autre but que le bonheur des siens, l'état physique du mari qu'un accident a rendu impuissant, est d'une mince valeur. Que la mère devienne impuissante après avoir eu des enfants, c'est là une supposition impossible, l'accident ne peut enlever que les organes mâles externes; ces objections ne sont donc point sérieuses et ne méritent pas un plus long examen.

Des auteurs concèdent à l'honneur et à la conscience religieuse deux nullités pour erreur dans la personne : la première est celle d'une femme épousant un forçat libéré (1) le croyant honnête homme ; la seconde est celle d'une catholique épousant un profès, le croyant laïque ; la cour de Colmar en a même décidé ainsi, parce que le contraire forcerait l'épouse à violenter sa conscience, qui lui reprocherait de vivre en adultère continuel. Et la nature n'aurait pas un droit égal ! C'est en son nom que je réclame, c'est sa cause que je défends ! Puisse la jurisprudence s'en rapprocher et la suivre, c'est le plus sûr des guides. Les renseignements, les informations peuvent faire découvrir la flétrissure que porte le forçat et les vœux du profès ; ici l'erreur n'est imputable qu'à la négligence de l'époux trompé ; mais l'impuissance, qui peut la découvrir avant le mariage ?

Cette longue et laborieuse discussion nous mène à repousser le système qui aurait pour résultat funeste de condamner l'époux trompé à se jeter dans la débauche et à y chercher les plaisirs que lui refuse l'union légitime. Ces combats juridiques entre les plus savants des jurisconsultes nous apprennent encore que l'impuissance envisagée comme erreur dans la personne, restera longtemps la pomme de discorde ; de là dérive pour nous la nécessité de nous occuper des états physiques qui rendent la cohabita-

---

(1) Un arrêt de la Cour impériale (1re et 3e chambres réunies) de Paris, du 4 février 1860, a décidé que le mariage d'un forçat libéré n'est pas annulable de ce chef, qu'il n'y a pas erreur dans la personne.

tion et la fécondation positivement impossibles, et des conformations vicieuses chez lesquelles la détermination du sexe ne peut se faire.

Une grossesse, un infanticide imputés à une femme inapte à concevoir, une accusation de viol portée contre un homme privé de la verge, un mari qui méconnaît son enfant en invoquant son impuissance accidentelle (art, 312 cod. civ.), sont autant de cas qui peuvent soulever, devant les tribunaux, des questions insolubles, sans les connaissances voulues en anatomie pathologique et en tératologie.

Des hermaphrodites.

Nous traiterons d'abord des anomalies de l'appareil générateur qui rendent douteux le sexe en lui-même, où l'aptitude de l'individu à en remplir les fonctions. Plusieurs fois, il s'est présenté des exemples de personnes mariées sous le nom d'un sexe qui n'était pas leur sexe véritable. La suite doit nous démontrer que la détermination du sexe chez les hermaphrodites est fréquemment difficile ou impossible. Je dois forcément me trouver en opposition avec l'enseignement des médecins légistes, qui, au moyen de quelques règles simples, classent les hermaphrodites dans l'un ou l'autre sexe, sur l'indice d'un seul caractère anatomique ou physiologique. Pour eux, les types ne se confondent jamais; contraires entre eux, ils n'offrent que des sujets masculins et des sujets féminins, point de mélange; de là cette conclusion : qu'un caractère essentiel du mâle ou de la femelle étant donné, le sexe est incontestable.

Ces lois sont loin d'une aussi grande simplicité; les organes mâles et femelles ne sont pas essentiellement

17

opposés. Isidore Geoffroy Saint-Hilaire démontre qu'ils ne sont que deux formes différentes d'un seul appareil, primitivement identiques chez le fœtus, mais diversifiées dans la suite par le degré et le mode de leur développement. Nous acceptons cette vérité établie par les recherches de ce savant naturaliste : que l'appareil générateur se compose dans les deux sexes de six segments indépendants dans leur développement et leur formation.

Les deux profonds constituent les ovaires chez la femme, et les testicules chez l'homme; on sait que ces organes sécréteurs du sperme ne descendent dans les bourses que vers la fin de la grossesse.

Deux segments moyens forment la matrice et les trompes de Fallope chez la femme, la prostate et les vésicules séminales chez le mâle.

Deux segments externes d'où proviennent le clitoris et la vulve d'un côté, le pénis et le scrotum de l'autre. Le tableau figuratif suivant donne une idée exacte des nombreuses combinaisons que l'appareil sexuel peut présenter; je le reproduis littéralement. P segment profond d'un côté, M le moyen, E l'externe, P', M', E', les trois segments correspondants de l'autre côté. m, f et h, les parties qui ont un caractère sexuel mâle, femelle et hermaphrodite; avec ces quelques lettres, on peut reproduire toutes les combinaisons différentes de l'appareil générateur. Ainsi :

PP'MM'EE'm, état normal masculin.

PP'MM'EE'f, état normal féminin.

PP'MM'm + EE'h, hermaphrod. masculin.

PP'MM'f + EE'h, hermaphrod. féminin.

PP'MM'EE'h, hermaphrod. neutre.

PP'm + MM'f + EE'h, hermaphrod. mixte superposé.

Pm + P'MM'f + EE'h, hermaphrod. mixte semi-latéral.

PMm + P'M'f + EE'h, hemaphrod. mixte latéral.

Dans ces cas les six segments normaux existent seuls, avec différentes combinaisons sexuelles ; dans les suivants, deux à quatre segments surnuméraires, et de sexe contraire, s'ajoutent aux six segments nouveaux,

PP' MM'm + MM' + EE'h, hemarphr. masculin complexe.

PP' MM'f + MM'm + EE'h, }
PP' MM'f + PP'm + EE'h, } hermaph. fém. complexe.

PP' MM'f + PP' MM'm + EE'h, hermaph. bisexuel.

De la comparaison de ces formules ressortent comme fait, les modifications constantes des segments externes. P et P', M et M', changent d'une formule à l'autre de signe et de nombre, aussi toutes se terminent par EE'h, d'où la *grande difficulté de la distinction du sexe* des hermaphrodites par les *caractères extérieurs.*

Cette évolution indépendante de chacun des six segments, et les organes surnuméraires qui peuvent se joindre à l'un ou à plusieurs de ceux-ci, mènent l'auteur à ces conclusions : « 1° Que le nombre des formes possibles de l'appareil générateur est presque illimité. 2° qu'un *seul* caractère, *quelque important qu'il puisse être*, ne suffit presque jamais à la détermination du sexe d'un hermaphrodite. 3° Que cette détermination n'est souvent, et ne peut même être qu'une simple approximation, les hermaphrodites, que les auteurs appellent mâles ou femelles, n'ayant pas, à vrai dire, dans beaucoup de cas, les caractères du sexe qu'on leur attribue, mais seulement s'en éloignant moins que de ceux du sexe contraire. 4° Qu'il peüt exister des hermaphrodites placés par la conformation de leur appareil générateur, précisément à égale distance des deux sexes ; et par conséquent aussi complétement irréductibles à l'un qu'à l'autre.

Il faut distinguer avec le savant tératologue trois catégories dans l'hermaphrodisme : la première se compose des androgynies positives exactes; elle renferme des individus véritablement mâles, et d'autres véritablement femelles, mais d'une conformation viciée au point de rendre la détermination de leur sexe parfois impossible.

La seconde est formée des androgynies positives approximatives; l'appareil sexuel n'est plus ni mâle ni femelle, c'est un composé qui tient des deux, dans des proportions inégales, à telles enseignes que l'un prédomine sur l'autre, tout en n'étant pas encore lui-même complet, pouvant toutefois, dans certains cas, en remplir les fonctions (androgynie sémilatérale, latérale, et bisexuelle).

La troisième catégorie renferme les hermaphrodismes négatifs, neutres; leur sexe est indéterminable; arrêté dans son développement, il ne trouve son analogue que dans l'embryon, ou bien il y a mélange égal des deux appareils. Placée entre les deux sexes, cette anomalie n'appartient pas à l'un plutôt qu'à l'autre, (hermaphrodisme mixte par superposition, par juxtaposition latérale de deux demi-appareils égaux et de sexes contraires; enfin les bisexuels offrant deux appareils également rudimentaires). Ibid.

Le médecin légiste ne saurait se conformer scrupuleusement à cette classification; il n'y a pour lui que deux genres : celui à sexe reconnaissable et celui où il ne peut le définir; ce dernier genre se trouvant dans toutes les espèces d'hermaphrodisme, nous ne pouvons mieux remplir les conditions d'une bonne division, qu'en admettant : 1° l'hermaphrodisme positif, exact et approximatif; 2° l'hermaphrodisme positif, approximatif et négatif.

Hermaphrodisme positif exact et approximatif.

Le négatif ne se trouve pas dans ce paragraphe, aucun sujet ne présente des organes sexuels doubles, de manière à ne pouvoir dire, lequel des deux sexes se trouve le plus prononcé et doit fixer son genre.

Il renferme des individus à anomalies positivement reconnaissables et susceptibles d'une détermination exacte.

D'autres, bien qu'ils soient d'un sexe déterminé, ne peuvent se définir que d'une manière approximative, parce que l'exploration sur le vivant ne fournit pas de données suffisantes pour arriver à une connaissance parfaite.

Les sexes masculin et féminin présentent des exemples de ce genre d'hermaphrodisme, mais ces déviations du type rapprochent le mâle de la femelle, et 'la femelle du mâle, et tendent, dans notre espèce, à rapprocher l'homme de la femme et celle-ci de l'homme. L'embryon originairement sans sexe, et plus tard du sexe féminin, au moins en apparence, permet d'expliquer ces anomalies par un arrêt de développement (chez le mâle) ou un excès (chez la femelle).

Ces anomalies ne se bornent pas à l'appareil générateur, toute la constitution subit leur influence; chez l'homme, le timbre de la voix est plus fin, le cou plus arrondi et la saillie du larynx moins forte; le derme plus délicat est moins riche en poils à la poitrine, au ventre et au pubis, l'expression de la figure est moins virile, la barbe est moins fournie, et peut même manquer.

Le contraire se présente dans les gynandries, les seins sont moins développés et portent parfois des poils, comme il s'en trouve de même sur la ligne blanche et au visage. Le moral et le caractère sont également modifiés, comme nous le verrons par des exemples.

Hermaphrodisme masculin.

Dans toute cette matière, nous suivons les excellents travaux de tératologie de M. Isidore Geoffroy Saint-Hilaire, en ne nous écartant du texte que pour l'abréger. Ce genre masculin renferme plusieurs espèces.

La première résulte d'un arrêt de développement du pénis et des testicules encore contenus dans les bourses; Home cite trois exemples.

Un soldat de marine de 23 ans avait le pénis mou, court, incapable d'érection; les testicules ne surpassaient pas en volume ceux d'un fœtus. Le pénil était saillant, et les mamelles développées comme chez la jeune femme. D'une peau très-douce, sans barbe, il n'éprouvait aucun penchant pour les femmes.

Dans les deux autres cas, le pénis est encore plus imparfait, et le scrotum, sans traces de raphé sur la ligne médiane, renfermait deux testicules égaux à ceux d'un fœtus.

Le cas cité par Renauldin n'avait d'anomal que la forme des organes. Le pénis dans l'érection n'avait qu'un pouce et demi de long, les testicules descendus étaient gros comme des noisettes; ce sujet avait les mamelles d'une femme et les goûts de l'homme; seulement à la vue des mamelles d'une femme, il éprouvait du dégoût.

La seconde espèce présente un pénis anomal sous le rapport du volume; il est plus petit ainsi que les testicules, le gland est imperforé, le prépuce mal conformé, le canal de l'urèthre effacé ou formant, vers le bout libre et dans une partie de son étendue, une simple gouttière. Comme caractère essentiel, ces individus présentent au périnée, surtout à la place du scrotum, une fente plus ou moins profonde, simulant une vulve, dont les lèvres adhèrent à la face inférieure de la verge, qui porte un méat urinaire dans sa partie ordinairement la plus voisine de l'anus; cette fente forme une cavité profonde, et peut être prise pour un vagin, comme la fissure pour une véritable vulve. Les testicules conservent mieux que dans le genre précédent, leur structure, leur forme et leur volume ordinaires, mais non pas leur position; ils sortent tardivement du ventre, souvent à l'époque de la puberté, et même alors, ils restent dans les lèvres de la fausse vulve, au niveau des anneaux inguinaux ou un peu au-dessous, sur les côtés du pénis sous forme de tumeurs arrondies. La bonne conformation de ces glandes rend la sécrétion du sperme possible; elle s'y fait comme à l'ordinaire ainsi que son émission; seulement l'éjaculation de la liqueur séminale et l'émission des urines sont imparfaites, par suite du défaut de longueur du canal de l'urèthre. La déformation du pénis, ses adhérences avec les lèvres de la fissure scrotale, apportent encore d'autres obstacles à la fécondation.

Nous voilà déjà à un genre d'hermaphrodisme d'un sexe indéfinissable tant que les testicules restent dans l'abdomen ou dans les anneaux inguinaux; il ne suffit pas de sentir deux tumeurs pour diagnostiquer leur existence, leur forme et les cordons spermatiques (voyez nos remarques) peuvent seuls les faire reconnaître; toutefois la détermination du sexe est déjà très-difficile et l'erreur fréquente, comme nous le verrons par des exemples.

En 1804, Adelaïde Préville, mariée depuis longtemps, vivant en bonne intelligence avec son époux, va mourir à l'Hôtel-Dieu de Paris, à l'âge de quarante ans. « Elle avait un pénis imperforé pourvu d'un prépuce imparfait et d'un gland aplati; deux testicules contenus dans des replis cutanés naissant de la base du pénis; une fente longitudinale communiquant dans un cul-de-sac, qui fut considéré comme le vagin, et à l'entrée duquel on crut trouver des débris de l'hymen; l'urèthre était comme chez la femme, mais il existait une prostate, des canaux déférents et des vésicules séminales. On ne trouva, au contraire, ni ovaires, ni trompes, ni matrice. Le cou était gros et court, les lèvres et le menton ornés d'une barbe bien prononcée, les mamelles peu développées et garnies de poils.

Celle qui s'était crue femme, et s'était mariée comme telle, était bien positivement un homme qui ne présentait de féminin qu'une vulve et un vagin imparfaits.

Worbe rapporte qu'en 1792 naquit un hermaphrodite qui fut baptisé comme femme. A la puberté, une tumeur parut à l'aine droite comme accompagnée de douleur; quelques mois plus tard, une seconde parut au côté gauche; de 16 à 19 ans elle fut demandée trois fois en mariage : à cet âge elle perdit ses grâces; son caractère et son extérieur se modifièrent profondément, les robes allaient mal à sa démarche, ses goûts devenaient masculins. Examinée en 1813;

pour obtenir un jugement rectificatif de son inscription à l'état-civil, elle présentait, disent les experts : « Un scrotum divisé, un testicule dans chaque division, le droit plus volumineux et plus descendu que le gauche ; entre ces deux corps, une prolongation charnue imperforée, ayant une fente à son extrémité, et recouverte par un repli de la peau qui n'est autre chose que le prépuce et sa prolongation ; la verge, très-peu développée, et au-dessous, à un pouce et demi en avant de la marge de l'anùs, une ouverture qui est celle de l'urèthre. Déclaré homme par le tribunal, Worbe lui consacre encore les détails suivants : à 23 ans, Marie a les sourcils chatain-clair, une barbe blonde pousse sur la lèvre supérieure et le menton ; sa voix est mâle, sa peau très-blanche et sa constitution robuste, ses membres arrondis, mais bien musclés, ses genoux ne sont pas inclinés l'un vers l'autre, ses mains sont larges et fortes ; ses pieds ont des proportions analogues ; les seins sont ceux d'une jeune fille, leur mamelon est peu saillant.

Dans ces exemples, les penchants semblent indiquer l'erreur, mais il est des cas, où le moral vient la confirmer ; ainsi Ferain pris pour fille, éprouvait de vifs penchants pour les hommes, ses habitudes, ses goûts étaient ceux d'une femme. Cependant au-dessous d'un pénil semblable à celui d'un homme, on remarquait deux bourses parsemées de poils, contenant deux corps ovalaires, offrant au toucher tous les caractères de deux testicules munis de leur cordon spermatique. Entre les deux bourses se trouvait un pénis de la grosseur d'un doigt terminé par un gland pointu, pourvu de son prépuce. Sous le pénis une ouverture lisse, rouge, sans poils ni rides, d'une largeur de deux doigts, conduisant dans un cul-de-sac où se trouvait l'orifice de l'urèthre. Le toucher ne fit découvrir ni vagin ni utérus.

Hermaphrodisme féminin.

Je passe à ce second genre d'hermaphrodisme, avant de présenter les conclusions en partie communes aux différentes espèces et qui découlent de ces anomalies; elles deviendront plus claires et seront mieux comprises.

Les anomalies du sexe féminin se divisent, comme celles du sexe masculin, en espèces : la première renferme les hermaphrodismes qui possèdent, d'une manière réelle, les caractères du sexe féminin. Le clitoris est normal, mais les mamelles sont restées atrophiées et la vulve est plus ou moins imperforée.

Renauldin cite l'exemple d'une femme non menstruée, remarquable par l'étroitesse de sa vulve, l'atrophie des mamelles et l'absence de tout penchant propre à son sexe.

La seconde espèce a la vulve et le vagin normalement organisés, mais elle présente un clitoris d'un volume considérable qui simule le pénis d'un homme; appendice qui met un obstacle plus ou moins sérieux à l'émission des urines et à l'acte de la copulation.

Un exemple tiré des mémoires de Home présente ces anomalies. Agée de 24 ans lors de l'examen, une fille portait, à côté d'organes normaux, un clitoris de deux pouces de longueur, très-gros et très-susceptible d'érection. L'extrémité imperforée et sans prépuce, était rouge, arrondie, plus pointue cependant et moins aplatie qu'un pénis. Le méat urinaire occupait sa place ordinaire, mais était bouché par le clitoris qu'il fallait soulever pour uriner. La voix était rauque, le port masculin et les mamelles peu développées.

La troisième espèce réunit les sujets affectés des anomalies des deux premières : clitoris très-développé, avec une imperforation du canal vulvo-utérin.

Exemples : Une femme (d'après Claude) au canal sexuel très-étroit, avait le col utérin dur et comme cartilagineux.

Un enfant (selon Schneider) a la vulve presque imperforée, le clitoris long d'un pouce ; semblable à un pénis, et se terminant par un gland imperforé, muni de son prépuce. La vessie s'ouvrait par un petit conduit dans un canal étroit, vide à l'intérieur et soudé d'une part à la matrice, et d'autre part s'ouvrant à la surface de la peau. L'autopsie seule a pu démontrer ces détails. Quel serait l'expert capable de découvrir cette matrice par l'examen extérieur ? Cet exemple est digne de la plus sérieuse attention.

La quatrième espèce présente pour caractère essentiel, un clitoris très-volumineux avec canal de l'urèthre s'ouvrant à sa partie inférieure et donnant issue aux urines. Outre la forme et le volume de la verge, il y a encore l'urèthre de l'homme hypospade. Les autres anomalies sont un canal sexuel imperforé, ou rétréci ; une descente des ovaires par les anneaux inguinaux ou leur arrêt dans ces ouvertures ; cette anomalie et la formation de tumeurs graisseuses dans ces mêmes points, sont des similitudes de plus avec le sexe mâle.

Exemples : Chez la nommée Marie Lefort, dit Béclard, les organes génitaux présentent une éminence sus-pubienne arrondie, couverte de poils nombreux. La symphyse des pubis qui la supportent, est allongée comme chez l'homme. Au-dessous, est un corps ovoïde, long de vingt-sept millimètres, dans l'état de flaccidité, susceptible de s'allonger un peu dans l'érection. Ce corps est surmonté d'un gland imperforé, recouvert dans les trois quarts de sa circonférence, d'un prépuce mobile; inférieurement, ce clitoris est creusé d'un canal déprimé, et ne présentant pas le relief de l'urèthre viril; ce canal est percé inférieurement de cinq petits trous sur la ligne médiane. Au-dessous une fente ou vulve bordée de deux lèvres étroites et courtes, à l'extérieur des poils depuis le clitoris péniforme jusqu'à dix lignes au-delà de l'anus. A la racine du clitoris, est une ouverture arrondie capable de recevoir une sonde d'un calibre moyen. Les anneaux sus-pubiens sont très-étroits : rien dans ces orifices ni dans le trajet du canal qu'ils terminent, ne fait soupçonner l'existence de testicules engagés ou près de s'engager dans le canal inguinal. Elle dit être réglée depuis l'âge de huit ans. Les urines sortent par les trous de la portion clitoridienne de l'urèthre. Examinée à l'époque des règles, son teint était pâle, et son linge imprégné de sang; ce liquide sortait à demi-coagulé par l'ouverture principale. Jamais la sonde ne put être portée dans la vessie, dirigée du côté de l'anus, parallèlement au périnée; on peut tendre le fond de la vulve et reconnaître que le tissu qui unit les deux lèvres, est deux fois épais comme la peau; le toucher anal fait sentir la sonde comme à travers une cloison recto-vaginale, et à l'endroit où elle s'arrête, le doigt sent un corps qui *parait* être l'utérus. Marie éprouve des penchants pour les hommes, sa voix, son larynx, sont comme ceux d'un homme adolescent. Les mamelles d'un volume moyen ont un mamelon érectile, une aréole brune garnie de poils. La lèvre supérieure, le menton et les joues sont couverts d'une barbe naissante, plus tard épaisse et forte; les membres inférieurs sont couverts de poils longs, nombreux, bruns et rudes.

Remarques. Les anomalies aussi compliquées, sont difficiles à débrouiller pour l'expert chargé d'en fixer le sexe.
Les menstrues peuvent faire défaut, la femme peut les
cacher, et le toucher anal ne permet pas d'affirmer que le
corps dur qui se présente au doigt soit une matrice ; rien
ne semble autoriser une conclusion positive et catégorique,
la seule valable dans les questions d'impuissance.

Chez l'homme les testicules peuvent rester dans l'abdomen,
dans le canal inguinal, ou se présenter aux anneaux; tant qu'il
est impossible de palper l'épididyme, ces tumeurs ne fournissent aucun indice, leur forme même peut être altérée,
l'épididyme atrophié. Comment le palper saurait-il les faire
reconnaître? Que dire de ce dernier moyen d'investigation
pour différencier les cordons spermatiques et les canaux
déférents, des ligaments que l'ovaire entraîne derrière lui,
quand il descend par les mêmes voies ? Les ovaires ou des
tumeurs pathologiques peuvent les simuler, et nous croyons
le tact incapable de différencier les ligaments des ovaires,
des cordons. De plus, les testicules peuvent coëxister
(comme les hermaphrodismes doubles le démontreront)
avec une matrice, il faut donc cette preuve double : l'absence
de l'utérus, la présence des testicules pour la virilité, l'inverse pour le sexe féminin. Les erreurs ont été et seront
fréquentes, elles résultent de la difficulté d'explorer les
parties profondes et cachées. Des hommes ont été déclarés
femmes, et des femmes se sont crues hommes; le plus
étonnant exemple de ces méprises; c'est le moine qui, sous
Louis XI, devint gros et accoucha à terme !

§ 2. Hermaphrodisme approximatif et négatif.

Cette seconde division, importante au point de vue médico-légal, qui ne demande que deux types celui à sexe
positivement reconnaissable, et celui à sexe douteux ou
indéfini, renferme :

1° Les *neutres*, c'est-à-dire, ceux qui ne sont ni mâles ni
femelles. Chez eux, les modifications des organes intérieurs
viennent s'ajouter à celles déjà profondes et multiples des
organes extérieurs; ils présentent des déviations non-seulement du clitoris ou du pénis, de la vulve ou du scrotum;
mais également des organes-internes; eux aussi tiennent ici
du mâle et de la femelle.

Les annales de la science n'en présentent qu'un exemple dans l'espèce humaine, les plus grands anatomistes
allemands n'ont pu déterminer son sexe. Marie Derrier avait
un pénis ou clitoris volumineux imperforé; inférieurement
à sa racine naissaient deux replis de la peau, flasques et
ridés ressemblant à deux grandes lèvres; les petites lèvres
n'existaient pas, l'urèthre s'ouvrait sous l'appendice charnu.
Elle était réglée, avait les mamelles atrophiées, et son
visage présentait de la barbe. Elle n'avait aucun penchant
sexuel.

2° Les hermaph. { 1° latéral, ou par juxta-position latérale.
mixtes :   { 2° superposé, ou par superposition.

Dans l'hermaphrodisme superposé, outre les anomalies
des organes extérieurs, les segments profonds peuvent
être masculins, les moyens étant féminins, ou en sens
inverse.

Exemple observé chez un nouveau-né. Voici le résumé

de la description d'Ackerman : un clitoris ou un pénis considérable, imperforé, creusé en gouttière à sa partie inférieure ; plus bas, une vulve dans les lèvres de laquelle on sentait deux testicules. La fente scrotale bifurquée conduisait à une matrice et à la vessie. De la matrice naissaient deux canaux, déférents conduisant à deux épididymes et à deux testicules.

Un second cas a été observé par l'anatomiste Mayer sur un fœtus de quatre mois, qui présentait une matrice bicorne avec vagin, des testicules dans l'abdomen, des épididymes, des canaux déférents ; un pénis imperforé et pas de fissure scrotale, une extroversion vésicale et un vagin s'ouvrant dans ce réservoir.

L'hermaphrodisme *latéral* présente deux combinaisons inverses l'une de l'autre, les organes sexuels sont mâles à droite, femelles à gauche, ou le contraire.

Les mémoires de l'Académie de Dijon offrent un exemple décrit par Maret. Le sujet, mort en 1767, à l'âge de dix-sept ans, semblable à l'homme par la conformation extérieure des membres inférieurs et de la moitié inférieure du corps, et de quelques parties des membres thoraciques ; le larynx moins saillant, la peau fine et les traits plus délicats que ceux de l'homme ; il était sans barbe et il avait deux mamelles développées, arrondies, fermes pourvues de mamelons avec leurs aréoles. Pour organes sexuels externes, un clitoris ou pénis imperforé, avec gland et prépuce ; à la dissection, on y vit l'organisation des corps caverneux de l'homme. Sous le pénis une fente, deux replis cutanés et deux petits plis rouges pour les nymphes, séparés en haut par le méat urinaire, en bas par un orifice étroit qui paraissait être l'ouverture d'un vagin rétréci par l'hymen. La pression sur le ventre poussait à travers l'anneau inguinal droit, un corps ovoïde ; à gauche on sentait dans la grande lèvre, un testicule pourvu de ses vaisseaux et d'un canal déférent qui traversait l'anneau inguinal pour gagner la vésicule séminale gauche placée à l'endroit ordinaire, renfermant du sperme qu'elle versait dans un sac comparable à un vagin et placé entre la vessie et le rectum et dont le fond était imperforé. Du côté droit, la tumeur mobile à l'anneau inguinal, était une petite matrice enkystée, d'un diamètre d'un pouce et demi ; son tissu très-ferme, de la couleur et de la forme d'un marron, à l'intérieur une cavité de quatre à cinq lignes de longueur, deux à trois de large. De la partie supérieure naissant à droite, une trompe utérine, dont le pavillon embrassait un ovaire ayant la consistance, la couleur, la forme et le volume normaux.

Un hermaphrodite latéral, masculin à droite, féminin à gauche, a été décrit par Varocler en 1754.

3° Hermaphrodismes complexes, ou avec excès dans le nombre des parties { 1° mâles.
{ 2° femelles.

Ici les mâles présentent les caractères de l'appareil masculin, et en outre quelques caractères féminins surnuméraires.

Petit de Namur communiqua en 1720, une description à l'Académie des sciences. Le sujet était un soldat de vingt-deux ans, ses parties externes sont masculines, le pénis était bien conformé ; le scrotum non divisé était vide ; les testicules petits, mous, munis d'épididymes et de canaux déférents, occupaient la position des ovaires ; la prostate et les vésicules séminales existaient également, celles-ci s'ouvraient

dans l'urèthre qui recevait en outre dans sa portion pros-
tatique l'orifice d'une matrice attaché au col de la vessie.
De cette matrice naissaient à droite et à gauche deux
trompes sans pavillon qui se portaient aux épididymes.

Les féminins forment l'opposé des précédents; avec un
appareil sexuel essentiellement féminin, ils présentent quelques organes mâles surnuméraires.

Colombus cite un sujet d'une conformation générale
féminine, qui présentait des ovaires volumineux, quatre
conduits, deux trompes utérines qui se portaient à la matrice, et deux canaux déférents qui allaient s'insérer sur un
clitoris volumineux et imperforé.

Béclard donne un autre fait : à l'extérieur au-dessous
d'un pénis ou d'un clitoris considérable imperforé et sans
gland distinct, il y avait une vulve ou fissure scrotale; sur
les côtés, deux tumeurs globuleuses formées par les testicules. A l'intérieur deux conduits déférents aboutissant à
l'utérus, aux points où s'insèrent normalement les ligaments
ronds et qui les remplaçaient. Le vagin, l'utérus, et ses
trompes, les deux ovaires, la vulve et le clitoris hyper-
trophié donnaient à l'appareil sexuel féminin une prédo-
minance réelle.

A Lisbonne, en 1807, un sujet présentait des testicules
dans la région inguinale, une vulve dont les lèvres étaient
plus petites qu'à l'ordinaire, un clitoris ou pénis considérable, dont le gland était entièrement recouvert par le prépuce, et qui n'était perforé que dans une partie de sa
longueur. Il avait le bassin étroit, le teint brun, les traits
mâles, un peu de barbe et la voix, les habitudes et les penchants d'une femme; il était réglé et avait eu deux fausses
couches au troisième et au cinquième mois. Le pénis entrait

en érection pendant le coït et était alors le siége d'une sensation vive.

Un dernier fait est décrit par MM. Bouillaud et Manec : Un ouvrier chapelier, mort à l'âge de soixante-deux ans, s'était marié comme homme. Cette erreur était due à la conformation virile du clitoris ou du pénis, qui n'offrait de dissemblance avec le pénis normal, que la situation de l'orifice uréthral percé au bas du gland. Le pénil avait une forme intermédiaire entre celui de l'homme et celui de la femme. Point de vulve, même à cet endroit existait un raphé très-épais, pas de scrotum, la peau un peu plus laxe à cette région. L'extérieur ne présentait ni testicules, ni rien qui les simulât. La conformation générale du corps était manifestement androgyne, les mamelles médiocrement développées, les formes du tronc plutôt féminines que masculines, et cependant le visage barbu. L'autopsie fit voir à l'intérieur, tout un appareil féminin, avec une partie masculine surajoutée ; c'était une prostate, qui offrait relativement à l'urèthre la disposition normale chez l'homme. Le vagin très-rétréci s'ouvrait dans la portion membraneuse de l'urèthre.

Nous devons faire observer que les deux anatomistes qui relatent ce cas, se sont divisés sur la détermination du sexe ; ce fait est pour nous de la plus haute importance, comme on pourra en juger par nos conclusions.

4° Les hermaphrodismes bisexuels, sont caractérisés par la réunion des deux appareils sexuels plus ou moins complets ; il n'y a plus simple partage des caractères de l'un et de l'autre sexe entre les différents segments d'un même appareil, mais deux sexes réunis, un appareil double.

Schrell en rapporte un exemple : testicules, canaux

déférents et pénis normaux. Au-dessous de celui-ci une petite vulve avec ses grandes et petites lèvres, un vagin conduisant à une matrice rudimentaire pourvue de trompes utérines et d'ovaires imparfaitement développés.

Est-il nécessaire, après les détails lucides et complets de M. Geoffroy, de faire ressortir les difficultés qui entourent la détermination du sexe, dans les hermaphrodismes? Ne voyons-nous pas toutes les classes présenter des espèces d'un sexe si obscur et si complexe, que leur définition est absolument impossible, même après la plus minutieuse exploration anatomique, aidée de la connaissance des fonctions physiologiques de quelques organes? Ces difficultés sont telles, que les plus grands anatomistes tombent dans l'erreur; elles sont placées si haut au-dessus de nos moyens d'investigation, qu'elles résistent parfois même à une dissection fine et attentive, comme l'exemple de Bouillaud et Manec le prouve. Qui donc oserait se prononcer sur un examen superficiel et extérieur des organes visibles et palpables?

Conclusion. Le mariage de tout hermaphrodite d'un sexe plus ou moins douteux, *est nul*, non pour erreur dans la personne, mais pour identité de sexe entre les deux époux.

La condition *sine quâ non*, d'être d'un sexe différent, ne pouvant se prouver d'une manière incontestable pour les deux époux, il y a nullité. La loi et le juge demandent, non des probabilités, mais des certitudes; il n'est plus question d'impuissance possible ou probable, mais d'identité de sexe. Le doute, sur cette duplicité sexuelle, s'il existe, ne saurait troubler la conviction des juges; il doit servir au profit de la victime de l'erreur, et faire déclarer nul ce simulacre de mariage.

Nous sommes donc forcément conduits à des résultats différents de ceux que nous trouvons dans le savant traité de M. Devergie, qui admet des anomalies d'un sexe indéterminable, mais chez les hermaphrodites neutres seulement; or, nous avons vu qu'il en existe dans tous les genres, dans toutes les espèces, ce qui doit rendre l'erreur beaucoup plus fréquente que cet auteur ne le suppose.

Selon nos convictions, une identité même douteuse de sexe chez les deux époux brise le mariage ou le rend nul de plein droit; mais que penser des sujets, qui tout en présentant un appareil masculin ou féminin sans mélange, ne sont cependant pas capables d'accomplir les fonctions génésiques?

Les décisions conjecturales et dubitatives, d'une grande valeur dans les poursuites correctionnelles, par exemple pour le viol, l'avortement, etc., servent peu la justice civile dans la matière que nous traitons en ce moment. Devant opter entre deux intérêts privés, il faut au juge la conviction morale et la preuve matérielle irrécusable; c'est à lui fournir ces décisions, autant que l'état de la science le permet, que nous nous efforcerons dans l'examen des questions qui vont suivre.

Impuissances naturelles.

Les incapacités naturelles d'accomplir les fonctions sexuelles, qui pourraient donner lieu à une demande en nullité de mariage, sont peu nombreuses; ce sont quelques hermaphrodismes, et quelques vices de conformation qui frappent les organes essentiels de la procréation.

L'impuissance par défaut d'excitabilité de l'organe, est occulte, pour ce motif, elle est hors de cause; il ne peut être question que des conditions physiques nécessaires à la copulation régulière et naturelle; celles qui se rapportent aux impuissances *matérielles* et sujettes à examen rigoureux sont :

Chez l'homme, 1° *L'absence des testicules :* elle ne peut se constater puisque ces glandes restent parfois dans l'abdomen, l'examen donne un résultat nul, donc on ne peut y voir une impuissance.

2° *Absence d'urèthre, pénis imperforé :* les hypospades dont l'ouverture est trop en arrière pour que le sperme puisse se déposer au moins dans la vulve, sont positivement impuissants. Je ne refuterai pas le procédé de féconder en injectant la liqueur prolifique avec une seringue; en admettant qu'il fût possible, que peut-il présenter de commun avec la copulation naturelle?

3° *Absence naturelle de verge :* si l'organe copulateur est trop court pour déposer le sperme, au moins dans les parties externes de la femme, il doit encore y avoir impuissance, l'*aura seminalis* des physiologistes visionnaires, ne saurait modifier notre opinion à cet égard. Je ne sais pas plus ce que peut signifier l'éréthisme que le coït doit déterminer chez la femme, pour qu'il y ait pouvoir fécondant, je rappellerai à ces auteurs qu'une femme peut devenir enceinte à son insu (voyez chapitre *Grossesse*), il n'est pas question alors d'éréthisme.

4° *Bifurcation de la verge :* elle ne saurait mettre obstacle à son introduction dans un vagin large, ni faire douter de la validité du mariage.

5° *L'exiguité, la grosseur excessive, la longueur démésurée de la verge, le rétrécissement du canal de l'urèthre*, ne méritent pas un examen détaillé, ils ne peuvent pas donner lieu à séparation. L'exiguité n'empêche point de porter le sperme profondément dans le vagin, la grosseur excessive, est relative à la largeur du vagin, qui finit toujours par s'élargir sous les efforts répétés et prolongés ; du reste, comment supposer une verge plus grosse que la tête d'un fœtus à terme, qui doit parcourir la même voie? La longueur démesurée peut se corriger par un simple bourrelet que l'homme se mettrait sur la verge ; le rétrécissement de l'urèthre peut se guérir s'il empêchait le sperme de sortir par le méat.

Chez la femme : 1. *L'absence de vulve*, ce défaut de conformation, alors même que la fécondation peut avoir lieu par le rectum parce que le vagin s'ouvre dans cet organe, doit s'inscrire sur le tableau des impuissances ; quel est le mari qui se contentera d'une voie aussi antinaturelle! S'il en est instruit, aura-t-il le courage de vaincre ces répugnances, ces révoltes de la nature et de la morale?

2. *Absence du vagin :* elle se trouve, selon nous, sur la même ligne que le vice précédent.

3. *Absence de l'utérus :* elle peut se constater dans plusieurs cas, alors le vagin est borné ou se termine à une autre partie, c'est là encore une impuissance tangible.

4. *La longueur du clitoris et des nymphes, l'oblitération du vagin, par des adhérences, des brides, par l'hymen ou par quelqu'autre tumeur*, ne méritent pas grande attention ; l'art peut y porter remède.

5. *Ouverture de l'extrémité vaginale supérieure dans la vessie, et du rectum dans le vagin :* elles forment encore deux

impuissances ; le coït fécondant est impossible, là où l'infirmité repoussante éloigne même tout essai.

6. *Extroversion vésicale,* cette anomalie sur laquelle les auteurs insistent tant, n'est pas par elle-même une cause d'impuissance, ce sont les anomalies des organes sexuels qui l'accompagnent, qui doivent faire juger la chose.

Impuissances accidentelles et pathologiques.

Chez l'homme : 1. *Absence de verge, suite d'une opération.* — Si l'accident ou l'opération n'ont laissé de la verge qu'un bout trop court pour s'introduire au moins dans les parties externes, la fécondation est impossible; je crois être large en concessions en admettant un tronçon du pénis comme capable de féconder; comment déterminer dans ce bout l'excitation qui produit l'éjaculation, sans laquelle la fécondation est impossible?

2. *Absence de testicules, la castration laissant deux cicatrices.* — La faculté de féconder un certain laps de temps après l'opération, fût-elle prouvée, ne peut détruire l'impuissance; en effet, qu'y a-t-il de commun entre cette fécondation unique et hypothétique et la position présente de cet eunuque? C'est une bien fausse croyance, que celle qui accorde au castrat, capable il est vrai de cohabiter, le droit de demander la séparation après un certain temps de mariage; notons-le bien, la loi accorde à la *victime* de l'erreur dans la personne, *seule* le droit de s'en plaindre, et d'en demander la réparation par un jugement qui annule son mariage. Dans l'espèce la femme possède ce pouvoir, non en vertu d'une distinction, que la loi n'aurait pas faite, comme le croit M. Devergie, mais au même titre que le

mari qui se serait trompé sur la personne de sa femme; il est question dans la loi, de ceux qui souffrent d'une erreur sur la personne de l'autre époux, et non du mari ou de la femme seulement.

Les crypsorchides (testicules cachés dans l'abdomen) appartiennent aux impuissances naturelles, aux hermaphrodismes.

3. *Le phy- et paraphymosis, l'hydrocèle*, sont inadmissibles, l'obstacle est temporaire.

4. *La hernie scrotale*, ancienne, irréductible et grande à entourer la verge au point de rendre son introduction impossible, même dans l'ouverture vaginale externe, est une impuissance manifeste et sans remède.

5. *Le sarcocèle des deux testicules*, s'il est possible d'établir que le cancer à détruit *complétement* les deux glandes, est une impuissance; si non, non.

Beaucoup de causes intérieures, engorgement de la prostate, induration du verumontanum, l'oblitération des canaux éjaculateurs, sont des causes internes cachées à l'observateur, et qui échappent à l'examen, donc il ne peuvent figurer parmi les nullités de mariage.

Notre conclusion sera celle de MM. Briand et Chaudé : « qu'une impuissance accidentelle ou naturelle, manifeste, antérieure au mariage, serait une cause de nullité si elle était bien constatée. »

M. Devergie conclut à peu près dans le même sens « qu'il faut des preuves matérielles de l'impuissance; et là où on ne peut les produire, la loi ne doit pas être appliquée. » Mais contrairement à la thèse que nous venons de défendre, cet écrivain ne croit pas à la possibilité de fournir ces preuves matérielles à la justice, nous devons donc compléter sa conclusion et ajouter : que là où on les produit, la nullité en résulte.

DEUXIÈME PARTIE.

DIVORCE ET SÉPARATION DE CORPS.

Sommaire : De l'injure grave. — La communication du mal vénérien est-elle une injure grave ?

Le divorce et la séparation de corps forment en médecine légale, un paragraphe unique : des causes de divorce sont à fortiori des causes de séparation de corps ; c'est pour cette raison que l'article 306 laisse aux époux la liberté de former une demande en séparation.

Art. 231. Les époux pourront réciproquement demander le divorce pour excès, sévices ou injures graves, de l'un d'eux envers l'autre.

Art. 306. Dans les cas où il y a lieu à la demande en divorce pour cause déterminée, il sera libre aux époux de former demande en séparation de corps.

L'unique cause de divorce qui doive nous occuper, est la communication de la maladie vénérienne envisagée comme injure grave. Exposons l'opinion des jurisconsultes sur cette matière.

De l'injure grave.

Zachariæ, *Cours de droit civil.* « Les injures réelles comprennent tous les faits qui renferment par eux-mêmes une insulte, un outrage ou une marque de mépris..... Les tribunaux jouissent du pouvoir le plus étendu dans l'appréciation du point de savoir si les injures dont se plaint l'un des époux, sont assez graves pour fonder une demande en séparation de corps, ils doivent prendre en considération la position sociale, l'éducation des parties, les circonstances dans lesquelles les injures ont eu lieu, et les torts que l'époux plaignant aurait à se reprocher.

Mourlon entend par injures, les propos, les actes ou les écrits par lesquels l'un des époux attente à l'honneur et à la considération de l'autre. La gravité des injures est une question de fait, abandonnée à la sagesse des tribunaux qui, pour la résoudre, doivent prendre en considération la qualité et la condition des époux.

Demolombe. « Les injures graves résultent de paroles, d'écrits ou de faits outrageants par lesquels l'un des époux attente à l'honneur et à la considération de l'autre, et témoigne pour lui des sentiments de haine, d'aversion ou de mépris. — Il s'agit ici d'une question de fait qui devrait être abandonnée à l'appréciation discrétionnaire des magistrats. » L'infection vénérienne est pour notre auteur une question de cette nature.

Pothier ne considère pas le mal vénérien communiqué par le mari à sa femme comme pouvant servir à une demande en divorce, ou de séparation, parce que ce mal n'est pas incurable aujourd'hui ! Excellente raison, les coups de couteau, les fractures, ne seront plus des sévices, puisqu'ils sont curables !

Dalloz expose une théorie sur l'injure par voie de fait, posant comme axiome que l'injure procède nécessairement du mépris ou de l'intention de le manifester ; les faits qui en portent le cachet, sont des injures. A l'égard des époux, le mot *mépris* a une signification plus étendue que dans le langage ordinaire, parce que l'affection et la confiance qui les unissent, les rendent plus sensibles, « les époux ne sauraient subir l'application banale d'un vocabulaire qui n'est pas celui de la société conjugale. »

Merlin voulant préciser devant la cour de cassation la nature des excès, sévices et injures graves, donne les détails suivants : « Dans l'ancienne jurisprudence, le principe rigoureux était que les mauvais traitements ne pouvaient motiver une séparation de corps, que dans le cas où ils étaient portés à un tel excès, que la femme n'eut aucun autre moyen de garantir sa vie de la haine d'un époux dénaturé, en mettant toutefois les injures sur la même ligne que les sévices. Qu'importe disait-on, qu'une femme meure de chagrin par l'effet des outrages continuels dont l'abreuve un mari qui la hait, ou qu'elle expire sous les coups meurtriers dont il l'accable? Le mari n'est pas moins dans un cas que dans l'autre, l'homicide de sa femme ; le remède de la séparation n'est pas moins établi pour prévenir le premier malheur, que pour détourner le second.

« Elle distinguait les classes, l'éducation des époux, elle considérait le peuple comme grossier, peu sensible aux injures, la classe élevée délicatement, comme plus sensible, plus susceptible d'impressions vives. »

De cette dissertation, ce magistrat conclut, que rien n'était si arbitraire dans l'ancienne jurisprudence, que le jugement des demandes en séparation de corps ; que cet arbitraire existe dans notre législation quant au fait, car il dépend de la conscience des juges de déclarer que tels mauvais traitements, que telles injures sont ou ne sont pas graves, eu égard soit à l'éducation, soit aux torts que l'époux offensé peut avoir envers l'autre.

La communication du mal vénérien est-elle une injure grave?

Les annotateurs de Zachariæ ajoutent : « La communication du mal vénérien n'est pas en elle-même une injure grave, mais elle peut le devenir par suite des circonstances dont elle a été accompagnée.

Dalloz passant de sa théorie à l'application, examine le fait de l'infection syphilitique de la femme par son mari. Y a-t-il là outrage dans le sens de la loi? « Prise isolément, et en dehors de toute circonstance aggravante, la communication du mal vénérien ne peut être considérée comme injure grave; il en serait autrement si elle se trouvait accompagnée de faits particuliers, de nature à lui donner ce caractère, et quant à l'appréciation de ceux-ci, c'est aux lumières des magistrats qu'elle appartient toute entière. »

En 1771 dans un procès de cette espèce, le ministère public s'est exprimé ainsi : « Les autres maladies sont des calamités de la nature qui attaquent la vertu comme le vice; la volonté de l'homme n'y est pour rien; elles font des malheureux et non pas des coupables; celle-ci est ordinairement le fruit et la punition du vice; cette corruption profane à la fois le moral et le physique du mariage; elle déchire le lien en éteignant l'amour; elle enfante et justifie à la fois la haine de l'époux.

« D'un autre côté, tout invite la femme à se précautionner contre les autres maladies; elle est avertie de leur présence par des signes visibles, rien ne l'attire vers le péril. Dans celle-ci, le fléau est sous le voile du plaisir, et la nature elle-même entraîne l'épouse vers sa destruction physique. Ainsi l'exclusion que les lois et la jurisprudence ont donnée aux autres infirmités, telles que la lèpre ou l'épilep-

sie, n'entraîne pas nécessairement l'exclusion du mal vénérien pour moyen de separation. — Pourquoi donc, dira-t-on,
tant d'arrêts qui n'ont pas admis ou qui ont formellement
rejeté la preuve de ce moyen, s'il est vrai qu'il soit légitime?
Il est facile d'en sentir la raison. Tant qu'une question de
cette nature se présente sous des apparences équivoques,
que la vérité des faits paraît problématique, le fruit des
recherches incertain, l'origine du mal douteuse, les effets
passagers ou curables, et le coupable difficile à distinguer,
admettre légèrement une pareille preuve, ce serait ébranler
le premier des fondements de la société et porter une
atteinte fatale à l'harmonie des mariages. Il faut que les
circonstances parlent, crient contre le mari coupable; qu'il
soit prouvé l'être, et qu'il soit le seul; que l'existence de sa
femme soit physiquement attaquée et dans un danger manifeste : qu'il n'y ait plus *d'autre remède* que la séparation;
en un mot, que la nécessité fasse violence aux lois, et leur
demande, au nom de la nature, la conservation d'un être
innocent et menacé de périr. Si le succès des épouses qui
prennent cette route est si rare, ce n'est donc pas que
l'outrage manque de gravité, ni de moyen de légitimité, c'est
qu'il est difficile de réunir les circonstances fortes et im-
périeuses qui peuvent seules faire plier la force du lien
conjugal. »

Jurisprudence. — Il a été jugé que la communication de
ce mal, dépouillée de toute circonstance aggravante, n'est
pas une cause de séparation de corps.

1° Par la cour de cassation. — Considérant que la demanderesse n'articulait aucune circonstance qui donnât au
fait dont elle se plaignait, le caractère de sévices ou d'injures
graves, et qu'ainsi la cour d'appel de Pau a pu la déclarer

non recevable dans sa demande en séparation de corps, pour cause de communication du mal vénérien, sans contrevenir à la loi du 16 février 1808.

2° Cour de Rennes. — Considérant que la communication du mal vénérien n'est pas essentiellement une cause de séparation de corps contre l'époux qui l'a communiqué, mais que, lorsque cette communication est accompagnée de circonstances qui lui donnent le caractère des sévices, d'injures graves, il en résulte pour l'époux ainsi outragé un moyen de séparation. (19 mars 1817.)

3° La cour de Lyon. — Attendu que la loi n'a point exclu des causes de séparation, la communication du mal vénérien; qu'elle a au contraire admis, d'une manière générale, comme causes de cette nature, les sévices, excès et injures graves commis par l'un des époux envers l'autre; — Attendu, à cet égard, que considérée en elle-même et isolément de toutes circonstances particulières, la communication du mal vénérien ne saurait être appréciée par les tribunaux comme une injure assez grave, dans le sens de la loi, parce que le plus souvent elle peut s'opérer involontairement par l'époux qui n'aurait pas une connaissance suffisante de son état, et parce que d'ailleurs la difficulté d'obtenir la vérité parfaite sur le véritable auteur d'une communication mystérieuse et clandestine par sa nature, rend le plus souvent ces sortes d'accusations inadmissibles devant la justice; — Attendu qu'il suit de là que, pour que la communication du mal vénérien puisse offrir les traits de l'injure grave, il faut d'une part, qu'elle soit accompagnée de circonstances aggravantes, qui lui impriment ce caractère, et, d'autre part, que ces circonstances soient signalées par des faits positifs et pertinents, susceptibles d'être vérifiés, et dont la vérification ne permette pas d'attribuer la communication du mal à d'autres qu'à l'époux accusé. (4 avril 1818.)

4° La cour de Toulouse. — Attendu..... qu'en droit, la communication du mal vénérien doit être rangée dans la classe des injures graves, puisqu'elle offre l'attentat le plus affligeant pour les mœurs, et le plus effrayant pour les familles ; que l'époux verse dans le sang de sa compagne le poison ;..... que vainement on objecte que le législateur n'a pas nommément compris la communication du mal vénérien au nombre des causes de divorce et de séparation : le législateur n'a rien défini ; il a établi trois classes, et laissé aux magistrats le soin d'apprécier et de ranger les faits dans dans la classe à laquelle ils doivent appartenir. (30 janvier 1821.)

Il a été jugé encore que la communication réitérée du mal vénérien, donnée par le mari à son épouse irréprochable, est un cas de séparation de corps.

1° Cour de Bordeaux. — Attendu qu'il est reconnu par lui-même (par l'époux), que sa femme est irréprochable ; que, s'il peut s'élever des doutes sur la question de savoir si la première atteinte a été l'effet de la volonté du mari, il a été suffisamment prouvé que la seconde a été le résultat de ses exigences, et que c'est sciemment et volontairement qu'il l'a rendue malade une seconde fois ; — Attendu que le mari lui a fait une des *injures les plus graves* qu'une épouse puisse recevoir. (6 juin 1839.)

2° Cour royale de Paris. — La cour admet les considérations du jugement du tribunal civil de la Seine, qui admet la femme à prouver les faits par elle articulés ; puis elle prononce sur l'action en séparation l'arrêt suivant :

Attendu que dans cette hypothèse (que le mari aurait communiqué par récidive le mal vénérien à sa femme), le mari, atteint une seconde fois d'une maladie de même nature, et instruit par une première épreuve, n'aurait pu se dissimuler le danger auquel il exposait de nouveau sa femme par les communications intimes et secrètes qu'autorise le mariage; et qu'en ne s'abstenant pas de ces communications sans s'être assuré de son état, il aurait commis envers sa femme un *outrage* et même un *sévice réel*, dont, indépendamment de sa santé compromise, les conséquences seraient de placer sa femme dans un état de défiance continuelle, et de la réduire à la pénible alternative de subir des communications dangereuses pour elle, ou d'y opposer une résistance qui deviendrait une cause de troubles intérieurs plus ou moins fréquents, et que, dans un pareil état de choses, la vie commune serait intolérable pour la femme. (9 mars 1838.)

Les arrêts rendus en séparation pour injures et sévices, parmi lesquels figure le mal vénérien, n'étant pas dégagés de toute autre cause de demande en séparation, ne sauraient servir à élucider la question qui se débat, c'est pour cette raison que nous les passons sous silence.

A l'article *Séparation de corps et divorce*, du répertoire de législation, Dalloz se demande : si l'exercice du droit marital peut, en certaines circonstances, être assimilé à des excès ou sévices, et devenir ainsi une cause de séparation ? Voici la réponse : « Dans les cas où, par suite de la conformation disproportionnée des époux, l'œuvre du mariage ne peut être pour la femme qu'une souffrance ou un danger, elle nous paraît fondée à demander sa séparation, si son mari persiste à vouloir user de ses droits; car il n'a pu être dans la pensée de la loi de la vouer au martyre, par le mariage. »

Ces disproportions entre l'organe mâle et le vagin sont temporaires, elles ne sauraient exister que lors des premiers rapprochements, à moins qu'il n'existe des cloisons, que l'art peut enlever; la répétition du coït doit finir par triompher de l'étroitesse du canal vaginal; son extensibilité est telle que l'enfant à terme le traverse; comment ne pourrait-il pas admettre le membre viril le plus développé? Ce considérant démontre suffisamment que la question posée ci-dessus, est susceptible d'une autre solution.

La conséquence de ce qui précède, c'est que la jurisprudence et l'enseignement doctrinal des jurisconsultes, sont unanimes à ne pas voir une injure grave dans le fait simple de la communication d'une maladie vénérienne. Cependant, la loi doit sauvegarder l'honnêteté du mariage, elle doit aide et protection à l'épouse qui veut fuir le lit d'un époux infidèle, qui vient d'y introduire la souillure honteuse de ses débauches! Elle doit sauver la progéniture d'un péché originel qui lui serait fatal pour la santé et la conservation de ses jours! L'amour, ce penchant naturel du cœur de la femme, a reçu la plus horrible des preuves d'une trahison; le criminel a versé dans le sein de l'épouse le poison qui doit la mener à la tombe, ou la soumettre à cet autre inconvénient grave, de dévoiler son état à l'homme de l'art, heureuse si elle s'y décide à temps.

Cette tendresse trompée réclame l'appui de la loi, cette trahison demande un châtiment; et, nous venons de le voir, jamais les cours ne manquent de l'infliger, quand on leur donne des preuves. Avant de frapper, elles demandent à connaître le coupable, sur la tête duquel elles puissent faire retomber leurs coups. La responsabilité légale, comme la responsabilité morale n'est encourue, que lorsque l'acte répréhensible est posé *volontairement*, il sera donc toujours nécessaire de prouver que l'époux accusé a *communiqué le mal*, que ce mal est *vénérien* et qu'il l'a communiqué *sciemment*.

Mais comme ces causes couvrent le demandeur ou la demanderesse d'une tache aux yeux du public, et qu'une nécessité impérieuse pousse seule à intenter ces sortes d'actions, il faudra accueillir avec la plus grande bienveillance les plaintes de cette nature, et les prendre en très-sérieuse considération.

Il sera impossible, dans la majorité des cas, de prouver que le mal, qui fait le fondement de la demande en séparation, est vénérien. Le médecin légiste ne peut trouver dans les données scientifiques un guide sûr, pour porter un diagnostic affirmatif sur la nature du mal que la plainte présente comme vénérienne.

Comment différencier, dans l'état actuel de la science, la blennorrhagie virulente de celle qui est simplement inflammatoire ; la blennorrhée de l'écoulement muqueux d'une autre nature ? Si la demande est basée sur une syphilis constitutionnelle, comment déterminer l'âge de l'affection ? A quelle époque faut-il faire remonter la lésion primitive qui a infecté l'économie ? La lésion primitive est-elle antérieure ou postérieure au mariage ? L'époux défendeur porte une vérole, a-t-il pu la communiquer par contact ? La contagion ? La contagion de la syphilis secondaire est-elle admissible ? Le chancre peut-il produire une simple blennorrhagie, et celle-ci un chancre ? Le procès-verbal mentionne une vérole, le médecin traitant n'a jamais pu constater qu'une

blennorrhagie. Peut-on admettre là une succession de phénomènes? En d'autres termes, la blennorrhagie peut-elle
infecter l'économie?

Ce questionnaire est loin de prévoir toutes les difficultés
d'application, il ne roule que sur celles qui proviennent
des doctrines, sur la différence d'opinion des syphilogra-
phes, et sur le vague infini que des systèmes inconciliables
engendrent dans ces questions posées au point de vue de la
médecine légale. Ces demandes sont destinées à démontrer
combien l'appréciation de l'expert doit être minutieuse et
réservée, dans ces circonstances délicates ; les développements suivants feront mieux connaître encore les lacunes
que les gens de l'art doivent trouver dans cette matière.

Par blennorrhagie il faut entendre en médecine légale,
l'inflammation aiguë du canal de l'urèthre avec écoulement
de muco-pus, produite par contagion, et transmissible de
la même manière.

La blennorrhée est la même affection à l'état chronique.

A côté de cette affection virulente et vénérienne, on
admet un écoulement catarrhal, rhumatismal (?) et un
spontané, dû aux efforts trop rudes ou trop prolongés du
coït, aux liquides irritants du vagin, à une simple excitation des organes. Par malheur, rien ne les distingue, rien
ne peut guider le jugement dans le diagnostic qu'on doit
en porter. Tant de personnes ont des motifs différents de
refuser de croire à un coït infectant, et tant d'autres
sont involontairement trompées sur la nature de leur mal,
que leur témoignage manque à la distinction de l'écoulement virulent de celui qui ne l'est pas; en l'absence de
différences symptômatiques, il n'existe point de renseignements positifs, qui puissent guider le médecin.

Chez la femme, comment reconnaître la nature des vaginites? La blennorrhagie contractée pas le coït n'est souvent
qu'un catarrhe vaginal simple.

Que dire des divergences doctrinales? M. Ricord, le savant syphilographe, et son école, considèrent la syphilis
constitutionnelle comme un résultat constant du chancre;
pour eux, tout autre accident primitif ne peut infecter l'organisme, c'est un mal local, spécifique qui naît et meurt
sur place; le chancre seul donne la vérole; le pus blennorrhagique ne le produit que s'il est mêlé à celui d'un chancre;
et là où la gonorrhée et les chancres coexistent, ils résultent
d'une infection différente.

Les preuves de ces préceptes sont fournies par l'inoculation : cette pratique ne peut jamais produire un chancre
avec du pus blennorrhagique simple; tandis que le pus du
chancre, à sa période de virulence, reproduit éternellement
un ulcère identique; et par l'observation, en effet, si le
chancre et la blennorrhagie résultaient du même virus, la
syphilis devrait être plus fréquente que la blennorrhagie,
puisque la muqueuse du gland et du prépuce, siége ordinaire du chancre, est plus exposée à la matière virulente
que l'urèthre, siége ordinaire de la blennorrhagie.

La doctrine contraire enseigne que le virus blennorrhagique, tout comme celui du chancre, peut infecter l'organisme et produire une syphilis secondaire; le chancre
larvé est une pétition de principe, c'est admettre comme
prouvé ce qui est à démontrer, c'est-à-dire l'existence du
chancre. Les partisans de ces idées invoquent l'expérience
à leur tour, la succession des syphilides à une simple blennorrhagie leur paraît évidente, le chancre n'a pu être découvert malgré les plus minutieuses recherches, donc il

n'existe pas, l'infection générale est le résultat d'une simple blennorrhagie virulente.

Nous nous permettons une remarque sur l'identité de ces affections; s'il est possible de produire une infection secondaire par une blennorrhagie, il serait bon de mettre cette assertion hors de doute par le procédé suivant : l'inflammation blennorrhagique occupe parfois le gland et le prépuce (balano-posthite), le canal étant sain, dans ce cas on acquiert par l'inspection l'assurance qu'il n'existe pas de chancre; or, une semblable inoculation produira-t-elle un chancre et subséquemment l'infection générale? Je crois que non.

Continuons le dépouillement des pièces de ce laborieux procès : après les accidents primitifs, viennent les secondaires, qui soulèvent tout autant de doutes que les premiers, sur leur origine et leur durée. Deux époux portent chacun un chancre induré, ou l'un des deux est induré, lequel a existé le premier? Le défendeur a-t-il pu contaminer la demanderesse, lui qui ne présente que des lésions secondaires; en d'autres termes, que faut-il croire de la transmissibilité des lésions secondaires?

L'induration du chancre n'arrive pas à heure fixe, elle survient du troisième au huitième jour, ce qui rend la détermination de l'époque de l'infection déjà douteuse avant l'induration, et impossible après ce phénomène.

Deux écoles sont aux prises, sur la transmissibilité des lésions secondaires de la syphilis, l'une soutient l'affirmative, l'autre la négative, ou ne l'admet qu'avec réserve et pour certaines manifestations pathologiques.

Une récente discussion de l'Académie impériale de médecine de Paris résume ces différentes doctrines, c'est pour nous un devoir de reproduire les deux pièces lues devant cette illustre compagnie, et qui sont un exposé lucide des deux opinions en présence.

M. Ricord enseigne dans ses remarquables écrits, que tout pus inoculable provient d'une lésion, n'importe son siége et sa forme; produite par contagion directe, et non d'une infection générale, et qu'un semblable accident n'indique pas une vérole constitutionnelle. Par contre, le virus inoculable se modifie par l'absorption, produit la vérole et dès lors il ne se transmet plus que par hérédité. Selon l'éminent spécialiste, l'ulcère primitif, le chancre seul s'inocule, les humeurs des accidents secondaires (papules, plaques muqueuses, rhagades, etc.) sont innocentes et ne possèdent aucune propriété contagieuse. Ce dernier précepte a été repoussé par des observateurs distingués, le rapport à l'Académie du 24 mai 1859 de M. Gibert est un exposé de cette doctrine contraire. « Des faits se sont produits dans la science, dit le rapporteur, et sont venus surabondamment démontrer que non-seulement les accidents secondaires ou *consécutifs* de la syphilis sont contagieux (du moins dans certaines conditions), mais encore, contrairement à une des lois nouvellement établies, que l'inoculation artificielle (par la lancette, par le vésicatoire ou par d'autres procédés encore) peut reproduire ces accidents, non-seulement sur une région saine du sujet déjà infecté, mais encore sur un sujet tout à fait sain. Ainsi, *les papules muqueuses ou tubercules plats, l'ecthyma syphilitique, l'ulcère du gosier* ont pu être inoculés par des expérimentateurs, dont il n'est possible de contester ni les lumières ni la bonne foi, et dans des circonstances qui ne peuvent laisser matière à aucun doute. »

M. le rapporteur conclut de ses propres expériences, que :

1º Les lésions locales, consécutives à l'inoculation des accidents secondaires, n'apparaissent jamais avant la fin de la deuxième semaine, et, en général, elles n'ont lieu qu'après la quatrième semaine; la longueur de l'incubation est un fait caractéristique.

2º La première altération consécutive à l'inoculation se fait toujours au point où l'inoculation a eu lieu; elle reste pendant longtemps limitée dans le même siége; elle a une marche essentiellement chronique, à ce point que, lorsqu'il n'y a point eu de traitement, l'accident local persiste encore à l'époque où surviennent les symptômes généraux.

3º L'affection locale se produit sous. forme de *tubercules*, qui s'ulcèrent au bout de quelque temps, peuvent devenir fongueux, et entraînent le plus souvent le gonflement des ganglions lymphatiques.

4º Les symptômes généraux ne débutent guère qu'au bout d'un mois, et souvent beaucoup plus tard, après les premières manifestations locales.

Ces caractères propres à la syphilis constitutionnelle la différencient de la syphilis primitive. Dans la doctrine des anticontagionnistes, dit M. Gibert, le chancre est le seul symptôme caractéristique de la syphilis à son début; le chancre vénérien type, le chancre *induré*, le chancre *infectant,* est un ulcère ordinairement précédé d'une *pustule* (qui débute sans *période d'incubation*); ulcère qui s'indure plus ou moins rapidement, mais toujours dans le *premier septenaire* qui suit le coït infectant. En sorte que : défaut d'incubation, forme élémentaire *pustuleuse,* ulcération, induration *consécutive* à l'ulcération, tels sont pour M. Ricord les caractères du chancre *primitif;* tandis que : période d'incubation de dix-huit à vingt jours et plus, forme *pa-*

puleuse primitive, puis *tuberculeuse,* enfin *ulcero-crouteuse,* sont les caractères du phénomène consécutif ou *secondaire.*

Selon M. Gibert, dans les cas où l'on a cru trouver dans la marche et les phénomènes de l'accident local une analogie complète entre le chancre *induré primitif* et l'ulcère *secondaire,* on s'en est laissé imposer par les idées préconçues, et l'on a pris pour des accidents primitifs, des lésions locales dues à une véritable communication d'accidents secondaires ou *consécutifs,* accidents dont l'expérimentation directe a démontré le caractère contagieux. (*Journ. de méd. prat.,* juin 1859.)

M. Ricord répondit à ce rapport de la manière suivante : L'inoculation artificielle interrogée, relativement à la nature des accidents réputés primitifs, me démontre, que le chancre *seul* est inoculable à l'individu qui en est déjà infecté.

Pour ceux qui n'admettent qu'une seule espèce de chancre, c'est une vérité qui reste inébranlable; et les lois que j'ai posées pour une des variétés, le *chancre mou,* n'ont eu à subir aucun changement.

Il est admis par les antagonistes de mon école, qu'une première infection n'en empêche pas une autre; la doctrine de *vérole sur vérole* a cours dans la science; et je ne sache pas que M. Gibert admette ce que j'enseigne, à savoir, que la *diathèse syphilitique ne se double pas plus que les autres diathèses.*

Si donc je n'avais pas eu raison sur l'unicité de la diathèse, les accidents secondaires, s'ils étaient réellement contagieux, inoculables, devaient pouvoir s'inoculer aussi aux sujets déjà infectés.

L'auto-inoculation resta toujours absolument négative.

L'observation clinique, dans l'énorme majorité des cas, me dit, que les ulcères vénériens primitifs étaient la source habituelle, générale de la contagion, pour se reproduire dans leur espèce.

Les expérimentateurs sont loin d'être d'accord. Waller et Rollet affirment que l'inoculation des accidents secondaires restait sans effet sur le sujet déjà malade, et ne pouvait réussir que sur un individu sain.

Wallace, dont l'opinion ne peut s'expliquer scientifiquement, dit que si l'accident secondaire ne peut pas être inoculé sur l'individu qui en a fourni le produit, ce produit peut cependant être inoculé à une autre personne déjà infectée.

D'autres prétendaient avec Vidal, que l'accident secondaire était inoculable sur le malade lui-même ou sur un autre sujet déjà infecté.

Dans cette première catégorie de faits, où est la vérité, où est l'erreur?

A quelle forme d'accidents secondaires le pus inoculé a-t-il été ordinairement emprunté?

C'est plus particulièrement aux *plaques muqueuses, tubercules plats et muqueux, pustules plates humides,* synonymie d'une même forme d'accidents, ceux qui, d'ordinaire, succèdent le plus rapidement aux chancres, soit sur place, *in situ,* soit à distance,

La forme ecthymateuse, que l'accident primitif le moins contestable peut affecter, a été aussi une source à laquelle on a quelquefois puisé. Cette forme, on le sait, lorsqu'elle appartient au *chancre mou,* est toujours inoculable au sujet lui-même; mais aussi, elle peut parfois s'inoculer, lorsqu'elle appartient au chancre induré.

Qu'ont produit les inoculations faites par les différents expérimentateurs?

Ce produit a-t-il toujours été le même?

On devrait supposer qu'il en serait ainsi : même graine, *même fruit*. Cependant sous ce rapport encore, il y a une dissidence manifeste. Les uns ont donné lieu, tantôt à des vésico-pustules, à des pustules suivies d'ulcérations ; tantôt à des ulcérations suivies de papules, et tantôt à des papules s'ulcérant et se couvrant de croûtes.

D'autres expérimentateurs affirment n'avoir produit que des *papules, plaques* et *pustules muqueuses, condylomes plats* ; accidents que M. Gibert, surtout, considère comme appartenant rigoureusement à la classe des accidents secondaires ; absolument semblables à ceux auxquels ils doivent leur origine, et impossibles à différencier : d'où il suit, que si on les observait chez un malade, chez lequel on ne les aurait ni plantés, ni vus naître, il serait *impossible* de savoir s'ils sont le résultat d'une contagion, ou le fait d'une infection antérieure. (J'appelle l'attention du lecteur sur cette dernière phrase.)

Sous le rapport des produits, viennent en dernier ressort, Langlebert et Rollet, qui s'éloignent peu de moi ; car, si la syphilis secondaire, comme je serais disposé à l'admettre, est transmissible, autrement que par la gestation et l'hérédité, c'est au chancre, au chancre *induré*, symptôme initial obligé, ainsi que je l'ai toujours professé, qu'elle doit donner naissance.

Mais ce chancre, produit de la contagion secondaire, diffère-t-il de celui qui résulte de la contagion du chancre infectant primitif? A-t-il des caractères qui puissent le faire aisément distinguer, de telle façon que, sans le connaître d'avance, on puisse remonter à la source qui l'a fourni?

Eh bien! non.

Est-ce tout? Non encore, les contradictions s'étendent jusqu'au siège où doivent se développer les produits de l'inoculation. Presque tous les expérimentateurs veulent que le résultat contagieux naisse sur le lieu même de l'inoculation : mais, que font-ils alors de l'autorité tant invoquée de Waller, qui, plantant du sang syphilitique sur la cuisse d'un enfant affecté de lupus, vit pousser, en même temps, deux tubercules sur le point inoculé et un autre sur une épaule qu'il n'avait pas songé à inoculer?

Que fait-on des enfants qui n'ayant rien à la bouche, et ne présentant, par exemple, qu'un onyxis du gros orteil, ou d'autres accidents aussi éloignés des voies habituelles de la contagion, sont accusés d'avoir communiqué des chancres aux mamelons de leur nourrices?

Voyons si l'inoculation peut servir à quelque chose? Dans la contagion de chancre à chancre, l'époque d'apparition est ordinairement beaucoup moins longue que celle qui a été notée dans le rapport, pour la contagion des accidents secondaires. Mais, quelquefois, dans la contagion de chancre induré à chancre induré, on trouve des époques d'apparition très-tardives, si l'on en croit les malades ; tandis que, dans les faits d'inoculation d'accidents réputés secondaires, soit avec le pus de plaques muqueuses, soit avec le pus d'ecthyma, M. Vidal a constaté des développements aussi rapides et sans plus d'incubation que n'en donne le pus du chancre mou.

La longue incubation de pus fourni par les accidents secondaires peut-elle donc être rigoureusement considérée comme un signe différentiel suffisant pour distinguer des accidents nés d'accidents primitifs, de ceux qui sont le produit d'accidents secondaires?

La réponse est encore négative.

La savante compagnie, à la suite de cette discussion, a voté les conclusions suivantes :

1° Il y a des accidents *secondaires* ou constitutionnels de la syphilis manifestement contagieux. En tête de ces accidents, il faut placer la papule muqueuse au tubercule plat.

2° Ce fait s'applique à la nourrice et au nourrisson comme aux autres sujets, et il n'y a aucune raison de supposer que chez les enfants à la mamelle, le produit de ces accidents ait des propriétés différentes de celles qu'on lui connaît chez l'adulte.

Les médecins légistes peuvent être obligés de dire leur avis, dans les procès en divorce ou en séparation, pour communication du mal vénérien ; mais ils le seront encore dans les procès civils, intentés en dommages-intérêts pour communication du même mal, par un nourrisson à sa nourrice, par celle-ci à l'enfant qu'elle allaite, ou par une personne adulte infectée qui prend le sein d'une femme accouchée saine, et l'infecte par la succion.

Voici quelques exemples de ces modes d'infection. En janvier 1857, une nourrice demande des dommages-intérêts au tribunal civil de la Seine, pour avoir été envérolée par l'enfant qu'elle avait allaité ; les juges faisant droit, lui accordent 8000 francs, par jugement ainsi motivé : Attendu qu'il est justifié au procès (par l'examen du médecin) que la femme D... était saine au moment où la veuve P... lui a confié son enfant ;.... que l'enfant, au contraire, portait des boutons d'une nature suspecte, dont on dissimulait la gravité en prétendant qu'il s'agissait uniquement d'une gourme qui céderait à l'emploi d'une pommade; qu'après un allaitement d'une quinzaine de jours les accidents les plus fâcheux se sont déclarés chez la femme D...; que ces accidents présentaient tous les caractères d'une infection syphilitique secondaire; que cette infection se développait de manière à ne pouvoir plus laisser place au doute; qu'il est établi par tous les documents et toutes les circonstances de la cause que la maladie a été transmise à la femme D... par son nourrisson, et qu'il en résulte pour ladite femme D. un préjudice dont il lui est dû réparation; que ce préjudice est tel, puisque sa santé est à jamais compromise, qu'il y a lieu par le tribunal d'accorder sans réduction les dommages-intérêts qui sont réclamés, etc. : condamne la veuve P... à payer aux époux D... la somme de 8000 francs.

M. Rollet rapporte un autre cas de transmission de la syphilis secondaire : En mai 1857 une dame le consulte pour une éruption générale d'érythème papuleux syphilitique, datant de quinze jours et le mari était parfaitement sain. Elle avait fait faire des succions pendant plusieurs jours par une voisine. A la fin d'octobre 1856, en janvier 1857 il se fit une crevasse au mamelon et un engorgement des glandes de l'aisselle. M. Rollet trouve une induration à la base du mamelon gauche, et deux glandes à l'aisselle. La voisine avait eu des accidents syphilitiques dont elle avait guéri sans traitement; et au moment des succions elle portait à la gorge des plaques muqueuses. Le même auteur cite cet autre fait très-intéressant : Un ouvrier de vingt-cinq ans très-sain, est mordu profondément à la lèvre supérieure le 11 avril 1858, et le 26 juin les points mordus présentent deux noyaux indurés de la largeur d'une pièce d'un franc; chaque induration est légèrement excoriée à sa surface; une adénite double, et indolente à la région sous-maxillaire, érythème papuleux sur le tronc, plaques muqueuses sur le scrotum; traitement mercuriel, guérison. Celui qui avait mordu la lèvre, avait au moment de l'attaque, des lésions syphilitiques secondaires à la bouche.

Que d'incertitudes propres à troubler la science et la conviction de l'expert! Que de motifs d'être circonspect! Que les cas seront rares, où il sera permis d'indiquer la filiation de la syphilis, d'une manière certaine! La transmission variable dans ses modes, se cache et échappe à l'investigation la mieux dirigée; dans les cas même saisissables, il restera impossible de la démontrer rigoureusement.

Toutefois, la difficulté d'exécution ne doit point faire rejeter le principe, que la communication du mal vénérien est une *injure grave;* les tribunaux demandent la preuve et là où elle peut s'administrer, ils prononcent le divorce, ou la séparation de corps. Telle est, et telle doit être la règle.

CHAPITRE X.

Il se divise naturellement en deux parties par la nature même des matières qui y sont traitées.

PREMIÈRE PARTIE.

§ I. Paternité et Maternité.

340 C. civil. La recherche de la paternité est interdite. Dans le cas d'enlèvement, lorsque l'époque de cet enlèvement se rapportera à celle de la conception, le ravisseur pourra être, sur la demande des parties intéressées, déclaré père de l'enfant.

341. C. civil. La recherche de la maternité est admise.
L'enfant qui réclamera sa mère sera tenu de prouver qu'il est identiquement le même que l'enfant dont elle est accouchée.
Il ne sera reçu à faire cette preuve par témoins que lorsqu'il aura déjà un commencement de preuve par écrit.

Paternité. — Il s'est agi une première fois de l'art. 340, au chapitre de la grossesse; l'inefficacité de la visite de la future mère pour préciser l'époque de la conception, qui ne saurait mieux se démontrer que par le moment des couches, était le point de vue sous lequel nous l'avons envisagé alors; maintenant il reste à savoir, si la naissance d'un enfant pourrait faire découvrir, s'il y a ou non, coïncidence entre l'enlèvement et la conception.

La recherche de la paternité, en cas d'enlèvement, n'est possible qu'après l'accouchement; ce fait seul indique l'époque présumée de la conception; l'enlèvement et les couches étant patents et d'une date certaine, il ne peut y avoir lieu à controverse entre médecins. « Le délit du ravisseur et la forte présomption qu'il est l'auteur de la grossesse de la femme, lorsque l'enlèvement se rapporte à l'époque de la conception, sont des motifs suffisants pour qu'il puisse être déclaré père de l'enfant. (Bigot-Preamencu.) »

Comme médecin-légiste, nous n'avons pas à nous préoccuper de la signification juridique du mot *enlèvement*; implique-t-il le mot de violence, de séduction, de ruse, de force matérielle? En dehors de la violence, l'enlèvement par séduction ou ruse, suffit-il pour faire déclarer le ravisseur père de l'enfant? Nous n'examinerons pas davantage les solutions diverses données à la dernière de ces questions, solutions qui varient suivant que la femme est majeure ou mineure; ce sont autant de matières qui doivent nous rester étrangères; elles appartiennent exclusivement à la jurisprudence, et à ce titre, nous pouvons les négliger.

L'exception créée, en cas d'enlèvement, au grand principe que la recherche de la paternité est interdite, peut être étendue au viol, et faire naître cette question de médecine légale : Faut-il attribuer l'enfant à l'auteur du viol, qu'on peut considérer comme un enlèvement momentané avec violence et rapprochement prouvé?

Aux termes de notre article, la condition *sine quâ non* pour pouvoir déclarer le ravisseur père de l'enfant, c'est que l'époque de cet enlèvement se rapporte à celle de la conception; les articles 312 et 314 du code civil serviront de base à ce calcul; ainsi, dit Dalloz, si la femme accouchait plus de trois cents jours après qu'elle a cessé d'être au pouvoir du ravisseur, ou moins de cent quatre-vingts jours depuis que l'enlèvement a eu lieu, la conception ne pouvant être considérée comme une suite de l'enlèvement le ravisseur ne pourrait être déclaré le père de l'enfant.

S'il y a coïncidence entre l'époque de la conception et celle pendant laquelle le ravisseur a eu la femme en sa possession, le juge *pourra* déclarer celui-ci père de l'enfant. Au premier rang des circonstances, dit Demolombe, dont les magistrats auront à tenir compte dans cette délicate appréciation, il faut placer les mœurs et la réputation de la femme enlevée; la séquestration plus ou moins étroite, dans laquelle le ravisseur l'aura tenue; la *constitution physique* de l'enfant; etc., cette dernière phrase de la citation nous fait comprendre que ce genre de procès peut porter devant le tribunal de la science médicale des problèmes qu'il est impossible de discuter ou même d'indiquer à priori.

Maternité. (Art. 341.) — La maternité présente au point de vue de l'art médical une double question : la première, de démontrer que la femme est accouchée; la seconde, que celui qui réclame son état, est bien l'enfant qu'elle a mis au monde.

Ces deux faits peuvent faire appeler l'accoucheur en témoignage, pour confirmer qu'il a accouché cette femme de tel enfant; il ne le pourra certifier, que pour autant que le secret professionnel n'y mette point obstacle, V. *Secret médical*, p. 109.

§ 2. Naissances précoces et tardives.

312. C. civil. L'enfant conçu pendant le mariage, a pour père le mari. Néanmoins, celui-ci pourra désavouer l'enfant, s'il prouve que, pendant le temps qui a couru depuis le trois-centième jusqu'au cent quatre-vingtième jour avant la naissance de cet enfant, il était, soit par cause d'éloignement,

soit par l'effet de quelque accident, dans l'impossibilité physique de cohabiter avec sa femme.

314. C. civil. L'enfant né avant le cent quatre-vingtième jour du mariage ne pourra être désavoué par le mari, dans les cas suivants : 1° s'il a eu connaissance de la grossesse avant le mariage ; 2° s'il a assisté à l'acte de naissance, et si cet acte est signé de lui, ou contient sa déclaration qu'il ne sait signer ; 3° si l'enfant n'est pas déclaré viable.

315. C. civil. La légitimité de l'enfant, né trois cents jours après la dissolution du mariage, peut être contestée.

Un enseignement contradictoire et incertain des accoucheurs, fut longtemps la source et la cause occasionnelle de procès civils aussi ruineux pour les parties que scandaleux pour la pudeur publique ; le législateur y mit fin par la fixation des limites minima et maxima de la gestation. La physiologie ne pouvant établir la vérité dit Bigot-Preameneu, les juges ne pouvaient recevoir aucune lumière sur le fait particulier, et chaque tribunal se formait un système différent, sur l'extension ou sur la limitation qu'il devait admettre dans le cours ordinaire de la nature. La jurisprudence était arbitraire et sans uniformité ; pour *en sortir* il fallait, non pas une vérité absolue, mais une règle qui fixàt l'incertitude des juges, et tellement prise dans la marche uniforme de la nature, qu'à peine put-on lui opposer quelques exceptions. (Exposé des motifs.)

A son tour le tribun Duveyrier s'est attaché à justifier le législateur de placer l'arbitraire, voisin de la réalité, en place et lieu des conjectures physiologiques ; il le fait en ces termes « sur l'objet que nous traitons aujourd'hui, l'esprit de l'homme est forcé de s'élever même au-dessus des calculs de la raison et des méditations de la sagesse. La lutte est établie entre la faculté morale et la puissance physique. C'est la nature elle-même qu'il faut toujours combattre et quelquefois asservir, soit qu'il s'agisse de surmonter l'obstacle invincible de son plus impénétrable mystère, pour placer dans la société, sous un signe impérieux, mais incertain, l'enfant que la nature ne proclame jamais, et que souvent elle désavoue; soit qu'on brave le charme magique de ses plus douces affections, pour rejeter de la société l'enfant privé du signe social, et que la nature réclame avec plus d'autorité et de tendresse. Dans la succession des siècles, l'homme a soumis à l'empire de ses forces ou de ses perceptions tout ce que ses sens peuvent atteindre. La nature elle-même a vu souvent reculer ses barrières et pénétrer ses secrets..... le secret de la paternité épouvante presque seul, et tient enchaînées les tentatives ambitieuses de l'homme! »

« Dans l'impossibilité d'emprunter à la nature un signe infaillible de la paternité, et néanmoins dans la nécessité de l'obtenir pour fonder les sociétés sur l'exacte division des familles et de la succession certaine des individus et des biens, l'homme a saisi la présomption la plus voisine de la preuve. » (*Ibid.*)

Ainsi, ces interminables procès, ces insolubles problèmes, ces révélations mortelles à la pudeur publique, se trouvent tranchées par le législateur; la naissance précoce et la naissance tardive sortent dès lors du domaine de la médecine légale pour constituer des questions de physiologie; pour se guider le juge possède ce que cette dernière ne pouvait lui offrir, deux termes fixes, deux dates précises entre lesquelles doit se placer la durée de la gestation, pour donner au produit le titre de légitime; il serait plus conforme à la vérité, de resserrer l'intervalle qui sépare les deux chiffres, celui de 180 jours est évidemment trop faible, nul enfant n'est viable avant sept mois accomplis, c'est avec satisfaction que nous voyons le code prussien exiger 210 jours après le mariage, et 302 jours depuis sa dissolution, cette déférence pour les vérités naturelles et scientifiques, honore le législateur et le peuple à qui il donne ses lois.

Quoi qu'il en soit, ces règles légales votées à la suite d'une discussion qui atteste le savoir profond des législateurs, ne forment pas une thèse académique; elles sont faites à la plus grande utilité de la société civile, dont la famille, la filiation et l'état des enfants sont les bases; il suffit dès lors d'une juste approximation des phénomènes de la nature, pour absoudre le législateur des imperfections de son œuvre.

L'ancien droit avait omis de fixer deux termes entre lesquels se placent toutes les naissances, celles même qui s'éloignent le plus de la loi naturelle générale; le plus large champ était ouvert aux conjectures, et « les discussions médico-légales avaient exalté les têtes jusqu'aux suppositions les plus extravagantes. » On a mieux aimé marquer invariablement ce terme, au risque d'errer sur quelques cas improbables, que de laisser ces questions sous la dépendance de l'arbitraire.

Pater is est, quem nuptiœ demonstrant, telle est la règle; le mari est père de l'enfant né 180 jours après la célébration du mariage, ou 300 jours après sa dissolution; une gestation de moins de 180 jours ou de plus de 300 jours serait une présomption du contraire; il y aurait opposition avec la marche constante de la nature. « On croit plutôt, à la faiblesse humaine qu'à l'interversion de l'ordre naturel. Le temps de formation dans le sein maternel est de neuf mois; avancé, il ne peut descendre en dessous de six mois; retardé, il ne peut aller au-delà de dix mois. — Quand l'enfant naît avant les 180 jours il peut être renié par le père, à moins toutefois qu'il n'ait eu connaissance de la grossesse avant la célébration de son mariage; on présume qu'un pareil hymen n'eût jamais été consenti si le mari n'eût été persuadé que la femme portait dans son sein le fruit de leurs amours; et lorsqu'il a voulu que leur destinée fût unie, comment pourrait-on l'admettre à démentir un pareil témoignage? (Bigot. Pr.)

« La règle établie par les articles 312 et 314 recevra encore son application dans le cas où le mari voudra désavouer son enfant pour cause d'impossibilité physique de cohabitation. La loi exige qu'il y ait eu impossibilité pendant le temps qui aura couru depuis 300 jours, temps le plus long, jusqu'au temps le plus court de la grossesse, 180 jours avant la naissance de l'enfant; si depuis l'époque où a pu commencer le temps le plus long, jusqu'à celui où a pu commencer le temps le plus court, il y a eu impossibilité, il est évident que la présomption qui naît du cours ordinaire de la nature a toute sa force. (*Ibid.*)

« Si l'enfant n'est pas déclaré viable le mari n'est pas admis à le désavouer. L'enfant vivant dans le sein de sa mère, peut voir prolonger son existence pendant un nombre de jours indéterminé, sans qu'il soit possible qu'il la conserve; et c'est cette *possibilité de parcourir la carrière ordinaire de la vie*, qu'on entend par l'expression *être viable.* » (*Ibid.*)

La naissance prouve l'époque de la conception, donc l'enfant né 180 jours après la célébration du mariage a pour père le mari, tout doute est interprété en faveur de l'enfant, même quand le mari allègue l'impossibilité de cohabitation; il faut encore pour que celle-ci puisse donner lieu à un désaveu admissible, qu'elle ait duré du 300e au 180e jour avant la naissance; juste tout le temps qui sépare la gestation la plus longue de la plus courte.

L'impossibilité physique de cohabiter par l'effet de *quelque accident*, soulève des controverses. Dalloz entend par accident, « les blessures, mutilations, maladies graves et longues qui peuvent produire une impuissance accidentelle, soit perpétuelle, soit passagère; enfin les faits de toute nature qui ont pu mettre un obstacle physique à la cohabitation. » La loi n'a rien déterminé pour ne rien conclure.

D'autres auteurs donnent un sens plus restreint à l'expression *accident,* il ne s'agirait plus que d'un fait extérieur qui atteint les organes de la génération et produit une impuissance évidente; mais nullement d'une maladie interne qui aurait la vertu de produire sur les organes sexuels, une impossibilité momentanée de cohabiter. C'est une dispute entre juristes, nous n'avons pas à décider en qualité de médecin; notre unique mission est d'établir qu'un mari a été ou n'a pas été impuissant de telle à telle époque; aux tribunaux à dire si le genre d'impuissance que nous affirmons, rentre dans la catégorie des impuissances légales.

Reste à savoir comment doivent être calculés les délais qui forment les limites de la gestation.

Dalloz nous enseigne : que tout le monde est d'accord à calculer ces délais par jours pleins, par 24 heures et non par heures. Mais combien de jours pleins faut-il pour la grossesse la moins longue? combien en faut-il pour la plus longue?

Le même jurisconsulte exige que le minimum soit de cent-soixante-dix-neuf jours pleins, plus de la fraction du jour de l'accouchement. « Cette interprétation est confirmée par le texte de l'article 314. En effet, aux termes de cet article, l'enfant né avant le 180e jour du mariage, peut être désavoué par le mari ; or, le 180e jour du mariage, c'est celui dans lequel on se trouve après que 179 jours pleins se sont écoulés depuis le mariage ; et puisque, pour que l'enfant puisse être désavoué, il faut qu'il soit né avant le 180e jour, il s'en suit que, s'il est né dans le 180e jour, il est réputé conçu pendant le mariage et se trouve dès lors protégé par la maxime *pater is est quem nuptiæ demonstrant.* »

Toullier, Duranton, Marcadé, comprennent le jour de la célébration du mariage dans le nombre 180, d'où il suit que la grossesse peut n'être que de 178 jours pleins.

Pour la plus longue gestation il faut aussi 300 jours pleins, entre celui de la dissolution du mariage et celui de la naissance de l'enfant, sans compter les fractions. « Donc s'il naît le 300e jour il est légitime, donc deux cents quatre-vingt-dix-neuf jours, plus la fraction du jour de la naissance, forment le maximum de la durée légale de la grossesse.

Toullier et Delvincourt accordent aux termes du texte la même valeur qu'aux termes suivants : né le trois-centième jour après la dissolution.

L'impossibilité de la cohabitation ne peut donc légitimer le désaveu du père, que si elle commence avant le 300e jour, de manière qu'il y a 300 jours pleins entre son commencement et le jour de la naissance; et qu'elle n'ait cessé que dans la journée du 179ᵉ jour avant la naissance, de sorte que, depuis qu'elle a cessé, il ne se soit point écoulé 179 jours pleins, plus la fraction du jour de la naissance, parce qu'alors il ne serait pas impossible que le mari fût le père. L'impossibilité doit donc avoir duré cent vingt et un jours francs. (*Ibid.*)

En dernier lieu, le 3° de l'article 314 doit fixer encore notre attention, il y est dit : que l'enfant ne pourra être désavoué, s'il n'est pas *déclaré viable.* La viabilité est certainement la source la plus féconde en procès civils et en débats interminables devant les cours criminelles; l'absence d'un texte précis, pour définir exactement la valeur du mot *viabilité,* serait une lacune que nous regretterions vivement, si la volonté du législateur n'avait cédé devant l'impossibilité. Le tribun Duveyrier s'en est expliqué au tribunal : « d'une naissance avant le 180° jour, la conception ne peut se placer sous l'empire du mariage, si l'enfant est viable; or, en présence de la facilité de trouver un médecin qui épouse les intérêts de son client, « on a cherché à éviter les vérifications, les déclarations de viabilité, et toutes les difficultés, tous les procès qu'engendrera l'état physique d'un enfant, que deux intérêts opposés jugeront bien et mal constitué. On a cru qu'un enfant apportait lui-même en naissant, et dans le cours plus ou moins borné de son existence, la preuve suffisante de sa parfaite ou imparfaite constitution. On pensait, en conséquence, qu'en fixant le terme le plus prolongé d'existence que pouvait parcourir un enfant imparfaitement organisé, on rendrait toute décision plus prompte et plus sûre; et l'on aurait pu dans ce sens décider que le désaveu du mari ne serait point admis, si l'enfant mourait dans les dix jours de sa naissance. — Mais on établissait une lutte bien dangereuse entre la vie de l'enfant et l'honneur de la mère. Il fallait que l'enfant mourût dans les dix jours, pour que sa mère vécût sans honte et sans reproche. De là la crainte ingénieuse mais raisonnable, qu'une négligence affectée ou des moyens plus coupables peut-être, ne vinssent suppléer à l'imperfection supposée de la nature, et porter une influence fatale sur la vie de l'enfant dont l'existence devait être l'opprobre de sa mère et le titre de sa condamnation.— Ce sentiment a fait préférer, au risque de quelques contestations inévitables, le parti adopté dans le projet de loi. »

Nous ne dirons rien ici de la viabilité ; c'est au chapitre de l'infanticide que la valeur de ce mot sera discutée et établie. Nous examinerons alors si elle constitue un élément essentiel de ce crime, ou si le meurtre d'un enfant vivant, mais incapable de continuer à vivre, est un acte qui ne tombe pas sous l'application d'une peine.

Un savant distingué, Monsieur Casper, professeur à Berlin, prend sur cette matière des conclusions conformes à la stricte observation de la marche générale de la nature; pour l'érudit médecin légiste, la durée ordinaire de la grossesse est de 275 à 280, elle peut être de 300 jours, mais celle de 11, de 12 et 13 mois, sont à rejeter, donc le législateur a pris un terme juste, auquel la science ne saurait demander des modifications.

§ 3. Superfétation.

Il est à peine nécessaire de faire observer l'inutilité d'une digression sur ce sujet, dans un traité de médecine légale, en présence d'un texte formel qui exclut toute incertitude. Savoir dans quelles circonstances une superfétation aura lieu, restreindre la réalité de ce phénomène, aux grossesses très-récentes, à celles qui sont extra-utérines, ou aux cas d'utérus bilobé ; c'est traiter une question de pure physiologie, des plus intéressantes, mais étrangère à la médecine du barreau.

§ 4. Suppression, substitution, supposition et exposition d'enfant.

345. C. pénal. Les coupables d'enlèvement, de recélé ou de suppression d'un enfant, de substitution d'un enfant à un autre, ou de supposition d'un enfant à une femme qui ne sera pas accouchée, seront punis de la réclusion.

La même peine aura lieu contre ceux qui, étant chargés d'un enfant, ne le présenteront point aux personnes qui ont droit de le réclamer.

351. C. pénal. Si, par suite de l'exposition et du délaissement prévus par les art. 349 et 530, l'enfant est demeuré mutilé ou estropié, l'action sera considérée comme blessures volontaires à lui faites par la personne qui l'a exposé et délaissé ; et, si la mort s'en est suivie, l'action sera considérée comme meurtre : au premier cas, les coupables subiront la peine applicable aux blessures volontaires ; et, au second cas, celle du meurtre.

Contrairement à un premier arrêt de la cour suprême de Paris, Chauveau et Hélie enseignent que le crime puni par l'article 345 se compose de plusieurs éléments ; « le premier est le fait matériel de l'enlèvement, du recélé, de la suppression de l'enfant ; le deuxième est que l'enfant soit né vivant, qu'il ait eu l'existence extra-utérine, qu'il ait pu jouir d'un état civil ; le troisième, est que les traces de son existence aient été effacées, avec l'intention de supprimer ou de changer son état. La suppression ou le recélé ne suppose qu'un seul fait, c'est qu'un être qui avait reçu la vie, et qui pouvait vivre, a disparu sans laisser de traces, par l'effet d'une volonté criminelle. C'est le fait de cette disparition clandestine que la loi punit, abstraction faite de tout autre crime. » Cette opinion a été consacrée par un arrêt du 1er août 1836, toutes chambres réunies.

La suppression d'un enfant ayant *eu vie*, constitue le crime de suppression d'enfant, dit l'arrêt de la cour de cassation, en date du 20 septembre 1838.

« Dans la deuxième hypothèse de l'article 345, le législateur prévoit le crime de substitution d'un enfant à un autre, ou de supposition d'un enfant à une femme qui n'est pas accouchée; le caractère principal du crime est le même, mais les éléments matériels diffèrent : il s'agit d'attribuer à un enfant étranger les droits ou les avantages d'un membre de la famille. »

Nous voyons que l'élément médical et le rôle de l'expert, sont très-circonscrits dans les questions d'enlèvement de suppression et de substitution et encore celles qui pourraient surgir sont traitées dans d'autres chapitres, elles se rapportent à la maternité, à la filiation, à l'identité ou à la viabilité; et peuvent se formuler de cette manière : 1o Cet enfant désigné, est-il le même que celui dont telle femme est accouchée?

2o Cette femme a-t-elle jamais été mère, l'époque de son accouchement se rapporte-t-elle à l'âge d'un enfant désigné?

3o L'article 345 s'appliquant généralement à tout enlèvement recélé, etc., d'un enfant mineur (cassation 18 novembre 1824), quel est l'âge de celui qu'on a voulu priver de son état, ou auquel on a voulu donner un état autre que son véritable?

4° L'enfant recélé ou supprimé a-t-il jamais vécu?

5° Vivait-il encore au moment du crime?

Art. 351 C. pénal. Cet article imprimé en tête de ce paragraphe peut donner lieu à une série indéterminée de questions de pathologie; c'est dans cette dernière, tant dans l'externe que dans l'interne, et dans la science obstétricale, que l'expert devra chercher leur solution. On comprend dès ce moment, qu'il est impossible d'exposer une théorie ou même une casuistique qui satisfasse à toutes les exigences des cas pratiques; une répétition complète, des pathologies internes et externes, suffirait à peine, pour résoudre à priori la question de savoir, si l'enfant exposé ou délaissé doit sa maladie, sa mutilation ou son décès au fait d'avoir été exposé et délaissé. Chacun doit chercher dans son érudition, ses capacités et son expérience personnelles, les lumières nécessaires pour établir : 1° Si l'exposition ou le délaissement ont estropié ou mutilé l'enfant?

2° Si ces faits ont été cause de sa mort?

DEUXIÈME PARTIE.

ATTENTATS AUX MOEURS.

SOMMAIRE : Attentats aux mœurs avec ou sans violence. — Pédérastie. — Viol.

§ I. Attentats aux mœurs avec ou sans violence.

Art. 2 de la loi du 15 juin 1846 (331 et 332 du C. pénal). Quiconque aura commis le crime de viol, ou sera coupable de tout autre attentat à la pudeur, consommé ou tenté avec violence contre des individus de l'un ou de l'autre sexe, sera puni de la réclusion.

Si le crime a été commis sur la personne d'un enfant au-dessous de l'âge de quinze ans accomplis, le coupable subira la peine des travaux forcés à temps.

Art. 3. Sera puni de la réclusion quiconque se rendra coupable d'un attentat à la pudeur, commis sans violence sur la personne ou à l'aide de la personne d'un enfant de l'un ou de l'autre sexe, âgé de moins de quatorze ans.

C'est avec étonnement que nous avons parcouru les digressions des médecins légistes, sur les éléments et les conditions du délit prévu par l'article 330 du Code pénal.

Toute personne qui aura commis un outrage public à la pudeur, sera puni d'un emprisonnement de trois mois à un an, et d'une amende de seize francs à deux cents francs.

Il n'y a là absolument aucun élément qui puisse donner lieu à un rapport d'expert, rien qui puisse être déféré à son jugement. Les outrages à la pudeur prévus et punis par l'article 330, dit la cour de cassation dans son arrêt du 26 mars 1813, sont ceux qui, n'ayant pas été accompagnés de violence ou de contrainte, n'ont pu blesser la pudeur de la personne sur laquelle des actes deshonnêtes peuvent avoir été exercés, qui ont ainsi pu n'offenser que les bonnes mœurs, mais qui, par leur licence et leur publicité, ont dû être l'occasion d'un scandale public pour l'honnêteté et la pudeur de ceux qui, fortuitement, ont pu en être les témoins.

Le délit en question se prouve par témoins, jamais il ne saurait exiger l'intervention de l'homme de l'art, il se poursuit sur dénonciation, et la publicité est un élément constitutif sans lequel il ne saurait exister. En présence du texte qui dit expressément *outrage public*, Briand et Chaudé se font manifestement une fausse idée de l'outrage public à la pudeur, quand ils écrivent, « qu'il n'est pas même nécessaire, pour que le délit existe, que l'outrage ait été commis en présence de témoins. » Comment constater un fait posé par une ou par deux personnes unies de volonté, s'il n'y a pas de témoins? Quel autre moyen de le connaître, si ce n'est le témoignage? Jamais les coupables ne se dénonceront eux-mêmes! C'est donc sans surprise qu'on verra écarter ces discussions de notre traité.

Nous abandonnons, pour les mêmes raisons, les dissertations sur l'attentat avec ou sans violence, et sur l'assimilation de la tentative à l'attentat consommé; dévolus aux magistrats, ces faits ne donnent point lieu à un examen médico-légal, pour ces motifs nous passons ces différents points sous silence.

Contrairement à l'outrage public à la pudeur, les crimes et délits prévus par les articles 2 et 3 de la loi belge du 15 juin 1846, ne sont plus fondés sur l'oubli ou le mépris de soi-même, mais sur la méchanceté des coupables; il y a un agresseur et une victime, dès lors il nous incombe de rechercher les lésions que cette dernière peut présenter à l'observation de l'homme de l'art.

Les crimes et délits prévus par ces articles, sont d'abord les attentats à la pudeur sans violence, mais punis à cause de la jeunesse de la victime; le législateur a jugé qu'un individu de moins de 14 ans doit jouir d'une protection spéciale contre les attaques du vice, parce que la séduction est aisée chez celui qui n'est pas à même de connaître et de mesurer toute l'immoralité de l'action à laquelle on veut le faire accéder ou consentir. Ces attentats sans violence sur la personne d'un enfant de moins de 14 ans pouvant varier du simple acte d'impudeur jusqu'à la défloration, sans que le délit change de nature, l'article 2 fait surgir plusieurs questions de médecine légale : d'abord sur la défloration, sur les contusions ou les écorchures que les parties sexuelles d'un enfant du sexe féminin peuvent présenter; ensuite sur les désordres que présente l'ouverture anale d'un garçon également âgé de moins de 14 ans.

La gravité des attentats de cette nature change par la violence qu'on emploierait pour les commettre; ainsi le viol qui implique toujours un recours à la force brutale ou à la ruse pour consommer la défloration, et le simple attentat à la pudeur sur un individu de l'un ou de l'autre sexe, subi par contrainte et en se débattant, sont des crimes punis de la réclusion, si les victimes sont des adultes. Mais la peine aggravée est changée en travaux forcés à temps si l'agresseur s'est pris à un enfant au-dessous de 15 ans.

Outre toutes les lésions imaginables de la violence, telles que contusions, blessures, ecchymoses, etc., dont l'examen se fera ailleurs, il en est de deux ordres qui méritent de fixer notre attention : premièrement, celles qui résultent de la pédérastie, et secondement, celles qui résultent du viol.

§ 3. Pédérastie.

Cette action bestiale, produit de la débauche en délire, laisse des traces variables selon l'âge du patient et selon la répétition plus ou moins fréquente de cet acte sur le même sujet ; encore cette dernière différence ne peut être observée que chez les sujets au-dessous de 15 ans, car ces infàmies accomplies dans le secret entre adultes et avec l'assentiment du patient, ne tombent point sous la vindicte des lois. La justice pénale reste désarmée en présence d'un forfait couvert de mystère, qui, pour cette raison, dit Chauveau, ne trouble pas la société, qui l'ignore. Y aurait-il bénéfice pour la morale et la pudeur publique à étaler à la barre des juges ces scandales, ces honteuses turpitudes et ces infàmes mystères ? Non évidemment.

Plus l'ouverture extérieure de l'anus est rétrécie, plus l'introduction du membre viril froissera la muqueuse, et plus encore elle relâchera les sphincters.

La pédérastie exercée avec violence et pour la première fois, lèse l'anus, son pourtour et la muqueuse intestinale ; ces parties se rubéfient et se tuméfient, elles peuvent même s'enflammer. Si la disproportion entre la verge et le sphincter est trop grande comme chez un jeune enfant par exemple, il s'excorie et se déchire sous les efforts du coupable. Il reste cependant à connaître le corps étranger qui a pu être introduit, car des violences peuvent être exercées, au moyen d'un corps dur autre que la verge, ce qu'on ne saurait différencier, hormis le cas de communication de maladie vénérienne.

L'habitude de subir ces introductions, relâche de plus en plus les sphincters, entr'ouvre l'intestin qui reçoit facilement un ou deux doigts ; l'anus refoulé devient infundibuliforme et présente des bords engorgés et lâches.

Comme il y a contact de deux muqueuses, que celle du rectum est souvent éraillée par ces introductions, on comprend aisément que tout accident syphilitique virulent se communique de l'un à l'autre ; ainsi un chancre virulent sur la verge s'inocule sur la muqueuse rectale, de même que la sécrétion de certains accidents syphilitiques secondaires virulents, doit contaminer la verge du pédéraste.

§ 3. Viol.

Jousse définit le viol : toute conjonction illicite commise par force et contre la volonté d'une personne. La copulation est donc une circonstance essentielle, et la violence est le second élément de ce crime. Nous aurons à rechercher :

1º Si la plaignante porte des traces de violence ?

2º S'il y a eu défloration ?

3º Si les lésions des parties sexuelles chez la femme, sont dues au coït ou à toute autre cause ?

4º Si la défloration consentie diffère de celle qui est consommée par la violence ?

PREMIÈRE QUESTION. *La plaignante porte-t-elle des traces de violence ?*

Nous n'entendons parler ici que des traces de violence, que présentent les parties sexuelles, celles des autres régions du corps sont communes au viol et à l'attentat à la pudeur, même elles sont indépendantes de ces crimes ; pour cette raison je les classe dans un paragraphe spécial.

Afin de bien apprécier les lésions que les organes de la génération peuvent offrir chez la femme, et de marcher ainsi du connu à l'inconnu, nous en ferons une étude détaillée chez la vierge, chez la femme qui a vécu dans le commerce des hommes et chez celles qui ont été mères, elles aussi peuvent être victimes de ce crime, tout comme l'enfant et la vierge nubile.

Organes génitaux avant la puberté.

Pubis. — Éminence ou coussinet triangulaire et graisseux, placé au-devant du pubis, au-dessus de la vulve et au-dessous de l'abdomen d'une part, et les plis des cuisses d'autre part ; à cet âge il n'y a nulle apparence de poils.

Grandes lèvres. — Elles forment deux replis volumineux extérieurement arrondis, juxtaposées par leurs bords muqueux rosés, mais séparés par la vulve et les nymphes, la rougeur de la muqueuse est moins forte chez les sujets malingres, anémiques, lymphatiques et d'une constitution débile. Chez les enfants les grandes lèvres présentent une disposition spéciale, elles sont plus écartées à la partie antérieure, à telles enseignes que la vulve est béante en avant ; le contraire se présente chez la femme pubère surtout après la cohabitation. Dans la position horizontale dorsale, en écartant les membres inférieurs, les lèvres s'écartent en haut et restent contiguës en bas, cet état de choses se modifie au fur et à mesure qu'on approche de la puberté, ce qui s'explique par ce fait anatomique, que les nymphes et le clitoris ont dans l'enfance et relativement aux grandes lèvres, un volume plus considérable qu'à l'âge de la puberté ; à cette époque ces relations de volume sont changées, les grandes lèvres se sont proportionnellement plus développées que les petites et le clitoris, d'où il résulte, que ces dernières parties sont plus parfaitement cachées, et que l'écartement antérieur a graduellement disparu.

Postérieurement les grandes lèvres viennent se réunir sur

la ligne médiane, à la partie antérieure du périnée, le replis qu'elles y forment, rétrécit le diamètre de la vulve et porte le nom de fourchette; du côté interne de cette bride se trouve une fossette, une légère dépression dite : *fosse naviculaire*.

Petites lèvres. — Elles sont formées de deux replis de la muqueuse vulvaire, formant antérieurement le prépuce du clitoris, et se terminant postérieurement à la membrane hymen. Nous répétons encore, que les relations proportionnelles de volume entre les grandes et les petites lèvres varient suivant l'âge; ces dernières sont d'autant plus volumineuses que la fille est plus jeune, l'inverse se présente pour les grandes lèvres qui se développent en raison de la croissance générale du corps.

Clitoris. — Relativement plus long qu'à tout autre âge.

Hymen. — L'hymen est une cloison plus ou moins complète, de la structure des muqueuses, et placée à l'entrée du vagin; sa forme est variable, la plus commune est celle d'un croissant, dont le bord convexe adhère au vagin et dont les cornes vont se terminer sous les nymphes; une autre disposition est celle en anneau soudé à la muqueuse vaginale dans tout son pourtour et largement ouvert au centre; la troisième variété, est une cloison complète, ne présentant qu'un pertuis étroit au centre ou au voisinage du canal de l'urèthre.

Par sa déchirure l'hymen forme plusieurs lambeaux frangés, qui se contractent, s'épaississent, se durcissent et forment les caroncules myrtiformes, à condition toutefois, selon Devergie, que les lambeaux d'hymen soient pédiculés, car s'ils sont larges à leur base d'adhérence, ils continuent à se développer comme toutes les autres parties.

Vagin. — C'est un canal étroit, ne pouvant pas même recevoir un doigt dans le jeune âge. La membrane muqueuse qui le tapisse forme des plis, transversaux à son entrée, et plus haut quatre longitudinaux deux en avant et deux en arrière; ces derniers se terminent par de petites éminences, des extrémités renflées, également appelées *caroncules myrtiformes;* mais ceux-ci ne sont jamais qu'au nombre de deux.

A l'époque de la puberté.

Tous les organes se sont harmoniquement développés à l'exception des nymphes et du clitoris qui ont relativement moins grandi, ce qui fait que les grandes lèvres s'écartent moins en haut et plus en bas, quand on éloigne les cuisses l'une de l'autre. Le pénil et les lèvres se couvrent de poils et les follicules sébacés de la muqueuse vulvaire (des grandes et des petites lèvres) augmentent en volume et en activité fonctionnelle.

A l'époque de la menstruation, les parties lubrifiées se laissent plus facilement distendre dans certaines limites, mais jamais jusqu'à recevoir la verge sans déchirure de l'hymen, sinon dans quelques formes particulières de cette membrane, que nous devrons étudier.

Chez celles qui ont vécu dans le commerce des hommes.

La vulve suit encore davantage le mouvement des cuisses, leur écartement entr'ouvre les lèvres à leur partie postérieure d'une manière plus nôtable que chez la vierge.

Les pressions répétées sur la fourchette ont diminué la

fosse naviculaire, l'hymen divisé a laissé les fragments dont nous avons parlé, et qui forment les caroncules.

Le vagin et la vulve élargis permettent au doigt de s'introduire plus facilement, et les replis de la muqueuse sont en partie effacés.

Chez celles qui ont été mères.

L'enfant en venant au monde a poussé devant lui toutes les parties charnues externes de l'appareil génital, qui désormais resteront plus saillantes, et plus volumineuses.

Le ventre et le haut des cuisses portent des vergetures. Par la déchirure de la fourchette, la fosse naviculaire a disparu et la fente vulvaire s'est élargie vers le périnée, les tissus même de cet espace sont parfois divisés dans une étendue plus ou moins considérable. Le vagin relâché par l'accouchement reste plus large, ses plis longitudinaux et transversaux sont plus saillants que chez la nullipare.

Jusqu'ici nous avons appris à connaître exactement les dispositions anatomiques des parties sexuelles chez la mère, chez la vierge et chez la femme qui a fréquemment subi les approches de l'homme.

Nous comprenons que le coït ne lèse en aucune façon des parties déjà plus amplement déchirées par le passage d'un fœtus, ou flétries par une copulation réitérée; la femme qui a eu des enfants, ainsi que l'épouse ou la personne d'une morale facile, adonnée aux plaisirs vénériens, n'offrent à l'expert aucune trace de l'introduction de la verge, même immédiatement après le viol; tout autre marque de violence, effet de brutalités manuelles, mise de côté, car les résultats directs de la copulation sont ici seuls en cause.

De la mère, si nous passons à la jeune fille vierge, tout change : le pénis laisse des traces de son passage, et la victime supposée du crime de viol présente des lésions réelles qui résultent directement de la défloration. Chez la jeune enfant, où l'étroitesse du vagin ne permet point l'introduction de la verge, les parties externes (vulve, grandes et petites lèvres, clitoris, entrée du vagin et hymen) seront contusionnées, endolories, gonflées à la suite des frottements du gland ou de ses mouvements de propulsion. A un âge plus avancé, le développement des organes permet l'introduction du membre viril, mais non sans briser les scellés que la nature appose sur le siége de la virginité pour mieux conserver ce précieux dépôt. Pendant le coït, l'hymen se déchire, et durant deux à cinq jours l'expert peut constater cette récente défloration ; il est des médecins légistes qui dénient à ce signe toute valeur quand il s'agit d'en inférer le viol ; un examen approndi de leurs objections nous fera comprendre jusqu'à quel point ces auteurs sont fondés dans leurs dénégations.

On nous dit d'abord que l'hymen n'existe pas toujours, qu'il, manque même fréquemment. Nous ne discuterons pas ce point d'anatomie ; on doit convenir avec nous que l'absence native de cette membrane enlève la meilleure donnée et la preuve la plus probante dans la question du viol ; l'expert qui se trouve devant un semblable cas, a de très-sérieuses difficultés à surmonter, mais on n'est pas autorisé à en conclure que la déchirure de l'hymen qui existe chez la grande majorité des femmes, ne prouve pas la défloration.

On dit en second lieu, qu'il est des cas où l'hymen forme de simples filaments, qui ne permettent pas de reconnaître la défloration, alors même que l'introduction de la verge les brise.

Si pareille forme de la membrane virginale existe, nous n'y voyons qu'une difficulté nouvelle pour l'expertise, sans y reconnaître un argument contre la possibilité de constater la virginité dans d'autres cas.

Une objection plus forte nous présente l'hymen permettant le coït sans se rompre, d'où il serait permis de conclure que l'intégrité de cette membrane, même complètement formée, ne prouve pas la virginité.

Cet argument est des plus sérieux; il tend à détruire complètement la confiance que nous plaçons dans l'intégrité de l'hymen pour affirmer la virginité, et dans sa déchirure pour en inférer la défloration.

Dans ces cas l'hymen est d'une forme, d'une flaccidité particulière; tantôt semi-lunaire, il se lubrifie par le sang menstruel, qui le ramollit au point de se laisser déprimer contre les parois du vagin, au moment de l'introduction de la verge, sans se déchirer.

La forme annulaire de l'hymen, celui dont tout le pourtour adhère au vagin, peut présenter une ouverture centrale suffisante pour recevoir la verge sans que l'hymen soit entamé; soit que les menstrues ou un écoulement leucorrhéique, le relâchent.

Nous n'avons qu'une observation à présenter contre ces difficultés nouvelles; nous reconnaissons que certaines formes de la cloison vaginale, temporairement relachée, ou naturellement peu rigide, peuvent céder sans déchirure; mais si l'examen suit de près le crime, l'expert pourra toujours juger de *la possibilité d'introduire dans le vagin, un corps du volume de la verge sans occasionner des déchi-*

rures. Si l'homme de l'art peut faire ses investigations immédiatement après le viol, l'élasticité de l'hymen n'a pas encore pu changer; or, la rigidité organique de ce tissu est une qualité appréciable, la largeur de ses pertuis également; s'il est manifestement possible d'y voir un passage, tel que le gland puisse le traverser, la conclusion logique se trouve formulée par ces mots : *on ne peut constater par l'inspection de l'hymen, qu'il y a eu défloration.* Par contre si l'impossibilité d'y introduire un corps de ce volume est démontrée, la non défloration ne l'est-elle pas également? La membrane est trop rigide pour s'écarter, et l'ouverture trop petite pour recevoir le pénis, comment donc concevoir l'idée d'une défloration?

Je trouve dans les beaux travaux du savant Casper, que j'aime tant à rencentrer, un cas qui présente une de ces dispositions particulières de l'hymen; voici ce que je traduis du 240ᵉ cas cité dans son *Traité pratique de médecine légale* : « Le vagin n'était pas entr'ouvert, et son entrée était close par un hymen annulaire à ouverture fortement élargie, et dont les bords étaient légèrement déchirés à la partie inférieure et à la partie supérieure. » Aux conclusions, l'éminent professeur de Berlin en infère, que le viol n'est pas manifestement prouvé par les résultats de l'examen. Si l'ouverture, dont le diamètre n'est pas indiqué, avait eu une largeur proportionnée au volume du membre viril, l'auteur aurait pu prendre des conclusions plus rigoureuses.

Par cet exemple nous voyons que l'expert trouve moyen de juger, si l'hymen tel qu'il se présente à l'examen a pu permettre le passage du membre viril, c'est tout ce que peut la science; la fraîcheur des plaies indique que les déchirures sont récentes.

2ᵉ QUESTION. *Y a-t-il eu défloration?*

La plupart des données nécessaires à cette solution, se trouvent dans ce que nous avons développé dans la question précédente ; la déchirure de l'hymen est le caractère matériel de ce crime, à telles enseignes que l'homme de l'art ne saurait plus affirmer cet attentat, si cette membrane n'avait jamais existé ou si elle était incomplète au point de se laisser écarter sans se déchirer sous les efforts du coït. Quand la défloration est récente, les plaies de l'hymen ont des lèvres inégales, dentelées, saignantes, gonflées et douloureuses au toucher, un écoulement d'une légère quantité de sang s'en est suivi et a formé tache sur le linge. Cependant le viol d'une fille déjà déflorée pourrait occasionner une hémorrhagie, quand l'organe mâle et l'ouverture vaginale sont disproportionnés, c'est à l'expert à en déterminer la provenance ; celle du vagin bien qu'elle puisse se montrer chez une personne antérieurement déflorée, est encore une très-forte présomption de viol. Les plaies de la défloration *récente,* disparaissent dans les quatre à cinq jours qui suivent l'acte.

Si la défloration est ancienne (à partir du 8ᵉ au 10ᵉ jour), les débris de l'hymen à large base ne sont pas totalement atrophiés, ils peuvent même continuer à croître ; ceux qui sont pédiculés se rétrécissent et forment les caroncules myrtiformes. Cependant rien n'indique alors que l'hymen a été détruit par la copulation plutôt que par une affection morbide, à moins que cette dernière ne dure encore au moment de l'examen.

Aux signes fournis par l'hymen il faut ajouter ceux que donnent les linges, et qui sont : 1° les taches de sang, 2° les taches de la liqueur spermatique.

Taches de sang. — L'endroit de la chemise que ces taches occupent, varie suivant la position de la femme pendant le coït; dans la position horizontale sur le dos, le sang qui s'écoule obéit aux lois de la gravitation et va maculer la partie postérieure; ce qui n'exclut pas toute possibilité de trouver du sang sur la partie antérieure, la femme en se relevant peut la mettre en contact avec la vulve et y produire des taches.

Dans d'autres cas, ces taches varieront de place, et l'expert pourra en déduire dans quelle position le coït s'est accompli.

Le sang écoulé est comme celui de toutes les plaies; d'abord plus rouge il devient ensuite séreux et forme des taches jaunâtres à bords bruns, au lieu d'en laisser d'uniformément rouges.

Taches de sperme. — Elles occupent d'ordinaire le devant de la chemise dans les tentatives de viol et même quand le crime a été consommé, une éjaculation peut avoir eu lieu avant l'introduction de la verge; c'est sur le ventre de la femme que le sperme doit se porter, de là ces taches sur le devant de la chemise. Après le crime quand la femme porte la main à ses parties génitales, elle entraîne ses vêtements et c'est encore le devant de son linge qui reçoit la liqueur séminale qui tombe de la vulve; mais ici encore, l'homme soit avant l'introduction du pénis, soit en le retirant, peut répandre du sperme entre les cuisses et sur la partie postérieure de la chemise.

Quant à reconnaître les taches de sperme ou de sang, nous l'apprendrons dans un chapitre plus loin.

3ᵉ QUESTION. *Les lésions des parties sexuelles de la femme, sont-elles dues au coït ou à toute autre cause?*

Il n'est pas donné à la science de diagnostiquer ces lésions, qui peuvent reconnaître pour cause l'introduction de tous corps dur, ayant le volume du membre viril; à moins de circonstances particulières, comme une plaie à bords nettement découpés, si le corps étranger qui a servi à la défloration, portait un angle ou un côté tranchant.

Causes mécaniques. — Les corps qui peuvent s'introduire dans le vagin, varient à l'infini, nous ne pouvons étudier que leur mode d'action, leur mécanisme. La largeur d'une ouverture vaginale constatée, on en déduit qu'un corps de tel volume devait déchirer l'hymen ou le vagin, que tel autre beaucoup plus mince, peut le refouler et finir par le réduire à un petit repli, par une introduction fréquemment répétée.

Le saut, l'écartement forcé des cuisses (?), une chute, la vulve sur un corps saillant, comme pour les femmes qui montent à cheval, sur le pommeau de la selle, sont des causes de rupture de l'hymen.

Causes pathologiques. — Une inflammation quelle que soit sa nature, suivie d'ulcération, peut détruire l'hymen, si les ulcères occupent la membrane ou l'endroit de son insertion au vagin. Elles sont multiples et le diagnostic différentiel se placera mieux après l'examen des affections vénériennes.

La femme qui se dit violée peut présenter des accidents syphilitiques; l'expert doit apprécier les différentes formes de ces affections, pour ne point se tromper sur leur signification; nous les passerons en revue en supposant que l'examen de la femme ait lieu peu de jours après le crime, ce qui permet de négliger leurs formes chroniques.

Blennorrhagie. — La gonorrhée, le plus fréquent des accidents vénériens, est en même temps celui dont le diagnostic différentiel est entouré des plus insolubles difficultés, d'obscurités qui nous obligent de renoncer à l'établir d'une manière certaine.

Entre l'effet de la cause d'un écoulement et son début, il s'écoule un certain laps de temps que l'on désigne par : *période d'incubation.* D'une durée très-variable, cette période est d'ordinaire de 6 à 12 jours, comme elle peut être de quelques heures à quatre semaines ; mais, dit Ricord, la blennorrhagie pouvant reconnaître d'autres causes que le coït, il faut se méfier des observations dans lesquelles la maladie s'est montrée fort tard après les rapports suspects.

L'expert privé de tout renseignement puisque aucun ne saurait lui inspirer de confiance, ne peut constater l'élément douleur ; le premier phénomène qui lui apparaît, c'est la tuméfaction des lèvres du méat urinaire, ensuite les symptômes de l'inflammation (rougeur, gonflement, douleur) et bientôt après l'écoulement.

L'écoulement est parfois lui-même le premier signe du mal ; il est formé d'une matière d'abord aqueuse blanchâtre, qui s'épaissit graduellement et prend l'aspect du pus. Ce produit de la sécrétion morbide change fréquemment de couleur et de consistance, comme les taches sur le linge permettent de le voir ; il passe du blanc au jaune ou au vert selon le degré d'intensité de l'inflammation et nullement selon les propriétés virulentes, car une irritation quelconque des mêmes parties et d'égale force produit les mêmes effets.

L'inflammation peut se communiquer au gland, au prépuce (balanite, balano-posthite) et y déterminer un semblable écoulement de muco-pus, ainsi qu'aux follicules de Morgagni du canal de l'urèthre, ce qui le rend noueux au toucher. Des ulcères du méat, du gland et du prépuce peuvent accompagner la blennorrhagie.

Chez la femme la gonnorrhée siège sur toutes les surfaces muqueuses des parties sexuelles, (urèthre, vulve, vagin, museau de tanche); nous négligeons encore de mentionner les douleurs qui précèdent l'écoulement et qui ne se décèlent que chez les très-jeunes filles, qui n'étant pas retenues par un sentiment de pudeur, portent constamment la main aux parties malades.

Le début de la maladie est très-difficile à constater, les mêmes parties sont le siége d'écoulements bien différents de nature et dûs à des causes diverses. Dans la blennorrhagie très-aiguë, les parties rouges, tuméfiées, endolories et chaudes, gênent la marche (vulvite), l'émission de l'urine (urétrite), la vaginite est toujours peu ou point douloureuse et ne gêne aucune fonction.

L'écoulement. — La matière fournie, de muqueuse qu'elle est d'abord, devient bientôt purulente, d'une quantité très-variable, elle peut être très-abondante et d'une couleur qui varie du blanc opalin au jaune, jaune verdâtre et au vert. Si l'utérus est affecté en même temps, le liquide est floconneux et visqueux. Examinée au spéculum, la muqueuse vaginale présente un rouge érysipélateux, granulé comme velouté, on y remarque parfois des ulcères simples en différents endroits.

La description de la blennorrhagie est concise pour plus d'une raison; c'est uniquement à l'état aigu que nous devons la connaître, vu que l'expertise se fait très-peu de temps après le viol ; leurs complications et les phénomènes de la douleur sont sans intérêt, au point de vue du médecin légiste. Le diagnostic, la partie la plus importante de l'histoire de ces maladies, est malheureusement la plus obscure, c'est ce que doivent nous apprendre les lignes suivantes :

Les causes d'un écoulement muco-purulent par le vagin sont les suivantes : la vulvite simple aiguë, la blennorrhagie, la constitution scrofuleuse, les entozoaires ascarides vermiculaires (oxyures) dans le rectum, une irritation directe des organes sexuels, la dentition, l'arthrite rhumatismale (?), la scarlatine est parfois accompagnée d'un flux muqueux, effet d'une vaginite qui semble être due à l'extension de l'inflammation du derme aux membranes muqueuses de la vulve et du vagin.

Une diagnose qui suffit aux nécessités pratiques et permet d'instituer un traitement rationnel, n'est pas à la hauteur des rigoureuses sentences que l'homme de l'art doit désirer de formuler en médecine légale.

La vulvite simple traumatique (violences extérieures par le pénis ou le doigt) ne peut être distinguée de la vulvite spontanée ; cependant Durand-Fardel donne des symptômes différentiels dont il faut tenir compte. L'auteur fait d'abord observer que les personnes affectées de ce genre de vaginites sont des jeunes filles en-dessous de l'âge de la puberté, la disproportion des organes sexuels explique la gravité des lésions qui résulent des violences exercées dars le but d'en jouir. Suivent des considérations qui tendent à faire reconnaître la vulvite traumatique de celles qui sont spontanées. Selon Durand-Fardel, celle qui est due aux violences, est limitée à la vulve, au méat ou au canal de l'urèthre, la spontanée occupe le vagin seul ou en même temps que les autres parties; la vulvite spontanée, d'ordinaire chronique ou subaiguë, est liée à un vice constitutionnel, la traumatique présente une inflammation et un éréthisme plus notable; la guérison est l'indice le plus sûr, l'écoulement qui dépend d'une diathèse ou d'une détérioration constitutionnelle est plus difficile et *beaucoup plus lent* à guérir; si elle reconnaît la violence pour cause, la guérison est prompte et s'obtient par des moyens très-simples.

La diathèse scrofuleuse bien prononcée décèlera la nature de l'écoulement vaginal; les parties malades sont fréquemment ulcérées, tout en ne présentant jamais ce rouge vif, ce gonflement et cette tension rénitente de la vaginite aiguë.

Les ascarides se trahissent par un prurit à l'anus et par leur présence dans les selles et dans les replis de l'ouverture anale. L'irritation produite sur le gros intestin retentit dans le vagin et y détermine un écoulement.

La scarlatine indique suffisamment la nature de l'écoulement vaginal concomitant.

Les excroissances verruqueuses du vagin déterminent également un écoulement muqueux; c'est au médecin à les distinguer des productions syphilitiques.

Il existe une dernière affection sur laquelle j'appelle l'attention toute spéciale des médecins, parce qu'elle peut donner lieu aux plus graves méprises et que son diagnostic exige un examen minutieux. J'entends parler de l'ulcération du col de la vessie, qui rend l'émission des urines très-douloureuse, et donne lieu à un écoulement de pus par l'urèthre. Le toucher vaginal est le meilleur mode d'exploration, le doigt découvre un col vésical gonflé et très-douloureux sous la pression, et la patiente déclare que c'est dans cet endroit qu'elle souffre quand elle lâche l'urine; le cathétérisme provoque également des douleurs quand le bec de la sonde vient donner contre le col ulcéré. La matière de l'écoulement fournit également quelques symptômes différentiels, non par sa composition ou ses caractères physiques, mais par la manière dont elle est menée au dehors; le pus des reins, des uretères ou du corps de la vessie est expulsé par intermittences et avec les urines, surtout à la fin de l'émission. Celui de l'ulcère du col vésical s'écoule constamment et au fur et à mesure qu'il est formé, mais jamais à la fin de l'évacuation de la vessie; les premiers jets d'urine nettoient le canal en entraînant tout le pus. Il faut donc joindre à ce que nous venons de dire, les symptômes négatifs du canal de l'urèthre, pour arriver à la certitude.

Ce qui vient embarrasser la diagnose, c'est qu'aucun de ces états n'exclut la blennorrhagie, que celle-ci peut avoir été communiquée par le coït, et dans cette hypothèse aucun symptôme ne donne lieu à une conclusion. L'expert pourra soupçonner, son devoir l'oblige à ne se prononcer qu'avec beaucoup de circonspection et une grande réserve. Dans l'écoulement vaginal, rien ne permet de conclure avec une rigoureuse certitude, il faut se résigner à donner une opinion probable ou vraisemblable ; à moins que les renseignements que fournit l'interrogatoire sur le début, la marche, la durée et toutes les autres circonstances de la maladie, ne donnent une valeur décisive aux faits d'obser-vation.

Chancre. — De même que pour la blennorrhagie, il s'écoule un temps plus ou moins long, ordinairement d'une durée de deux à quatre jours, mais variable de vingt-quatre heures à huit jours, entre l'application du pus virulent sur les parties saines, et la manifestation des effets.

Début. — Le début du chancre sur une surface muqueuse (gland, prépuce) est ordinairement une tuméfaction légère, limitée et peu étendue du tissu où le chancre doit se produire ; il y a en même temps de la rougeur et de la démangeaison ; alors apparaît la phlyctène, la vésicule remplie de sérosité, l'épithelium se rompt et le chancre apparaît à découvert. Si la peau est le siége de cet ulcère, l'épiderme qui forme la vésicule résiste à l'écoulement de la sérosité, celle-ci se dessèche et forme une croûte dont la chute laisse voir le chancre tout formé. La pustule initiale manque si le pus infectant est déposé sur une surface dénudée de son épiderme ou sur une plaie, il se forme un chancre d'emblée ; s'il est déposé dans le tissu cellulaire, dans un ganglion ou dans un des follicules vaginaux, il détermine une phlogose suivie d'abcédation ; ces abcès se vident, les bords se renversent, s'ulcèrent et toute la poche forme le chancre.

Symptômes. — Ricord dépeint l'ulcère vénérien comme suit : Il est arrondi, à moins que le siége ne modifie cette forme, comme par exemple les rhagades à l'anus, les chancres à cheval sur la couronne du gland et l'insertion du prépuce, plusieurs ulcères qui se rapprochent et se confondent, il est peu étendu en surface et occupe toute l'épaisseur du derme. Le fond est ordinairement couenneux, grisâtre, rugueux-inégal ; les bords taillés à pic décollés, renversés au dehors, plus ou moins dentelés et offrant le même aspect que le fond. La circonférence peut être entourée d'une aréole plus ou moins rougeâtre ou brune, suivant l'intensité de l'inflammation, mais surtout suivant le degré de décollement et d'altération des bords. Le pus sécrété par les chancres virulents est mal lié, ichoreux, chargé de détritus organiques ou de sang, et accidentellement d'animalcules. A l'abri de l'action de l'air, il reste fluide, mais à découvert il se sèche et forme des croutes.

La durée de la période spécifique du chancre régulier est de deux à quatre septenaires, suit la période de réparation qui s'annonce par la disparition de l'aréole, l'affaissement des bords qui se recollent au fond; celui-ci se déterge à son tour, et se couvre de bougeons charnus de bonne nature, tandis que la base se résorbe et disparait.

Le chancre régulier présente, selon le syphilographe de Paris, les variétés suivantes : 1° Le chancre induré ou huntérien; 2° le chancre phagédénique diphthérique ou pultacé; 3° le chancre phagédénique gangréneux par excès d'inflammation.

Chancre induré-huntérien. — Du cinquième jour au plus tard, la base de l'ulcère s'indure, s'épaissit circulairement autour et en dessous de l'ulcère; c'est une calotte de sphère plus ou moins épaisse, mais nettement limitée, qui se forme et emboîte la solution de continuité. A la pression, le tissu induré donne une sensation élastique caractéristique. Le tissu fibro-plastique qui forme l'induration peut être assez abondant pour arrêter toute circulation sanguine par la compression des capillaires; alors la mortification des tissus entrepris en résulte et l'ulcère grandit.

Chancre phagédénique rongeant diphthéritique. — Sans base indurée, les chancres de cette espèce gagnent en étendue; leur forme peut rester arrondie, mais elle devient souvent irrégulière; le fond de ces ulcères est inégal et plus ou moins complétement recouvert d'une membrane grisâtre ou d'une matière pultacée. Le pus abondant et séreux enflamme les parties voisines, la cicatrisation se fait par places, par ilots et au centre, tandis que l'ulcère s'étend encore sur les bords; ou bien il se cicatrise d'un côté, tandis que l'autre envahit encore les tissus sains.

Ces chancres, dit Ricord, sont très-irritables, le plus souvent accompagnés de douleurs très-vives et d'inflammation.

Chancre inflammatoire gangreneux. — C'est une inflammation suraiguë de l'ulcère, qui se termine par gangrène; l'ulcère, dit le même auteur, est détruit par la gangrène, et la chute de l'escharre laisse un ulcère simple sur des tissus non indurés, mais que l'œdème ou une inflammation phlegmoneuse tient engorgés. La perte de substance peut être considérable, et le pus comme celui de tout tissu sphacélé répand l'odeur de la gangrène.

La pustule par laquelle un chancre débute, peut être confondue avec la vésicule de l'herpes préputialis; si elle succède à un coït suspect, on peut *soupçonner* seulement un chancre à son début. Les vésicules de l'herpes sont le plus souvent multiples, groupées sans aréole rouge et ne produisant aucune inflammation des parties affectées. La solution de continuité qui succède à la vésicule herpétique est superficielle, d'un fond rosé quand on la nettoie de la matière jaunâtre qu'elle sécrète; les bords sont unis et non à pic, comme ceux du chancre. Les signes certains du chancre sont le pus inoculable et l'empoisonnement général; l'induration peut manquer, elle fait même constamment défaut au commencement; avant l'induration, signe de la syphilis constitutionnelle, et quand l'inoculation ne peut être faite, on peut confondre le chancre simple avec une ulcération non spécifique avec œdème et engorgement inflammatoire des parties voisines. L'aspect de l'ulcère et la forme des bords sont alors les meilleurs signes.

Nous nous bornons à une description des plus concises, des différentes espèces de chancres ; nous la croyons suffisante pour guider le médecin légiste.

4e Question. *Les lésions des parties sexuelles de la femme sont-elles dues au coït ou à tout autre cause ?*

Il n'est malheureusement que trop certain qu'on trouve des exemples de mères éhontées et avides jusqu'à se rendre coupables devant la nature et la morale, en mutilant leurs jeunes enfants, pour crier au viol dans un intérêt pécuniaire et pour faire rançonner la perte de l'honneur de leur fille ; le médecin doit être averti d'une manœuvre aussi abominable pour échapper au piége qu'une ruse criminelle tend à sa bonne foi. Il échapperait facilement à l'erreur, si la cause avait laissé son empreinte, si la lésion portait avec elle son certificat d'origine ; autrement, nous sommes réduit à raisonner sur les témoignages et les dispositions particulières des altérations locales et générales de la plaignante, afin d'en déduire l'opinion la plus probable.

L'introduction d'un corps étranger contusionne et lacère les parties d'une manière plus étendue et plus considérable, si le volume de cet objet est notablement plus fort que le pénis ; à dimension égale, les lacérations seront les mêmes ; l'absence de taches de sperme et de toute ecchymose sur les autres parties du corps est une très-forte probabilité d'une violence mécanique. Si la constitution de la fille porte le cachet de l'épuisement par la masturbation ; n'est-ce pas un indice qui semble indiquer que la jeune personne s'est livrée à ce vice, que cette fois-ci elle a pris un corps plus volumineux pour augmenter les plaisirs qui la consument ?

La coexistence de la même affection vénérienne chez l'homme et chez la femme sont un indice d'une grande valeur, si elle coïncide avec d'autres preuves de culpabilité. La moralité de la fille, la manière de s'exprimer et de répondre au médecin, feront connaître le degré de perversité ou d'innocence, ce qui jette un jour nouveau sur la question à résoudre ; la preuve directe et sûre manque, c'est l'ensemble des données recueillies qui doit former la conviction.

5e QUESTION. *La défloration consentie diffère-t-elle du viol ?*

Poser la question, c'est la résoudre ; toute distinction est impossible, et le témoignage est la seule ressource. Les lésions concomitantes peuvent jeter quelque lumière sur la question : ainsi les traces de violences sur les autres parties du corps, aux jambes, aux cuisses, aux bras et au cou indiquent la lutte et prouvent que la femme ne s'est pas livrée volontairement aux désirs de l'homme ; malgré les contusions et les déchirures aux parties génitales, l'expert ne saurait croire à un crime exécuté par un homme seul, si la femme est forte et capable de résister ; le fait devient très-admissible, s'il y a eu des aides pour tenir la femme pendant l'acte. Le désordre des habillements, futile par lui-même, peut être d'une grande conséquence par le groupement de toutes les circonstances isolées de la cause.

Traces de violences sur le corps et les vêtements. — Les

plus communes et quasi les seules traces que l'on retrouve sur le derme, sont des ecchymoses produites par une pression forte plus ou moins prolongée de la main; elles conservent même souvent l'empreinte des doigts. Leurs siéges les plus fréquents sont les cuisses, les aines, la vulve, les poignets, les seins et le cou. La valeur de ces signes n'est pas décisive; une femme peut commencer une résistance et puis céder volontairement; d'autres veulent ne paraître succomber qu'à la force. En dernier lieu, on conseille de comparer le volume de la verge à la largeur des parties de la femme, pour savoir si l'organe mâle est proportionné aux lésions produites. Que peut-on attendre de cette inspection? On trouve la verge au repos, on ne saurait en déduire son volume, à l'état d'érection; l'épreuve est donc nulle.

Remarques. — Nous avons passé en revue tout ce que la science possède sur la matière du viol, pour arriver à formuler des conclusions basées sur des faits et des préceptes rigoureux; on nous pardonnera nos hésitations, nos formes dubitatives; elles sont logiques, dans une matière dépourvue d'une certitude évidente et démontrable, si l'expert n'a d'autres documents que ceux qui résultent de l'examen du prévenu et de la personne violée. Si les renseignements, pour autant qu'ils soient exacts, viennent corroborer et confirmer les résultats de l'examen, la solution de la question de viol sera plus catégorique.

Chez les très-jeunes filles, la défloration n'est presque jamais possible, à cause des disproportions entre la verge et les parties génitales de la femme; la tentative de ce crime aura contusionné la vulve en respectant l'hymen, les taches de sperme et de sang, l'empreinte ecchymotique des doigts sur les bras, les cuisses, la vulve ou les seins seront autant d'indices qui guideront l'expert.

Chez les femmes plus âgées, les traces de la lutte doivent être prises en grande considération ; l'épuisement qui en résulte, si la lutte se prolonge, peut livrer la femme sans défense entre les mains de son agresseur ; si la femme est forte et qu'elle a usé des plaisirs vénériens, combien n'a-t-on pas lieu de croire qu'un homme seul ne peut parvenir à exécuter son projet ? Dans ces conditions, celle qui est l'objet d'une semblable tentative, alors qu'elle se trouve déjà renversée sur le dos, peut empêcher l'introduction du pénis en croisant les cuisses ou par un mouvement brusque du bassin, elle qui sait si bien par expérience comment cet acte s'accomplit et les manœuvres qui doivent le rendre impossible.

L'existence simultanée sur la plaignante et sur l'accusé d'une affection vénérienne de même nature est une preuve puissante pour le viol, si la femme, sévère de mœurs, menait une vie réglée et avait des habitudes très-réservées. L'état présent d'une affection syphilitique peut indiquer sa durée et permettre ainsi de remonter à l'époque de l'infection ; si elle coïncide avec celle du viol, le juge y trouvera sans doute un argument qui vient peser fortement dans la balance et soutenir affirmativement le crime.

La possibilité de jouir d'une femme à son insu pendant le sommeil narcotique et anesthésique, est mise hors de doute par l'observation ; le sommeil ordinaire ne résisterait pas à une défloration, pas même à un coït, sinon dans certaines circonstances (1).

---

(1) Voyez la question : « Une femme peut-elle concevoir à son insu. »

L'expertise doit se faire dans les quatre à six premiers jours après le viol, sous peine de ne plus pouvoir affirmer à quelle époque remonte la défloration.

La première chose à constater c'est l'âge, l'état habituel de santé, la force physique respective, la moralité des deux sujets et toutes les circonstances du viol. La fille sera alors interrogée à part et de façon à lui faire raconter spontanément tout ce qui s'est passé entre elle et l'inculpé; la naïveté ou la duplicité des réponses et du langage seront un indice de la moralité de la femme et des sentiments qui l'animent. L'interrogatoire des parents et de ceux qui peuvent donner des éclaircissements sur le viol présumé, se fera également en l'absence de leur enfant ou de la plaignante.

Jamais l'examen de la femme ne peut se faire malgré elle; si l'expert reçoit un refus, il s'en référera au magistrat qui l'a requis; à lui à faire exécuter ses ordres là où il en a le droit.

Pour cet examen, la femme est placée sur le dos, sur le bord d'un lit ou d'une table, les cuisses fortement écartées et fléchies sur le bassin, les jambes fléchies sur les cuisses; l'expert décrit la largeur et la forme de l'ouverture de la vulve, l'état de toutes les parties qui la composent; il ouvre ensuite la vulve, constate la présence ou l'absence de l'hymen et dépeint minutieusement sa forme ou ses débris, en prêtant une attention toute spéciale à la forme, au diamètre et à la position de l'ouverture de l'hymen. Les ulcères et les écoulements, s'il en existe, seront soigneusement annotés et diagnostiqués, si c'est possible.

Les linges que la femme portait avant le viol et ceux qu'elle a portés depuis doivent être l'objet de l'examen de l'expert; les taches qu'il y trouve sont autant de traits de lumière, qu'un oubli blâmable devant la science, la justice et l'humanité, pourrait seule négliger.

Toute la surface du corps sera inspectée pour savoir s'il n'y existe aucune trace de violence ou de syphilis constitutionnelle. Chez l'accusé, l'expert doit s'assurer qu'il n'existe pas d'écoulement uréthral, et s'il en trouve un, établir de quelle nature il est. C'est d'après l'ensemble des faits que l'expert formera sa conviction et formulera ses conclusions.

CHAPITRE XI.

VIOLENCES CONTRE LES PERSONNES.

PREMIÈRE PARTIE : BLESSURES ET COUPS. — DEUXIÈME PARTIE : BRULURES COMBUSTION SPONTANÉE ET CICATRICES.

—

PREMIÈRE PARTIE.

BLESSURES ET COUPS VOLONTAIRES ET INVOLONTAIRES.

SOMMAIRE : Législation. — Classification des plaies. — Contusions. — Topographie des contusions. — Plaies contuses proprement dites, par armes à feu. — Plaies par morsures. — Plaies par arrachement. — Plaies par instruments piquants, tranchants. — Topographie des plaies. — Diagnostic. — Pronostic.

§ 1. Législation.

Art. 231. Si les violences exercées contre les fonctionnaires et agents désignés aux art. 228 et 230 ont été la cause d'effusion de sang, blessures ou maladie, la peine sera la réclusion ; si la mort s'en est suivie dans les quarante jours, le coupable sera puni de mort.

Art 309. Sera puni de la peine de la réclusion, tout individu qui aura fait des blessures ou porté des coups, s'il est
résulté de ces actes de violence une maladie ou incapacité
de travail personnel pendant plus de vingt jours.

Art. 310. Si le crime mentionné au précédent article a
été commis avec préméditation ou guet-apens la peine sera
celle des travaux forcés à temps.

Art. 311. Lorsque les blessures ou les coups n'auront
occasionné aucune maladie ni incapacité de travail personnel de l'espèce mentionnée en l'article 309, le coupable
sera puni d'un emprisonnement d'un mois à deux ans, et
d'une amende de seize francs à deux cents francs.

S'il y a eu préméditation ou guet-apens, l'emprisonnement sera de deux ans à cinq ans, et l'amende de cinquante
francs à cinq cents francs.

Art. 316. Toute personne coupable du crime de castration, subira la peine des travaux forcés à perpétuité.

Si la mort en est résultée avant l'expiration des quarante jours qui auront suivi le crime, le coupable subira la
peine de mort.

Loi du 8 janvier 1841.

Art. 5.....

Lorsqu'il sera résulté du duel des blessures qui auront
causé une maladie ou incapacité de travail personnel pendant plus de vingt jours, le coupable sera puni d'un emprisonnement de six mois à trois ans et d'une amende de
fr. 500 à 3000.

Art. 6. Si les blessures résultant du duel n'ont occasionné
aucune maladie ni incapacité de travail personnel de l'espèce mentionnée en l'article précédent, le coupable sera
puni d'un emprisonnement de trois mois à deux ans et
d'une amende de fr. 400 à 2000.

Le combattant qui a été blessé sera passible de peines
prononcées par le § 1 et le § 2 de l'art. 4, selon qu'il aura
fait usage on n'aura pas fait usage de ses armes contre son
adversaire.

Pour l'explication des articles 319 et 320, nous renvoyons le lecteur au chapitre de la responsabilité médicale.

La réforme de 1832 du code pénal a modifié en France les articles que nous venons de lire, nous les ajoutons pour ceux de nos lecteurs qui se trouvent sous l'empire de ce code.

Art. 309. Ut supra... puis : — Si les coups portés ou les blessures faites volontairement, mais sans intention de donner la mort, l'ont pourtant occasionnée, le coupable sera puni de la peine des travaux forcés à temps.

Art. 310. Lorsqu'il y aura préméditation ou guet-apens, la peine sera, si la mort s'en est suivie, celle des travaux forcés à perpétuité ; et si la mort ne s'en est pas suivie, celle des travaux forcés à temps.

Art. 311. Lorsque les blessures ou les coups n'auront occasionné aucune maladie ni incapacité de travail personnel de l'espèce mentionnée en l'art. 309, le coupable sera puni d'un emprisonnement d'un mois à deux ans, et d'une amende de seize francs à deux cents francs, ou de l'une de ces deux peines seulement.

Le médecin légiste n'a à s'occuper de la législation sur les coups et blessures, que pour y lire ce qu'il aura à décider si la justice le requiert et y rechercher le point de vue auquel il devra se placer pour répondre aux vœux des magistrats et de la loi ; la sévérité des peines, les actes qui les encourent ne sont point de sa compétence ; s'en préoccuper serait faillir à son devoir et s'exposer à formuler une opinion que d'autres experts rejetteraient si le tribunal venait à recourir à une consultation médico-légale.

A nous médecins trois choses restent à savoir : 1° Si les outrages commis à l'aide de violences ont été causes de blessures, d'effusion de sang ou de maladie, ou bien si ces lésions résultent de coups et blessures reçus d'un agresseur; de chutes ou d'autres causes. 2º Si les coups et blessures ont produit une incapacité de travail de quarante jours. 3º Si les coups et blessures ont occasionné la mort.

Le mécanisme des blessures, leur mode de production, l'instrument employé, la manière dont on s'en est servi, seront autant de questions à soumettre au médecin expert.

L'incapacité de travail fera naître des contestations quant à sa cause; dans l'intérêt de son client la défense cherche à détourner l'attention du juge des faits incriminés, à détailler les infirmités imaginaires ou possibles du blessé et à leur attribuer l'incapacité de travail. Le médecin doit décider, son opinion concourt à former la conviction des juges qui prononcent alors en connaissance de cause.

Le décès occasionné par coups et blessures peut être dû à d'autres maladies; l'homme de l'art est appelé à décider s'il est une conséquence certaine et directe des mauvais traitements.

La responsabilité ne peut résulter d'un fait accidentel non imputable à celui qui a commis les violences; l'agent n'est pas la cause de la mort, si celle-ci n'est pas une suite nécessaire de son action; il serait donc inique de lui faire un crime d'un événement involontaire. Les complications qui résultent d'un vice constitutionnel, d'un traitement chirurgical irrationnel dirigé par des mains inhabiles, ne retombent point sur l'auteur des blessures; le défunt est alors victime de l'ignorance et non des mauvais traitements de son agresseur.

Le législateur ne peut point, dit Morseignat, graduer le châtiment du coupable sur les degrés des souffrances de la victime, fractionner le corps humain et tarifer la privation de chacune de ses parties. Le résultat matériel serait l'unique base de la criminalité; la volonté de l'agent doit entrer dans la balance.

Le code actuel a gradué la peine par la durée de la maladie et l'incapacité de travail qui résulte des coups et blessures, pour ce motif que le délit augmente en raison directe de la grandeur du préjudice causé; c'est toujours raisonner sur des faits matériels fréquemment modifiés par le hasard et en dehors de la question de la volonté et de l'intention du délinquant; la conscience de l'expert se représentera l'influence des causes constitutionnelles, sur les suites des mauvais traitements. L'agent, dit Chauveau, doit-il être responsable de la constitution débile de la victime, du hasard qui a dirigé les coups, de la blessure qu'elle s'est faite en tombant, du manque de soins, de l'imprudence du malade, de l'impéritie du médecin? Doit-il dans un sens contraire, profiter de la bonne constitution de l'homme qu'il a frappé avec une méchante intention, et de l'habileté de l'homme de l'art qui a su abréger sa maladie par ses soins?

La loi en faisant abstraction de ces circonstances accidentelles se remet au hasard du soin de mesurer le châtiment à la gravité du délit. Le système des circonstances atténuantes permet d'avoir égard, dans une certaine mesure, aux circonstances accessoires du fait, pour la fixation de la peine.

Quelles sont les violences qui constituent des coups ou blessures?

Dans l'absence de toute définition donnée par la loi même, il faut entendre par blessure, toute lésion matérielle produite par le choc d'un corps dur sur l'extérieur ou dans l'intérieur du corps humain. Donc, contusions, ecchymoses, excoriations, plaies, fractures et brûlures sont comprises dans les termes généraux du code ; la classification que nous suivrons comme médecin légiste, est toute médicale et adoptée pour faciliter l'étude, elle n'a point d'autre signification ; aux yeux de la loi toute blessure est un délit qualifié et puni en proportion de sa gravité.

On doit entendre par coups, tout choc du corps humain contre un autre corps, soit que l'homme donne contre un objet en repos, soit que l'objet animé d'une certaine force, vienne heurter la personne. Il est indifférent, dit un arrêt de Bourges du 10 septembre 1829, qu'un corps dur soit poussé contre une personne, ou que celle-ci soit lancée contre le corps dur.

Incapacité de travail. Nous avons à examiner 1° si entre les violences et la maladie, il existe des relations de causes à effets ; 2° la nature de l'incapacité de travail ; 3° la durée de la maladie.

1° *Relations entre les violences et la maladie.* L'incapacité doit être le résultat direct des violences, celles-ci doivent l'avoir provoquée. Si la santé déjà chancelante de la victime, dit Chauveau, a donné au coup qu'elle a reçu une gravité plus grande, et que la maladie soit provenue autant de cette débilité extérieure que des violences elles-mêmes, l'agent n'en sera pas moins responsable, suivant la durée de cette maladie, attendu que si l'organisation vicieuse de la personne maltraitée l'a rendue plus grave, les coups l'ont néanmoins déterminée, et que l'agent semble d'ailleurs plus coupable en exerçant des violences même peu graves sur une personne peu capable de les supporter. Mais il en serait autrement si la maladie, née postérieurement à l'action, a pris sa source dans une cause étrangère, par exemple dans la maladresse de l'opérateur, dans l'imprudence de la victime ou dans tout autre accident qui ne serait pas la suite, le résultat des coups portés : car on ne peut imputer à l'agent que les conséquences de son action qu'il a pu prévenir, et il serait absurde de le rendre responsable de circonstances accidentelles qui dérivent d'un fait qui lui est étranger.

Il serait inique de rendre l'agent responsable des erreurs d'un médecin malhabile, des imprudences mêmes de la victime ou de toute autre cause étrangère aux coups.

2° *Nature de l'incapacité de travail.* La loi ne définit pas mieux ce qu'il faut entendre par semblable incapacité. Un arrêt de la cour de cassation de Paris du 21 mars 1834 avait décidé qu'il fallait entendre par travail *personnel,* le travail habituel de la personne lésée; si l'individu ne peut se livrer à son travail habituel sans imprudence, il y a incapacité de travail personnel.

Chauveau critique cette interprétation comme menant à des conséquences bizarres; la gravité du délit, dit cet auteur, dépendrait, non plus de la nature des coups, mais de celle de la profession. L'homme de lettres dont la jambe aurait été brisée, mais qui pourra avant l'expiration des vingt jours reprendre sur son lit ses études habituelles, n'éprouvera pas l'incapacité de travail prévue par la loi. L'action puiserait sa qualification non dans sa gravité intrinsèque, mais dans une circonstance étrangère à l'agent et que celui-ci peut avoir ignorée; elle serait caractérisée par la position sociale de la victime, par ses habitudes, par son genre de vie; ce ne serait plus ni la moralité du fait, ni le fait matériel lui-même, qui servirait de base à la peine, mais un fait accidentiel pris en dehors de l'action et qui lui est complètement étranger. Aussi le 2 juillet 1835 la cour de cassation a délaré « que l'art. 309 ne distingue pas les divers genres de travaux qu'un individu peut avoir à exécuter, de manière à exclure l'application dudit article dans le cas où les coups ou les blessures n'auraient pas occasionné l'incapacité de se livrer à certaines occupations. »

L'incapacité du *travail personnel*, dans le sens de l'article 309, ne doit s'entendre que de l'incapacité du travail *corporel* de la personne, c'est la seule qui puisse être appréciée par le juge, la seule qui puisse être apportée comme conséquence directe des coups ou blessures. Il suit de là que l'incapacité doit s'étendre à tous les travaux de la même nature, car l'impossibilité de vaquer à un seul de ces travaux ne serait pas une mesure suffisante de la gravité de la blessure si la personne blessée pouvait en même temps accomplir d'autres travaux : il faut que l'incapacité soit complète ou qu'elle cesse d'être une règle d'aggravation : car si on la restreint au travail habituel de la personne lésée, ce travail étant différent suivant les habitudes et la profession de cette personne, la qualification du fait dépendrait du hasard de ces circonstances.

Pour que la mutilation d'une partie du corps, ou la perte d'une organe soit une cause d'aggravation elle doit être suivie d'une incapacité de travail de plus de 20 jours. (*Ibid.*)

Si les complices des mutilations faites pour soustraire quelqu'un au service militaire, sont médecins, chirurgiens, officiers de santé ou pharmaciens, l'emprisonnement peut s'élever à deux ans indépendamment d'une amende de

200 à 1,000 francs. (*Ib.*) Cette disposition introduite dans le Code français en 1832, n'existe pas en Belgique.

Une blessure, une mutilation qui est frappée d'une peine exceptionnelle c'est la castration; l'article 316 prononce la peine des travaux forcés, si le mutilé ne succombe pas, et la peine de mort s'il vient à décéder avant l'expiration des quarante jours. L'arrêt de la cour de cassation de France du 1er septembre 1814 statue que la castration se commet, « par l'amputation d'un organe quelconque nécessaire à la génération. »

3° *Durée de l'incapacité de travail.* Elle doit être de plus de vingt jours. Dans ce délai dit Chauveau « se trouvent compris et le jour où les violences ont été exercées, et le jour de l'expiration du terme. Mais il ne suffirait pas que l'incapacité du travail eût duré exactement vingt jours, la loi exige *plus* de vingt jours, par conséquent vingt et un jours au moins. »

Le juge a recours au médecin expert pour juger l'incapacité, toutefois il conserve sa complète liberté pour peser les conclusions de ces rapports et les motifs sur lesquels elles sont basées.

Le législateur français prononce dans un paragraphe additionnel à l'art. 309, la peine des travaux forcés à temps contre l'auteur de coups donnés ou de blessures faites, sans intention de donner la mort, mais qui l'ont occasionnée.

La mort démontre la gravité des violences exercées, mais comment établir qu'elle en est la conséquence?

Notre réponse à cette question sera la citation des considérations que l'éminent criminaliste Chauveau donne dans son savant travail : *Théorie du Code pénal.* « Les anciens criminalistes posaient trois cas distincts : — Lorsqu'il était constant que la blessure était mortelle, l'agent était responsable de la mort, lors même qu'elle n'était survenue que quelque temps après la blessure, et que les secours de l'art n'auraient pas été appelés. — Lorsqu'il était constaté que la blessure n'était pas mortelle, la mort était présumée occasionnée par quelque faute ou négligence dans le traitement. — Enfin la nature et les effets de la nature étant inconnus ou douteux, on examinait le traitement et les soins donnés ; s'il n'existait aucune trace de négligence soit de la part du médecin, soit de la part du malade, la mort était imputée à l'auteur des violences ; dans le cas contraire, l'agent restait responsable des blessures et non de la mort. »

La thèse change si les coups ou blessures ont occasionné ou accéléré la mort d'un homme souffreteux et maladif, ou encore si la maladie qui s'est terminée par la mort, reconnaît les violences pour cause certaine.

Pour l'application de ces règles il faut une connaissance exacte des faits ; le juge ne saurait les acquérir sans l'intervention du médecin à titre d'expert ; nous voyons par là combien notre mission peut être épineuse dans un jugement à prononcer sur les causes d'un décès. Nous prenons acte de ces difficultés pour avertir les confrères de faire pencher toujours le doute en faveur de l'accusé.

A quelle époque le blessé doit-il décéder pour que l'auteur des violences soit responsable de sa mort ?

La loi ne fixe pas de délai, mais les criminalistes adoptant l'ancienne jurisprudence, le limitent à quarante jours, pour les motifs suivants : Selon l'art. 231 du Code pénal (1),

---

(1) Si les violences exercées contre les fonctionnaires et agents désignés aux art. 228 et 230 ont été la cause d'effusion de sang, blessures

l'auteur de violences qui occasionnent involontairement la mort, n'est plus responsable de ce décès après les quarante jours, si même il est prouvé que les coups et blessures ont occasionné la mort. Or, disent Chauveau et Hélie (tome 3, p. 125), l'art. 309 du même Code, prévient le même fait, la même espèce; la qualité de la victime ne change point la nature de l'action, ce n'est pas seulement une analogie, c'est une hypothèse identique. Il ne peut exister aucune raison de l'appliquer là pour le repousser ici.

En rejetant le terme de quarante jours comme celui qui éteint la responsabilité, on ne trouve plus d'autres limites dans la loi, l'auteur des mauvais traitements reste indéfiniment responsable et sous le coup d'une peine qui dépend d'un accident incertain.

Malgré ces raisons puissantes, le coupable ne nous paraît complétement dégagé qu'avec la prescription de la poursuite; ce qui serait un an pour les contraventions de simple police, trois ans pour les délits correctionnels et dix ans pour les crimes. Art. 637, 638, 640 du Code d'instruction criminelle.

Jurisprudence. 1° Attendu qu'il y a incapacité de travail personnel toutes les fois que l'individu malade ne peut pas, sans commettre une imprudence, se livrer à son travail *habituel.* — Cassat. 21 mars 1834.

2° Attendu que l'article 309 ne distingue pas les divers genres de travaux qu'un individu peut avoir à exécuter, de manière à exclure l'application dudit article dans le

---

ou maladie, la peine sera la réclusion; si la mort s'en est suivie dans les quarante jours le coupable sera puni de mort.

cas où les coups et blessures n'auraient occasionné que
l'incapacité de se livrer à certaines occupations; et qu'au
contraire le sens dudit article est que la peine qu'il prononce soit applicable lorsque l'incapacité du travail, pendant plus de vingt jours, est constatée. — Cour de cassat.
2 juillet 1835.

§ 2. Classification des plaies.

Les auteurs de médecine légale ont fait de grands efforts
pour établir une classification des blessures qui satisfasse
les besoins de la justice; le peu de succès de ces tentatives
prouve suffisamment leur inanité et l'impossibilité de réussir; à notre avis, tout arrangement qui n'est pas l'ordre
logique suivi dans les traités de pathologie externe, em-
brouille au lieu d'éclairer; il devient plus difficile de se
guider dans cet arrangement arbitraire et toujours très-
défectueux, que dans l'exposé méthodique et clair de chaque
espèce de lésion. Dans cette matière, toutes les questions
soulevées par les magistrats peuvent se rapporter à ce petit
nombre d'idées : constater les lésions, les décrire, faire
connaître leur mode de production et leurs suites; c'est
donc à tort qu'on multiplie les questions à l'infini, comme
si l'on aspirait à donner un questionnaire capable de prévoir tous les cas. Celles de ces questions qui comportent
une solution doctrinale seront exposées à la fin de notre
chapitre, celles qui s'adressent aux faits seront négligées
ou simplement indiquées.

Avertis par les échecs de ceux qui ont voulu introduire
une classification des plaies à l'usage du médecin expert,
nous nous bornerons à la symptomatologie des coups et
blessures, à leur diagnostic d'après le siége, à leur pro-

nostic et à la durée du traitement; nous espérons trouver dans ce cadre, les données nécessaires à la solution de toutes les questions médico-légales. Afin de procéder avec plus d'ordre, nous marchons du simple au composé, en traitant d'abord des contusions, puis consécutivement des plaies contuses, des plaies par armes tranchantes, de la topographie des plaies, de leur diagnostic et de leur pronostic.

§ 3. Contusions.

Le mot contusion s'applique à toute lésion des tissus, produite par pression, sans plaie extérieure. Les éléments qui concourent à la production d'une semblable altération traumatique sont, le corps contondant qui vient frapper nos organes et dans ceux-ci, un appui suffisant pour ne point céder sans être meurtris.

La contusion se produira chaque fois qu'une partie du corps éprouvera un choc ou une pression suffisante pour provoquer une extravasation du sang et des liquides circu-latoires dans la partie frappée, soit qu'un corps étranger obtus en mouvement vienne contondre les tissus par choc ou pression, soit qu'un organe en contusionne un autre ou que le corps animé d'une certaine vitesse, vienne donner contre un obstacle en repos; dans tous les cas les tissus sont froissés, meurtris, déchirés et écrasés, un épanche-ment sanguin ou séro-sanguinolent en est la première conséquence.

Il y a à rechercher dans toute contusion la puissance ou la force productrice, la résistance des tissus frappés et l'obstacle qui leur servait de point d'appui. De tous nos tissus, les os font la base la plus résistante, mais ceux d'une moindre densité peuvent également remplir ce rôle.

Un corps contondant animé d'une vitesse assez considérable peut contusionner nos tissus sans communiquer le choc aux organes sous-jacents, s'il vient nous heurter dans une direction oblique; c'est une exception au mécanisme de production des contusions en général, la base de support ou le point d'appui faisant défaut.

L'étendue et la gravité des contusions dépendent premièrement du volume, du poids, de la forme du corps contondant, de sa vitesse et de sa direction, ensuite de la position et de la composition des tissus frappés. L'effet de la contusion est d'autant plus notable que le tissu sous-jacent est plus dur, par contre si les parties subjacentes reposent sur un coussinet épais de chairs, de parties molles, elles peuvent supporter de fortes violences sans se contusionner à un haut degré.

L'effet immédiat de la contusion est d'irriter, de froisser, de rompre et d'écraser; de là douleur, abolition ou gêne des mouvements, gonflement et coloration des tissus atteints.

Pour la description des signes de la contusion, nous adopterons deux degrés dans les contusions sans plaie, les seules qui nous concernent.

Symptômes des contusions. — Premier degré. — La contusion a agi sur le derme et les muscles, une douleur de courte durée se manifeste, un gonflement léger succède, puis au bout de quelques heures, ecchymose des parties frappées. D'un rouge violacé livide ou noire au début, la tache ecchymotique est plus étendue là où les capillaires sont plus développés et le tissu cellulaire plus abondant et plus lâche. La coloration de la peau se montre au moment de l'accident, si les vaisseaux du derme ont été divisés, autrement, elle ne paraît qu'après quelques heures, ou même trois ou quatre jours plus tard, alors que la résorption commence; cette dernière est indiquée par des couleurs successives, la teinte noire ou bleuâtre pâlit, devient rouge, puis jaune foncée, ou même verte pour disparaître en prenant des nuances de plus en plus claires. Pendant l'accomplissement des phénomènes de résolution, l'ecchymose s'étend en largeur, et se déplace en obéissant aux lois de la gravitation.

Deuxième degré. — L'épanchement sanguin, suite de la déchirure des tissus, forme le symptôme propre à ce second degré; l'ecchymose se forme par imbibition d'une certaine quantité du sang épanché dans les parties voisines; l'absorption en reprend une autre partie, mais jamais la totalité; l'organisation des parois de la collection sanguine vient l'arrêter, et le sang se trouve ainsi isolé par une membrane pathologique de formation nouvelle.

Dans les premiers moments de la contusion, les épanchements forment des tumeurs indolores, molles, où la fluctuation est d'autant plus sensible qu'elles sont plus superficielles et plus vastes.

Le sang épanché au-dessus d'un plan osseux, par exemple au crâne, présente une tumeur dure, inégale, à la circonférence molle et fluctuante au centre.

Quand le sang d'un épanchement s'est coagulé, la pression fait sentir une sensation de crépitation due à la déchirure du coagulum.

Une contusion sans déchirure du derme peut rendre les parties sous-jacentes insensibles, froides et livides, la vitalité peut encore reprendre, mais il est plus fréquent de voir une inflammation, un érysipèle, où le sphacèle en être la conséquence; la gangrène de la peau est une suite constante de sa forte contusion.

Mécanisme. La contusion étant l'effet d'un choc, on pourra se faire une idée de son mode de production, par l'inspection de la partie atteinte. Pour avoir une ecchymose simple il faut une petite vitesse, un corps léger à large surface agissant perpendiculairement à la surface de nos membres; la constriction d'un lien étroit produit le même phénomène. La vitesse peut être grande sans danger si le corps ne fait qu'effleurer les chairs.

L'épanchement exige une violence plus considérable, donc un corps doué d'une plus grande force de propulsion agissant par une moins large surface, ou la pression prolongée d'un corps pesant.

Les instruments employés donnent fréquemment des ecchymoses caractéristiques qui les font retrouver; ainsi dans une étude faite sur les sévices et mauvais traitements exercés par des marâtres, des instituteurs ou des maîtres inhumains ou barbares sur des enfants, Monsieur le professeur Ambroise Tardieu dit : « Les traces laissées sur le corps par les mauvais traitements, sont surtout remarquables par leur multiplicité. Ce sont le plus souvent, des ecchymoses, des meurtrissures, des excoriations disséminées sur toute la surface du corps, qui en est comme marbrée. Ces ecchymoses dont la coloration variée atteste la succession des coups, siègent principalement au visage, sur les membres, à la partie postérieure du tronc, mais elles offrent ce caractère de ne pas occuper de préférence les points les plus saillants sur lesquels portent presque exclusivement les chutes. Leur forme est souvent significative et reproduit visiblement l'empreinte soit des doigts appliqués ou des ongles, soit des clous d'une semelle de soulier ou de talon de botte ou de sabot. J'ai noté les meurtrissures rougeâtres ovalaires, provenant des pincements ; les vergetures linéaires, le double sillon bleuâtre, formés par une étroite baguette, par des verges ou par des lanières avec lesquelles les coups avaient été cinglés.

« On trouve parfois les nœuds de la corde, les épines du bâton imprimés dans les chairs. Il est très-fréquent de trouver chez ces jeunes êtres les oreilles déchirées, les cheveux arrachés, les doigts écrasés. »

Les traces des liens dont on s'est servi pour lier ces malheureux, pour les attacher par les mains, les pieds ou le cou, sont caractéristiques.

Diagnostic. L'histoire des contusions ne peut offrir aucune difficulté sérieuse ; le seul point est de distinguer les ecchymoses par causes externes, de celles qui sont dues à une cause interne, comme la contraction brusque et forte des muscles, une articulation forcée, etc. ; la durée du mal local, la grande étendue de l'ecchymose, sa manifestation plus tardive, plus lente, sont des signes d'une violence interne.

Les ecchymoses scorbutiques trouvent leur application dans l'état général du sujet.

Durée. La douleur puis le gonflement disparaissent avant la coloration qui dure trois semaines, un mois dans l'ecchymose qui se termine par résolution ; celle qui passe à la suppuration s'enflamme dès le quatrième ou cinquième jour, il se développe un érysipèle phlegmoneux dont la durée sera variable selon la gravité de chaque cas spécial.

Pronostic. La gravité de chaque contusion est fort différente; il serait important en médecine légale de pouvoir en déterminer l'étendue et le danger; mais une aussi grande précision n'est pas encore possible en cette matière. La profondeur de la contusion et de la lésion des parties sous-dermiques échappe à notre appréciation, tel choc paraît très-léger à l'extérieur, qui a trituré les chairs, la peau en vertu de sa mobilité a été entraînée par le corps contondant sans être endommagée.

La simple ecchymose ne saurait produire un accident sérieux; l'épanchement n'est pas plus à redouter tant qu'il ne survient pas d'inflammation; mais celui qui doit se terminer par érysipèle phlegmoneux, par abcès ou par gangrène, doit fatalement durer plus de vingt jours et faire naître des périls pour les jours du malade.

Le pronostic devient difficile par la réunion des caractères de l'ecchymose simple à ceux du dépôt de sang; l'extinction de la sensibilité et l'engourdissement d'une contusion simple fait croire à l'attrition des tissus; le maintien de la sensibilité dans certains cas de désorganisation presque complète, rendent le pronostic fort douteux et incertain.

§ 4. Topographie des contusions.

Tête. La contusion du cuir chevelu produit des effets proportionnés à sa violence; faible, il se forme une bosse sanguine saillante, uniformément dure, ou bien molle au centre, et dure à sa circonférence, inégale et anfractueuse, disposition qui peut faire croire à une fracture avec enfoncement des fragments. D'autres fois le corps contondant a agi très-obliquement, a décollé le cuir chevelu dans une certaine étendue et là il se fait un épanchement sanguin

qui forme alors une tumeur molle dans toutes ses parties ;
si le sang est déjà coagulé, on sent à la compression la
crépitation particulière au déchirement des caillots ; l'intégrité de la peau dirait assez qu'une telle violence n'a pu
fracturer le crâne, si l'absence de toute compression cérébrale ne le prouvait suffisamment.

Les désordres intracrâniens immédiats et consécutifs sont
communs aux contusions et aux plaies contuses de la tête,
nous devrons nous en occuper plus loin.

Paupières. A violence égale, la contusion de la paupière
est suivie d'un gonflement et d'un épanchement plus considérable que celui des autres parties : on doit ce phénomène à une plus grande quantité de tissu cellulaire dans
ces parties. Ces ecchymoses ont ceci de particulier qu'elles
peuvent provenir d'une infiltration sanguine qui s'opère de
proche en proche et qui part d'un épanchement ou d'une
fracture voisine, comme celle de la voûte orbitaire.

OEil. L'œil participe fréquemment de l'infiltration des
paupières, qui se propage sous la conjonctive oculaire jusqu'à la cornée transparente ; la couleur de l'ecchymose du
globe oculaire est d'un rouge vif et non d'un rouge brun
ou noirâtre comme celle des autres parties.

Une forte contusion des organes de la vue, peut rompre
les vaisseaux intérieurs, le sang se mêle à l'humeur aqueuse
ou vitrée, selon qu'il occupe la chambre antérieure ou postérieure, en trouble la transparence et abolit ou diminue
la faculté visuelle. La dernière de ces infirmités est temporaire si le sang se résorbe, elle sera permanente si une
amaurose ou une cataracte s'est produite. L'épanchement
sanguin dans le globe détermine une inflammation qui se
termine par une suppuration suivie de la perte de la vue.

Une contusion plus violente encore est celle qui déchire les membranes internes du globe, déplace le cristallin, mélange les humeurs et les autres parties constitutives internes du globe; la cornée est d'un aspect rouge, la sclérotique est ecchymosée ou d'un blanc livide; la résolution est encore possible, la terminaison par suppuration est la plus ordinaire, l'une et l'autre sont suivies de la perte de l'organe. Une conséquence plus redoutable encore, c'est l'extension de l'inflammation aux méninges; semblable complication est pour le malade un très-grave danger de mort.

Nous devons observer à propos des phénomènes inflammatoires consécutifs à une contusion, que tous les symptômes de la phlegmonie doivent se trouver en harmonie, qu'ils doivent présenter la même période dans toutes les parties phlogosées, si cette corrélation n'existe pas, l'affection locale se trouve sous l'influence d'un vice constitutionnel, d'une dyscrasie ou d'une diathèse spéciale; l'ophthalmie purement traumatique à l'origine revêt rapidement les caractères d'une inflammation scrofuleuse, syphilitique ou rhumatismale; ce fait doit apprendre au médecin-légiste la part à faire à ces dispositions constitutionnelles dans la durée et la gravité du mal.

Cou. — La contusion par choc ou par constriction des cartilages du larynx, produit une ecchymose dans ses muscles intrinsèques et dans la muqueuse interne du conduit aérien; une aphonie et une gène de la déglutition en sont la conséquence.

L'écrasement de ces cartilages (surtout s'ils sont ossifiés), produit la suffocation.

Poitrine. — Tout choc notable du thorax cause une

douleur forte que les mouvements de la respiration exas-
pèrent; sa durée est de vingt-sept à trente jours. A un
degré plus considérable il y a fracture du sternum ou des
cartilages.

Les lésions des poumons sont indépendantes de la fracture des côtes, elles se distinguent de la simple contusion
des parois thoraciques, par l'oppression plus profonde, par
le son mat que produit la percussion, et par l'imperméa-
bilité du parenchyme, que l'on constate à l'auscultation.
La résolution est la terminaison ordinaire de l'ecchymose
pulmonaire, d'autres fois elle provoque une inflammation
aiguë, ou une irritation chronique avec toux.

La déchirure du poumon faite par contusion se reconnaît
à une douleur et une oppression plus forte avec crachement
de sang. S'il y a désorganisation du tissu pulmonaire avec
déchirure de la plèvre, le sang sort par la bouche et
s'épanche entre les deux séreuses, il y a pâleur, stupeur
ainsi que tous les signes réunis de l'hémorrhagie et de
l'épanchement pleurétique. Semblable accident est promptement mortel ou le devient par la phlegmasie consécutive
violente qu'il occasionne quelques jours après, dans le
poumon ou dans la plèvre.

Cœur. — La contusion du cœur sans fractures osseuses,
s'observe parfois, elle lui imprime une commotion violente
qui détermine la cessation des pulsations, et conséquemment une syncope mortelle; d'autres fois elle donne lieu à
une cardite; enfin elle peut même déchirer cet organe, cet
accident est instantanément mortel.

Abdomen. — Les très-fortes contusions des parois abdominales peuvent donner lieu à un écartement et un
affaiblissement des fibres musculaires, ou forcent les

anneaux inguinaux et cruraux, et sont ainsi cause directe de hernie.

Les chocs sur l'estomac produisent dans certains cas malheureux, une syncope mortelle, peut-être cet accident est-il dû à la contusion du cœur à travers le diaphragme et le tissu pulmonaire ; dans d'autres, un vomissement de sang et une gastrite aiguë en résultent.

Les contusions d'un moindre degré des intestins occasionnent des douleurs de courte durée. Les plus fortes les déchirent, accident au-dessus des ressources de l'art et promptement mortel par l'épanchement auquel elles donnent lieu. Une autre suite non moins fâcheuse des contusions intestinales, c'est l'inertie de ces parties qu'une inflammation aiguë accompagnée de violentes coliques vient envahir.

Les violentes contusions d'arrière en avant sur la région rénale lèse les muscles de la région lombaire et les reins, ou ces glandes et les autres organes abdominaux, si le choc agit en sens inverse ; les symptômes sont l'hématurie et la douleur qui s'irradie dans les aines et détermine la rétraction du testicule ; la source de l'hémorrhagie peut encore être l'uretère ou la vessie.

Les coups sur le foie déterminent une ecchymose sans conséquence, une déchirure superficielle suivie d'épanchement, ou une déchirure profonde avec suppuration subséquente. L'hépatite aiguë est un accident commun après les contusions de cet organe.

La rate peut éprouver les mêmes accidents que la glande hépatique, seulement l'inflammation traumatique se termine très-rarement par suppuration.

La vessie quand elle est remplie au point de dépasser les pubis est également exposée aux coups et aux contusions ;

les moindres violences enflamment ce réservoir et occasionnent une dysurie, une rétention d'urine, ce dernier phénomène peut tenir à la simple contusion des muscles abdominaux. D'autres coups causent une hémorrhagie et même une déchirure de la vessie; la dernière de ces lésions devient promptement mortelle.

Organes génitaux. Les contusions du scrotum y développent une infiltration plus forte que dans les autres régions à cause du tissu cellulaire sous-cutané abondant et lâche. La rupture de quelque vaisseau du cordon ou du testicule, donne lieu à un épanchement, la tuméfaction est alors très-forte et la couleur est d'un noir violet ou foncé; la phlegmasie consécutive se termine par gangrène, quelquefois par une suppuration suivie de la mortification des parties contusionnées du derme et du tissu cellulaire.

Le testicule frappé ou comprimé s'enflamme, se gonfle fortement et devient très-douloureux; un traitement convenable en fait justice, la résolution est la terminaison générale. La glande spermatique déchirée et moulue par la violence, s'élimine par une suppuration inévitable.

La simple contusion du pénis produit une ecchymose qui s'étend rapidement dans le tissu cellulaire à larges mailles qui unit la verge à la peau. Si les corps caverneux sont déchirés avec leur gaine fibreuse, le sang produit une tumeur molle fluctuante qui se distend pendant l'érection. Un mouvement de flexion brusque imprimé à cet organe dans un moment d'érection, produit ces déchirures fâcheuses; dans la suite si la tumeur volumineuse gêne la copulation, si elle s'enflamme et s'ouvre, l'hémorrhagie devient mortelle.

Toute violence sur le périnée cause des ecchymoses profondes et larges, qui peuvent s'étendre autour du rectum, au col vésical; la constipation et la dysurie en sont les conséquences prochaines; l'inflammation et la suppuration sont des suites plus éloignées. Si l'urèthre a été déchiré par la violence du coup, il se formera un abcès urinaire gangréneux suivi de fistule.

§ 5. Plaies contuses.

L'étude circonstanciée de ces plaies demande qu'on les divise avec les chirurgiens en : 1° plaies contuses proprement dites, 2° plaies par armes à feu.

1° Contuses proprement dites.

Les corps contondants divisent les tissus par pression, aussi les bords de ces plaies sont inégaux, déchirés, irréguliers et à lambeaux d'un rouge plus livide dû à une véritable ecchymose dont ces parties sont le siège.

Comme dans la contusion, on peut distinguer plusieurs degrés dans les plaies contuses, celles où nos organes sont le moins altérés se guérissent après une courte suppuration, mais si les tissus sont inextensibles, l'inflammation inévitable devient un érysipèle phlegmoneux avec étranglement.

Ce genre de plaies s'enflamme, se tuméfie plus fortement que celles par armes tranchantes; ce fait trouve son explication dans l'hyperhémie locale. Quand les tissus sont désorganisés par le choc, ils tombent immédiatement en grangrène ou la phlegmasie qui s'y déclare les mortifie et l'escharre se forme de la même manière. L'élimination des parties mortifiées et la suppuration qui y succède sont d'une durée en rapport avec l'étendue de la plaie. Les décollements de la peau qui compliquent parfois les plaies contuses, sont des accidents fort graves par leurs conséquences, la séparation violente de la peau des parties sous-jacentes, brise les nerfs et les vaisseaux sanguins; une infiltration sanguine, même une hémorrhagie s'en suivent, et, dans ce dernier cas, l'inflammation consécutive du foyer hémorrhagique détermine la grangrène du derme déjà atteint dans sa vitalité par la pression du corps contondant, et privé des vaisseaux sanguins et nerveux qui le nourrissaient et l'animaient.

Si la violence avait fracturé et écrasé les os en même temps qu'elle a trituré les chairs, la lésion serait d'une gravité extrême.

La mortification est parfois le résultat immédiat de la contusion qui désorganise nos organes; une inflammation intense se déclare dans les parties saines et la suppuration élimine les éléments morts.

2° *Par armes à feu.*

Ces plaies sont essentiellement contuses et présentent des caractères propres; d'un aspect brun, livide, noirâtre, comme une vraie brûlure, si le coup a été tiré de très-près. Tout autour, la peau est couverte d'une poussière noirâtre et de grains de poudre si le coup est tiré à 12 ou 15 centimètres de distance. Les chairs de ces plaies sont désorganisées dans une étendue plus ou moins profonde, froides, insensibles, sèches et indolores au moment de la blessure et entourées d'une ecchymose plus ou moins étendue.

Arrive la réaction; une inflammation violente est accompagnée de phénomènes généraux intenses, la suppuration est longue; durant huit à dix jours les parties mortifiées sont éliminées, alors seulement commence le travail de restauration. A la chute des escharres, des suppurations secondaires ont parfois lieu, et constituent un danger nouveau. Le froissement et les lésions des nerfs exposent le blessé aux accidents nerveux (Tétanos, délire nerveux).

Mécanisme des plaies par armes à feu. 1º *Du plomb.* Si le coup part à distance, les grains s'éparpillent et s'engagent isolément dans les chairs où ils s'arrêtent d'ordinaire et continuent à séjourner sans incommoder le blessé. Cependant un grain peut avoir une force suffisante pour traverser le crâne, léser le cerveau et être cause de mort, il en serait encore ainsi s'il blessait un vaisseau artériel d'un certain calibre.

Si la charge de plomb fait balle, elle pénètre les téguments en bloc, et s'éparpille dans la profondeur des chairs, en sens différents, la petitesse du corps étranger s'oppose à son extraction, il irrite la plaie qui s'enflamme et suppure.

A distance tellement petite que la simple bourre, ou charge de plomb et la bourre, pénètrent dans les cavités en bloc, le délabrement est considérable, la plaie est plus large et plus vaste que le volume des projectiles.

2º *De la balle sphérique.* Ces balles lancées à une distance à laquelle la poudre et la bourre ne portent pas, creusent une gouttière dans les tissus mous, quand elles les frappent très-obliquement. Sous un angle moins aigu ou perpendiculairement à la surface blessée, la balle traverse la peau et laboure les tissus dans une certaine étendue, elle s'arrête dans les chairs ou elle vient percer la peau dans un second point (ouverture de sortie). Dans ces deux cas le diamètre du pertuis que la balle a creusé, augmente irrégulièrement en raison directe de la distance de l'ouverture d'entrée; ainsi la plaie présente une gouttière plus étroite à l'entrée qu'à l'extrémité opposée.

Pour distinguer l'ouverture d'entrée, de celle de sortie, il faut considérer la direction du coup, l'aspect des lèvres des deux plaies; la section de l'ouverture d'entrée est contuse, nette et déprimée dans les chairs, celle de sortie est plus irrégulière, moins contuse et portée vers le dehors.

D'après les expériences de Gerdy, les ouvertures d'entrée et de sortie varient de grandeur et de forme, suivant la direction de la balle et l'état de tension ou de relâchement des parties : souvent égales, celle d'entrée est fréquemment la plus grande; quand la balle pénètre obliquement l'ouverture d'entrée est ovalaire, celle qui agit perpendiculairement à la cuisse détermine encore une ouverture ovalaire par la flexion de ce membre sur le bassin ou par l'extension de la jambe fléchie au moment de la blessure.

Mʳ Huguier a communiqué à l'Académie de médecine, des observations recueillies en 1848, qui prouvent ces différences relatives de grandeur entre l'ouverture d'entrée et de sortie, ce qu'il explique de la manière suivante : ouvertures égales si la balle a sensiblement conservé sa force; entrée plus petite quand elle a perdu une grande partie de sa force en traversant les tissus, sortie plus petite s'il y a des parties résistantes au devant du point d'entrée.

Mʳ Devergie adopte une autre règle, il prend pour base la distance à laquelle le coup a été tiré : de près, l'entrée est plus grande lorsque l'arme est déchargée presque à bout portant; à distance, les deux ouvertures sont égales;

de loin, à plus de deux à trois mètres, l'entrée est plus petite.

Comme la vitesse qui anime le projectile est, dans les systèmes de ces deux auteurs, la raison dernière de la différence des deux ouvertures, nous croyons inutile d'y insister; une plaie étant donnée, c'est à l'expert à comparer les deux ouvertures et à voir s'il y a homogénéité de tissu, pour en conclure que le coup a été tiré à petite distance, si les deux ouvertures sont égales; si l'entrée est plus petite, la balle vient de loin, ou elle a rencontré des tissus plus difficiles à vaincre.

La position respective des deux ouvertures est très-variable : le projectile suit une ligne droite, courbe ou anguleuse suivant la résistance des tissus qu'il rencontre; ainsi, il s'est vu qu'une balle entrait au front, circulait entre le crâne et le cuir chevelu pour sortir à la partie postérieure de la tête; que d'autres voyageaient entre le thorax et la peau, entre cette enveloppe et les parois abdominales, entre le derme et les organes du cou, pour sortir, par un point opposé, à l'ouverture d'entrée.

Quand la balle rencontre un os, elle le lèse sans perdre sa forme, ou bien elle la perd en fracturant l'os, parfois même sans l'entamer.

Un os plat est obliquement frappé, la balle fait ricochet au lieu de l'entamer et de le perforer; au crâne, la table interne est parfois fracturée sans que l'externe ait reçu la moindre entamure. Si l'action est plus directe, plus perpendiculaire, le projectile s'arrête à la surface de l'os qu'il contusionne, qu'il brise avec esquilles et felures, ou il s'y incruste à des profondeurs variables; dans d'autres cas, il le traverse en faisant emporte pièce, alors la table interne présente des fractures multiples à esquilles projetées du côté de l'ouverture de sortie.

Dans la rencontre perpendiculaire d'une surface concave, une balle peut se diviser en éclats qui s'irradient dans tous les sens ; une section en deux ou plusieurs pièces s'observe quand elle frappe une crête ou même toute autre surface osseuse (Dupuytren rapporte l'exemple d'un soldat tué par une balle dont une moitié pénétra dans le cerveau et l'autre s'arrêta sur le temporal).

Par ces transformations bizarres, les balles pénètrent les os en laissant des canaux d'un diamètre inférieur à celui qu'elles avaient avant leur déformation ; ce fait ne s'explique que par leur allongement.

La balle qui rencontre une crête osseuse, au lieu de se laisser diviser peut y faire une entaille, une entamure plus ou moins grande, et enlever la pièce si sa direction est oblique ; elle brise parfois l'os en éclats ou le contourne sans le léser. La balle qui atteint un os spongieux, pénètre dans sa profondeur ou le traverse, le canal formé par son passage est plus étroit à l'entrée qu'à l'ouverture de sortie, qui est entourée d'esquilles ; si le projectile a une direction oblique par rapport à l'axe longitudinal de l'os, il peut s'engager soit dans le canal médullaire soit dans l'article voisin.

3º *Des balles coniques.* La revue militaire suisse a publié un mémoire sur l'action des balles coniques ; nous sommes heureux de pouvoir en reproduire les conclusions qui intéressent la médecine légale.

« Toutes ces balles coniques ou d'une forme qui en dérive sont forcées dans les rainures de l'arme. Animées d'un double mouvement, de rotation sur leur grand axe et de

projection, elles conservent longtemps leur vitesse et pénètrent dans les chairs par leur pointe, à la façon d'une vrille.
Les projectiles évidés à leur base, obéissent aux lois de la
pesanteur à la fin de leur course, la pointe s'incline
vers la terre et alors la balle frappe par le travers. « A une
portée moyenne la balle conique pénètre facilement et avec
une inflexible rectitude, à travers tout tissu organique,
quelles que soient sa densité et sa résistance ; le trajet des
plaies molles est d'une régularité caractéristique.

« Le membre frappé est presque toujours traversé de
part en part, et le trajet entre les deux ouvertures est toujours en ligne droite ; si la balle s'éteint dans les chairs et
qu'il n'y a donc qu'une seule ouverture, le trajet est encore
rectiligne. Nos tissus offrant une moindre résistance à une
balle conique qu'à une balle ronde, la première s'arrêtera
moins souvent dans l'intérieur des chairs, les corps étrangers entraînés par les projectiles mais abandonnés dans ces
plaies, seront également plus rares ; l'écoulement des
liquides est aussi plus facile par la rectitude des trajets.

« L'ouverture d'entrée est, en général, nette, oblongue,
quelquefois linéaire, plus petite que l'ouverture de sortie,
admettant rarement l'introduction du petit doigt, déprimée
dans le sens de la plaie. Lorsque la balle a frappé par le
travers, l'ouverture d'entrée est fortement contuse et se rapproche de celles faites par des projectiles sphériques.

« Les désordres organiques que présente le trajet des
plaies, sont souvent considérables ; les parties molles sont
parfois violemment contuses, broyées et déchirées dans une
grande étendue ; ces cas se remarquent lorsque la balle a
frappé par le travers, ou a été retenue ou ralentie dans sa
marche, par une aponévrose résistante, ou a été déviée, ce

qui arrive très-rarement même lorsque la balle rencontre un muscle fortement contracté, ou un os même un peu volumineux.

« Les fractures sont plus nombreuses, plus considérables, que s'il s'agissait de projectiles sphériques; les fractures comminutives sont la règle; les cassures nettes peuvent être considérées comme l'exception.

« Les lésions des artères de gros et moyen calibre n'ont pas été plus fréquentes que s'il se fût agi de projectiles sphériques. Ces lésions se bornent à la contusion et à la dénudation, qui peuvent produire des escharres amenant à leur chute des hémorrhagies tardives, du sixième au huitième jour.

« De l'attrition des parties charnues et de la comminution des os, résulte une inflammation traumatique considérable, s'étendant sur une large surface, amenant fréquemment la gangrène et l'étranglement; delà, nécessité de débridements consécutifs, et dans les cas les plus graves, d'amputation, si c'est un membre qui est atteint.

« En général, les blessures par balles coniques se sont montrées graves, l'extraction de ces projectiles a offert plus ou moins de difficulté, dépendant autant de leur forme primitive ou modifiée, que de la variété des désordres de la plaie.

« L'ouverture de sortie est régulière, plus longue que large, si la balle a suivi sa direction première; elle est irrégulière, très-déchirée, à bords fortement relevés, si la balle a été déformée, ou déviée, et qu'elle soit sortie par le travers. »

Le docteur Baudens dans son ouvrage, sur la guerre de Crimée, donne quelques idées sur les plaies par balles coniques. Pour compléter notre œuvre autant qu'il m'est possible de le faire, puisque aucun ouvrage n'a paru encore sur la matière, je donne ici les particularités de ce nouveau genre de lésions. « Le tir des balles coniques dépasse aisément 1,300 mètres, mais au-delà de 800 mètres, il n'a plus la même justesse. Les expériences démontrent qu'une balle ronde tirée à 600 mètres ne traverse pas deux planches de sapin de 0,027 mètres d'épaisseur, et qu'une balle cylindro-conique lancée par cette carabine, perfore aisément huit de ces planches.

« Les blessures présentent des caractères différents, selon la vitesse et la forme du projectile. L'ouverture d'entrée des balles cylindro-coniques est ovale, quelquefois linéaire, comme si elle avait été faite par la pointe d'un sabre. Leur trajet ne paraît pas prendre la forme d'un cône allongé, ce qui tient sans doute à l'espèce de mouvement en vrille qui les anime. Ce trajet est bien moins dévié que celui des balles rondes. Rien ne résistant à la force de pénétration de la pointe des projectiles coniques, les aponévroses, les tendons, les os sont traversés, seulement le plomb peut se déformer ou se placer en travers et présenter sa grande surface qui est de 27 millimètres. Dans ces cas, l'ouverture de sortie, qui ne diffère ordinairement de celle d'entrée que par une largeur un peu plus grande et par l'apparence de la plaie, dont les bords sont plus contusionnés et poussés au dehors, présente des dimensions exagérées, avec lambeaux très-irrégulièrement déchirés. Loin de les contourner, la pointe des projectiles cylindro-coniques brise presque toujours en éclats les surfaces osseuses courbes ou anguleuses, aussi remarque-t-on maintenant un nombre proportionnellement plus grand de fractures occasionnées par les balles. Il ne faut d'ailleurs pas oublier que les balles rondes ne pèsent que 29 grammes, tandis que le poids de celles-ci est de 49 grammes. Quand une balle conique atteint le but à la fin de sa course, elle peut s'incliner et pénétrer par le travers. Dans ces cas, d'ailleurs très-rares, l'ouverture d'entrée et le trajet sont très-larges; on rencontre ordinairement le plomb à une petite distance; son extraction offre peu de difficulté. »

Puisque les fractures sont plus fréquentes, la présence d'esquilles ou fragments d'os brisés dans les chairs, qui les irritent comme de véritables épines, doit l'être également.

M. Baudens se prononce contre le débridement des plaies par armes à feu.

Le docteur Bertherand, médecin principal dans l'armée française, donne (*Lettres médicales sur la campagne d'Italie, Paris,* 1860) quelques particularités sur les effets des balles cylindro-coniques. Arrivées au déclin extrême de leur course, au moment de frapper directement nos organes, elles produisent l'ecchymose comme lorsqu'elles effleurent la peau parallèlement à sa surface ou que la vitesse est amortie par les vêtements, par les parois élastiques d'une cavité comme l'abdomen.

Toute ecchymose a sa physionomie propre, l'étendue, la coloration, etc., sont des caractères individuels, « plusieurs de ces suffusions sanguines, rappellent à s'y tromper, l'aspect des taches érectiles de la peau, qu'on aurait volontiers prises pour des *nœvi materni.*

Les contusions sur les parois des cavités splanchniques, par l'absence de la coloration ecchymotique extérieure ne laissent point soupçonner les ruptures intérieures des organes, des vaisseaux, des viscères, autant de causes de mort.

Notre confrère constate sur le plus grand nombre des balles cylindro-coniques « que les déchirures, les divisions, les pans aplatis, déformés, siègent sur le sommet ou sur les côtés de la portion conique de ces projectiles; donc la pénétration par la pointe est la règle, celle par la base, l'exception; ces corps *aigus* doivent cheminer dans nos tissus, plus régulièrement, avec moins de violence et de dégats qu'une masse obtuse sphérique; » par conséquent les blessures faites par des balles coniques seraient moins graves que celles des balles sphériques.

L'observation a conduit Bertherand aux conclusions suivantes :

1° La pointe des projectiles coniques venant à frapper un os, dans une partie spongieuse (extrémité) a plus de chances de le pénétrer sans le faire éclater : les risques sont au contraire pour le nombre et l'étendue des fragments, si c'est une portion compacte qui est atteinte.

2° Le mouvement hélicoïde du cône se prête moins à la réflexion contre les points résistants, que le sphéroïde.

3° L'orifice de pénétration d'une balle conique est plus étroit. A côté de cette différence, qui souvent ne m'a pas parue sensible, une autre l'est davantage : il y a moins de contusion autour de l'ouverture. Pour la sortie, les choses se passent comme pour les balles sphériques; le désavantage incombe plutôt ici aux nouveaux projectiles. Les résistances qu'ils ont rencontrées dans le milieu parcouru contribuent à faire dévier la trajectoire, et quand ils arrivent au tégument pour se frayer une issue, au lieu de perforer par une extrémité aiguë, ils lui opposent souvent le diamètre de leur base, sinon celui plus ou moins oblique, mais toujours amplifié d'un des côtés de leur circonférence. »

J'extrais de ces mêmes lettres, deux exemples propres à prouver l'action bizarre des projectiles de plomb. Deux balles sont enclavées dans le frontal avec rupture de la lame vitrée et perforation de la dure mère; la forme conique des projectiles rend, dans ces sortes de cas, l'extraction d'autant plus difficile, que le corps étranger, après avoir pénétré par sa pointe, change nécessairement de direction, en vertu de la résistance qu'il rencontre. Il peut arriver alors qu'au lieu de sa base, il montre au dehors une portion de sa circonférence. La dimension de sa surface en regard de l'opérateur n'est donc plus accommodée au diamètre d'entrée.

Un officier très-obèse porte perpendiculairement au pli de l'aîne gauche, trois plaies superposées; deux au-dessus du ligament de Poupart, une au-dessous; il était fortement fléchi en avant au moment de la blessure, le plomb avait perforé à sa base le pli du tégument abdominal et s'était logé dans le haut de la cuisse.

Les étoffes non tendues cèdent devant la balle, si la texture est lâche; elle les traverse en écartant les fibres, les déchire en coupant, si le fil est plus serré, ou elle enlève une partie par déchirure; ces variantes dans l'action de la balle tiennent à sa vitesse, à la densité, au degré plus ou moins grand de résistance et d'élasticité des tissus de nos vêtements; dans tous les cas, les habits comme la peau sont déprimés en godet à l'endroit frappé et repoussés en sens inverse à l'ouverture d'échappement.

Ces pièces d'étoffes et d'autres corps étrangers (monnaie,

boutons, etc.), sont quelquefois entraînés par la balle dans la profondeur des chairs, ces corps étrangers augmentent considérablement la réaction inflammatoire, et à ce titre ils constituent un danger sérieux.

La balle reste coiffée de ces morceaux d'étoffe lorsqu'elle s'arrête dans l'épaisseur des organes, ou elle les chasse à travers l'ouverture de sortie, ou bien par un mouvement de rotation le projectile les abandonne dans la gouttière creusée, et la sonde les retrouve seuls.

Pronostic. En général toute plaie des parties charnues par balle, est dangereuse, s'il existe une fracture comminutive, une blessure d'un gros vaisseau sanguin, ou un corps étranger qu'on ne peut extraire et qui doit déterminer une inflammation mortelle par les organes qu'elle envahira.

Nous verrons plus loin ce qu'il faut penser de la blessure des organes splanchniques.

La phlegmasie consécutive apparaît du deuxième au quatrième jour, elle dépasse rarement les limites d'une inflammation de cicatrisation, à moins que la partie ne soit irritée par la présence d'un corps étranger ou qu'il n'y ait une fracture comminutive.

Les plaies par armes à feu ne se réunissent jamais par première intention à cause de la contusion de leurs bords; la suppuration dure vingt à quarante jours avant la guérison complète, si la balle n'a traversé que des parties molles; la réunion est d'une durée si variable à cause de la différence des parties lésées; la peau et le tissu cellulaire se réunissent vite, les muscles plus tardivement, les tendons et les ligaments plus lentement encore, les os mettent le plus de temps.

Questions spéciales aux armes à feu. — D'après les expériences faites sur la portée des armes à feu on a trouvé qu'on peut encore viser avec le fusil de munition et le fusil de chasse à 200 mètres, avec le mousquet à 150 mètres, avec la carabine à 400 mètres, et avec les pistolets d'arçon à 20 mètres. A ces distances on doit atteindre le plus souvent l'objet qu'on vise, mais ces armes ont une portée bien plus considérable, les fusils lancent à 1500 mètres des balles, qui ont encore la force de traverser nos tissus ; les bons pistolets à 60 et 80 mètres.

Le Dr Lachèse fils établit par de nombreuses expériences, que sur les parties nues, le plomb ne forme balle qu'à une distance de 30 centimètres ; passé cette limite, l'ouverture n'est plus nettement découpée, elle n'est plus unique, les plombs éparpillés ont fait plusieurs blessures. La cendrée à une distance de 33 à 35 centimètres forme une plaie échancrée, ce qui prouve que le plomb s'écarte déjà ; à un mètre, le plomb est éparpillé et les trous sont très-multiples ; enfin à 10 ou 15 mètres, la charge serait éparpillée sur tout le buste.

Tous ces effets sont les mêmes sur le corps revêtu d'habits, seulement les distances doivent être moindres.

Quand la charge de plomb tirée sur une partie où il y a une couche épaisse de parties molles fait balle, les grains s'éparpillent dès qu'ils ont traversé une certaine épaisseur de chairs, et suivent une direction divergente suivant la force, la résistance, l'élasticité des tissus, mais la masse principale de la charge se conduit d'après sa force et sa direction comme la balle, elle brise les os qu'elle frappe directement, dénude ceux qu'elle atteint obliquement, désorganise les parties molles pour s'y arrêter ; ces plaies présentent de quatre à six pouces de diamètre.

Si le coup a porté sur une partie moins épaisse de parties molles, les grains n'ont pas le temps de s'éparpiller et les deux ouvertures sont sensiblement égales.

Une simple charge de poudre tirée de très-près sur la peau nue, lance la bourre dans les tissus comme un projectile de plomb, suivant sa masse, son volume, sa matière de composition, elle divise, déchire et désorganise les chairs dans une étendue variable.

Ces conclusions découlent directement des expériences qui figurent dans le premier tableau; celles du second font voir qu'une bourre peut occasionner les ravages d'une charge de plomb faisant balle, si le coup est tiré à bout portant (à moins de 16 centimètres de distance), avec une arme d'un fort calibre et chargée avec une cartouche, ou avec une charge double de poudre de chasse; à une distance de plus de 17 à 20 centimètres la bourre a perdu la vitesse nécessaire pour traverser les téguments, elle les contusionne et les brûle dans une étendue de 4 à 6 centimètres; cette brûlure est elle même entourée d'incrustations de grains de poudre non brulés.

A la distance de 1 mètre 30 centimètres la bourre ne lèse plus les parties, des grains de poudre seuls pénètrent dans le derme. Les vêtements neutralisent la vitesse de la bourre, et l'empêchent d'entamer nos tissus.

Nous reproduisons ici les tableaux des expériences du docteur Lachèse; l'expert les consultera fréquemment avec fruit quand il aura à résoudre quelqu'un des problèmes compliqués que les plaies par armes à feu soulèvent devant les tribunaux.

Expériences de M. le docteur Lachèse, faites avec un fusil chargé fortement d'une poudre fine dite *poudre des princes*.

DISTANCE.	GROSSEUR DU PLOMB.	PARTIE DU CORPS dépouillée de ses vêtements.	CARACTÈRES DE LA BLESSURE.
1. 16 à 17 cent. (6 pouces).	Cendrée (plomb n° 1).	Poitrine.	Plaie arrondie, faite comme avec un emporte-pièce, n'ayant que 13 à 14 millim. (6 lignes) de diamètre.
2. Id.	Plomb n° 8.	id.	Plaie semblable, mais de 20 à 25 millim. (9 à 11 lignes) de diamètre.
3. Id.	8 chevrotines.	id.	Six ouvertures bien rapprochées, se réunissant plus loin en trois, et n'en faisant ensuite qu'une seule, après avoir fracturé une côte et enfoncé ses fragments dans l'étendue de 15 à 20 millim. (6 à 7 lignes).
4. 32 à 33 cent. (1 pied).	Cendrée.	Abdomen.	Plaie comme celle des Nos 1 et 2 ci-dessus, mais moins régulière : beaucoup de plombs se sont un peu écartés, et ont fait route isolément.
5. Id.	Plomb n° 10.	id.	Plaie ronde, de 22 à 27 millim. (10 à 12 lignes) de diamètre.
6. Id.	Plomb n° 8.	id.	De même ; seulement quelques grains s'écartent et filent un trajet isolé.
7. Id.	id.	Part. inférieure de la jambe.	Plaie oblongue, à bords déchirés par les grains de plomb qui se sont écartés.
8. id.	8 chevrotines.	id.	Six ouvertures à la peau (comme au n° 3 ci-dessus), se réunissant en quatre dans l'épaisseur des parties molles, et n'en formant plus qu'une dans les parties solides.
9. 50 centim. (1 pied 1/2.	Plomb n° 8.	Base de la poitrine.	Plaie tout à fait irrégulière, résultant d'un grand nombre de petites ouvertures faites par les grains de plomb écartés.
10. 65 centim. (2 pieds).	Plomb n° 10.	id.	Plaie de 40 millim. (18 lignes) de diamètre, à bords dentelés par l'action des grains, qui se sont écartés, mais qui n'ont pas encore tout à fait abandonné la direction du reste de la charge.
11. 1 mètre. (3 pieds).	Cendrée.	id.	Point d'ouverture centrale : les grains de plomb sont disséminés (sans avoir pénétré dans la poitrine) dans une étendue de 55 millim. (environ 2 pouces).
12. Id.	Plomb n° 8.	id.	Même effet ; seulement, les grains sont disséminés dans une étendue d'environ 80 millim. (3 pouces).
13. 2 mètres. (6 pieds).	id.	Cuisse.	Les plombs se logent plus ou moins profondément dans l'épaisseur de la peau sur toute la surface du membre exposée aux coups.
14. 3 à 4 mèt. (10 à 12 pieds).	id.	id.	Tous les grains sont disséminés dans une étendue de 16 à 18 centimètres (6 à 7 pouces) de hauteur, sur 16 centim. (6 pouces) de largeur.
15. 14 à 15 mètres.	id.	Le dos.	Tout le dos est criblé ; mais quelques grains seulement pénètrent profondém. dans l'épaisseur des muscles ; quelques-uns atteignent le rein gauche ; aucun ne traverse les os.
16. 16 centimètres. (6 pouces).	Plomb n° 8.	Poitrine recouverte de trois doubles de grosse toile.	Plaie unique, arrondie, faite comme avec un emporte-pièce, et ayant 17 à 18 millim. (9 lignes) de diamètre. A cette distance de 16 centim. (6 pouces), la plaie faite à la poitrine était semblable à celle faite à distance de 28 à 30 centim. (10 à 11 pouces) sur la poitrine nue.

ARME.	DISTANCE.	RÉGION DU CORPS.	LÉSIONS PRODUITES.
1. Fus. de munit. chargé d'une cart. sans balle.	1 mèt. 30 cent. (4 pieds).	Abdomen *nu.*	La peau est noircie dans un espace circonscrit, et de nombreux grains de poudre (c'était de la poudre de guerre) ont pénétré sous l'épiderme ; point d'autre lésion.
2. id.	32 centimètres. (1 pied).	id.	La bourre s'est divisée : ses fragments ont fait à la peau cinq ou six ouvertures semblables à celles qu'aurait produites du gros plomb ; mais ils se sont arrêtés dans le tissu cellulaire sous cutané, et aucun n'a pénétré dans l'abdomen.
3. id.	16 centimètres. (6 pouces).	id.	La bourre ne pénètre pas, mais elle excorie la peau dans une étendue circulaire de plusieurs pouces ; nombreux grains de poudre.
4. id.	id.	Poitrine *nue.*	La peau est brûlée dans une étendue circulaire d'environ 27 millim. (1 pouce) : elle est couverte de grains de plomb dans un diamètre d'environ 55 millim. (2 pouces) ; mais point d'entamure, et la côte sur laquelle le coup avait été dirigé n'est pas brisée.
5. id.	id.	Abdom. *vêtu d'une* toile et d'un morceau de drap, pour simuler les vêtements ordinaires.	La toile et le morceau de drap sont traversés et déchirés en plusieurs morceaux ; la peau est brûlée et contuse, mais non entamée.
6. id.	8 centimètres. (3 pouces).	Partie supérieure de l'abdomen *nue.*	La bourre fait aux téguments une ouverture à peu près circulaire, d'environ 18 millim. (8 lignes) de diamètre ; elle est déviée par la rencontre du cartilage de la 7e côte droite ; elle perce le diaphragme, fait au foie une petite plaie linéaire de 16 à 18 millim. de longueur, sans pénétrer dans cet organe.
7. id.	id.	Paroi gauche de la poitrine *nue.*	La bourre fait une ouverture de la largeur d'un espace intercostal, fracture la côte inférieure, et se loge entre le diaphragme et le poumon gauche, qui n'est pas lésé.
8. Fus. à pist. fortement chargé.	id.	id.	La bourre fait une brûlure circulaire du diamètre d'environ 27 à 28 millim. (environ 1 pouce) : mais la peau n'est nullement entamée, soit que la bourre soit faite avec du papier de journal ou de très-gros papier. — Même effet avec une bourre faite de deux rondelles de feutre : mais celle-ci fait, de plus, deux petites excoriations superficielles.
9. Fusil de munit. ch. d'une cart. (moins la balle).	34 millimètres. (2 pouces).	Abdomen *nu.*	La bourre pénètre, fait à la peau et aux muscles une ouverture à peu près circulaire de 18 millim. (8 lign.) de d'am., blesse le mésentère et plusieurs anses intestinales sans les ouvrir, et est retrouvée dans l'abdomen divisée en fragments.
10. Fusil de munition chargé d'un double c. de poudr. fine.	id.	id.	Même blessure.
11. Fusil à piston fortem. chargé.	id.	*Bien tendu.*	La bourre brûle la peau uniformément dans un espace circulaire d'environ 20 millim. (9 lignes), mais ne l'entame pas.
12. id.	15 à 30 millim. (1 pouce 1/2 à 2 pouces).	Paroi gauche de la poitrine *nue.*	La bourre brûle la peau dans une étendue circulaire d'environ 27 millim. (1 pouce) ; elle ne pénètre pas, mais elle fracture une côte sans déplacer les fragments.

ARME.	DISTANCE.	RÉGION DU CORPS.	LÉSIONS PRODUITES.
13. id.	27 millimètres. (1 pouce).	Abdomen *nu* et bien tendu.	Brûlure de la peau dans un espace circulaire d'environ 20 millim. (9 lignes) mais sans entamure.
14. id.	id.	Abdomen *vêtu* d'une gros. toile en double.	Le coup traverse la toile, y met le feu, noircit la peau dans un assez grand espace, mais ne l'entame pas.
15. Fusil de munit. chargé d'une cartouc. (moins la balle).	id.	Abdomen *vêtu* d'une toile et d'un morceau de drap.	Le coup traverse les vêtements : la plaie faite aux téguments de l'abdomen a extérieurement 22 à 23 millim. (10 lignes), et intérieurement 52 à 54 millim. (près de deux pouces); la bourre a traversé tout le paquet intestinal et est venue contondre la face antérieure de la colonne vertébrale.

D'autres expériences ont été instituées à propos d'un procès d'assassinat commis avec un pistolet d'arçon, pour connaître à quelle distance la déflagration de la poudre brûle les cheveux ; en tirant sur une feuille de papier à laquelle on a fixé un paquet de cheveux à la distance de un mètre, le papier était noirci par quelques grains de poudre, quelques uns l'avaient traversé ; mais les cheveux étaient intacts, et les trous faits par les balles n'étaient pas noircis. A 48 centimètres, cheveux intacts, entrée des balles non noircies, grains de poudre nombreux. A 32 centimètres de distance, les cheveux peuvent être légèrement brûlés. A 16 centimètres, le trou de la balle est fortement noirci dans une largeur de 35 à 40 millimètres, le papier prend même parfois feu et les cheveux sont toujours brûlés. (*Annales d'hygiène et de méd. lég.* tom. 10).

Le pharmacien Boutigny a voulu résoudre les questions suivantes :

A. — *Une arme étant donnée, déterminer l'époque à laquelle elle a été déchargée.* — Il a d'abord examiné à l'œil nu les

25

traces de poudre sur la batterie; puis, il a recommencé cet examen à l'aide d'une bonne loupe, et noté les propriétés physiques de la crasse. Après cet examen préliminaire, et nécessairement superficiel, il procède de la manière suivante à l'analyse chimique. Il enlève la crasse avec soin à l'aide d'un pinceau et de l'eau distillée, puis il filtre cette solution dans du papier, lavé préalablement avec de l'acide hydrochlorique et de l'eau distillée; il examine en masse cette solution, qu'il divise ensuite dans des tubes éprouvettes, dans lesquels il la soumet à l'action du cyanure jaune de potassium et de fer, de l'eau de baryte, de l'acétate de plomb, de l'acide arsénieux additionné d'acide nitrique et de la teinture de noix de galle.

L'auteur arrive à ces conséquences « qu'on ne peut tirer aucune induction de la couleur de la crasse, qui est toujours à peu près la même, ni de son état hygrométrique, qui doit nécessairement varier suivant la saison, la température et les localités.

» Il n'en est pas de même de l'oxyde rouge de fer; on conclura de la présence de cet oxyde sur la partie du canon correspondant au bassinet qu'il y a au moins deux jours que l'arme a été déchargée : on conclura, au contraire, de l'absence de cet oxyde, qu'il n'y a pas deux jours que l'on a fait usage de l'arme.

» On tirera les mêmes conséquences de la présence des cristaux de sulfate de fer dans le bassinet et sous le couvre-feu.

» Ainsi, lorsque l'oxyde rouge et les cristaux manquent à la fois, on peut affirmer qu'il n'y a pas deux jours que l'on a fait usage de l'arme; et l'on affirmera au contraire, qu'il y a plus de deux jours que l'arme a été déchargée, s'il existe des taches d'oxyde rouge et des cristaux.

» Les réactifs désignés plus haut indiquent : 1° l'absence d'un sel de fer, plus tard sa présence, et ensuite sa disparition, sinon complète du moins en grande partie ; 2° la présence de l'acide sulfurique; 3° l'existence d'un mono- ou d'un polysulfure. C'est donc principalement sur la présence du fer que roulent toutes les conséquences de l'analyse.

» En réunissant les propriétés physiques et chimiques de la matière, on peut diviser les résultats obtenus par M. Boutigny en quatre parties qui caractérisent autant de périodes approximativement exactes.

Première période. — Elle ne dure que *deux heures*, et elle est caractérisée par la couleur noir bleu de la crasse, l'absence de cristaux, de l'oxyde rouge de fer, et d'un sel de fer, la couleur légèrement ambrée de la solution, et la présence d'un sulfure.

» *Deuxième période.* — Celle-ci est de *vingt-quatre heures*. La couleur moins foncée de la crasse, la limpidité de la solution, l'absence de sulfure, des cristaux et de l'oxyde rouge de fer, et la présence d'atomes d'un sel de fer la caractérisent.

» *Troisième période.* — Elle dure *dix jours*. Celle-ci est caractérisée par la présence de petits cristaux qui existent dans le bassinet, sous le couvre-feu et sous la pierre (ces cristaux sont d'autant plus allongés que l'on s'éloigne davantage de l'époque à laquelle l'arme a été tirée). On remarque sur la partie du canon correspondante à la batterie, et particulièrement au bassinet, des taches nombreuses d'oxyde rouge de fer. La teinture de noix de galle et le cyanure jaune de potassium et de fer indiquent la présence d'un sel de fer.

» *Quatrième période.* — Celle-ci va jusqu'à *cinquante jours*. Cette période diffère de la troisième par une plus faible quantité d'un sel de fer, et par la plus grande quantité d'oxyde rouge existant sur le canon. »

De toutes les expériences qu'il a faites, M. Boutigny tire les conclusions suivantes :

» 1º Une arme à feu, à pierre et à bassinet de fer, dont la crasse aurait les propriétés physiques et chimiques qui caractérisent la première période, aurait été tirée ou déchargée depuis *deux heures au plus.*

» 2º La même arme, sur laquelle on reconnaîtrait les caractères qui appartiennent à la deuxième période, aurait

·été tirée depuis *deux heures au moins et vingt quatre heures au plus*.

» 3°. Elle aurait été tirée depuis *vingt-quatre heures au moins et dix jours au plus*, si la crasse avait les propriétés qui caractérisent la troisième période.

» 4° Cette arme aurait été tirée depuis *dix jours au moins et cinquante jours au plus*, si la crasse de la batterie et la partie du canon correspondante à la batterie avaient les propriétés physiques et chimiques appartenant à la quatrième période. » (Boutigny, *Journ. de chim. et méd.*, tome IX, page 525).

B. — *Déterminer si une arme a été ou non déchargée récemment?*

Cette question sert à déterminer si une arme a été essayée avec charge complète ou si elle a été simplement flambée. M. Boutigny a fait à ce sujet les recherches suivantes:

Du flambage. — « Avant l'invention des armes à percussion, on flambait une arme de la manière suivante : On mettait une demi-charge de poudre dans le canon, on amorçait et l'on faisait feu. Si la lumière était en communication libre avec le canon, la poudre s'enflammait, une légère détonation avait lieu et un long jet de flamme s'échappait de la bouche de l'arme. Le flambage avait surtout pour but de s'assurer de la libre communication du bassinet avec la lumière, et de celle-ci avec l'intérieur du canon ou l'âme de l'arme, et non de la nettoyer et de la sécher, comme on l'a prétendu; car toute combustion de poudre dans une arme y laisse un résidu qui la salit au lieu de la nettoyer, et qui tend à la rendre humide, au lieu de la sécher. On ne saurait admettre d'ailleurs que des hommes intelligents aient voulu sécher, à huit heures du matin, une arme qui ne devait leur servir qu'à onze heures. Et puis il est d'usage de vérifier les armes en présence de tous les témoins. Ce flambage du matin, dont il a été si souvent question dans les affaires d'E... et de B..., aurait donc été au moins inutile, et n'aurait eu ni sens ni but.

» Le flambage à la poudre a été abandonné par beaucoup de personnes pour les armes rayées et à percussion. Ces sortes d'armes sont flambées en mettant une bourre à la bouche de l'arme et une capsule sur la cheminée ; on arme et l'on tire. Si la cheminée communique librement avec le tonnerre, les gaz développés par la détonation fulminante de mercure ont assez de force élastique pour projeter la bourre à une certaine distance, et cela suffit pour avoir la certitude que l'arme est en état de sûreté. Quelques personnes mettent une amorce sur la cheminée, arment et tirent par terre sur la poussière. Les gaz provenant de l'amorce soufflent sur la poussière et tracent sur le sol un cercle très-apparent. Cette expérience suffit, comme la précédente, pour n'avoir pas de doute sur l'état de l'arme.

» Toutefois nous devons dire que le flambage à la poudre n'est pas entièrement abandonné, et nous ajouterons qu'il n'a pas de grands inconvénients pour les armes à canon cylindrique. Mais lorsqu'il s'agit d'armes rayées en hélice, comme les pistolets de M. G. de G..., nous croyons qu'il a de véritables inconvénients et qu'il tend à détruire les qualités précieuses de ces armes en écrasant les rayures. Le flambage à la poudre est d'ailleurs tout à fait inutile, les gaz développés par la détonation de l'amorce étant suffisants pour projeter une bourre et même un petit projectile. On sait que les pistolets de salon n'ont pas d'autre charge qu'une capsule dite à bombe, c'est-à-dire, contenant un peu plus de fulminate.

» J'ai maintenant à examiner l'action du flambage aux capsules seules, et celui du flambage aux capsules et à la poudre sur l'intérieur du canon.

» J'ai fait un grand nombre d'expériences, desquelles il résulte que la détonation d'une, deux, trois..., dix capsules sur la cheminée d'un pistolet ne laissent pas de traces appréciables au moyen du doigt introduit dans le canon, qui en est retiré sans être noirci ; c'est à peine s'il est légèrement sali. Il s'agit, bien entendu, d'un canon propre avant l'expérience.

» Les résultats de ces expériences n'ont rien qui doive étonner. Voici pourquoi : le diamètre des capsules est, en général, de 3 à 4 millimètres, ou de 3,5, ce qui donne au disque de la capsule une surface d'un peu plus de 9 1/2 millimètres carrés ; le diamètre de l'ouverture de la cheminée est d'un millimètre environ, ce qui donne moins d'un millimètre carré : d'où il suit qu'un neuvième seulement de la fumée de l'amorce pénètre dans le tonnerre, et ce neuvième se réduit à une quantité qui peut être évaluée en poids à moins de 2 milligrammes, chaque amorce contenant environ 16 milligrammes de fulminate. Si, à ces données, on ajoute que les produits de la décomposition du fulminate de mercure ne sont pas entièrement composés de gaz permanents, et qu'ils se condensent immédiatement autour de la cheminée, on concevra sans peine que ce qui pourrait se condenser sur la surface intérieure du canon se réduirait à rien, pour ainsi dire, et c'est, en effet, ce qui a lieu.

» Quand on fait détoner une capsule sur la cheminée d'un pistolet, si l'on abaisse le canon jusqu'à le placer dans une position verticale, on voit s'en échapper un nuage de fumée grise qui se condense difficilement. Il semblerait, au premier abord, que cette fumée a dû salir le pistolet, et il n'en est point ainsi. Mais si l'effet des capsules est nul sur l'intérieur du canon, il n'en est pas de même des parties extérieures de l'arme dans le voisinage de la cheminée. Là se condensent divers produits, entre autres du mercure, qui y forment comme une sorte de vernis ayant quelque analogie avec le velouté des fruits noirs, tels que prunes, raisins, etc.

» Quant au flambage à la poudre, il laisse des traces dans le canon qui salissent, sans le noircir, le doigt qu'on y introduit.

» *Des charges à poudre et des charges complètes.* — Quand on tire un coup de pistolet à poudre, la résistance de la bourre au libre développement du gaz et à la projection de la poudre, fait qu'une grande partie de celle-ci s'enflamme et brûle dans le canon qui, étant froid, condense la presque totalité de la fumée, d'où l'encrassement du canon. Aussi le doigt introduit dans le canon en est-il retiré sensiblement noirci. Si l'on tire, deux, trois..., six coups de suite, la crasse augmente proportionnellement au nombre de coups tirés, mais elle ne se manifeste pas dans la même proportion au moyen du doigt, et cela se conçoit aisément : la bourre du coup qui suit refoulant une partie de la crasse dans le tonnerre. Néanmoins le doigt est plus noirci par deux coups que par un, par trois que par deux, etc.

» Quand on tire avec des charges complètes, on observe des phénomènes analogues; mais quand on tire avec des pistolets rayés, à balles forcées, on remarque de plus que le segment de la balle, qui était en contact avec la poudre, est humide, est très-noir. Cette humidité provient de l'eau hygroscopique de la poudre et de celle qui se forme aux dépens de l'hydrogène du charbon et de l'oxygène de l'azotate de potasse.

» Je ne dois pas omettre de dire que l'humidité de l'air exerce une certaine influence sur les produits de la combustion de la poudre, en raison de la petite quantité de sulfure de potassium qu'ils contiennent. Il faut tenir compte de cette influence, et il sera toujours prudent de faire synthèse avant de se prononcer. Il faudra se munir de pistolets, les flamber, les tirer à poudre, etc. C'est la marche que j'ai suivie dans les nombreuses expertises dont j'ai été chargé et je m'en suis toujours bien trouvé.

» Des expériences et des raisonnements qui précédent, on peut conclure :

» 1° Que la détonation d'une capsule sur la cheminée d'un pistolet à percussion ne laisse pas de dépôt apparent de crasse à l'extrémité du canon ;

» 2° Que le doigt introduit dans le canon d'un pistolet flambé avec une amorce fulminante en est retiré sans être noirci, ni sali ;

» 3° Qu'il en est encore ainsi même quand on fait détoner dix capsules au lieu d'une sur la cheminée du même pistolet avant d'insérer le doigt dans le canon ;

» 4° Que le flambage à la poudre, dans les proportions que j'ai indiquées, laisse des traces légères qui salissent le doigt sans le noircir ;

» 5° Qu'une charge à poudre, ainsi qu'une charge complète (poudre à balle), laisse après le tir une crasse qui se décèle par la seule introduction du doigt, qui est retiré noirci du canon ;

» 6° Enfin, qu'il en est de même, et à plus forte raison, quand on a tiré plusieurs coups de suite ; mais la quantité de crasse n'augmente pas à l'extrémité du canon proportionnellement à la quantité de poudre brûlée, la balle ou la bourre refoulant vers la culasse la crasse du coup précédent. » (Boutigny, *Ann. d'hyg. pub. et de méd. lég.*, 1848, tome 39ᵉ, 1ʳᵉ série.)

Remarques. — Nous relatons ces expériences et les conclusions que l'auteur en déduit, pour ce qu'elles valent ; en les répétant, nous sommes arrivé à des effets qui sont loin de les confirmer, tout ce qu'il nous est permis d'en inférer, c'est que la température de l'arme (plus le canon est refroidi, plus le charbon se dépose), l'état hygrométrique de l'atmosphère, la sécheresse plus au moins grande de la poudre, puis son grain et sa composition (charbon, soufre, nitre), qui varient selon l'espèce, troublent tellement les résultats, qu'il n'est plus permis d'en déduire l'époque à laquelle une arme a été employée. D'ailleurs la quantité plus au moins forte d'un sel de fer qui distingue la quatrième de la troisième période, permet-elle de conclure qu'il y a 10 ou 50 jours qu'on a déchargé l'arme ? La formation de ce sel n'est-elle pas une opération chimique que mille causes viennent influencer, accélérer ou retarder ? Ces observations doivent faire voir l'insuffisance de ces expériences, et leur peu de valeur pratique.

§ 6. Plaies par morsures.

Les parties mordues conservent souvent l'empreinte de l'arcade dentaire, il y a une ecchymose là où les dents n'ont pas pénétré la peau. D'après la denture de l'animal, les parties sont contuses à un degré variable, selon la force des machoires, si les dents sont aplaties; les tissus sont piqués, dilacérés et même arrachés si l'animal a des dents coniques et tranchantes.

Pronostic. — La piqûre des dents guérit promptement et sans danger, la dilacération et l'arrachement sont suivis d'une suppuration longue, mais en général elles n'exposent pas les jours du blessé.

L'action des dents aplaties (ex. celles du cheval) produit des désordres profonds; la désorganisation des tissus et l'épanchement sanguin qui en sont les suites, déterminent une inflammation, suivie d'une suppuration longue et abondante; les parties trop contuses se mortifient et la vie du malade peut être mise en danger.

La morsure de l'homme par un défaut de force, ne saurait produire les désordres de celle du cheval, elle est cependant parfois cause de phlegmons simples ou érysipélateux.

Dans l'impossibilité de juger de la gravité, de l'étendue et du degré d'attrition des parties sousdermiques, le pronostic sera énoncé avec réserve.

§ 7. Plaies par arrachement.

Ces plaies sont remarquables par l'absence de douleur d'hémorrhagie et par l'extrême irrégularité de leurs surfaces; les différents tissus qui composent nos organes, sont d'inégale résistance, d'inégale rétractilité, les ligaments cèdent en premier lieu, puis les tendons, les muscles, les nerfs, la peau et en dernier lieu les vaisseaux.

§ 8. Plaies par instruments.

1° *Piquants.* La pointe de ces instruments peut être

acérée, alors il y a simple piqûre de nos tissus ; si la pointe est mousse, les lèvres de la plaie sont contuses et déchirées ; il y a division par incision, si l'instrument piquant est en même temps tranchant.

La simple piqûre présente constamment un diamètre plus petit que celui de l'instrument à cause de l'élasticité de la peau qui cède sous son action, et revient quand il est retiré de la plaie. L'hémorrhagie et la douleur de la piqûre sont toujours faibles si les vaisseaux importants et les gros nerfs ont été épargnés.

La piqûre par déchirure présente des degrés variables de contusion, parce qu'elle est produite par toute pointe mousse qui divise les tissus par compression ; elles se guérissent encore fréquemment par première intention, on ne doit redouter les suites fâcheuses que lorsque ces blessures sont faites dans des parties peu extensibles comme le cuir chevelu et le tissu fibreux des doigts, des mains, des pieds, etc. ; l'inflammation qui envahit la tête n'est pas sans danger, et celle des extrémités se termine par suppuration après de vives souffrances ; la piqûre des pieds provoque dans certains cas le tétanos.

L'instrument piquant et tranchant fait une plaie d'une étendue égale à celle de l'instrument ; dans cette catégorie sont placés les poignards, les sabres, les couteaux, les épées, etc.

2° *Tranchants.*—Nous devons examiner sous ce titre, toute solution de continuité des parties molles produite instantanément par l'action d'un instrument tranchant ; l'hémorrhagie, la douleur et l'écartement des lèvres en sont les signes immédiats.

L'écartement dépendant de l'élasticité des tissus, doit

varier suivant leur composition histologique, de manière que la section profonde des parties molles, divise des tissus d'une contractilité très-variable, ce qui rend la section très-irrégulière. En allant du plus au moins, la peau est le plus rétractile de tous nos tissus, puis le tissu jaune élastique, le tissu cellulaire, les artères et les muscles; les parties privées de cette qualité sont les tendons, les nerfs, les aponévroses, les cartilages, les ligaments. Par cette inégale rétractilité, la surface des plaies n'est pas exactement plane, mais anfractueuse.

. Les plaies de peu d'étendue ne réagissent point sur l'économie, c'est un mal local qui se guérit sans retentissement dans les autres parties du corps, celles qui intéressent une plus forte étendue de nos organes déterminent une réaction générale qui se manifeste par une fièvre d'une durée proportionnée au mal et au travail de réparation. Toutes les fois que la cicatrisation est précédée d'une phlegmasie avec suppuration, le mouvement fébrile est très-intense si le blessé est robuste et fort, s'il est très-nerveux et irritable la fièvre prend la forme ataxique pour revêtir la forme adynamique chez les blessés affaiblis et débilités.

Diagnostic. Toute plaie récente est facile à reconnaître; il n'est pas aussi aisé d'indiquer, à l'aspect de leur forme, l'instrument dont on s'est servi pour porter le coup; Sanson donne quelques préceptes d'observation dont la connaissance sera très-avantageuse à l'expert. 1° Quand un instrument piquant et tranchant sur ses bords pénètre perpendiculairement à la surface de la peau et qu'il y ait tension égale en tout sens, la plaie représente assez bien la forme de l'instrument aux dimensions près; en général elle a moins de longueur que l'instrument vulnérant n'est large, et plus d'écartement qu'il n'a d'épaisseur. 2° Quand le même instrument pénètre obliquement dans les tissus ou quand les téguments sont inégalement tendus, la forme de la plaie ne représente plus celle de l'instrument. 3° Si l'instrument ne tranche que d'un côté, le bord mousse refoule la peau, qui revient sur elle-même sitôt que l'instrument est retiré, ce qui donne à la division une étendue inférieure à celle de l'instrument. 4° Quand l'instrument est seulement piquant il produit des plaies de formes très-différentes qui ne permettent plus de le reconnaître par l'examen des lésions.

La blessure en voie de suppuration, se distingue des ulcères par sa forme, qui est plus profonde, plus allongée et tend à se cicatriser plus rapidement qu'un ulcère; les bords d'une plaie sont rosés et le pus qu'elle sécrète est bien lié, l'ulcère est d'un aspect grisâtre et sécrète une sanie.

Après la chute des escharres, les brûlures doivent se reconnaître à leur forme plus irrégulière que celle des plaies, en second lieu par leur aspect.

Pronostic. Variable selon le siége, la cause, le nombre, l'étendue des plaies.

§ 9. Topographie des plaies.

Les plaies de nos organes varient en gravité et en danger suivant leur siége, leur cause, leur étendue et selon leur état de simplicité ou de complication. C'est afin de mieux préciser leur pronostic et de fournir à l'expert le moyen de formuler une conclusion plus précise, que nous ajoutons cette topographie ou l'examen des plaies d'après leur siége, en commençant par la tête.

Tête. — 1° *Parties molles.* Le peu d'extensibilité des parties molles du crâne, appuyées sur une surface dure, les expose davantage aux érysipèles phlegmoneux, et aux étranglements ; le voisinage du cerveau l'expose à partager l'inflammation phlegmoneuse des parties molles qui survient du cinquième au sixième jour de l'accident.

Les plaies par instrument contondant du cuir chevelu sont parfois semblables à celles par instrument tranchant, au point de rendre le diagnostic difficile, même impossible.

Les plaies par piqûre des parties molles, guérissent facilement et promptement, l'érysipèle et le phlegmon diffus sont des complications à redouter.

Les divisions du cuir chevelu par instrument tranchant sont encore des lésions légères qui se guérissent rapidement par première intention. Ce genre de plaies, mais principalement les contuses sont à lambeaux avec ou sans dénudation du crâne ; les os directement dépouillés du périoste ne se nécrosent pas toujours, la peau peut adhérer sans suppuration ; si elle a lieu, la nécrose et conséquemment l'exfoliation sont fort à redouter. La dénudation consécutive de la table externe par la suppuration, est dans beaucoup de cas, accompagnée d'un décollement de la dure-mère par une collection purulente, dans une étendue égale à celle de l'abcès extra-crânien.

L'hémorrhagie qui complique ces plaies s'arrête facilement par la compression directe de l'artère sur une surface osseuse ; une seule est capable d'emmener une fin néfaste, c'est la lésion d'une artère profonde de la fosse temporale ; la ligature et la compression y étant impossibles ou inefficaces.

Les contusions, les trajets de projectiles entre cuir et chair, les plaies par incision se compliquent encore d'érysipèle et d'inflammation phlegmoneuse, se terminant par suppuration. Ces suites graves dénudent et nécrosent la table externe; la longue durée de la suppuration épuise le malade, si la cérébrite ou l'inflammation et le décollement des méninges ne l'ont pas anéanti.

2° *Parties dures*. La piqûre superficielle du crâne ne présente par elle-même guère plus de gravité que celle qui n'intéresse que les téguments; mais le choc imprimé à la tête peut léser les organes encéphaliques, nous parlerons de cette suite fâcheuse dans les articles : *commotion, contusion, compression*. Si la pointe traverse toute l'épaisseur de l'os, elle divise ou soulève légèrement la dure-mère, détermine ainsi une collection qui comprime la masse cérébrale ; plus fréquemment la table interne se brise avec éclats, et ses esquilles dans le cerveau sont causes d'accidents mortels. La présence de ces corps étrangers ne se manifeste pas toujours dans les premiers temps, les annales de la chirurgie relatent des cas où le corps étranger a séjourné plusieurs années dans l'intérieur du crâne avant de causer des accidents.

Les plaies très-superficielles par instrument tranchant qui effleure à peine la table externe, ajoutent peu à la gravité de la simple blessure des parties charnues ; si le crâne est traversé de part en part, les effets et les suites sont semblables à ceux de la piqûre, les esquilles chassées dans l'intérieur ont les mêmes conséquences.

L'action oblique du tranchant peut opérer la séparation complète d'une calotte osseuse d'un diamètre plus ou moins fort ; le péril extrême auquel la vie du blessé est exposée par semblable blessure, est évident ; les cures de ce genre sont des plus rares, la science n'en possède que peu d'exemples.

La contusion des os du crâne peut les dénuder consécutivement par l'épanchement sous-périostique ou par l'ostéite, la suppuration, la carie ou la nécrose des portions lésées ; le décollement des méninges accompagne ces phénomènes externes. La contusion des os ne peut se reconnaître si la peau ne porte pas de division ; s'il en existe une, le décollement consécutif du périoste, la couleur livide des os, l'œdème des parties molles, serviront à la faire diagnostiquer.

La séparation violente des sutures, et la fracture des os crâniens dans leur continuité, sont plus fréquemment le résultat de la contusion que l'effet des instruments piquants ou tranchants. La fracture *directe*, siége à l'endroit frappé, celle dite par *contre-coup* occupe un point plus ou moins opposé, mais toujours moins résistant que celui qui a reçu le choc.

Dans un dernier genre de fracture crânienne, la table externe résiste à la percussion, mais la table interne se brise dans l'endroit soumis à la percussion.

La base du crâne ne se fracture jamais par contre-coup ; les fêlures qui s'y observent ne sont que la continuation des fractures directes de l'endroit frappé, ou les effets de violences exercées sur cette région.

Ce qui constitue la gravité des fractures du crâne, ce n'est pas tant la lésion en elle-même, que les suites inquiétantes qui sont : l'inflammation, la suppuration des parties charnues et la compression du cerveau.

Diagnostic. — Si les os sont dénudés, la vue seule fait

découvrir la fracture : celle sans dénudation mais avec enfoncement et écartement des esquilles se reconnaît par le toucher ; la simple fêlure dans ces mêmes circonstances ne se reconnaît point, la marche du mal doit l'indiquer ; le périoste est soulevé, la plaie ne se cicatrise pas, ses bords sont tuméfiés, flasques et endoloris, et la fièvre arrive par accès.

La connaissance des fractures du crâne, quand il n'y a ni plaie, ni contusion, ni enfoncement de fragments, s'acquiert : 1° Par l'examen de l'instrument ; sa force, son volume, sa direction et son poids donnent des présomptions ; 2° par ces phénomènes cérébraux : lipothimies, étourdissements, bruits dans les oreilles ; 3° par le bruit de pot fêlé, ouï par le patient, au moment de l'accident ; signe équivoque, beaucoup l'entendent qui n'ont pas de fracture, d'autres en ont sans l'avoir aperçu ; 4° par la douleur locale indiquée par le malade qui y porte instinctivement la main ; c'est un signe commun à la fracture et à la plaie des parties molles, qui mérite toute attention chaque fois qu'il existe ; 5° les deux symptômes les plus certains sont : l'hémorrhagie immédiate mais continue par la bouche, le nez ou les oreilles ; l'écoulement d'un liquide séreux consécutivement à une hémorrhagie ; et quelques heures après l'accident, par l'oreille ou le nez, sont des signes plus certains encore d'une fracture complète du crâne. L'apparition d'une ecchymose un ou deux jours après l'accident, et dans une région éloignée du siége de la contusion, est considérée par les auteurs comme un indice presque pathognomonique d'une fracture de la base du crâne.

Les fractures avec enfoncement ou dépression des fragments se constatent par le palper ; la saillie des bords qui entourent le fragment se laisse facilement reconnaître.

Pronostic. Les fractures de ce genre ne sont pas graves par elles-mêmes, mais par les complications qui surviennent : soit un épanchement de sang ou de pus, une phlegmasie de l'encéphale, des méninges ; soit une compression ou une commotion du cerveau.

Lésions des méninges et du cerveau.

L'instrument piquant qui pénètre jusqu'au cerveau, détermine promptement la mort ; s'il est dirigé sur la base du crâne, sur le cerveau ou la moelle allongée ; sur d'autres points les piqûres se guérissent parfois, leurs plus grands dangers sont la méningo-encéphalite et l'épanchement des liquides.

Les sections par instrument tranchant peuvent avoir les mêmes suites que les piqûres, seulement les liquides s'écoulent plus aisément au dehors.

Les corps contondants agissent sur les différentes parties de l'encéphale en respectant les os et les parties molles, l'ébranlement que les chocs violents impriment à la masse encéphalique, produit la commotion ou la contusion ; l'un et l'autre de ces accidents, inutile de le faire observer, se montrent également à la suite des fortes contusions avec plaies des téguments et fractures des os. Nous possédons nous-même un bel exemple de contusion de la substance cérébelleuse, par une violence exercée sur un individu de vingt-six ans, avec un instrument pointu qui avait traversé le cuir à quatre centimètres au-dessus de l'oreille droite, et s'était arrêté dans la table externe sans la fracturer ; le diploë et la table interne également intacts. A l'autopsie judiciaire que nous avons faite, nous trouvions la portion contuse changée en foyer purulent, en abcès froid avec pus bien lié et d'un aspect crémeux ; la mort était survenue trente jours après que le coup avait été donné.

Commotion cérébrale.

C'est toujours l'effet d'une contusion de la tête, avec des instruments piquants, contondants et même tranchants; mais à fil non acéré. Une chute d'un lieu très-élevé sur les extrémités inférieures peut produire le même désordre.

Symptômes. — Le malade est étourdi, ses oreilles tintent, perte subite de connaissance, paralysie momentanée ou inaction prolongée des muscles; physionomie pâle; évacuation d'urine, de matières fécales et vomissements, si l'estomac est rempli. Le malade semble plongé dans un profond sommeil, avec conservation de la sensibilité et du mouvement, qui dure quatre, six et huit jours avant de décroître; alors l'intelligence revient, il comprend mieux et répond plus facilement. Une commotion de ce degré peut prendre une mauvaise tournure; on voit la gravité des symptômes s'accroître, l'intelligence décliner, puis disparaître complètement, la dyspnée venir éteindre une vie si gravement compromise. La cérébrite, la méningo-encéphalite avec délire sont d'autres suites possibles de la commotion.

Dans le degré le plus intense de la commotion, le sujet privé de sentiment et de mouvement est enlevé dans un temps très-bref.

Contusion du cerveau. — C'est l'attrition de la pulpe cérébrale produite par une secousse violente et subite imprimée à la boîte crânienne.

Symptômes. — L'agitation continuelle, les convulsions ou les contractures spasmodiques des membres, des muscles de la face, l'absence de l'intelligence, la respiration profonde, mais lente, avec un état apyrétique, caractérisent la contusion du cerveau.

Cet état dure quatre ou cinq jours avant l'apparition de la fièvre, indice de l'inflammation des organes blessés ; le délire et les convulsions précèdent la paralysie double du sentir et du mouvement ; la mort survient du huitième au dixième jour.

Diagnostic. — La contusion se distingue de la commotion par sa marche : loin d'arriver instantanément à son summum d'intensité, comme la commotion, et puis de décroître, elle augmente en gravité jusqu'au quatrième ou cinquième jour ; mais ces deux états ne sont pas toujours aussi réguliers dans leur marche ; la commotion peut devenir plus grave, tandis que la contusion peut disparaître graduellement.

Au moment de l'accident, les états qui se rapportent autant à la commotion qu'à la contusion, ne comportent pas de diagnostic ; les cas mieux différenciés, se reconnaîtront ordinairement à l'agitation, aux mouvements convulsifs, au délire et à la paralysie partielle pour la contusion ; à la somnolence pour la commotion.

Pronostic. — La contusion très-circonscrite peut se guérir ; toutes celles d'une certaine étendue, sont causes presque certaines de mort.

Anatomie pathologique. — Nous donnons cette partie importante de l'histoire de ces graves lésions, pour permettre à l'expert d'établir la cause de la mort, par l'inspection des organes encéphaliques dans une nécropsie judiciaire.

1° *De la commotion.* — Les plus faibles semblent ne présenter aucune altération matérielle; les plus graves se reconnaissent aux épanchements sanguins, gros comme des têtes d'épingles, disséminés dans la partie commotionnée. Ces épanchements miliaires se séparent des gouttelettes de sang qui s'échappent des vaisseaux capillaires : les premiers sont coagulés et s'enlèvent avec la pointe de l'instrument, les secondes sont fluides, s'enlèvent également, mais la pression fait sourdre une gouttelette nouvelle à l'ouverture béante du vaisseau.

Le siége de ces points sanguins varie comme leur nombre; pour les découvrir il faut inciser le cerveau par couches très-minces, et faire des recherches minutieuses, surtout s'il n'en existe que cinq à six dans tout le cerveau.

2° *De la contusion.* — Les épanchements miliaires sont très-nombreux, réunis sur un seul point, et siégent constamment dans la partie contusionnée. Le cerveau y est légèrement ramolli, ou même réduit en bouillie dans les contusions très-considérables. Ces caractères désigneront suffisamment à l'expert, la cause du décès.

Plaies contuses du cerveau. — Ces plaies sont produites par les fragment des os, ou par les projectiles lancés dans la substance cérébrale. Ces blessures très-superficielles, se guérissent souvent sans accident. Celles qui entament profondément l'encéphale, déterminent une mort instantanée ou une méningo-encéphalite promptement mortelle.

La méningo-encéphalite traumatique se manifeste d'ordinaire du cinquième au huitième jour après l'accident; dans ce laps de temps, le malade présente tous les signes apparents de la santé.

1° A la suite d'une contusion sans plaie, dès le moment

de l'invasion de la phlegmasie, les parties molles sont douloureuses au toucher, gonflées et soulevées par un épanchement brun noirâtre; l'os mis à nu, est altéré dans sa texture, moins rouge, même déjà nécrosé; semblable altération existe à la table interne qui est également dénudée par une collection purulente.

2° A la suite d'une plaie des téguments, celle-ci pâlit, devient livide, le pus se change en sanie décolorée, puis la marche est la même que dans la contusion.

3° S'il y a fracture, les symptômes généraux marquent le début de la phlegmasie. Nélaton donne les symptômes de ce genre d'inflammation dans le tableau suivant : « Céphalalgie, prostration, somnolence, lenteur dans les idées qui restent justes, quelquefois perte de la mémoire, spécialement de la mémoire de certains mots ; contracture, résistance musculaires, bornées à quelques muscles, ou s'étendant à une région. Convulsions générales ou partielles continues ou revenant par accès épileptiformes.

« Les phénomènes sympathiques sont les nausées, les vomissements; les symptômes généraux, chaleur de la peau, coloration de la face, accélération du pouls, complètent la série.

» L'agitation extrême avec loquacité, sensibilité exaltée des organes des sens et insomnie, peut remplacer la prostration, la somnolence et l'abattement; au lieu des contractures et des convulsions, une paralysie se montre; enfin la réaction fébrile peut manquer totalement, le pouls ayant une mollesse et une lenteur extrêmes.

» La formation du pus est annoncée par des frissons irréguliers, des alternatives de chaleur et de sueur et bientôt le coma, la paralysie avec toutes ses conséquences telles que l'incontinence ou la rétention d'urine, l'évacuation involontaire des matières fécales liquides.

» Ces phénomènes s'accomplissent dans l'espace de dix à quinze jours au plus; il n'est cependant pas rare de voir des encéphalites mortelles dans les vingt-quatre heures. D'autres fois, le blessé n'éprouve que des accidents très-légers, et ce n'est qu'au bout d'un temps assez long, quelquefois deux ou trois mois, que l'on observe les symptômes qui peuvent faire soupçonner la présence d'un abcès, à savoir les convulsions épileptiformes une paralysie plus ou moins étendue. »

Pronostic. — Affection des plus graves, mortelle à de très-rares exceptions.

Compression du cerveau. — L'épanchement sanguin, s'il se forme rapidement et qu'il est assez considérable, produit la compression; celle-ci se caractérise par l'abolition de l'intelligence, des fonctions sensoriales, de la sensibilité et du mouvement. La respiration est stertoreuse et profonde; le pouls ralenti est plus petit que dans l'état de santé.

C'est surtout la paralysie qui sert à faire reconnaître la compression de la commotion et de la contusion.

Yeux et parties voisines.

Les blessures par section nette de ces parties se guérissent facilement; l'inflammation peut toutefois dépasser les limites d'une inflammation adhésive et se propager au globe de l'œil et au cerveau.

Les plaies contuses de cette région sont rarement simples, mais accompagnées d'épanchements sanguins dans l'œil et de commotions de cet organe, ce qui est fréquemment suivi d'inflammation et de suppuration.

Les contusions directes du globe oculaire sont plus graves encore : elles y déterminent des épanchements, des extravasations de sang entraînant la cécité à la suite d'une inflammation consécutive, qui survient un à trois jours après l'accident; et des commotions qui se reconnaissent à l'extinction partielle ou complète mais immédiate de la vision; dans ce dernier cas la pupille est dilatée, immobile et quelquefois déformée. Les commotions sont les accidents les plus graves, entraînant presque toujours la perte de l'œil.

Les contusions du front, des sourcils ou des joues avec ou sans plaie, sont extrêmement dangereuses et entraînent la perte de la vue. Celles des paupières sont suivies d'ecchymoses qui se résorbent ou produisent une inflammation phlegmoneuse.

Les plaies par instrument tranchant des parties voisines de l'œil ne deviennent dangereuses que si le pus fuse dans l'orbite et détruit les adhérences du globe oculaire; dans ce cas la perte de l'organe visuel ou l'inflammation du cerveau sont des complications à redouter.

Les blessures des paupières limitées à ces voiles ne sont d'aucune gravité; une cicatrice irrégulière en est la seule suite fâcheuse.

Les plaies pénétrantes du globe troublent ou abolissent la vision; celles de la cornée, qui sont d'une certaine étendue, ont pour conséquence le dévidement de l'œil; plus petites, mais contuses, elles donnent lieu à une inflammation violente qui se termine par la suppuration et la destruction de l'œil. La hernie de l'iris à travers la section de la cornée, une cicatrice opaque, qui diminue et gêne la vue, sont des conséquences possibles des plaies de la cornée.

La blessure de l'iris faite par instrument tranchant se guérit facilement. La contusion ou la plaie contuse de cette membrane est suivie d'une réaction inflammatoire violente qui se termine par exsudation.

La déchirure de l'iris au bord ciliaire résulte parfois des coups et contusions reçus sur l'œil, la tempe, le front; elle est accompagnée d'une hémorrhagie qui ne permet de voir les désordres qu'au moment où le sang est résorbé.

En résumé la structure vasculaire et délicate de l'iris rend toute blessure de cette membrane très-dangereuse.

Les blessures légères de la sclérotique par instrument tranchant se guérissent d'ordinaire sans accident; les fortes incisions vident l'œil, toutes les humeurs s'en échappent; les plaies dans le voisinage de l'iris présentent plus de danger, par la présence du cercle ciliaire; les moindres blessures de cet anneau sont suivies d'inflammations intenses.

Les lésions du cristallin et de sa capsule ont une conséquence fâcheuse, c'est la formation d'une cataracte partielle ou totale.

Dans les plaies de l'orbite il faut distinguer les superficielles et les profondes : les premières présentent peu ou point de danger tandis que les secondes sont des lésions des plus graves. Comme il n'y a que les stylets et instruments étroits qui peuvent s'engager entre les parois osseuses et l'œil, l'ouverture externe est fort étroite, le tissu cellulaire de cet espace est abondant, riche en capillaires sanguins et en filets nerveux; donc la douleur est intense, l'hémorrhagie relativement abondante; le sang s'écoulant difficilement par l'étroite ouverture de la peau, s'infiltre dans un tissu cellulaire lâche, une inflammation consécutive envahit toutes ces parties, se propage à l'organe visuel et à l'encéphale; ces complications redoutables finissent par la perte de l'œil ou la mort du malade. Dans des cas plus heureux l'inflammation finit par la suppuration qui dénude les os, produit la nécrose et la plaie reste fistuleuse. Si une commotion de l'œil se joint à ce genre de plaies il y a un danger tel pour la conservation de cet organe, qu'elle n'est plus à espérer.

Il est difficile de porter un jugement exact sur l'étendue et la gravité de ces plaies au moment de l'accident; ne pouvant user de la sonde, nous ne pouvons apprécier les désordres que par leurs conséquences; nous avons toujours à craindre la paralysie du nerf optique ou de la rétine.

Face.

Les plaies de cette partie ne présentent rien de particulier par rapport au pronostic; comme pour celles de toutes autres régions du corps, leur gravité est en raison directe de leur étendue.

Le coup de pistolet sans balle, tiré dans la bouche close, déchire les joues, brise les arcades dentaires, la voûte palatine, le voile du palais, en recouvrant toutes ces parties d'une escharre noirâtre.

Le coup tiré à balle lance le projectile dans le cerveau, dans les vertèbres cervicales où dans les chairs des parties postérieures du cou : la blessure des artères qui s'y trouvent, donne lieu à une hémorrhagie mortelle. Si la direction a été assez verticale, la balle fracasse les os de la face et s'y loge, ou ressort par une partie quelconque de la figure. Toutes ces blessures présentent quelque danger par la contusion nécessairement suivie d'une inflammation plus ou moins violente, dont l'intensité ne commence à décroître que du sixième au septième jour ; les lésions du crâne, des vertèbres et des gros vaisseaux sont mortelles.

Cou.

Les blessures du cou présentent un danger commun, la fusion du pus dans la poitrine ; elles diffèrent suivant la nature des organes lésés, leur siége et l'instrument vulnérant. Je néglige les plaies de la peau, du tissu cellulaire et des muscles superficiels du cou, tant à cause de leur innocuité que pour l'absence de toute particularité digne de l'attention du médecin légiste.

Les plaies profondes de la région sus-hyoïdienne pénétrant dans le pharnyx sont fort graves, alors même qu'aucun vaisseau ni nerf important n'a été blessé, par les troubles de la nutrition qu'elles produisent ; les aliments et les boissons s'engagent facilement dans l'ouverture de la glotte.

A la région hyo-thyroïdienne, le pharynx peut encore être ouvert ; mais si la section est dirigée de haut en bas, elle atteindra l'épiglotte. La section de ce dernier organe peut produire la suffocation en retombant sur l'ouverture épiglottique.

Les divisions du larynx sont sus- ou sous-glottiques, ou dans l'intervalle crico-thyroïde. Le broiement des cartilages du larynx par contusion, comme par une arme à feu, expose sérieusement le blessé aux graves dangers de la mort par suffocation.

Les plaies du larynx varient suivant les parties lésées et suivant l'étendue de ces lésions ; la simple piqûre qui n'intéresse aucun vaisseau volumineux n'offre aucun danger immédiat ; l'incision qui divise un vaisseau important peut produire l'asphyxie par le sang qui s'écoule dans les bronches. Elles présentent aussi des dangers plus éloignés, par les conséquences suivantes : 1° L'emphysème ; 2° la fusion du pus dans la poitrine ; 3° l'inflammation. Il suffit de signaler ces complications à l'attention du médecin légiste, pour qu'il soit à même de les constater et d'en déduire des conclusions sur le danger qu'elles présentent pour la vie du malade.

La trachée se trouvant entamée, expose le malade à la suffocation par l'hémorrhagie qui accompagne ces plaies ; l'introduction du sang dans les voies aériennes est un accident plus à craindre que dans les blessures du larynx où les vaisseaux sont plus rares.

La division complète de la trachée est une des lésions les plus graves ; les deux extrémités se contractent, l'air ne trouve plus de conduit et la suffocation doit s'en suivre.

Une remarque générale applicable à toutes les blessures des voies aériennes du cou, c'est qu'elles anéantissent la voix si elles siègent en dessous des cordes vocales, et que la phonation se rétablit momentanément par la fermeture de la plaie externe, de manière qu'il sera parfois permis aux magistrats instructeurs, d'obtenir des renseignements sur l'auteur et les circonstances du crime.

Les plaies du canal aérien se guérissent lentement, la cicatrisation met vingt à trente jours pour se faire ; s'il y a perte de substance, cette durée est encore beaucoup plus longue et il reste un trajet fistuleux.

Les incisions du cou qui intéressent des vaisseaux volumineux, comme les carotides, les sous-clavières, les veines jugulaires internes et externes, peuvent avoir une fin funeste par l'hémorrhagie et par l'introduction de l'air; une piqûre, une incision incomplète des tuniques, peuvent donner lieu à un anévrisme.

Une plaie contuse peut produire une hémorrhagie secondaire de l'un ou de l'autre vaisseau lors de la chute de l'escharre, et se terminer promptement par la mort.

Les solutions de continuité de l'œsophage sont des accidents qui augmentent la gravité des plaies du cou; l'expert doit y avoir égard en rédigeant les conclusions de son rapport; celles qui sont dirigées de haut en bas, donc dans le sens des fibres de ce conduit, se guérissent rapidement; celles qui le divisent complètement, laissent des fistules externes après leur guérison.

Les instruments piquants, tranchants ou contondants, mus avec force, brisant les os ou tombant sur un espace intervertébral, peuvent pénétrer jusqu'à la moelle; il en est de même des projectiles lancés par la déflagration de la poudre; les désordres les plus sérieux naissent de ces traumatismes.

Avant de les décrire nous devons présenter quelques remarques sur les dispositions anatomiques de la colonne vertébrale pour faire voir le mécanisme de la production de ces plaies dans les différentes régions. Disons d'abord que les instruments en état de briser et de traverser les os comme le pourrait un violent coup de baïonnette, peuvent léser la moelle dans tout son trajet; qu'un projectile peut l'atteindre par la partie antérieure à travers le corps des vertèbres qui cède à la puissance de projection de la balle.

La moelle se trouve principalement exposée à l'action vulnérante des instruments du côté des lames et des apophyses épineuses et transverses ; ces parties postérieures des vertèbres défendent l'accès de la moelle suivant leur forme et la région qu'elles occupent. Le canal vertébral est défendu dans la région lombaire par les larges apophyses et par l'épaisse couche des muscles et de fortes aponévroses. Les douze vertèbres dorsales sont défendues en avant et latéralement par les côtes ; les épines sont dirigées obliquement en bas et les lames y sont très-larges, se recouvrant fortement, à telles enseignes qu'il faudrait à l'instrument pour pénétrer dans un espace intervertébral, sans briser l'os, une direction de haut en bas. Les vertèbres cervicales ont une forme particulière appropriée aux mouvements du cou et de la tête; le corps de ces sept vertèbres est petit ; les lamelles sont étroites et les apophyses épineuses sont horizontales. L'intervalle qui sépare postérieurement l'une vertèbre de l'autre est donc plus considérable et facilite l'accès de la moelle cervicale; cependant le renversement de la tête sur le dos rapproche fortement les lamelles qui s'imbriquent tant que cette position se prolonge. Il est à peine nécessaire de faire remarquer, que par la disposition anatomique spéciale de cette région, il est aussi difficile d'y atteindre le cordon médullaire, que dans les autres parties de sa longueur, quand la tête est renversée en arrière.

La direction de la blessure permettra fréquemment de juger de la position respective de la victime et de l'auteur de la blessure.

Le signe caractéristique d'une blessure du rachis c'est la paralysie consécutive de toutes les parties qui reçoivent leurs nerfs de la partie qui n'est plus en communication avec le cerveau ; insensibilité et paralysie des cuisses et des jambes, incontinence des fèces, rétention d'abord, incontinence ensuite des urines. Les parois abdominales sont inertes, la respiration diaphragmatique.

Les violences extérieures sur le rachis peuvent luxer ou briser les vertèbres, et déterminer ainsi la compression, la contusion ou la commotion de la moelle allongée. Les signes de la commotion produite par le simple ébranlement, sont instantanés ; la paralysie et la perte de connaissance sont subites avec évacuation involontaire des matières fécales et de l'urine. Cet affaissement général se termine subitement ou seulement au bout de quelques jours par la mort ; s'il n'existe aucune lésion organique, ni ramollissement ni déchirure, la sensibilité et les fonctions reprennent, et la guérison est complète.

Le désordre matériel de la moelle aura des symptômes variables suivant ses complications, ses conséquences.

La contusion implique un choc, une pression directe sur le cordon médullaire. Elle présente d'abord les symptômes de la commotion ; mais une myélite mortelle la différencie de cette dernière lésion.

La compression de la moelle est une suite presque nécessaire des contusions violentes. Elle résulte d'une luxation ou d'une fracture des vertèbres, d'un coagulum sanguin s'il y a hémorrhagie, et plus tard d'une collection purulente s'il y a suppuration. Elle se distingue de la commotion par le développement plus lent des symptômes et des troubles des fonctions organiques ; la paralysie et l'insensibilité cutanée ne sont pas subites elles surviennent un temps plus ou moins long après l'accident ; les phénomènes généraux de la compression sont moins prononcés et moins redoutables.

Poitrine.

1° Les plaies non pénétrantes du thorax, sont celles qui ne traversent pas toute son épaisseur; la simple lésion de la peau et du tissu cellulaire sous-jacent est une blessure peu grave qui se cicatrise rapidement. Dans la section des grands muscles qui revêtent le haut de la poitrine antérieurement et postérieurement, il y a écartement des lèvres de la plaie, ce qui prolonge le traitement.

Le projectile lancé par une arme à feu effleure la peau ou la traverse et creuse dans le tissu cellulaire et dans les muscles un trajet d'une guérison très difficile et lente. Les plaies osseuses sont des plus dangereuses; la fracture des côtes, du sternum, des cartilages sont suivies d'inflammations très-vives qui s'étendent à la plèvre et au poumon.

2° Les plaies pénétrantes dans la cavité pleurale se cicatrisent sans accident, si la communication avec l'air extérieur est étroite, et qu'elle n'est établie qu'à travers une simple piqûre; dans un cas d'incision large, l'air y entre en masse, le poumon s'affaisse, la dyspnée considérable, la tympanite, l'absence du murmure respiratoire trahissent sa présence; la pleurésie y succède.

La déchirure du poumon résulte de l'enfoncement des fragments osseux du sternum ou des côtes; sa division par section reconnaît pour cause un instrument vulnérant qui pénètre assez avant dans la poitrine. L'affaissement du poumon, l'épanchement du sang dans le sac pleural, l'hémorrhagie externe, le pneumo-thorax, l'emphysème pulmonaire partiel, l'échappement de l'air par l'ouverture externe, l'hémoptysie d'une abondance en rapport avec le volume des vaisseaux lésés, enfin l'emphysème du tissu cellulaire des environs de la plaie, sont les symptômes et les suites de ce genre de blessures.

Les plaies des artères mammaire interne et intercostale, de l'aorte, de la veine cave supérieure, ou d'autres gros vaisseaux, sont d'autant plus rapidement mortelles, qu'elles ne permettent pas l'usage des hémostatiques. A l'exception de l'artère intercostale et de la mammaire interne dont la ligature, quoique difficile, doit être réputée possible, tous les autres vaisseaux échappent à l'action du chirurgien.

Nous n'insistons pas sur les blessures du cœur : pour toutes, le pronostic est des plus graves, et leur guérison tient du miracle ; c'est donc sur le cadavre que les investigations seront faites.

Les divisions du diaphragme n'autorisent pas un examen spécial, vu que l'observation n'a pu les constater en dehors de toute autre plaie des viscères.

La présence des corps étrangers dans la poitrine, sans être fatalement mortelle, est presque toujours suivie d'accidents qui entraînent la mort ; l'hémorrhagie, la pneumonie, la pleuro-pneumonie, la formation d'un abcès épuisent les forces du blessé et entraînent sa perte.

Abdomen.

Les plaies des parois abdominales sont peu graves, tant qu'elles sont simples ; si un corps étranger y est engagé, l'extraction doit prévenir l'inflammation ; l'hémorrhagie possible des artères mammaire interne et épigastrique, est efficacement combattue par les refrigérants, la compression et la ligature.

Les plaies contuses de l'abdomen, celles par armes à feu, se phlogosent avec plus d'intensité, comme dans toutes les autres régions ; l'inflammation phlegmoneuse profonde amène une péritonite, un abcès dont le pus fuse, stagne dans un cul de sac, un clapier ; sa présence est un aliment constant de l'inflammation ; les larges décollements augmentent la surface suppurante, et le malade s'épuise ; ou bien le pus s'y décompose et la résorption putride se fait. La plus redoutable des conséquences, c'est la perforation du péritoine par l'abcès et l'épanchement du pus dans la cavité séreuse. La destruction des muscles abdominaux et de la peau par la suppuration, est parfois cause de rupture du ventre ; une hernie accompagne cette éventration.

A la suite des chocs violents, la plaie est souvent dans les muscles abdominaux sans déchirure de la peau, ce qui donne infailliblement lieu à une hernie.

2° Les plaies pénétrantes n'ont une existence certaine et démontrée que par la sortie d'un viscère de l'abdomen, ou par l'écoulement de la bile de l'urine et des matières de l'intestin. La piqûre étroite du feuillet abdominal du péritoine ne se reconnaît que par ses suites possibles : l'épanchement sanguin, la péritonite. Les incisions sont causes des mêmes accidents, et de plus de la sortie des intestins et de l'épiploon.

La pénétration d'un projectile dans la cavité péritonéale n'en détermine pas toujours l'inflammation, il y reste logé, s'y enkyste ou descend pour sortir dans une autre région.

Les instruments tranchants et piquants, les balles, ne bornent pas toujours leur action au sac péritonéal ; ils entament souvent les viscères. C'est sur l'étude de ces désordres que nous devons nous appesantir.

Les plaies de l'estomac se reconnaissent à la sortie des aliments ou du chyme par l'ouverture externe, aux vomissements de matières alimentaires mêlées de sang, aux selles sanguinolentes, à l'écoulement par la plaie des liquides avalés. La sortie du contenu de l'estomac ne peut avoir lieu dans la simple piqûre qui ne fait qu'écarter les fibres des tuniques. Dans les plaies de deux à trois millimètres la muqueuse se renverse entre les lèvres de la division et met un obstacle à l'épanchement. Si la plaie a un centimètre d'étendue, l'écartement est plus considérable ; le renversement de la muqueuse rétrécit l'ouverture, et oppose encore une résistance plus ou moins sérieuse à la sortie des matières. Une incision plus large ne permet plus à la muqueuse de lui servir de tampon obturateur, son renversement sur le pourtour du bord séreux de la plaie, la rétrécit sans pouvoir la fermer complétement.

Les perforations intestinales se reconnaissent à la vue, si l'endroit vulnéré se présente à la plaie abdominale ; l'écoulement des liquides au dehors, les selles sanguinolentes, l'épanchement dans le ventre et consécutivement la péritonite, sont des symptômes, qui, sans donner une certitude, sont d'une valeur réelle.

L'hémorrhagie d'un vaisseau de l'épiploon peut en imposer ; en donnant lieu à un épanchement sanguin, elle fait croire à une perforation intestinale. La relation des faits, l'examen de l'instrument, son mode d'action, joints à la tympanite et aux autres symptômes, seront de fortes probabilités, sinon des preuves démonstratives d'une perforation.

Plaies du foie.

Ce qui doit guider dans cet examen, c'est la région où se trouve la blessure, sa profondeur jugée par l'inspection de l'instrument, sa direction, l'hémorrhagie très-considérable à cause de la richesse vasculaire de la glande hépatique. La vue, le toucher du doigt, si la division des téguments le permet, sont des moyens propres à lever tout doute.

Comme toujours, la blessure par balle, de l'organe sécréteur de la bile, est plus dangereuse encore que celle d'un instrument tranchant. Le séjour du projectile ou de tout autre corps étranger dans la plaie, est une complication fâcheuse qui prédispose à l'hépatite.

Les plaies de la vessie se reconnaissent aux symptômes immédiats, au siége de la blessure, à sa direction, à l'écoulement de l'urine et du sang par la plaie et par le canal de l'urèthre, et plus tard à la péritonite.

La blessure du rein se décèle d'abord, par l'écoulement de sang et d'urine mêlés, par la douleur qui s'irradie vers le testicule qui se rétracte, ou vers la grande lèvre chez la femme; par de fréquentes envies d'uriner, par l'émission d'urines sanguinolentes, qui sont les premiers symptômes des plaies de ces glandes.

L'urine filtre dans le tissu cellulaire où elle provoque une suppuration, qui, jointe à la péritonite, enlève presque tout espoir de sauver le blessé.

Dans les plaies de ces organes par une arme à feu, les escharres s'opposent aux infiltrations de l'urine, et à leur chute le bourgeonnement est assez développé pour que semblable complication ne soit plus à craindre.

Pronostic. A cause de la similitude des complications et des suites des blessures de l'abdomen et des viscères qu'il renferme, nous pouvons nous contenter d'un pronostic général applicable à toutes : ces plaies sont de la dernière gravité, si le blessé ne succombe pas à l'hémorrhagie, l'épanchement et la tympanite sont causes occasionnelles d'une péritonite mortelle. Ces perforations par balles sont plus redoutables que les piqûres et les incisions, parce qu'elles sont sujettes à se phlogoser à un plus haut degré; la chute des escharres, l'hémorrhagie consécutive et l'épanchement inévitable, font comprendre combien serait illusoire, l'espoir de conserver les jours d'un blessé ainsi mutilé. Les plaies de la tête et de l'abdomen, graves entre toutes, celles de l'abdomen les plus graves *avant* toutes, dit le docteur Bertherand dans ses lettres médico-chirurgicales sur la campagne d'Italie.

§ 10. Diagnostic des plaies en général.

Ce paragraphe est une revue rétrospective de tout ce qui vient d'être écrit sur les plaies et les contusions; c'est un examen de ces vastes données scientifiques, fait au point de vue du juge, afin d'y lire la réponse des questions générales qu'il pose sur la nature et les suites des violences exercées sur les individus.

Il est à peine nécessaire de faire observer qu'une strie de sang desséché sur la peau, se présente à un œil inattentif sous forme d'excoriation ou de plaie; il suffit d'en faire la remarque pour mettre nos confrères à l'abri d'une erreur qui dénote la plus coupable légèreté dans une mission sérieuse.

Il n'est pas toujours possible d'affirmer qu'un individu a été blessé; les corps contondants agissant sur une large surface, les projectiles lancés très obliquement contre la surface du corps sans diviser les téguments, lèsent les organes profonds; des plaies très graves, même mortelles, échappent à nos regards tant que la nécropsie ne vient les révéler. Les chûtes d'une certaine élévation, ne sont-elles pas causes de déchirures de la glande hépatique, de contusions, de commotions cérébrales, de fractures osseuses? Tous ces désordres ne peuvent-ils pas échapper aux investigations de l'expert, soit qu'il ne se trahissent encore par aucun symptôme, soit que ceux-ci aient disparu? Les corps contondants sont fréquemment cause de mort instantanée, par ébranlement violent de nos organes viscéraux (cœur, cerveau, moelle épinière), ou la rupture d'un gros vaisseau; leurs actions ne sont variables que par l'étendue plus ou moins grande de leurs surfaces et de leurs vitesses.

Le savant Casper dépeint les plaies internes par fractures et déchirures dont l'origine remonte à une contusion, avec ce soin minutieux que la médecine légale exige; ses assertions sont les fruits d'une observation trop longue, elles partent d'un écrivain trop consciencieux, pour que nous ne leur accordions pas toute la confiance qu'elles méritent. Avant de passer en revue ce genre de lésions, l'auteur fait remarquer, qu'un organe splanchnique sain ne se rompt jamais spontanément : donc de leur déchirure nous pouvons conclure avec certitude à une violence.

Selon les faits observés par ce professeur, les fractures de la base du crâne sont toujours transversales et dans son tiers antérieur; elles vont de l'un rocher à l'autre à travers la selle turcique, ou s'arrêtent à cette dernière anfractuosité.

Je trouve dans son *Traité de Médecine légale* la relation de deux exemples de déchirures du cerveau. Dans le premier (35e cas), elle siége sous une fracture du crâne; dans le second (273e cas), elle est multiple. Il y a un grand nombre d'épanchements séparés. Il nous est impossible de voir dans ces faits des déchirures du cerveau, l'une est une fracture du crâne avec hémorrhagie interne, forte au point de diviser la substance cérébrale par pression ; l'autre présente tous les caractères de la contusion. La déchirure du cerveau reste donc problématique, et non prouvée pour nous, elle est à confirmer par d'autres preuves.

La déchirure des poumons, du cœur et du péricarde sans signes extérieurs qui la trahissent, a été constatée à l'autopsie. Semblables désordres du foie sont les plus fréquents ; toutes ces déchirures sont longitudinales et occupent l'un ou l'autre lobe, parfois les deux dans toute leur longueur, rarement les deux sans se confondre ; les déchirures dans une autre direction sont plus rares.

Les autres viscères abdominaux cèdent également sous une action violente ; l'estomac, les intestins et la rate, offrent des exemples de rupture ; celle de la vessie ne s'est jamais présentée à l'observation de notre professeur de Berlin, il révoque même sa possibilité en doute, sinon quand il y a attrition générale de toutes les parties de cette région.

En présence des obscurités de l'action profonde des contusions, nous conseillons une prudente réserve dans le jugement à intervenir.

Les plaies encore saignantes sautent à l'œil qui en mesure toute l'étendue et en reconnaît la profondeur au moyen du stylet, à moins que leur étroitesse et le défaut de parallélisme des bords, ne viennent mettre obstacle à ce dernier mode d'investigation. Les solutions de continuité en voie de cicatrisation sont moins reconnaissables, l'ulcère se confond facilement avec elles. La forme de l'ulcère, l'état constitutionnel, la diathèse scrofuleuse ou syphilitique, le siége du mal, la profession, etc., seront des données propres à engendrer une conviction dans l'esprit du médecin.

L'embarras sérieux commence quand il faut déduire de l'aspect d'une plaie l'instrument qui l'a produit, ou quand il faut examiner si tel instrument a pu servir à faire telle blessure? La classe à laquelle une plaie récente appartient, savoir s'il faut y voir l'action d'un corps contondant, piquant ou tranchant, est d'une science élémentaire, tout ce que nous avons écrit plus haut, caractérise nettement chaque ordre, et rend la confusion de toute impossibilité. Mais s'il est question de spécifier dans un cas donné appartenant à telle classe de plaies, l'instrument dont on s'est servi, la possibilité d'une solution catégorique doit étre niée. Il en est ainsi, parce que la blessure ne porte pas toujours l'empreinte de la forme de l'instrument. La plaie contuse est une déchirure des tissus; si la peau est distendue, entraînée avant de se déchirer elle reviendra sur elle-même, d'où résulteront des variantes à l'infini dans la forme de ces divisions, suivant la configuration de la partie frappée et de l'instrument employé. Un corps à arète vive peut faire une plaie qui conserve son empreinte et son contour; une surface unie tombant sur les saillies naturelles, comme le nez, les oreilles, les aplatit. Le gonflement qui accompagne les plaies contuses, les rend également méconnaissables quant à l'instrument producteur. Il arrive de rencontrer sur un individu des contusions multiples avec plaies, qui reconnaissent des agents divers, ce qui rend leurs causes spéciales d'autant plus indéchiffrables.

Il est très-rare que les effets des corps vulnérants en indiquent fidèlement la forme; la section des muscles est surtout remarquable par les grandes différences qu'elle présente, selon qu'elle divise parallèlement ou transversalement les fibres; dans le premier cas, les bords se rapprochent, dans le second, la contraction des muscles éloigne les lèvres, la plaie béante a totalement perdu la forme de l'instrument.

M. Casper remarque à propos du 29e cas, qu'il relate dans son traité, qu'une incision unique du cou chez une personne maigre dont la peau est plissée, peut simuler plusieurs incisions par l'écartement de ces replis et la tension de la peau.

Si l'examen porte sur des plaies qui bourgeonnent, la forme en est déjà totalement altérée, dès lors la relation qui existait entre elles et les instruments dont on s'est servi, a disparu.

Juger si le blessé s'est porté lui-même des coups pour faire croire à un attentat, ou s'il les a reçus d'un agresseur, est une opération qui laisse peu de doute dans la majorité des cas; d'ordinaire celui qui se blesse lui-même pour accuser une tentative d'assassinat, se fait des incisions superficielles, parallèles les unes aux autres, dans une région peu dangereuse, de préférence sur les parties antérieures du corps; à moins qu'il n'ait eu l'intention formelle de se suicider.

La position respective de l'assassin et de la victime doit se déduire de l'ensemble des circonstances, de l'instrument, de la direction, de la forme et du siège de la plaie, de la position du blessé et des objets environnants.

Une blessure faite sur le cadavre d'un individu qui vient d'expirer, donne lieu à une hémorrhagie suffisante pour

infiltrer les bords et les recouvrir d'une couche de sang
coagulé, tout comme cela se présente sur le vivant; si la plaie
est petite, ce mince coagulum en agglutine les lèvres. La
tuméfaction, l'engorgement, la rénitence sont des phénomènes vitaux qu'on ne peut obtenir dans une plaie de cadavre, mais leur développement tardif qui demande toujours quelques heures (12 à 18), fait qu'ils ne se remarquent
pas davantage sur une plaie promptement mortelle.

La contusion offre également certaines difficultés de diagnostic : si l'ecchymose précède la mort de cinq à six jours
la résorption a commencé, la tache présente une coloration
multiple et la confusion avec celle qui se produit sur le
cadavre est impossible. Les différences entre l'effet des
contusions reçues immédiatement avant ou immédiatement
après la mort ne sont pas aussi saillantes. Devergie a institué des expériences sur le cadavre, qui l'ont mené à ces
conclusions que nous lui empruntons :

1º Une tache uniformément violacée de la peau recouvrant une couche épaisse des parties molles, graisse ou
autres, formée par une infiltration du derme et du tissu
cellulaire sous-jacent, mais à une faible profondeur, donne
à penser qu'elle résulte d'un coup porté pendant la vie.

2º Les ecchymoses du tissu cellulaire, avec tumeur sanguine rénitente ou fluctuante mais élastique, indiquent une
contusion faite pendant la vie, si le sang est dense, épais et
coagulé.

3º Dans les régions où les parties molles peu épaisses
reposent sur une base osseuse, la tache violacée de la peau
soulevée, et la tumeur molle fluctuante avec flaccidité et
sans rénitence, indiquent une contusion très-probablement
faite après la mort, si, à l'incision, le derme présente son

épaisseur naturelle, qu'il n'est pas injecté et qu'un sang liquide s'écoule librement.

4° Une plaie pénétrante de la poitrine qui lèse l'artère intercostale, donne lieu à un écoulement de sang à l'extérieur, à un fort épanchement dans le poumon; ses bords sont sanguinolents; dans l'absence de toute autre cause de mort on est en droit de conclure que le coup a été porté pendant la vie.

5° Une plaie pénétrante de la poitrine traverse la crosse de l'aorte ou quelque grosse veine, les lèvres ne sont pas saignantes et l'épanchement sanguin n'est pas en rapport avec la lésion d'un vaisseau de ce calibre : il est évident qu'une semblable lésion n'est pas la cause de la mort, si l'incision n'est pas injectée, que la blessure se présente comme celle faite sur un cadavre, que la peau n'a pas l'aspect de celle d'un individu mort par hémorrhagie, que les poumons sont gorgés d'un sang épais et veineux, et non exsangues, blafards et décolorés.

Dans le paragraphe des plaies par instrument tranchant, nous avons annoté l'inégale rétraction des tissus incisés pendant la vie; ce phénomène n'a plus lieu sur le cadavre, c'est une propriété des tissus vivants qui se perd avec la mort; une très-large et profonde section faite quelque temps après la mort, tout en divisant des tissus d'une composition histologique différente, sera unie et nette; celle qui est faite pendant la vie, sera inégale, anfractueuse, avec des bords saignants et injectés. Quand l'incision est fort petite, les lèvres agglutinées par du sang caillé indiquent encore une violence exercée pendant la vie.

La section de tout organe vivant, imbibé de sang comme elle est, présente une coloration d'un rouge vif; l'immer-

sion dans l'eau, le lavage enlèvent le teint rouge et le sang
qui la recouvrait; mais Devergie a remarqué que la teinte
rosée reprend par une exposition de 12 à 15 heures à l'air;
l'incision des chairs d'un cadavre complétement refroidi
ne peut présenter ces phénomènes. Le même auteur étend
également ces données d'observations aux ecchymoses qui
perdent leur couleur par le séjour prolongé dans l'eau, mais
qui la reprennent en se desséchant à l'air.

Le sang des ecchymoses un peu fortes, d'une collection,
d'un épanchement sur l'homme vivant, se coagule et résiste
un certain temps à la décomposition; le coagulum ne se
forme plus dans le sang du cadavre.

Il arrive très souvent que sur le cadavre d'un homme qui
a succombé à une mort violente, on trouve à la figure, sur
le devant des jambes, aux bras et aux mains, des taches,
des excoriations, des ecchymoses rougeâtres, brunâtres ou
d'un rouge jaunâtre sale, dures et parcheminées au toucher et
sous le scalpel. Afin de savoir s'il faut les attribuer à la lutte
qui a précédé la mort, ou à la chute du corps au moment d'expirer, ou même aux chocs imprimés au cadavre en le transportant immédiatement après la mort, Casper a répété à
plusieurs réprises les expériences suivantes sur le cadavre:
une partie de la peau est soumise à une friction forte et
prolongée avec une brosse ou un morceau de flanelle, et
l'épiderme est ainsi enlevé; 24 heures après, la région est
d'un rouge vermillon clair, qui tranche sur la coloration
cadavérique des parties environnantes; la peau y est couverte de croûtes d'un brun jaunâtre sale, dures et sèches à
l'incision. Il en conclut qu'il est possible de produire dans
la superficie de la peau, même plusieurs jours après la mort,
de ces changements et de ces fausses ecchymoses, qui se

confondent aisément avec ceux qui remontent avant le décès.

Pour confirmer ses propres expériences, le médecin légiste de Berlin cite ce passage de Engel : « L'excoriation de la peau sur le cadavre, par la friction, permet une évaporation plus rapide que dans les parties recouvertes de leur épiderme. Le derme ainsi préparé, acquiert toutes les propriétés de celui qui a subi durant la vie des altérations par friction. Il est permis de déterminer à l'avance la couleur des taches produites par ce procédé. Enlève-t-on l'épiderme dans un endroit où l'infiltration sanguine ne peut se faire, la peau desséchée sera d'un brun jaunâtre ; si on opère là, où l'imbibition sanguine existe ou peut se faire facilement, la couleur sera d'un brun noirâtre. Dans aucun cas il n'est possible de distinguer l'excoriation cadavérique de celle qui a été faite pendant la vie. »

Le même auteur signale une disposition spéciale des plaies par armes tranchantes, qui ne permet guère d'établir si elles ont été faites avant ou après la mort ; c'est quand la graisse sort de la plaie, en recouvre les lèvres et laisse suinter du sang ; dans ces circonstances un séjour prolongé dans l'eau, rend cette reconnaissance encore plus difficile, les bords sont verts, ramollis ; du sang et de la graisse mêlés s'en écoulent ; le réseau capillaire de la peau est fortement développé autour de l'ouverture ; aussi les plus habiles ne sauraient plus fixer le moment de la blessure.

§ 11. Pronostic des blessures en général.

Les plaies comportent difficilement un pronostic qui leur soit applicable à toutes ; cette vérité est rendue évidente par le soin que nous avons eu de le porter à la suite de chaque ordre de blessures, qui tous présentent des dangers et des suites différents. Ce qui sera dit encore se rapporte aux phénomènes généraux que les plaies déterminent, et à l'indication des faits qui doivent rester étrangers au jugement que le médecin légiste émet dans ses conclusions.

Phénomènes généraux des plaies. En général la plaie provoque une réaction proportionnée à sa gravité et à son plus ou moins d'étendue; très-petite, elle est une lésion locale qui n'a aucun retentissement dans l'économie; plus grande, elle cause une réaction fébrile, une fièvre inflammatoire d'un à deux jours; plus considérable encore, le mouvement fébrile est plus intense, du deuxième au troisième jour le pouls se relève, il devient dur, plein et accéléré (100 pulsations); une chaleur mordicante à la peau, une respiration accélérées, un facies animé, rouge, une langue recouverte d'un enduit blanchâtre; un défaut d'appétit avec constipation et urines sédimenteuses, parfois insomnie et délire, tel est le cortège des symptômes de réaction que les désordres traumatiques déterminent. L'état constitutionnel peut faire dévier la fièvre de cette forme typique, en ce sens que sous l'influence de la surexcitation nerveuse chez les sujets irritables, elle prend la forme ataxique, et la forme adynamique chez les individus débilités par l'âge, la maladie ou la misère.

Le pronostic des hémorrhagies internes ou externes devient grave, s'il y a refroidissement général, sueur froide au visage et aux mains, nausées, vomissements; que le pouls devient irrégulier, fréquent, filiforme; que la respiration gênée est petite et accélérée ou profonde et ralentie; que le blessé a des convulsions, des tintements d'oreilles, des syncopes ; la mort est imminente.

Les complications des lésions traumatiques doivent inspirer à l'expert une prudente réserve avant l'époque à laquelle celles-ci surviennent ; jamais il n'oubliera qu'elles sont plus dangereuses que l'accident primitif, ou tout au moins qu'elles se surajoutent aux dangers de l'accident primitif ; ainsi dans une plaie contuse, la chute de l'escharre donne lieu à une hémorrhagie mortelle si quelque gros vaisseau est ouvert ; l'inflammation des méninges et de l'encéphale, la commotion, la contusion, la suppuration du cerveau, sont mortelles, les chocs et les plaies qui en sont la cause, ne le sont guère dans tous les cas. Ce sont ces mêmes complications qui permettent de croire à un désordre interne (fracture de la table interne, hémorrhagie), dans ces contusions qui ne laissent aucune trace sur le cuir chevelu ; par induction il sera permis de conclure, des symptômes inflammatoires ou de compression, à ces ravages de nos organes internes.

La contusion cérébrale est plus grave que la commotion ; dans certains cas il n'est donné de reconnaître la première qu'après un laps de temps plus ou moins long.

En tout état de choses il est impossible de dire à priori si telle blessure fatalement mortelle, permet de vivre autant d'heures, autant de jours, de faire tel effort, tel mouvement, et d'indiquer le temps que mettra à se développer, un abcès de la substance cérébrale consécutif à une contusion ; beaucoup d'exemples prouvent qu'à la suite d'une chute, d'un coup, la suppuration intra-crânienne ne se fait qu'un ou plusieurs mois, même plus d'une année après l'accident. La vie est compatible pendant plusieurs heures avec la déchirure du diaphragme. Des questions de ce genre demandent une solution isolée, basée sur l'analyse des témoignages et des lésions anatomiques ; tenter de préciser dans la théorie serait une œuvre vaine démentie par l'observation et la pratique.

Toute fracture demande plus de vingt jours pour se consolider, les fractures comminutives, celles faites par un projectile ou compliquées de plaies qui laissent pénétrer l'air, sont évidemment plus graves, elles exposent le patient à la phlébite, à l'infection purulente, à l'hémorrhagie mortelle, au tétanos, à l'épuisement par la durée longue d'une suppuration intarissable.

Faits étrangers aux rapports. L'expert doit se borner à constater la blessure, sa durée et ses suites probables, ne jamais agiter de question sur la part d'influence de l'âge, du tempérament, des maladies constitutionnelles, des soins reçus, de la docilité du malade ou de sa négligence à observer les prescriptions du médecin, des chocs reçus dans le transport, de l'emploi irrationnel de tel agent avant l'arrivée du médecin, à moins que la faute ne soit palpable. Ces considérations n'ont d'autre avantage que de mener à un doute universel, résultat d'interminables discussions, qui toujours aboutissent à des conclusions opposées, suivant les parties que les médecins représentent. Le rapport qui en tient compte ouvre un champ illimité aux hypothèses de la théorie, par l'introduction des circonstances accidentelles imprévues, indépendantes de la volonté de l'agresseur comme de la victime; causes occultes, leur effet nous échappe ; la science est impuissante à trouver la raison qui explique pourquoi une blessure de la tête ou du ventre se guérit chez l'un, est mortelle chez l'autre. Comment établir après coup quand le blessé est défunt, l'indication ou la contre-indication d'une amputation, une opération de trépan, d'une saignée? Que fera le juge dans ce dédale, dans ce tournoi d'opinions qui s'entrecroisent et s'entrechoquent? Il faut renoncer aux discussions sur les *peut-être*, sous peine de tomber dans le chaos et les ténèbres; et s'arrêter à ce fait double : Il y a telle blessure, elle a telle conséquence. Là finit la matière du rapport écrit.

Dans l'examen d'une blessure, il est de la plus haute importance de se faire montrer les habits que le blessé portait lorsque le fait s'est passé, il y trouvera des indications précieuses sur la forme de l'instrument, et la position respective des deux antagonistes; l'interrogatoire du blessé sur l'histoire de sa blessure, et tout aussi utile et avantageux.

DEUXIÈME PARTIE.

SOMMAIRE : Brûlures. — Combustion spontanée. — Cicatrices.

§ 1. Brûlures.

Les brûlures sont des lésions organiques produites par des agents chimiques ou par l'action du calorique.

Nous croyons pouvoir négliger les simples colorations brunes et foncées que le calorique rayonnant détermine sur le derme, tout en l'épaississant et en émoussant sa sensibilité; plus intense la chaleur rayonnante produit des gerçures, des ulcères, des ampoules, et un état hyperhémique des parties qui se termine par inflammation et gangrène.

La forte rubéfaction tégumentaire peut être dangereuse

par les maladies des organes profonds qu'elle détermine, surtout à la tête ou l'érysipèle et l'arachnitis sont à craindre; au ventre dont elle enflamme les viscères.

Les désordres qui résultent de l'action d'un liquide chauffé doivent varier suivant sa densité, sa température et sa facilité de céder le calorique; les huiles en ébullition brûlent plus fortement que le bouillon, celui-ci plus que l'eau, etc., parce que les corps gras adhèrent à la peau. Le même liquide brûlera inégalement suivant que la partie est à nu, ou couverte de vêtements qui prolongent le contact du liquide avec le derme.

Suivant Dupuytren, les corps brûlent d'autant plus profondément que leur combustion est plus rapide, comme est le phosphore, le soufre et les résines. Pour les autres corps, les effets sont proportionnés à leur degré de chaleur, à la durée du contact et à l'impressionnabilité des tissus.

La flamme brûle comme tout corps appliqué sur la peau, de plus elle se communique à nos tissus qui à leur tour se consument avec flamme.

Les solides détruisent les tissus animaux dans l'étendue de leur application et en proportion de leur température et de leur conductibilité.

Les caustiques potentiels solides occasionnent des désordres s'ils agissent sur un organe délicat (ex. l'œil); sans cela il est facile de les enlever avant que leur action se soit produite.

Les liquides ont des effets qui varient suivant leur force, leur degré de concentration; d'un degré faible, ils agissent comme rubéfiants, rubéfaction accompagnée parfois de phlyctènes; concentrés, ils mortifient les tissus, et les escharres sont grises et molles.

Dans la classification des brûlures, les auteurs adoptent les six classes de Dupuytren, basées sur leur gravité. 1° Le simple érythème de la peau sans phlyctènes, est une rougeur non circonscrite des parties, d'une durée de quelques heures à quelques jours, et que la pression du doigt fait disparaître momentanément, il est le siége d'une vive douleur. Ce degré léger de brûlure occupant une large surface a du retentissement dans tout l'organisme et y détermine un état pyrétique : le pouls s'élève, s'accélère, la langue est sèche et rouge; et si l'érythème occupe la tête, il peut se propager à l'encéphale, et provoquer le délire, l'insomnie, le coma et la mort.

2° Le second degré détermine une douleur vive et brûlante, d'abord tensive; par la suite la surface se recouvre de phlyctènes. Huit à dix jours suffisent pour dessécher ces vésicules et régénérer l'épiderme, si l'ampoule n'a pas été enlevée et déchirée. Les surfaces brûlées mises à nu par la lacération de l'épiderme, suppurent tout comme le vésicatoire, ce qui retarde la guérison qui demande huit à quinze jours, même quelques semaines avant d'être complète, et dans ces cas la cicatrice est brune.

La réaction sur l'organisme est la même que celle du premier degré, seulement elle est plus fréquente et plus inévitable.

3° Au troisième degré il y a destruction du corps muqueux et de la surface du derme, indiquée par une coloration grise, jaune ou brune; les parties comburées (escharres) sont dures ou molles et insensibles; la douleur déterminée par la pression siége dans les tissus plus profonds. La sérosité des phlyctènes qui se forment dans ce degré de brûlure, n'est plus claire et limpide mais rougeâtre et fortement colorée par le sang. L'escharre se détache du huitième au quinzième jour, par plaques ou d'une seule pièce, la suppuration dure peu de temps, la cicatrice qui y succède, est indélébile et d'un blanc mat peu sensible, car les papilles ne se régénèrent pas plus que la matière colorante.

La douleur des brûlures qui n'intéressent que la surface du derme, est éminemment plus intense que lorsqu'il est désorganisé dans toute son épaisseur, c'est là un signe précieux pour la reconnaissance de la gravité du mal.

4° L'ustion du derme dans toute son épaisseur même du tissu cellulaire sous-jacent constitue le quatrième degré; c'est donc une escharre sèche, profonde, jaunâtre ou noirâtre, la peau voisine est d'autant plus froncée et plissée, que la partie brûlée est plus racornie; l'inflammation se manifeste du troisième au cinquième jour et l'élimination de l'escharre a lieu du quinzième au vingtième jour par les effets de la suppuration abondante; un tissu cicatriciel, uni, blanc insensible et très-rétractile comble la perte de substance et rapproche les bords de la plaie; ce tissu de nouvelle formation est souvent très-inégal, coupé de brides; dans les cas d'une cicatrice étendue, ces brides sont parfois si fortes qu'elles anéantissent les mouvements d'une articulation, fléchissent le membre ou luxent et déplacent les surfaces articulaires.

5° La brûlure du cinquième degré agit beaucoup plus profondément et détruit les muscles, les tendons, les vaisseaux et les nerfs, l'inflammation éliminatrice est plus intense; la suppuration plus abondante est d'une durée plus longue; la cicatrice du tissu musculaire est informe, adhérente et gêne ultérieurement les mouvements. A la chute de l'escharre, l'hémorrhagie est inévitable quand l'artère a été mortifiée.

6° **Au sixième degré** la partie est carbonisée, dure, noire, sonore et très-fragile.

Symptômes généraux. A côté de la destruction locale, il y a une réaction générale proportionnée au degré de la brûlure, et à son plus ou moins d'étendue en surface. Les symptômes généraux sont un effet direct de l'irritation que la brûlure détermine, ou ils surviennent à la période de réaction inflammatoire, de suppuration ou d'épuisement qui suivent les brûlures.

Les effets immédiats sont : la douleur qui peut être telle, qu'elle épuise la force vitale et tue au même moment; si la douleur est trop faible pour occasionner la mort, il y a une agitation excessive, de l'insomnie, des convulsions spasmodiques et une fièvre intense; d'autres fois le malade tombe dans la stupeur et l'affaissement, le pouls est petit, rapide, la peau froide et pâle, la respiration lente; cet état de prostration se termine par une mort prompte ou par une réaction générale.

Les brûlures de peu d'étendue jusqu'au second degré inclusivement, déterminent une réaction caractérisée par un pouls plus fréquent, plus fort, une peau chaude, une langue rouge et sèche, soif, nausées, vomissements et inappétence.

Les brûlures du troisième au sixième degré donnent lieu, du troisième au quatrième jour, à une violente réaction inflammatoire très-douloureuse; les symptômes généraux restent les mêmes que ceux des brûlures d'un moindre degré, mais ils sont plus intenses, parfois même ils occasionnent la mort.

Pronostic. Une fois que la brûlure est du troisième degré et au-delà, l'étendue des désordres est difficile à distinguer avant la chute de l'escharre, elle seule laisse voir la largeur et la profondeur de ces plaies.

La suppuration qui suit la chute des escharres épuise les blessés par son abondance et sa durée, si les plaies sont fort étendues, et les fait mourir dans le marasme.

L'érysipèle et le phlegmon diffus sont des complications très-fâcheuses qui mettent les jours du malade en danger; surtout ce dernier s'il se termine par suppuration.

La gravité des brûlures variera donc suivant l'étendue, la profondeur, le siége, la nature de la cause, l'âge, la constitution et la force du sujet; il est donc impossible d'établir à priori une échelle graduée où l'on puisse reconnaître tous les cas pratiques.

La brûlure au cinquième degré abolit l'usage des membres par la destruction des tendons et des muscles, elle épuise les malades par la suppuration excessive, par leur dénudation, elle expose les os à la nécrose; par l'ouverture des articulations elle produit une suppuration qui finit par ankylose.

La brûlure au premier degré tue le blessé par douleur, si elle est très-étendue; ce danger dure un à deux jours. Une application rapide d'un corps en combustion sur une large surface, tuméfie la peau et constitue une lésion dangereuse.

Outre les dangers des brûlures au moindre degré, celles du second exposent pendant un temps plus long, les victimes de ces accidents, à un péril plus imminent, c'est-à-dire aux dangers d'une inflammation interne; toute crainte

de ces complications ne cesse que lorsque la dessiccation se
fait ; le médecin habile se souviendra de ce fait en prenant
ses conclusions, c'est le moyen d'éviter un jugement précipité démenti par la marche ultérieure du mal ; il tiendra
compte également du degré d'irritabilité de la personne
brûlée : car la résistance aux douleurs cuisantes que les
brûlures causent, est en raison directe du faible développement de la sensibilité ; donc pour un motif contraire,
les enfants, les jeunes filles et toutes les personnes d'une
constitution nerveuse, résisteront moins à la douleur que
celles qui sont peu sensibles, comme les tempéraments
lymphatiques et sanguins.

Au troisième degré, la douleur se prolonge du moment
de l'accident jusqu'à la guérison ; il vient donc ajouter aux
dangers du premier et du second degré ; si les souffrances
n'épuisent pas le malade, l'inflammation des premières
voies, le tétanos, les spasmes, les convulsions le menacent
ultérieurement ; une brûlure d'une très-large surface suivie
d'une inflammation élémentaire, fait courir de nouveaux
dangers.

Les autres degrés font naître des dangers auxquels le
malade échappe rarement ; tantôt la douleur d'une durée à
peine égale à l'action du corps comburant, détermine une
mort instantanée ou une stupeur de quelques heures suivie
de mort ; si la vitalité reprend, la réaction inflammatoire
vient éteindre, du quatrième au dixième jour, une existence
déjà si largement entamée par l'accident primitif, ou la
fièvre, et une longue et abondante suppuration finissent
par épuiser les forces du malheureux patient.

§ 2. Combustion spontanée.

On entend par combustion spontanée, la consomption ignée partielle ou totale avec flamme du corps humain, déterminée par une disposition particulière des tissus qui s'enflamment spontanément ou par l'approche d'un corps en ignition (pipe, chaufferette, réchauds, bougies), mais dont le pouvoir comburant n'est nullement en rapport avec la destruction produite.

La plus incroyable de ces combustions, celle qui ne reconnaît pas de cause déterminante extérieure, ne trouve plus de croyants, elle est allée rejoindre ces mille légendes d'un autre âge; la faiblesse de la raison, l'enfance de la science constituaient toute la crédibilité de ces contes merveilleux. Il n'en est pas de même de la combustion humaine que les corps enflammés déterminent, celle-ci trouve encore ses défenseurs parmi les auteurs modernes, et les traités les plus récents l'admettent comme une vérité d'observation non expliquée, mais suffisamment prouvée. Nous userons de notre droit de critique pour émettre quelques considérations générales contraires à ces croyances qui ont conservé jusqu'à ce jour leur droit de cité.

Tous les exemples de ce genre de combustion ont été observés sur de vieilles femmes, à l'exception d'un seul, révoqué en doute par les partisans eux-mêmes du phénomène que nous examinons. Arrêtons-nous d'abord à cette triple condition de femme arrivée à un grand âge, abusant des boissons alcooliques et brûlée en hiver : non pour y voir une source de combustibilité, mais pour y trouver des raisons aussi simples que naturelles de ces accidents. La femme bien moins que l'homme se livre aux excès des boissons alcooliques, en vertu de cette proportion plus grande d'hommes ivrognes, incorporant journellement une forte dose de spiritueux, ils devraient fournir à la statistique des combustions spontanées une somme plus forte que les femmes; le contraire a lieu, ce qui tient à la différence de vivre de l'homme et de la femme; le premier n'use pas de chaufferettes, et, cause principale, il ne se livre pas à un travail sédentaire dans sa chambre, il quitte le logis et n'y rentre que pour s'endormir, l'hiver (tous les cas sont du mois d'octobre au mois de mars), la femme y revient ivre et se met à faire l'un ou l'autre travail de main, bientôt, sous l'influence des vapeurs alcooliques, elle tombe dans un sommeil des plus profonds : la lampe, la chaufferette, le feu du foyer, une pipe (il n'existe aucune observation où il n'y ait eu un corps en ignition) embrasent les vêtements, et, au moment du réveil, les flammes sont trop fortes pour que la patiente puisse les éteindre.

On croit trouver un motif plausible de l'influence de l'hiver, en invoquant le défaut d'exhalation cutanée; n'est-ce pas durant les grands froids que nous supportons le mieux les alcooliques? La perspiration cutanée est largement remplacée par la respiration, l'oxygène plus abondant d'une atmosphère condensée par les grands froids, vivifie surabondamment le sang et les liquides circulatoires en brûlant une quantité plus forte de carbone.

La graisse, que l'on invoque comme élément très-inflammable, ne saurait perdre ces qualités favorables à la combustion spontanée, par la mort, or les flammes n'entament pas plus facilement les chairs grasses du cadavre d'un ivrogne, que celles d'un individu tempéré et sobre. Nous

comprenons difficilement que l'organisme composé de
75 parties pour cent d'eau, et de 25 parties pour cent de
parties animales, dont il faut défalquer les sels, inorga-
niques terreux, pour avoir la somme exacte des matières
animales combustibles, puisse se réduire en cendres dans
quelques instants. Les matières organiques elles-mêmes
sont composées de 79 parties de carbone, 11 d'hydrogène
et 9 d'oxygène; l'un des produits principaux de la combustion, l'acide carbonique, se forme aux dépens du carbone dont un atome se combine à deux atomes d'oxygène.
Qui m'indiquera la source du volume d'oxygène nécessaire
à une semblable ustion dans une chambre étroite et fermée ?
Les gaz abondants qui s'élèvent des matières organiques
enflammées, déterminent dans l'appartement une pression de
dedans en dehors ; loin de faire affluer l'air atmosphérique,
il y a refoulement de celui de la pièce où la combustion
s'accomplit.

Les défenseurs de la combustion spontanée, l'attribuent
au phosphore, à l'alcool, aux gaz phosphorés qui se forment
dans l'économie sous l'influence de la vie. Le phosphore
existe dans l'économie animale, mais à l'état de sel terreux,
dans les os et dans certains liquides, et dans l'albumine et
la fibrine, très-probablement sous forme de corps copulé.
Les gaz phosphorés ne sont point démontrés, ils ne forment
qu'une pure hypothèse dont l'expert ne doit point s'occuper.
L'alcool lui-même se serait mêlé aux tissus animaux, il se
serait même décomposé en fluide plus inflammable. Ce
liquide est d'une composition très-riche en carbone (4 équiv.
de carbone, 6 d'hydrogène, et 2 d'oxygène) ; je me demande
encore d'où viendra l'oxygène pour rendre sa combustion
possible ?

Somme toute, la combustion est un phénomène chimique;
chaque science a son genre de preuves qui lui est propre :
si la chimie conclut à l'impossibilité, il faudra y opposer
des faits passés sous les yeux de l'observateur consciencieux,
en assez grand nombre pour rendre l'illusion et l'erreur
inacceptables. Le savant Liebig a résolu le problème dans
un travail publié à Heidelberg en 1850 (*Zur beurtheilung
der selbstverbrennung des menschlichen Körpers*) ; si les limites de notre ouvrage permettaient ces digressions, qui forment les éléments d'une discussion académique plutôt
qu'une page d'un traité de médecine légale pratique, nous
donnerions l'analyse de cette étude chimique du phénomène
de la combustion humaine; nous avons la certitude du
triomphe prochain de ces vérités.

§ 3. Cicatrices.

On entend par cicatrice, le tissu nouveau qui vient réparer une division accidentelle de nos tissus. La forme,
l'étendue, l'aspect de ce tissu cicatriciel, trahissent souvent
les dimensions et la nature des plaies et leurs causes
productrices; le médecin légiste sera donc fréquemment
requis pour définir les relations qui existent entre telle
cicatrice donnée, la plaie qu'elle est venue fermer, et l'instrument qui a produit la solution de continuité. Nous con-
sacrerons ce paragraphe au diagnostic des cicatrices et à
l'étude exclusive des rapports qu'elles présentent avec les
instruments vulnérants.

Le tissu cicatriciel de composition fibreuse, à fibres
entre-croisées en tous sens, se distinguera toujours après
son entier développement, du derme sain; il est d'un aspect

blanc luisant, dense, dur et solide, d'une sensibilité obtuse, dépourvu de poils et de tissu muqueux ; l'absence de pores et de follicules sébacés le rend éternellement sec.

La réunion par première intention des incisions ne laisse qu'une cicatrice linéaire qui ne conserve pas la forme de l'instrument ; si la plaie a suppuré, la cicatrice est biconvexe, le centre est régulièrement renflé ; ce fait résulte de l'écartement des lèvres de la division, qui est en raison directe de l'élasticité de la peau, et de l'inégalité de sa tension ; les forces capables de tendre la peau sont les muscles ; ainsi une plaie sera plus elliptique, ronde même sur le devant de la cuisse, que sur le derrière. La laxité et l'abondance de tissu cellulaire sous-cutané, favorise le glissement de la peau et lui permet de céder à la force d'élasticité, c'est donc une condition qui augmentera la forme elliptique et ronde de la cicatrice.

La forme de la partie concourt aux changements des cicatrices ; la peau d'une surface convexe, par exemple du moignon de l'épaule, s'écarte davantage que celle d'une surface concave.

La cicatrice des armes à feu indique rarement la forme et le volume du projectile ; elle est constamment plus petite et d'une forme qui reproduit celle de la plaie. La dépression de l'ouverture d'entrée persiste après guérison, le tissu inodulaire la conserve et contracte même des adhérences avec les tissus sous-jacents. La cicatrice est déprimée, enfoncée, d'une circonférence inégale dentelée et entourée de grains de poudre incrustés, si le coup a été tiré à brûle pourpoint.

Les cicatrices des brûlures sont les plus irrégulières ; et varient suivant chacun des degrés de la lésion primitive ;

leur forme représente sensiblement la brûlure si celle-ci a été superficielle; le caustique solide donne une cicatrice nettement limitée, plus ou moins profonde, déprimée au centre; la brûlure superficielle par un liquide bouillant, un contact instantané d'un corps en ignition, donnera lieu à une cicatrice frangée, irrégulière, superficielle.

Le tissu inodulaire des cicatrices met plusieurs semaines, même plusieurs mois à acquérir sa complète organisation, et se rétracte au point de rendre toujours la cicatrice plus petite que la plaie.

Les cicatrices du système osseux se palpent sur le vivant dans les cas de déformation, de cal provisoire et de fracture peu profonde; en toute autre circonstance les traces d'une fracture ne se reconnaissent que sur le cadavre, c'est au chapitre de l'identité qu'il en sera question.

Dans le diagnostic des cicatrices qui succèdent aux ulcères dûs à une cause morbide interne (scrofules, syphilis, varices, scorbut, etc.), et de celles des plaies qui résultent d'une violence externe, il y a souvent hésitation et doute. Tout en tenant compte de l'élasticité de la peau, de l'abondance et de la densité de son tissu cellulaire, de la forme, de la surface et de la tension musculaire, l'expert n'arrivera qu'à une opinion probable. Le siége des cicatrices et la constitution du sujet peuvent donner quelques lumières; les cicatrices plissées inégales du cou, avec engorgement glandulaire voisin, sont un indice de scrofules; une cicatrice à l'aine avec des ganglions multiples ou des accidents tertiaires est probablement syphilitique.

Les cicatrices que laissent certaines éruptions de la peau se distingueront toujours par leur multiplicité.

A la simple vue il est impossible de dire à quelle pro-

fondeur la plaie à pénétré : en cas d'adhérence à une surface osseuse, on peut affirmer qu'elle a pénétré jusqu'à l'os;
dans tout autre cas, ce n'est que la sonde s'il y a fistule, et
la dissection du cadavre s'il n'y en a pas, qui puisse faire
juger de la profondeur de la plaie.

Nous ne trouvons dans la science aucun moyen d'établir
à quelle époque une cicatrice remonte; le pansement d'une
plaie, la constitution, les diathèses morbides, exercent une
influence trop grande sur tout travail de réparation, pour
qu'il soit possible de rapporter une cicatrice donnée à une
époque déterminée. Il n'est guère plus permis de tracer à
priori un tableau des fonctions que les cicatrices gênent ou
abolissent, nous devons nous en référer aux connaissances
et à la sagacité de l'expert dans les cas pratiques, il sup-
pléera par ses propres lumières au laconisme forcé de
notre rédaction.

TITRE PREMIER.

ATTENTATS A LA VIE DES PERSONNES.

Le titre II du Code pénal s'occupe des crimes et délits
contre les particuliers; c'est sous cette rubrique qu'il incri-
mine différents attentats contre la vie et la santé, contre la
liberté et l'honneur des citoyens. Quelques articles de la
première et de la seconde section feront la matière d'un
examen, notamment ceux qui édictent les peines contre les
empoisonneurs et les infanticides seront traités dans deux
chapitres spéciaux; les articles qui frappent les homicides,
les meurtriers et les assassins ne présentent au médecin
légiste qu'un intérêt secondaire; les questions qu'ils soulè-

vent ont leur solution dans les chapitres des coups et blessures, et des lésions cadavériques, qui trouveront leur place dans la partie thanatologique de notre ouvrage.

L'art. 295 du Code pénal définit le meurtre :

L'homicide commis volontairement est qualifié meurtre.

Il faut pour constituer ce crime deux éléments ; 1° un acte matériel actif ou passif, positif ou négatif qui puisse causer la mort. Ce crime se commet donc soit par l'*usage* d'un moyen matériel quelconque qui détruit la vie, soit par l'*omission* d'un soin, d'un acte matériel nécessaire à son maintien. Ainsi, serait coupable de meurtre celui qui, étant chargé du soin de nourrir un enfant, un prisonnier, un malade, refuserait ou négligerait de leur donner la nourriture ; le fait de refuser de donner au malade le remède prescrit ne rendrait pas celui qui en est chargé coupable de meurtre, quoiqu'en disent plusieurs criminalistes, rien n'indique que ce remède devait le sauver, condition essentielle pour y trouver un élément de délit. 2° Une volonté de donner la mort, mais une volonté instantanée, née au moment de l'action. L'accusé de meurtre doit avoir eu conscience de son action et l'intention de tuer en frappant. C'est pour différencier les coups portés sans intention de tuer et qui déterminent néanmoins la mort, d'avec ceux qui dénotent cette détermination, cette volonté d'homicide, que la loi française du 28 avril 1832, modificative du Code pénal, ajoute à l'art. 309, que — « si les coups portés ou les blessures faites volontairement, mais *sans intention* de donner la mort, l'ont pourtant occasionnée, le coupable sera puni des travaux forcés à temps », — la peine du meurtre avec intention étant celle des travaux forcés à perpétuité.

Le laps de temps qui sépare le décès du moment où des coups et des blessures ont été portés avec intention de donner la mort, n'est pas à fixer dans la question du meurtre. La tentative est punie comme le meurtre, alors que la mort n'en résulte pas, la peine sera la même, *a fortiori* sera-t-elle également appliquée si la victime succombe, quelle que soit l'époque de la mort.

Toute maladie mentale qui anéantit l'usage de la raison est destructive de toute volonté; pour ce motif l'art. 64 du Code pénal dit :

Qu'il n'y a ni crime ni délit, lorsque le prévenu était en état de démence au temps de l'action.

L'attentat volontaire contre la vie humaine, le meurtre est puni par l'art. 304 du Code pénal :

Le meurtre emportera la peine de mort, lorsqu'il aura précédé, accompagné ou suivi un autre crime ou délit.
En tout autre cas, le coupable de meurtre sera puni de la peine des travaux forcés à perpétuité.

En France, la loi de 1832 a modifié cet article comme suit :

Le meurtre emportera la peine de mort, lorsqu'il aura précédé, accompagné ou suivi un autre crime. — Le meurtre emportera également la peine de mort, lorsqu'il aura eu pour objet, soit de préparer, faciliter ou exécuter un délit, soit de favoriser la fuite ou d'assurer l'impunité des auteurs ou complices du délit.

L'homicide volontaire prémédité ou commis avec guet-apens, s'appelle assassinat. Le dessein préconçu de tuer exclut tout entraînement, prouve chez le criminel la conscience du mal, une perversité plus grande et aggrave le crime; le Code l'appelle assassinat et le punit de mort. (Art. 296 du Code pénal.)

A l'occasion de ces dispositions pénales, si le juge croit devoir recourir à la science médico-chirurgicale, ce sera pour prendre l'avis d'un expert sur l'état mental d'un accusé ou sur la gravité des blessures et des voies de fait; ces matières sont exposées ailleurs, l'auteur ne reviendra pas ici sur ce qui a été dit des coups et blessures, et il examinera plus loin la démence prise dans l'acception la plus large de ce mot.

Nous trouvons également sous le titre II du Code pénal, — crimes et délits contre les particuliers, — les art. 300, 301, 302 et 318, qui nécessitent une étude approfondie; elle sera faite dans les deux chapitres suivants.

CHAPITRE XII.

INFANTICIDE.

Au point de vue du droit, l'infanticide présente à l'étude la question de la viabilité de l'enfant et celle de savoir ce qu'il faut entendre par *nouveau-né*. Je traiterai en premier lieu de la viabilité.

§ 1. Viabilité.

Tout d'abord il est nécessaire de se former une idée très-exacte de la signification du mot viabilité : se bien pénétrer de sa valeur tant nominale que juridique, c'est acquérir pour notre sujet la plus indispensable des notions. Que peut donc entendre le législateur par *viabilité, enfant viable?*

Art. 314, Code civil. L'enfant né avant le cent quatre-vingtième jour du mariage ne pourra être désavoué par le mari, dans les cas suivants : 1°; 2°; 3° si l'enfant n'est pas déclaré *viable.*

Art. 725, C. civil. Pour succéder, il faut nécessairement exister à l'instant de l'ouverture de la succession.

Ainsi sont incapables de succéder,

1° Celui qui n'est pas encore conçu ;

2° L'enfant qui n'est pas né viable.

Art. 906, C. civil. Pour être capable de recevoir entre-vifs, il suffit d'être conçu au moment de la donation.

Pour être capable de recevoir par testament, il suffit d'être conçu à l'époque du décès du testateur.

Néanmoins, la donation ou le testament n'auront leur effet qu'autant que l'enfant sera né *viable.*

Pour succéder, il faut être viable. Ce qui implique nécessairement la condition d'être né *vivant.* Demolombe se demande comment et à quels signes on reconnaîtra que l'enfant a eu vie? C'est à vrai dire, presque toujours une question de physiologie et de médecine, bien plutôt que de droit. S'il est mort-né ou s'il vit assez longtemps pour qu'il soit manifeste qu'il a vécu, il ne s'élèvera aucune difficulté. Mais si l'enfant meurt presque aussitôt après sa naissance, et lorsqu'il n'est pas certain qu'il est mort-né, il s'agit de savoir s'il a eu vie?

C'est aux hommes de l'art qu'il appartient, avant tout, d'éclairer, sur ce point de physiologie et de médecine légale, la religion des magistrats. Il faut, pour qu'un enfant soit

29

considéré comme né vivant, qu'il ait eu une vie indépendante, à lui propre, une vie complétement extra-utérine. — On ne doit pas voir une preuve de cette vie distincte dans tout mouvement que pourrait faire le corps de l'enfant. Les pulsations, les mouvements convulsifs, les respirations incomplètes accompagnées de soupirs, ne sont le plus souvent que la continuation de la vie intra-utérine, qui peuvent procéder d'un reste de chaleur. Le projet du code civil de l'an VIII déclarait incapable de succéder l'enfant né avant 186 jours, quand même il aurait donné quelques signes de vie, parce que ces signes étaient considérés non pas comme ceux d'une vie propre, mais d'une vie qu'il n'avait qu'à titre de dépendance de celle de sa mère.

La preuve de la vie distincte ne résulte que de la respiration complète. Les cris ou les pleurs ne permettent pas de mettre en doute que l'enfant a respiré complétement, et que, dès lors, il a vécu exclusivement par lui-même.

Ajoutons avec Henrys, qu'il faut que les signes de la vie ne soient pas équivoques, mais certains et évidents.

Le sens littéral du mot *viable* est d'être en état de parcourir la vie, même d'atteindre ses limites si quelque cause étrangère à la santé et à la formation de naissance, ne vient arrêter la marche.

Viable, viabilis, dérive selon les uns du mot *via*, chemin ; ce serait donc cheminer plus ou moins longtemps. Selon les autres il est composé des mots *vitæ habilis*, habile, apte à vivre. En raisonnant d'après le sens grammatical du mot, la viabilité serait l'aptitude à vivre, la force et la conformation nécessaires pour fournir une carrière plus ou moins longue.

Le sens juridique du mot doit être recherché dans les

discussions du Code civil et dans l'enseignement des docteurs.

Bigot-Préameneu, dans l'exposé des motifs fait dans la séance du Corps législatif du 20 ventôse an XI (11 mars 1803), dit au paragraphe II : — C'est la possibilité de parcourir la carrière ordinaire de la vie, qu'on entend par l'expression *être viable.*

Lahary, dans son rapport au Tribunat (19 mars 1803), s'exprime ainsi : — « La *non-viabilité* est une circonstance essentielle à rappeler; car elle prouve que l'enfant n'a point encore atteint le septième mois, et que sa conception ne remonte pas à une époque antérieure au mariage. »

Berenger (procès-verbal de la séance du conseil d'État du 14 brumaire) fait observer qu'une définition de l'expression *enfant viable* est inutile, parce que, dans l'usage, le nom d'enfant n'est jamais appliqué au fœtus né par suite d'un avortement. Ainsi, la dénomination d'*enfant* renferme celle de *viable.*

Tronchet : — L'esprit du projet est de désigner l'enfant né à terme.

Le législateur ne semble-t-il pas entendre par fruit non viable, celui qui naîtrait à une époque trop rapprochée de la conception pour pouvoir vivre de la vie extra-utérine? Ce sens restreint est catégoriquement indiqué par Lahary : « La non-viabilité prouve que le fœtus n'a pas atteint le septième mois. » Cette interprétation éviterait aux experts beaucoup d'embarras, il leur serait possible d'établir approximativement l'âge du fruit par l'ensemble des caractères qu'il présente.

Si nous consultons les auteurs de droit civil, ils nous entretiennent également de la question de viabilité.

Mourlon (*Rep. écr. du Code*, t. II, p. 19) dit : « Un enfant est né vivant, mais non viable, lorsque sa constitution est tellement hors nature, tellement vicieuse, qu'il est évident qu'il ne peut vivre que pendant quelque instants, ou tout au plus quelques jours : la loi ne tient aucun compte de cette existence éphémère. »

« L'enfant n'est pas né *viable*, lorsque, quoique né vivant, il est d'une constitution si imparfaite qu'il est impossible qu'il vive. Aux yeux de la loi, les enfants nés non viables sont assimilés aux enfants *mort-nés*. » (Id. 2e liv., p. 437.)

Demolombe (*Cours de Code civil, success.*) dit : « La vocation héréditaire de l'enfant qui n'est que conçu est subordonnée à la condition qu'il naîtra vivant et viable. D'abord, il faut qu'il naisse, qu'il y ait un enfantement, et non pas un écoulement ou un avortement du fœtus. — Ensuite, qu'il sorte tout entier vivant du sein de sa mère et qu'il acquière ainsi une vie complétement distincte et indépendante. Peu importe qu'il ait été extrait au moyen de l'opération césarienne ou autre, avant ou même après le décès de sa mère, et qu'il soit mort lui-même presque immédiatement. Mais du moins, est-il nécessaire, dans tous les cas, qu'il ait été séparé du corps de sa mère; et nous ne croyons pas que l'on pût considérer comme né l'enfant qui ne serait pas sorti du sein de sa mère, lors même que l'on prétendrait qu'il y a été découvert vivant, car cette vie, qu'il aurait eue, n'aurait pas été extra-utérine. (*Comp.* Cologne, 14 mars 1853.)

« Quelle est l'acception du mot *viable?*

» Nous pensons qu'il exprime l'aptitude à vivre pendant le cours d'une vie de durée moyenne, et qu'en conséquence on doit considérer comme non viable l'enfant qui ne naît, en quelque sorte, que pour mourir presque immédiatement, parce que la nature lui a refusé les conditions nécessaires pour vivre. »

Notre savant auteur s'étend ensuite sur l'ancien droit français, pour démontrer que la doctrine semble avoir été différente; que la viabilité s'entendait, non de l'aptitude à vivre un certain laps de temps de la vie extra-utérine, mais simplement de l'aptitude à vivre de la vie extra-utérine. Puis il ajoute : « Nous persistons dans la doctrine qui est d'ailleurs généralement suivie sous notre Code, et d'après laquelle la viabilité, distincte du fait même de la vie, s'entend de l'aptitude à vivre. » La preuve en résulte : 1º des travaux préparatoires eux-mêmes. On avait d'abord proposé, lors de la discussion du projet du Code, d'apprécier la viabilité de l'enfant d'après la durée de son existence après sa naissance; cette proposition, tout en étant rejetée, prouve que l'on ne confondait pas la vie avec la viabilité. 2º Il est rationnel d'entendre ainsi le mot *viabilité* dans notre Code, que telle est l'acception reçue, soit dans la langue ordinaire, soit dans la langue médicale. 3º En raison, on comprend bien comment le législateur n'a pas dû tenir compte de cette existence éphémère d'un enfant qui ne naît absolument que pour mourir.

Concluons donc qu'il faut tenir pour *non viable* l'enfant même qui a vécu, s'il n'a pas apporté en naissant l'aptitude à pouvoir vivre; et cette impossibilité de vivre peut résulter principalement de deux causes : soit de la faiblesse et de l'extrême débilité de la constitution (provenant presque toujours de la naissance avant terme); soit de l'absence totale, ou de l'imperfection, ou de la difformité de l'un des organes nécessaires à l'existence, et sans qu'il y ait lieu de

distinguer s'il a contracté cette imperfection ou cette difformité pendant la grossesse dans le sein de sa mère, ou si
elles sont le résultat de l'accouchement lui-même, et d'une
opération qui aurait été pratiquée pour l'en extraire. L'enfant, dans ces différents cas, doit être déclaré non viable,
lorsqu'il est reconnu que la nature, par ses propres forces,
ou la science, par ses soins ou ses procédés, étaient impuissants pour triompher de la cause fatale et prochaine de
mort à laquelle il devait nécessairement succomber.

Dans l'ancienne jurisprudence il fallait également pour
pouvoir succéder et transmettre, que l'enfant fût né vivant
et viable, il n'était réputé tel qu'autant qu'il naissait dans le
commencement du septième mois.

Ricard dit : « Je n'estime pas qu'un enfant sortant du
ventre de sa mère avant le septième mois de sa conception
puisse être réputé vivant et capable de succéder, quelque
démonstration de vie qu'il témoigne, et quelque mouvement
qu'il fasse en venant au monde ; d'autant que le sentiment
universel des médecins et des naturalistes est qu'on ne peut
pas être viable avant ce terme, et que, s'il sort plus tôt du
ventre de sa mère, ce n'est pas un enfant, mais un avortement. » (Traité des dispositions constitutionnelles.)

Jurisprudence. — 1° Limoges, 12 janvier 1813. — Un
enfant était né par l'opération césarienne post mortem ; vingt
ans après, le frère de la défunte épouse veut répéter la dot
de sa sœur, alléguant que le mari détenait illégalement cet
héritage en qualité d'héritier de son enfant ; puisque celui-
ci n'avait pas été extrait viable. La Cour débouta le frère
dans ses prétentions, et le dispositif de l'arrêt renferme les
motifs suivants : « Considérant qu'Ét. C... n'a jamais soutenu que l'enfant fût né mort ; qu'on doit d'autant plus

incliner pour la vie, que rien n'indique que la conception
ne remonte pas au cent quatre-vingtième jour à compter
de la naissance ; que la vie de l'enfant devant être réputée
comme un fait constant, la présomption de la viabilité en
dérive nécessairement, d'autant encore une fois, que rien
ne fait présumer que l'enfant soit né avant le cent quatre-
vingtième jour depuis la conception ; — Que le défaut de
cris n'est point une raison pour soutenir que l'enfant n'est
pas né viable ; — Qu'il n'y a que des gens de l'art très-
exercés qui puissent distinguer la respiration complète de
la respiration incomplète, la vie propre de l'enfant de celle
qui lui était commune avec sa mère. »

2º Angers, 25 mai 1822. — « Considérant qu'il est né du
mariage de... un enfant vivant au moment de sa naissance,
qu'on a senti son cœur palpiter, qu'on lui a vu ouvrir la
bouche, et que, quelques minutes après sa naissance, on a
distingué le moment de sa mort ; — Que cet enfant étant né
vivant, il y a d'abord une présomption qu'il était en état de
viabilité ; que cette présomption se fortifie par l'espace de
temps qui s'est écoulé depuis le mariage de ses père et mère
jusqu'au moment de sa naissance, et par la conformation
de son corps, auquel on a distingué des ongles et des cheveux biens formés ; qu'on n'a allégué aucun vice corporel qui
pût donner à penser qu'il n'aurait pu conserver la vie. »

3º Bordeaux, 8 février 1830.— « Attendu qu'en employant
le mot *viable*, notre législation nouvelle n'en a pas déterminé
l'acception ; qu'il faut donc l'entendre dans le sens que lui
avaient donné les lois et la jurisprudence antérieures ; que,
selon l'ancien droit, un enfant était né viable quand il était
vivant, à terme, bien conformé et avec tous les organes
nécessaires à la vie. »

§ 2. Preuves de la viabilité.

Comment se prouve la viabilité?

Nous avons démontré une première fois l'impossibilité dans laquelle se trouvait le législateur d'établir un critérium auquel on aurait reconnu la viabilité et le danger qui résulterait d'une pareille tentative, pour les jours de l'enfant. Un passage des discussions du tribunat doit confirmer ce qui a été dit alors : « On réclame contre les mots : *qui aura survécu dix jours à sa naissance.* Cette condition conduirait la mère à la douloureuse alternative de désirer la mort de son enfant ou de craindre un désaveu à jamais flétrissant pour elle. Un tel combat entre la nature et l'honneur exposerait la vie de l'enfant à être sacrifiée, sinon par un crime, au moins par une négligence dont l'effet serait pour lui le même. On a pensé qu'il était dangereux de placer le cœur humain dans une situation si délicate. En conséquence, on propose, et la section adopte la suppression de cette partie de l'article. »

Mourlon. « Quant à la *non-viabilité*, la preuve en est plus difficile; c'est une question de médecine légale qui ne peut être résolue qu'au moyen d'une inspection du corps par les gens de l'art. *(Ibid.)*

Il y avait deux voies à suivre pour établir la viabilité : la première de s'en référer à la nature elle-même, en acceptant comme caractère légal de viabilité la durée de la vie elle-même; la sagesse du législateur rejeta ce périlleux moyen, qui exposait la vie du jeune être à une lutte impuissante contre tout ce que le déshonneur et la perspective d'une flétrissure judiciaire, si jamais le désaveu du mari

venait à triompher devant le juge, auraient conseillé à la
mère. « Si l'honneur de la femme est perdu lorsque l'enfant venu avant terme vit plus de dix jours, et si alors elle
doit redouter l'opinion publique et le ressentiment de son
époux, on doit craindre que le désespoir ne la rende infanticide. » (Réal, procès-verbal du Conseil d'État, séance du
14 brumaire.)

La seconde méthode pour arriver à la solution de la
question délicate de viabilité est de s'en référer au dire des
hommes de l'art, à l'expertise du médecin, au rapport des
personnes aptes par leur art ou profession, capables d'apprécier l'état physique de l'enfant, et d'en conclure à la
non-viabilité ou à la possibilité de continuer à vivre. C'est
le système qui a prévalu dans le Code Napoléon ; la viabilité
est une question de fait, que l'homme de l'art examine,
mais sur lequel le juge prononce librement en tenant
compte des résultats de l'expertise.

L'exposé des motifs fait au Corps législatif par Bigot-
Préameneu le dit expressément (séance du 20 ventôse) : « Il
est une troisième circonstance dans laquelle le mari n'est
pas admissible au désaveu, c'est lorsque l'enfant n'a pas été
déclaré *viable* ; il faut à cet égard que les gens de l'art prononcent. »

Mourlon opine de la même manière.

Demolombe (tome III) : « La troisième fin de non-recevoir
est ainsi formulée dans l'art. 314 : Si l'enfant n'est pas déclaré viable. »

Déclaré viable par qui ? Par les médecins, par les gens de
l'art. C'est là une question physiologique dont la loi a dû
abandonner la solution à leur expérience spéciale. — La
durée plus ou moins longue de la vie est une circonstance

qui sera prise en considération ; mais elle n'est pas la seule, et elle n'est pas surtout nécessairement décisive.

Marcadé (*Cours élément. de droit civil*, t. III) : « Prouver qu'un enfant n'est pas né viable, c'est prouver qu'il est venu au monde avec une organisation tellement vicieuse, avec une constitution tellement débile qu'il était impossible qu'il vécût : or, il est très-facile de faire une semblable preuve. »

En dernière analyse le médecin est donc l'expert unique, la seule personne capable de rechercher si l'enfant était en état de parcourir la durée ordinaire de la vie. Pour se former une opinion, il prêtera une attention spéciale à la durée de la vie extra-utérine de l'enfant, au temps plus ou moins long qui sépare la naissance du décès, car une chose claire jusqu'au blanc de l'évidence, c'est que rien ne prouve mieux la viabilité que la vie elle-même. Contrairement à notre conseil de recourir à ce signe d'une incontestable évidence, les traducteurs de Zachariœ, dans l'examen de la question de viabilité, disent que les gens de l'art peuvent, il est vrai, prendre subsidiairement en considération la durée plus ou moins longue de la vie de l'enfant; mais qu'ils doivent puiser les principaux éléments de leur décision dans la durée de la gestation et dans la conformation des organes nécessaires à la vie (tome II, p. 295). Je reconnais avec ces jurisconsultes que la durée de la grossesse est une preuve irrécusable, si celle-ci ne se prolonge pas au-delà du septième mois inclusivement ; passé ce terme, il y a accouchement et non avortement ; dès ce moment tout est remis en doute, le nouveau-né peut être viable sans l'être nécessairement ; il faudra donc déduire la viabilité non de la durée de la grossesse, mais de la conformation des organes, qui laissera l'esprit de l'expert dans une perplexité plus grande qu'une vie pleine et bien accentuée; comme par exemple la respiration complète, l'évacuation du méconium, l'action de téter et de boire, les cris bien articulés, l'émission de l'urine, et les mouvements spontanés appréciables.

Par consciencieuse déférence pour les résultats de l'observation, nous confessons qu'il faut reconnaître, d'une part, que la mort frappe parfois les nouveau-nés les mieux viables, soit à la suite de couches laborieuses, d'applications d'instruments, soit à la suite d'accidents, comme chutes violentes de toute espèce, asphyxie fortuite ou criminelle; et d'autre part, qu'il est moins extraordinaire encore de voir vivre un certain nombre de jours des enfants dont le peu de développement ou la conformation anormale excluent la viabilité et doivent fatalement entraîner la perte. Il y aura donc incertitude fréquente en pratique; mais la possession de la vie durant quelques jours est aux yeux même de la science médicale une présomption de viabilité que l'esprit non prévenu n'abandonne que devant l'évidence des faits anatomiques révélés à la nécropsie. L'expert ne perdra confiance dans ce signe de probabilité que si l'époque trop rapprochée de la conception, le peu de développement du fœtus, l'absence d'un organe essentiel à la vie démontrent sa non-valeur dans le cas donné.

Si l'expertise médicale a été négligée et qu'il n'est plus temps de réparer une aussi grave négligence, comment résoudra-t-on la question?

Demante s'exprime de la manière suivante : « Le fait de la viabilité, entièrement différent du fait de la vie, étant de nature à n'être *constaté que sur le témoignage des gens de l'art*, on conçoit que la loi ne reconnaisse pour viable l'enfant qui a vécu, qu'autant qu'il *est déclaré tel*. (*Programme du cours de droit civil*, p. 91.)

Mazerat dans une note ajoutée à l'ouvrage de Demante donne ainsi son opinion : « Les présomptions relatives à la légitimité (art. 312 et suiv.) peuvent être d'excellents guides pour décider la question de viabilité. Les juges sont libres de l'invoquer ; mais sauf la preuve contraire. La non-viabilité résultant ordinairement de ce que le temps de la gestation n'a pas été accompli, si l'honneur de la mère se trouve intéressé, les juges feront bien, dans le doute, de s'attacher aux règles qui dans l'intérêt de la légitimité font supposer, tantôt la plus courte, tantôt la plus longue gestation. »

Merlin (v. art. Vie) dit : « Dans cette hypothèse les moyens physiques capables d'éclairer la justice manquant absolument, il faut en revenir aux principes généraux et dire : Tout individu qui meurt est présumé avoir vécu capable des effets civils ; l'incapacité ne se présume pas, elle forme une exception au droit commun des hommes. C'est par conséquent sur celui qui s'en prévaut que doit en retomber la preuve, et par conséquent encore, à défaut de preuves de la non-viabilité d'un enfant, la présomption légale est qu'il était né viable. »

Chabot (sur l'art. 725) et Houiller (tome IV) soutiennent la même opinion.

Que faut-il penser des monstruosités ? Peuvent-elles succéder ou recevoir par testament ?

La question des monstruosités rentre complétement dans celle de la viabilité. Les monstres naissant vivants et viables jouissent de tous leurs droits de famille et de leurs droits civils ; ils sont également habiles à succéder et à recevoir. Ces parts informes non viables qui jouissent d'un simulacre de vie lors de leur sortie du sein maternel, ne sont pas citoyens et n'en possèdent aucun des droits; leur incapacité de succéder ou de recevoir est formellement exprimée dans les art. 725 et 906 du Code civil.

Une doctrine du droit romain qui avait traversé les âges pour s'inscrire dans l'ancien droit, refusait de voir une individualité humaine dans l'être dont la conformation était très-vicieuse. Les préjugés et l'ignorance du temps, cette double lèpre incrustée dans les flancs de l'humanité, reconnaissaient dans ces produits une bête plutôt qu'un homme; *non humanæ figuræ , sed alterius magis animalis quam hominis.*

. Demolombe (tome III) constate que les auteurs modernes continuent la défense de ces idées, qu'ils s'escriment encore contre ces monstres-animaux nés de la femme, mais il demande à quels signes on les distingue? « Ses ennemis, même les plus déclarés, dit le savant auteur, ceux-là qui permettent ou plutôt qui ordonnent de le nier sans plus de façon, conviennent que les difformités les plus radicales ne suffiraient pas. Ce qui fait le monstre, c'est une tête d'animal sur une forme humaine. » Notre auteur, je le déclare à sa louange, dénie l'existence de ces êtres chez lesquels le type de l'espèce humaine se trouve effacé. Il n'en serait pas de même selon lui du criminaliste moderne Rauter, qui admet ces monstres sans pouvoir les définir, et va jusqu'à commander leur destruction par le meurtre (Rauter, *Droit criminel,* tome II).

On sent un bien sérieux malaise à voir une intelligence aussi lucide que celle de ce criminaliste croire à l'existence de monstres humains à tête d'animal. Quelque avide qu'un homme instruit soit du merveilleux, il devrait se trouver par ses études et les lumières de son siècle, à l'abri des fables les plus grossières de la mythologie. Non, ces animaux-hommes, ces sirènes renversées n'existent point; je m'en trouve consolé pour l'honneur de notre espèce.

Nous exercerons à ce sujet nos droits de critique dans le paragraphe consacré à l'étude des anomalies et des monstruosités.

§ 3. Caractères du crime d'infanticide.

Art. 300 C. pénal. Est qualifié infanticide le meurtre d'un enfant nouveau-né.

Art. 302 C. pénal. Tout coupable d'assassinat, de parricide, d'infanticide et d'empoisonnement, sera puni de mort, sans préjudice de la disposition particulière contenue en l'art. 13, relativement au parricide.

Le législateur attache un caractère tout particulier de gravité au crime d'infanticide; il l'assimile à l'assassinat, même dans l'absence de toute préméditation.

Il résulte du texte même de la loi pénale, de la rédaction de l'art. 300, qu'il y a trois éléments constitutifs du crime d'infanticide. Le premier est la volonté de tuer; l'intention d'ôter la vie est exigée par le mot *meurtre* dont se sert le législateur. Il a été démontré plus haut que le meurtre ne diffère de l'homicide que par la volonté du coupable, et de l'assassinat que par l'absence de toute préméditation.

La peine de l'infanticide, quel que soit le coupable, est celle de l'assassinat; ici la préméditation est supposée exister toujours, la loi ne demande pas qu'elle soit prouvée.

Dans la recherche de l'intention qui animait la main coupable, il est difficile d'établir qu'il y a eu *volonté de tuer*. « La dissimulation de la grossesse, les traces d'un accouchement clandestin, la découverte même du cadavre d'un enfant nouveau-né, ne peuvent servir aujourd'hui que comme de vagues indices du crime. Car ce mystère peut, sans impliquer un crime, trouver son explication soit dans la crainte de la mère de dévoiler sa honte, soit dans la mort accidentelle de l'enfant, arrivée avant ou après l'accouchement, et par cela même que cet accouchement a eu lieu sans secours et dans un endroit isolé. Dans l'hypothèse même où l'infanticide devrait être imputé à la mère, ne pourrait-il pas être le résultat soit de sa faiblesse et de l'épuisement de ses forces, soit de son inexpérience pour les soins que réclame un être aussi frêle qu'un nouveau-né, et non le fait de sa volonté? (Dalloz, *Rép. de lig. ; crim. et dél. contre les pers.*)

La seconde condition du crime d'infanticide, c'est l'existence d'un enfant. Un être vivant, quelque monstrueux et difforme qu'il soit, qui naît de la femme, vient au monde avec tous les droits naturels et légaux de ses semblables; c'est assez dire qu'il jouit de la protection des lois. La condition unique, expresse, c'est qu'il soit *vivant*. C'est en ce conformant à l'équité, en s'inclinant devant les droits de la nature humaine, que le législateur moderne a détruit le pouvoir exorbitant que la loi romaine accordait sur la vie de ceux qu'une triste bizarrerie de la nature avait mal conformés et que la science médicale désigne sous le nom de monstres.

« Qui pourrait poser la limite et indiquer les signes et caractères pour distinguer les monstres des êtres normaux, en présence de cette infinie variété de formes qu'affecte la nature ou qui sont produites par des circonstances fortuites ou accidentelles? Il n'est donc plus de monstres aujourd'hui qui puissent donner lieu à l'application de ces distinctions de l'antiquité à jamais proscrites. » (Dalloz, *ibid.*)

Le troisième élément du crime, c'est que la victime soit un *nouveau-né*. Ce terme n'étant pas défini par la loi, il est nécessaire d'en rechercher le sens et d'établir combien de temps l'enfant conserve cette qualification après sa naissance. Puisque la loi y voit une circonstance aggravante du meurtre, ou, pour parler plus correctement, puisqu'elle en a fait un élément constitutif de l'infanticide, il est d'une importance majeure d'en déterminer catégoriquement la signification juridique ; le meurtre d'un nouveau-né entraîne la peine de mort (art. 302, Code pénal), celui d'un enfant plus âgé, n'étant qu'un homicide volontaire, est puni des travaux forcés à perpétuité.

Pour éviter toute incertitude, quelques législations étrangères ont défini ce qu'il faut entendre par un enfant nouveau-né en déterminant la limite d'âge. En Bavière et dans le duché d'Oldenbourg, est réputé nouveau-né l'enfant qui n'a pas trois jours révolus ; dans le Wurtemberg, le Brunswick et la Saxe, celui qui n'a pas vingt-quatre heures de vie ; dans les Deux-Siciles, l'infanticide ne peut exister si l'enfant est baptisé et inscrit sur les registres de l'état-civil ; en Autriche, le meurtre doit être commis au moment de la naissance pour qu'il soit qualifié infanticide.

Des médecins légistes, animés du désir de trouver un caractère immuable et facilement saisissable, ont voulu le découvrir dans la structure anatomique du nouveau-né. La chute du cordon ombilical a lieu du quatrième au septième jour de la naissance; ils ont voulu considérer l'enfant comme nouveau-né, tant qu'il ne perdait pas le cordon. Comme constance, ce signe est des meilleurs, mais il se produit à des temps trop différents pour fixer un élément du crime. Faire dépendre l'infanticide de la chute du cordon, c'est tomber dans l'arbitraire; l'action sera un homicide simple ou un crime puni comme l'assassinat, selon que cet accident fortuit de la chute du cordon arrivera plus tôt ou plus tard. Ainsi, deux jeunes personnes sœurs accouchent à la même heure, dans le même appartement, l'une d'elles se défait de son enfant par le meurtre le quatrième jour de ses couches, l'enfant a perdu le cordon ombilical, ce premier crime accompli, elle excite sa sœur à imiter son exemple; la malheureuse résiste jusqu'au huitième jour, alors, cédant à l'entraînement des paroles et de l'exemple, elle sacrifie son fruit; cette fois le cordon accusateur est resté adhérent. Dans le système de ces médecins légistes, la première subirait la peine des travaux forcés à temps, l'échafaud attend la seconde : c'est inique jusqu'à l'horrible !

Le législateur français (le belge également) n'a pas suivi cet exemple; il a gardé un silence qui a fait naître plusieurs systèmes.

Rauter arrête à vingt-quatre heures le terme après lequel l'enfant ne peut plus être réputé nouveau-né.

Chauveau et Hélie déduisent la limite entre l'infanticide et le meurtre, d'un arrêt de la Cour de cassation de Paris du 24 décembre 1835, qui sera cité plus bas : « A quel moment la vie de l'enfant est-elle entourée des garanties communes, de sorte qu'il n'y ait plus de danger qu'on fasse disparaître jusqu'aux traces de sa naissance? Évidemment, lorsqu'il a été inscrit sur les registres de l'état civil, ou du moins lorsque les délais requis par la loi pour cette constatation sont expirés ; parce qu'alors la naissance est censée connue, et que la protection de la loi, qui environne tous les membres de la cité, veille sur l'enfant ; que dès lors l'enfant a marqué son passage dans la vie, qu'on peut savoir s'il a pu hériter et transmettre : Or, quels sont ces délais? Les *trois jours* depuis l'accouchement ; en effet, c'est dans ce délai que l'art. 55 du Code civil exige que les déclarations de naissance soient faites à l'officier de l'état civil.

Jurisprudence. — Une fille accouche dans un hospice le 4 avril 1822, d'un enfant qui est déclaré à l'état civil ; le 18, la mère le tue. La Cour d'assises de Liége la condamne pour crime d'infanticide et la Cour de cassation casse et annule cet arrêt : « Attendu que l'enfant dont il s'agit était né dans un établissement public et avait été inscrit dans les registres de l'état civil ; » que dans ces circonstances et après *quatorze jours de vie*, on ne pouvait plus, dans le sens de l'art. 300 du Code pénal, le considérer comme un enfant *nouveau-né*, de l'existence duquel on aurait voulu anéantir les traces. (20 juin 1822.)

2° La Cour suprême de France a mis à néant la condamnation pour infanticide, par la Cour d'assises de la Meurthe, d'une mère qui avait tué son enfant trente et un jours après sa naissance : « Attendu que la loi, en qualifiant d'infanticide et en punissant d'une peine plus forte le meurtre d'un enfant nouveau-né, n'a eu en vue que l'homicide volontaire commis sur un enfant au moment où il vient de naître ou dans un *temps très-rapproché de celui de la naissance.* » (Arrêt du 24 décembre 1835.)

3° L'homicide d'un enfant né depuis huit jours est qualifié meurtre, et non infanticide : « Attendu que la loi, en qualifiant infanticide le meurtre d'un enfant nouveauné..., n'a eu en vue que l'homicide volontaire commis sur un enfant qui vient de naître ou dans un temps qui suit immédiatement le moment de sa naissance ; — Attendu, dans l'espèce, — que la réponse du jury a constaté l'homicide commis volontairement par l'accusée sur la personne, *non* d'un enfant *nouveau-né*, mais d'un enfant dont elle était accouché depuis huit jours. » (Cour de cassation, 14 avril 1837.)

§ 4. De la criminalité du meurtre de l'enfant non viable.

Nous commençons cet examen par formuler notre opinion personnelle sur ce point litigieux de droit criminel ; dans notre conviction on ne peut infanticider un fœtus, monstrueux au point qu'il ne puisse être considéré comme né vivant, ni un embryon expulsé avant le terme de la viabilité (sept mois).

Il est démontré plus haut que la loi civile déclare les non-viables inhabiles à succéder, inaptes à recevoir par donation ou testament ; mais la législation pénale ne fait pas mention de la viabilité, et nulle part celle-ci ne figure comme élément du crime d'infanticide. Il serait évidemment illogique de conclure de la viabilité civile comme condition de successibilité, à la nécessité de viabilité chez l'enfant sacrifié, pour que le crime d'infanticide apparaisse avec tous ses caractères. Le droit pénal est d'interprétation rigoureuse, la tolérance d'y introduire des conditions de criminalité que le législateur a cru devoir exclure est inadmissible.

De ce que la loi civile ne reconnaisse pas l'existence d'un enfant qu'une conformation vicieuse ou un défaut des organes rend impropre à vivre, alors même qu'il donne pendant quelque temps des signes de vie, nous ne sommes pas autorisés à conclure que le meurtre de cet enfant à la vie fugitive, soit un acte indifférent. Ce serait une confusion étrange de la loi civile qui protège les intérêts matériels des particuliers, et de la loi pénale qui veille à la conservation des citoyens. « La première peut refuser d'accorder un droit d'héritage à l'enfant qui doit succomber aussitôt, l'autre ne fait point de distinction : elle ne voit qu'un être qui existe et dont elle doit protéger la vie chétive pendant les heures qui lui sont données. » (Chaveau et Hélie, *Th. du Code pénal.*)

Afin de bien établir les prescriptions pénales, nous ferons une étude spéciale des dispositions de la loi répressive.

La question de viabilité comme élément constitutif et nécessaire du crime d'infanticide est vivement controversée. Deux systèmes se trouvent en présence. Ceux qui soutiennent que l'enfant doit être né viable pour qu'il y ait homicide volontaire, invoquent l'art. 725 du Code civil, qui déclare inhabile à succéder l'enfant qui n'est pas né viable ; ils en concluent qu'il ne saurait y avoir crime à le tuer, puisque la loi civile n'en reconnaît pas l'existence. Ils plaident en second lieu qu'un acte qui ne cause aucun dommage à la société n'est pas un crime, et que cette dernière n'a aucun intérêt à punir cette action. Ce raisonnement repose sur une étrange confusion d'idées, sur une assimilation des principes de la loi civile à ceux de la législlation criminelle; elle est inadmissible en tout point et n'offre aucun des caractères d'une argumentation sérieuse.

Une meilleure raison pour laquelle on ne saurait infanticider un enfant non viable ressort de la comparaison des peines édictées contre l'avortement par l'art. 317 et celles prononcées contre l'infanticide par l'art. 302 du même Code. La peine de l'avortement est la reclusion (art. 317), celle de l'infanticide est la mort. La justice exige, et le législateur n'a pu perdre ce fait de vue, que l'action la plus coupable entraîne la plus forte peine; or, l'infanticide est-ce une action plus coupable que l'avortement, si ce premier crime n'est autre chose que la destruction des caillots de sang spontanément expulsés la troisième ou la quatrième semaine de la grossesse? Il serait inique jusqu'à révolter la conscience publique, le législateur qui punirait, d'une part, de la simple reclusion la femme convaincue de s'être fait avorter, et qui, d'autre part, enverrait à l'échafaud celle qui a fait disparaître l'œuf informe et ses annexes sorties naturellement à une période quelconque des deux premiers mois de la gestation, l'œil ne pouvant y trouver les formes d'un embryon.

Les auteurs du *Manuel complet de médecine légale* expriment la même opinion : — « Il nous semble hors de doute, disent-ils, en comparant les peines prononcées par l'article 317 C. pénal contre tout individu coupable d'avortement, et celles infligées par l'article 302 pour le crime d'infanticide, que la loi n'a pu entendre par le mot nouveau-né que l'enfant jouissant de la vie et de l'aptitude à vivre. En effet, lorsque, par des manœuvres criminelles, avec un instrument meurtrier et au risque de précipiter au tombeau la mère et l'enfant, un individu va frapper dans le

sein maternel un fœtus plein de force et de santé, un être
que la nature préparait à la vie, auquel soixante-dix probabilités sur cent promettaient un avenir, et pour lequel
les lois civiles réservaient un rang dans la société et des
droits de famille, l'art. 317 n'inflige au coupable que la
peine de la *reclusion*. — L'art. 302 punirait de la peine de
mort le meurtre d'un avorton, d'un fœtus imparfait, trop
informe pour conserver une vie momentanée, d'un être
que la nature a voué au tombeau par le fait même de sa
naissance prématurée, d'un être dont la loi civile ne veut
pas même reconnaître l'existence! » (Page 210.)

Nous avons pris pour l'un des termes de la comparaison
que nous venons d'établir entre les articles 302 et 317,
l'œuf évacué avant le troisième mois de grossesse, notre
pensée s'est avoué l'impossibilité d'infanticider un caillot
de sang où l'œil de la science distingue à peine les rudiments d'un fœtus. Certes, on ne peut homicider ce qui
n'est pas vivant; à l'entrée du troisième mois, la vie embryonnaire ne s'est pas suffisamment matérialisée, le corps
qu'elle anime est insaisissable, sa destruction n'implique
qu'une intention criminelle sans corps de délit. Mais l'âge
de la vie embryonnaire, tant qu'il n'ajoute pas une capacité
nouvelle à cet œuf en voie de développement, modifie-t-il
le caractère moral des attentats contre son existence extra-
utérine? Chez un fœtus expulsé avant la fin du septième
mois, à qui nous dénions toute possibilité de vivre de sa vie
propre, le plus ou moins de formation complète des membranes, de perfection des organes et de développement des
membres, changent-ils un acte indifférent en crime digne
de l'échafaud?

Un de ces mille accidents fortuits, une de ces causes

mystérieuses provoque l'avortement à six semaines, à deux mois et même à trois mois, le magma est détruit sans qu'on puisse commettre le crime d'infanticide sur le produit de cette fausse couche.

Pour l'embryon ou le fœtus, son expulsion avant les deux cent dix jours, c'est la destruction, l'anéantissement, la mort. Savoir s'il y a dans le produit d'un avortement un jeune être en voie de développement est un problème obscur dans les premiers temps de la gestation, et même au troisième mois cet embryon de quatre centimètres se présente à l'œil sous forme d'une masse gélatineuse informe d'un blanc rosé; il est mort-né, car le cerveau, d'abord liquide, vient à peine de prendre la consistance caséeuse. Un mois plus tard les muscles commencent à devenir fibrineux et conctractiles, ces mouvements, ces inspirations complètes qui, selon Dalloz, Merlin et d'autres jurisconsultes, sont la seule preuve de la vie distincte et indépendante de l'enfant, n'existent pas encore à cette phase de son développement, il n'est donc pas encore vivant, même dans le sens juridique du mot.

Au septième mois révolu de la gestation, l'embryon devient fœtus dans notre système, il a acquis le développement suffisant pour vivre de sa vie propre, le tuer, c'est se rendre coupable d'infanticide; à cette époque, le crime n'est point contesté si la mère accouche d'un fœtus vivant. Par ces réserves, nous sommes amenés à discuter avec les adversaires de notre système l'imputabilité des atteintes portées à la vie de l'embryon né du 120e au 210e jour de la grossesse; ce laps de temps, ces quatre-vingt-dix jours forment le champ clos où doit se livrer la lutte entre les deux opinions; car il n'est pas à supposer qu'ils veulent incriminer l'anéantissement d'un œuf expulsé avant qu'il puisse naître vivant; défendre semblable rigorisme de principes, pareille inflexibilité de logique, ce serait sortir de la loi par la voie de l'absurde; on ne peut tuer que ce qui est doué de la vie.

Nous avons limité la possibilité de naître vivant bien arbitrairement à la fin du quatrième mois, c'est une concession large faite aux doctrines de nos adversaires; grand nombre d'embryons naissent du 120e au 150e et même au 180e jour de la gestation, sans pouvoir donner les preuves de cette vie extra-utérine complète que le législateur demande de ceux qu'il appelle à la vie civile et qu'il investit des droits du citoyen capable d'hériter et de recevoir par testament ou donation. L'embryon né au cinquième mois peut donner certains signes de la vie pendant quelques minutes; chez celui qui vient au monde à six mois, ces signes se prolongent quelques heures; mais peut-on trouver dans ces courts instants les preuves d'une existence extra-utérine réelle, d'une vie indépendante parfaite, ou faut-il y reconnaître une prolongation de la vie maternelle, les dernières manifestations de la vie utérine expirante? Entre ces données, le choix ne saurait être douteux; s'il y avait chez l'embryon de six mois d'autres forces vitales que celles que la mère lui a laissées au moment de la séparation, chacun des organes du jeune être aurait la puissance d'accomplir sa fonction, et tous concourant au but final, l'entretien de l'individu, soutiendraient une vie qui s'éteint fatalement faute de développement et de force pour se suffire à elle-même. L'impuissance est générale, le poumon respire trop faiblement, l'estomac ne supporte point de nourriture et l'innervation est impuissante à animer ce fruit hâtif arraché de l'arbre avant sa maturité.

Le texte de l'art. 302 de la loi pénale est conforme à la thèse que nous soutenons; le mot *enfant*, dont le Code se sert, indique le fruit qui a dépassé la période de l'évolution embryonnaire; or, dans l'absence de tout caractère physique qui sépare la vie embryonnaire de la vie fœtale, l'époque à laquelle le germe quitte le nom d'embryon pour celui de fœtus est restée des plus arbitraires en physiologie; mais pour la précision si nécessaire en médecine légale, nous l'avons fixée, avec raison, à cette période de son développement qui lui permet de vivre de la vie extra-utérine à la fin du septième mois, terme initial de la viabilité. A dater de ce moment, porter sur lui une main homicide, c'est commettre un infanticide.

Parmi les criminalistes qui soutiennent l'opinion contraire à celle que nous adoptons, je dois citer Chauveau et Hélie : « La loi pénale, disent ces auteurs, ne s'est point expliquée sur le degré de vitalité que l'enfant doit posséder pour que sa mort puisse être un crime; elle n'a précisé ni le terme de sa gestation ni le développement qu'il doit avoir. Il suffit qu'il ait existé, quelque frêle qu'ait été cette existence; il n'est pas même nécessaire qu'il ait vécu de la *vie extra-utérine*, c'est-à-dire que la respiration se soit effectuée; un mouvement, un vagissement attesteraient seuls cette vie; elle semblerait comme une lueur vacillante, prête à s'éteindre, que la loi verrait un crime. De quel droit disposerait-on de la vie d'un être humain? Pourquoi serait-il permis d'en précipiter le cours? On objecte qu'il est voué à une mort certaine : cela est vrai, et c'est même parce que cette vie, sitôt dévorée, reste indécise et confuse, que la loi civile a hésité à y faire reposer un droit. Mais cet être qui se débat contre la mort existe cependant; et il ne faut pas confondre les principes de la loi qui protège les intérêts privés avec ceux de la loi qui protége l'humanité elle-même..... Et pourquoi sa protection ne lui serait-elle pas accordée aussi bien qu'au malade à l'agonie, au vieillard parvenu au terme de son existence, au condamné à mort jusqu'à l'exécution réelle de sa condamnation? Distinguer, pour punir l'infanticide, entre l'enfant qui est né viable et celui dont la viabilité serait douteuse, ne serait-ce pas vouer à la mort une foule d'êtres faibles? Ne serait-ce pas, surtout, couvrir d'une excuse perpétuelle tous les crimes commis sur les enfants? » (§ III, *De l'infant.*)

Ce que l'enseignement de ces auteurs présente tout d'abord à la pensée, c'est l'opinion étrange qu'ils se font de la vie! S'ils ne s'arrogent le droit de créer une vie extra-naturelle, qui n'offre rien de commun dans ses lois de développement avec ce qui se passe dans l'utérus de la femme; s'ils ne s'arrogent, dis-je, la jouissance de refaire l'embryologie et d'établir des règles d'une vie embryonnaire conforme à une opinion préconçue; il faut avouer qu'un germe, quelques semaines après l'imprégnation, peut exécuter des mouvements fibrillaires, et qu'il serait donc possible de l'infanticider. Cette argumentation, poussée dans ses dernières conséquences, arrive à incriminer le fait innocent de la destruction, dans un avortement naturel, des caillots qui emprisonnaient l'ovule inconnu à la mère! C'est ce qui s'appelle un crime innocent.

Nous posons ce dilemme : Le simple mouvement ne constitue pas la vie, ou le germe de six semaines à deux mois naît vivant puisqu'il bouge; la conséquence, c'est qu'il y a crime à le détruire.

Non le simple mouvement, le vagissement, ne sont pas la vie; elle est conforme à la nature et à l'enseignement de la science médicale, cette opinion de Dalloz et de Merlin, qui ne reconnaissent le don précieux de la vie chez le fœtus que lorsque celui-ci respire d'une manière complète ou qu'il pousse de véritables cris. Le simple vagissement peut se faire entendre par l'expulsion de l'air de la trachée et des bronches, les cris véritables qui se prolongent ou se succèdent sont l'effet du passage d'une colonne d'air plus forte à travers le larynx, ils indiquent une respiration complète.

Nous soutenons avec Foderé que la respiration plus que le calcul des mois de gestation prouve la vie de l'enfant; mais pour donner cette force probante, cette fonction de la respiration doit être vitale et non une simple pénétration mécanique de l'air dans les bronches; pour que les deux temps, l'inspiration et l'expiration s'exécutent, il faut l'action synergique du diaphragme, des poumons et des muscles du thorax.

Pour qu'il y ait vie parfaite, dit Foderé, « il faut la vie respirante. Et si ces mouvements, ajoute-t-il, continuation de la vie du fœtus, sont avec raison insuffisants pour le faire déclarer viable, de quel œil doit-on considérer ces mouvements automatiques que peut faire un mort-né dans les premiers instants de sa sortie d'un lieu chaud, obscur, vide d'air atmosphérique, et qu'on pourrait comparer à celui des chairs palpitantes d'un animal fraîchement égorgé? Les femmes et le commun des hommes, en général, sont ordinairement attentifs aux plus légers mouvements qui se passent sur un enfant mort ou près de mourir, ou simplement qu'ils croient se passer, ce qui arrive assez souvent à force de regarder. Un tel enfant peut, à la vérité, immédiatement après sa naissance avoir ouvert la bouche, élevé les yeux, étendu ses bras et ses jambes; prendra-t-on ces signes d'un moment pour des signes de vie? Qui n'a pas observé qu'à l'instant où l'on cesse de vivre, on ouvre la bouche, on élève les yeux, on étend les membres, etc., mouvements ordinairement convulsifs? Mais, nous le répétons, ces mouvements peuvent même avoir lieu dans le fœtus déjà cadavre; ils sont l'effet du relâchement d'un muscle encore en contraction, ou de l'action de l'air qui tend à pénétrer dans les cavités, qui agit pour la première et pour la dernière fois sur la fibre musculaire encore excitable, en vertu d'un stimulus tout nouveau pour elle. Le changement du milieu, d'un lieu chaud dans un endroit froid ou frais, des aspersions d'eau froide, etc., peuvent également produire cet effet. »

Le fœtus naît viable à sept mois et à toutes les périodes plus avancées de la grossesse, mais un corollaire du principe que nous venons d'établir, c'est qu'il ne sera pas réputé né vivant s'il n'a pas respiré et s'il n'a pu donner d'autres preuves de la vie indépendante que les quelques contractions musculaires qui ont mû ses membres. Pour éviter toute équivoque, nous ferons observer dès à présent qu'on peut infanticider un fœtus ou un enfant nouveau-né avant que la respiration ait eu le temps de s'établir, c'est là un fait tout spécial qui ne présente aucune similitude avec la question débattue en ce moment.

Les mêmes docteurs, Chauveau et Hélie Faustin, s'écartent davantage de la lettre de la loi dans l'interprétation de l'article 345 du C. pénal. Contrairement à la Cour suprême de France, qui avait jugé jusqu'en 1836 (arrêt du 15 juillet), que l'article 345 du C. pénal était applicable à la suppression d'un enfant mort, que la disposition pénale est générale et s'applique à toute suppression d'enfant sans distinguer entre le mort et le vivant ; ces criminalistes soutiennent que le mot enfant, dont le législateur se sert, s'entend d'un être organisé et vivant et qu'il ne s'applique ni au fœtus ni à l'enfant mort-né, qui ne peut avoir d'état et ne peut acquérir aucun droit (chapitre 33). Il leur est échu le bonheur de voir accueillir ce système dans les arrêts subséquents. La Cour modifie sa jurisprudence dans un arrêt du 1er août 1836, elle décide : « Que la suppression d'enfant ne s'applique pas à l'enfant mort-né. » Dans un second arrêt, elle juge : « Que la suppression n'existe que si l'enfant est né vivant. » (8 novembre 1839.)

Chauveau et Hélie innocentent le recélé de la naissance d'un fœtus ou l'inhumation clandestine d'un enfant mort-né, parce que « ces faits ne portent aucun préjudice. » Dans la disparition de l'embryon y a-t-il préjudice ? Évidemment non, pour personne ; le germe expulsé, le fœtus acéphale et d'autres monstres se meuvent, comme se meut le muscle du cadavre récent, par un reste de chaleur naturelle momentanément conservé. Nous exceptons toujours le fruit qui a complétement respiré ; il doit être réputé vivant, et tout fait qui porte atteinte à sa vie est déclaré crime dans notre système.

La suppression ou le recélé ne suppose qu'un seul fait, disent nos jurisconsultes, « c'est qu'un être qui avait reçu la vie, et qui pouvait vivre, a disparu par l'effet d'une volonté criminelle » ; nous ajoutons, l'infanticide ne suppose qu'un seul fait, c'est qu'un être qui avait reçu la vie (donc né vivant) a été tué par une volonté criminelle.

Dans une affaire extra-judiciaire, si le médecin invoquait la viabilité avant le 210e jour de la conception, il viserait à coup sûr, non à défendre une donnée physiologique, mais à rétablir la paix et le repos des familles, il saurait son opinion contraire à la vérité scientifique, mais ce pieux mensonge doit faire descendre le bonheur dans un ménage ; la conscience l'excuse.

D'après le système qui admet que le meurtre d'un nouveau-né non viable n'est pas un infanticide, la question de viabilité doit être posée au jury si l'accusé et la défense soutiennent que l'enfant n'était pas né viable. (Dalloz, *Inst. crim.*, *Cour d'ass.*)

La conclusion de cette longue digression est inscrite en tête de ce paragraphe ; elle est ainsi formulée : Les monstres et les avortons (embryons trop jeunes pour naître vivants et viables), privés de la nutrition intra-utérine, leur possibilité unique de vivre, sont frappés de mort par le fait de la naissance même ; ils ne sont pas plus hommes que le germe récemment fécondé, par conséquent le fait de leur destruction ne constitue pas le crime d'infanticide.

QUESTIONS MÉDICALES RELATIVES A L'INFANTICIDE.

Les nombreuses questions qui s'agitent autour de l'infanticide peuvent se réduire à un cadre étroit de notions principales d'où toutes les autres découlent et avec lesquelles elles se confondent. Ces faits principaux sont : de connaître l'âge du fœtus, de savoir s'il est né à terme et viable, s'il a vécu de sa vie indépendante immédiatement après la naissance, les causes de sa mort et à quelle époque elle remonte? Le magistrat pose encore d'autres questions accessoires, par exemple : Quand l'enfant est-il né? L'accouchement a-t-il eu lieu à terme, sinon a-t-il été volontairement provoqué? Trouve-t-on dans les circonstances qui ont entouré l'accouchement quelques-unes qui auraient fait immédiatement périr l'enfant sans les blessures qu'on lui trouve?

§ 5. Age de l'embryon ou du fœtus.

Les paragraphes précédents mènent par un enchaînement d'idées très-logiques à la constatation de l'âge de l'embryon ou du fœtus; c'est une première notion indispensable à l'expert pour décider si tel fruit est né vivant et viable, condition *sine quà non* du crime d'infanticide. Les questions qui découlent de cette notion première exigent également la connaissance de l'âge du fruit au moment de la naissance. Aux deux premiers mois de la grossesse, le peu de développement du germe ne permet pas au médecin d'éclairer la conscience du juge; pour cette période de la vie intra-utérine, nous nous rapportons à ce que nous avons dit du germe au chapitre de l'avortement, pour commencer sa description au troisième mois.

Troisième mois. A cette époque l'embryon mesure 3 à 4 1/2 pouces (9 à 12 centimètres), et pèse 2 à 3 onces (30 à 100 grammes). L'occlusion des paupières et de la bouche est complète; la membrane pupillaire est formée; les doigts sont isolés et portent un rudiment d'ongle; le clitoris et le pénis sont relativement fort longs, au point de permettre la distinction du sexe à l'œil armé d'une loupe. Le thymus et les capsules surrénales viennent de se former. On reconnaît les premiers éléments du cerveau et de la moelle allongée. Le bras mesure 3 1/2 lignes (5 millimètres), le radius et le péroné, 2 1/2 (3 millim.), le fémur, le tibia et le cubitus, 2 à 3 lignes (3 à 4 1/2 millimètres).

Quatrième mois. Le germe mesure 5 à 6 1/2 pouces (15 à 20 centimètres), pèse 4 à 5 onces (100 à 125 grammes). La peau, d'un aspect rose, offre déjà de la consistance et présente un ombilic très-rapproché du pubis. Bouche grande et ouverte ; membrane pupillaire très-distincte. Ongles apparents. Sexe reconnaissable à l'œil nu. Le gros intestin renferme du méconium limpide d'un gris blanchâtre. La longueur de l'humérus et des os de l'avant-bras est de 8 lignes (2 centimètres), celle du fémur et de l'avant-bras, de 4 à 5 lignes (1 1/2 centimètre).

Cinq mois. L'embryon mesure 10 à 11 pouces (35 à 40 centimètres). Casper fait observer qu'à partir du cinquième mois jusqu'à la naissance à terme, la longueur donne une mesure approximativement exacte de l'âge de l'embryon ; la première serait sensiblement le double des mois de gestation : ainsi 10 à 11 pouces donnent cinq mois de grossesse ; ce fait mérite d'être fixé dans la mémoire à titre de moyen mnemotechnique. A cette époque le fruit pèse 6 à 9 onces (180 à 270 grammes) ; cette donnée mérite une moindre confiance comme extrêmement variable d'un embryon à l'autre, depuis le cinquième jusqu'à la fin du neuvième mois. Les ongles sont très-apparents, la chevelure se présente comme un léger duvet, la tête est encore démesurément grande et le volume du foie, du cœur et des reins est considérable par rapport aux autres parties du corps. La peau n'a point d'enduit sébacé, et le méconium encore fluide est d'un vert clair par la bile qui s'y est mêlée.

L'humérus mesure 13 à 15 lignes (2 1/2 à 3 centim.), le radius 12 à 13 (2 1/2 cent.), le fémur, le tibia et le péroné également 12 (2 cent.). Le calcaneum et le pubis ont des points d'ossification.

Six mois. Longueur, 12 à 13 pouces (33 à 36 centimètres), pesanteur, 1 1/2 à 1 3/4 livre (750 à 800 grammes). La peau se recouvre d'un enduit sébacé et de duvet, sa coloration est d'un rouge vermillon sale. L'insertion du cordon est à une distance plus notable de la symphyse pubienne. Le méconium est plus foncé et plus épais. La membrane pupillaire est encore visible à l'œil nu, le scrotum est vide; les testicules sont encore près des reins. Le sternum présente les quatre points d'ossification. La longueur de l'humérus et du radius est de 16 lignes (3 1/2 centimètres), celle du cubitus, du fémur et des deux os de la jambe est de 17 (4 centimètres).

Sept mois. Le fœtus, d'une longueur de 11 à 12 pouces (35 centimètres), pèse 3 à 3 1/2 livres (1 à 1 3/4 kilogramme). Les cheveux sont abondants et longs de 1/4 de pouce. La peau d'un rouge sombre; le scrotum reste vide et l'enduit sébacé augmente. Un méconium épais d'un vert d'olive foncé occupe tout le gros intestin. Le foie, toujours très-volumineux, est d'un rouge brun obscur. L'humérus est de 20 à 22 lignes (4 1/2 à 5 centimètres), le radius de 17, le cubitus de 18 (4 centimètres), le fémur, le tibia et le péroné chacun 19 à 21 lignes (4 à 4 3/4 centimètres).

Huit mois. C'est l'époque la plus importante de la vie intra-utérine au point de vue de la médecine légale, la viabilité date de ce moment. Les sept premiers mois de la grossesse révolus (210 jours), l'enfant naît viable; à ce moment il mesure 13 à 14 pouces (39 à 42 centimètres) et

31

pèse, 3 à 5 livres (1,500 à 2,500 grammes). Les ongles atteignent l'extrémité des doigts. La membrane pupillaire a disparu, le derme est d'un rouge plus clair, et les testicules sont descendus dans le scrotum ou tout au moins dans l'anneau inguinal. Chez les filles le clitoris est très-apparent et la vulve très-ouverte. On trouve un bras de 23 à 24 lignes (5 centimètres), un radius de 18 à 19 (4 centimètres, un cubitus de 22 à 23, un fémur de 24 et des os de la jambe de 21 à 23 lignes (donc tous de 4 à 5 centimètres).

Neuf mois. Le fœtus acquiert 17 à 18 pouces de longueur (45 à 51 centimètres) et pèse 6 livres (3 kilogrammes). Le scrotum se ride, chez les filles la vulve se ferme et le clitoris diminue. La tête se garnit de plus de cheveux, et le duvet du corps disparaît. Après cette durée de la gestation, l'enfant a acquis son développement complet.

Enfant né à terme qui a son développement complet. — Le corps de l'enfant né à terme présente des dehors et un ensemble qui ne trompent point l'œil exercé; le derme est dense, dur, tendu, uni, homogène et bien rempli; il a perdu toutes les rides qui le sillonnaient à un âge moins avancé de la vie utérine et n'est plus recouvert de duvet. Sur le cadavre la peau présente le teint cadavérique et pâle, au lieu de cette coloration d'un brun sale ou d'un rouge de vermillon propre à un plus jeune âge embryonnaire. La tête, recouverte d'une chevelure longue d'un pouce, ne présente plus de mobilité dans les os qui la composent; la fontanelle antérieure mesure 3/4 de pouce à 1 pouce (2 à 2 1/2 centimètres).

Pour le poids, la longueur du corps et des diamètres de la tête, Casper donne les moyennes suivantes de 215 observations :

Longueur moyenne du corps. . . . 18 2/3 pouces 0ᵐ470

Chez 113 garçons . . . 19 9/11 » 0ᵐ495

Chez 102 filles . . . . 18 1/2 » 0ᵐ465

La moyenne générale du poids est de 7 1/14 livres 3,550 gr.

Chez 130 garçons. . . 7 1/3 » 3,713 »

Chez 117 filles. . . . 6 3/4 » 3,400 »

La plus grande longueur que l'auteur ait observée a été :

Chez 1 garçon . . . 22 pouces 0ᵐ550

Chez 27 garçons . . . 20 » 0ᵐ500

Chez 1 fille . . . . 21 » 0ᵐ520

Chez 15 filles . . . . 20 » 0ᵐ500

La plus petite longueur :

Chez 1 garçon . . . 16 pouces 0ᵐ400

Chez 8 garçons . . . 17 » 0ᵐ425

Chez 3 » . . . 17 1/2 » 0ᵐ435

Chez 2 filles . . . . 16 » 0ᵐ400

Chez 12 » . . . 17 à 17 1/2 » 0ᵐ425

Pour la pesanteur, le poids le plus fort était :

Chez 4 garçons . . . 10 livres 5ᵏ000

Chez 6 » . . . 9 à 10 » 4 à 5ᵏ000

Chez 23 » . . 8 à 9 » 4 à 4ᵏ500

Chez 3 » . . 9 à 10 » 4 1/2 à 5ᵏ000

Chez 15 » . . 8 à 9 » 4 à 4ᵏ500

Le poids le plus faible a été :

Chez 1 garçon . . 4 1/2 livres 2ᵏ250

Chez 6 garçons. . 5 à 6 » 2 1/2 à 3ᵏ000

Chez 9 filles . . . 5 à 6 » id.

Les diam. de la tête chez 175 enfants nés à terme mesuraient :

Le transversal, 3 1/3 de pouce (0^{m}08).

Le droit,   4 1/8   »   (0^{m}10).

Le diagonal,   4 7/8   »   (0^{m}12).

Le diamètre des épaules chez 85 de ces enfants mesurait 4 15/16 de pouce (0^{m}12) et celui des hanches 3 1/3 de pouce (0^{m}08).

Il serait superflu d'insister beaucoup sur les diamètres de la tête, des épaules et des hanches, leur étendue varie d'un sujet à l'autre ; pareille inconstance tient au développement très-variable des enfants et à la conformation de la tête, chez les uns elle est allongée, chez d'autres elle est large et aplatie, chez d'autres encore la face est forte et le crâne petit.

Les ongles ont la consistance cornée, ils atteignent complétement l'extrémité des doigts aux mains, et approximativement aux pieds. Les cartilages du nez et des oreilles font sentir leur consistance propre.

Mais le meilleur signe de tous, c'est le point d'ossification au centre de l'épiphyse fémorale, la seule de tous les os longs qui présente cette particularité ; ce point commence sa formation dans la dernière moitié du neuvième mois, au centre de la substance blanche de l'épiphyse cartilagineuse. A l'origine, en incisant l'épiphyse par couches très-minces, l'œil découvre une plaque circulaire de 1 à 2 lignes (5 millimètres) de diamètre, d'un rouge de sang, formée de vaisseaux sanguins capillaires ; le dépôt osseux se fait sous forme globulaire au centre de ce premier point rouge ; on s'en aperçoit à la couleur comme à la dureté qui se trahit par le bruit que l'incision fait entendre.

Le professeur de Berlin fournit sur l'époque de l'ossification épiphysaire et sa constance les données statistiques d'Ollivier et de Mildner et celles de sa propre observation. Le premier ne découvrit aucune trace d'ossification chez 21 fœtus nés avant terme ; chez 16 autres nés dans le dernier mois de la grossesse, le point d'ossification avait 2 1/2 millimètres ou lignes ; chez 6 autres nés à terme et morts du 13ᵉ au 26ᵉ jour de leur naissance, il était de 2 3/4 lignes ; chez un autre, décédé 21 jours après sa naissance, il avait 3 1/5 lignes de diamètre, 3 à 4 millimètres.

Mildner observa chez 21 enfants forts, bien développés et nés à terme, mais morts pendant ou immédiatement après la naissance, un point d'ossification de 2 à 2 1/2 lignes. Chez 10 autres nouveau-nés à terme, grêles, maigres, mal nourris et décédés au moment de la naissance, une ossification de 1 1/4, 1 3/4 à 2 lignes.

Dans les 50 observations qui lui sont personnelles, Casper a consigné ces résultats : « 23 fœtus nés au septième et au huitième mois n'offrent aucune trace d'ossification ; chez 2 autres nés vivants au neuvième mois sans être à terme et tués au moment de leur naissance, l'un offrait une ossification de 2 lignes ou millimètres, l'autre n'en présentait aucune trace. 11 autres nouveau-nés à terme, forts et bien développés, présentent un point osseux de 2, 2 1/2, 3 et même chez un seul de 4 lignes ou un égal nombre de millimètres. Un enfant asphyxié à trois mois en a un de 5 lignes ; un autre, également né à terme et mort d'inanition et de marasme à neuf mois, après bien des privations et des soins insuffisants, présente une ossification de 3 lignes seulement. Un enfant de 19 pouces, ayant des ongles longs et la chevelure abondante, meurt huit jours après la

naissance, le point osseux a chez lui 1 3/4 ligne de diamètre. Un autre bien fort, né vivant et à terme, mesurant
20 pouces et pesant 6 3/4 livres, porte un point de 2 lignes.
Une fille de 18 pouces pesant 5 livres, née au 9e mois, en
présente à peine un de 3/4 de ligne; une autre fille, de
5 livres et de 19 1/2 pouces de long (50 centimètres), toute
couverte de duvet, et dont les diamètres de la tête mesuraient 3 1/4, 4 et 4 1/2 pouces, et chez laquelle les ongles
atteignaient l'extrémité des doigts, n'avait aucune trace
d'ossification épiphysaire quoiqu'elle fût évidemment née
dans le 9e mois de la grossesse. Ce cas est exceptionnel, le
développement de tout le système osseux était en souffrance,
la fontanelle antérieure mesurait 1 1/2 pouce en longueur
et 1 pouce en largeur; l'ossification des pariétaux était
incomplète en plusieurs endroits. L'ossification des con-
diles fémoraux commence à la dernière moitié du neuvième
mois, ce fait permet de juger de l'âge certain du mort-né
chez qui le point osseux de l'épiphyse se présente; ce signe
est d'autant plus précieux qu'il résiste à la décomposition
putride du cadavre. Si le fœtus est à terme, le point osseux
mesure 1 à 3 lignes; par une conséquence logique, si le
point a plus de 3 lignes, c'est qu'il s'est développé durant
la vie extra-utérine, donc l'enfant a vécu après la naissance; dans ce cas le degré d'ossification ne donne plus la
même précision dans l'évaluation de l'âge de l'enfant; chez
celui qui naîtrait au huitième, au neuvième mois (première
moitié) sans traces de dépôt osseux, ce travail se ferait
également à partir de l'époque qui correspond à la dernière
moitié du neuvième mois de la gestation. Cette loi de développement est de la plus haute importance en médecine
légale, elle établit qu'il est impossible de fixer par ce signe

l'âge que le fœtus avait à sa naissance s'il a vécu quelques semaines de la vie extra-utérine.

Exceptionnellement à ces règles, l'ossification peut être en souffrance au moment de la naissance; mais ce retard frappe tout le système, ce défaut d'incrustations osseuses est le même aux os du crâne et aux os longs; les fontanelles sont démesurément grandes, d'autres points de la tête n'ont pas reçu de dépôt calcaire, dans ces cas le point de l'épiphyse mesure à 9 mois 1/2 ligne. L'expert tiendra compte, nous croyons utile de le répéter, de la croissance générale, de la force, du degré de développement du cadavre qu'on lui présente.

Chez la fille le volume relatif du clitoris et des grandes lèvres s'est modifié, ces dernières se sont rapprochées au point de fermer la vulve et de recouvrir le clitoris.

La longueur, la forme et le volume du cordon ombilical ne donne aucun indice de quelque valeur; son insertion, au contraire, donne un renseignement précieux, on la trouve d'abord à la partie inférieure du corps (entre les moignons des deux cuisses), puis elle remonte pendant le développement du germe jusqu'au milieu de l'abdomen; de sorte qu'à la maturité le milieu du corps, mesuré du vertex à la plante des pieds, correspond à deux lignes au-dessus du cordon ou de la cicatrice ombilicale.

S'il fallait juger de l'âge du fœtus sur le simple examen du squelette ou d'une de ses parties, le tableau de Günz serait d'un grand secours; nous en extrayons quelques données du traité de Casper :

Hauteur de l'os frontal. 0ᵐ056

Largeur de la même partie 0ᵐ045

Longueur de la partie susorbitaire . . . . . 0^m025

Largeur   id.   . . . . .   id.

Pariétal, de l'épine antérieure supérieure à l'épine

    postérieure inférieure . . . . 0^m076

De l'épine antérieure inférieure à l'épine posté-

    rieure supérieure. . . . . 0^m076

Hauteur de la partie postérieure de l'occipital . 0^m050

Temporal, hauteur de la partie squammeuse. . 0^m025

Hauteur de l'os zygomatique . . . . 0^m012

Hauteur de l'os du nez . . . . 0^m010

Largeur   id.   . . . . 0^m006

Hauteur des vertèbres du cou . . . . . . 0^m021

    Id.   id.   thoraciques . . . . . 0^m093

    Id.   id.   lombaires . . . . . 0^m056

Hauteur des os sacrés et coxaux . . . . . . 0^m036

Longueur de la clavicule . . . . 0^m036

    Id.   de l'omoplate . . . . 0^m032

Largeur de cet os . . . . 0^m027

Longueur de l'humérus . . . . 0^m075

    Id.   du cubitus . . . . 0^m070

    Id.   du radius . . . . 0^m066

    Id.   du fémur . . . . 0^m087

    Id.   du tibia . . . . 0^m079

    Id.   du péroné . . . . 0^m077

Nous venons d'examiner les signes qui permettent de juger de l'âge de l'embryon ou du fœtus et de déterminer s'il a son développement complet ou s'il est né à terme; il nous faut rechercher encore les monstruosités, les vices de conformation et les maladies intra-utérines qui excluent d'une manière absolue la vie individuelle et extra-utérine, pour décider de la viabilité du nouveau-né.

§ 6. Age des monstres et leur viabilité.

Nous distinguons, pour les besoins de la médecine légale, les défauts ou vices de conformation et ces états d'anomalie extrême connus sous le nom de monstruosités; cette division est commandée par les différences anatomiques autant que par leur influence sur les fonctions physiologiques et sur le degré de viabilité des êtres qui les présentent.

Dans l'étude des hémitéries et des monstruosités il ne sera tenu compte que de celles qui influencent la viabilité, sujet unique qui doive nous occuper dans une étude tératologique faite à un point de vue spécial et exclusif.

Dans les questions de viabilité on doit déterminer catégoriquement le degré de la possibilité de vivre de la vie extra-utérine chez le fœtus soumis à l'expertise; les règles générales sur l'importance des organes, la gravité de leurs anomalies ne satisfont pas aux besoins de la médecine du barreau, cette insuffisance nous engage à présenter l'analyse de chaque espèce de monstruosité, classée selon le degré de viabilité; ce cadre permet d'y rapporter tous les exemples de la pratique, de les juger par comparaison, ce qui, sans conteste, est le meilleur des guides dans les questions de tératologie.

Définition. « La monstruosité est une déviation congéniale, complexe, très-grave, vicieuse et apparente à l'extérieur du type spécifique. » (Is. Geoffroy Saint-Hilaire.)

Un monstre n'est qu'un fœtus sous les conditions communes, mais chez lequel un ou plusieurs organes n'ont point participé aux transformations successives qui font le caractère de l'organisation. (Ibid.)

Tout monstre rentre dans l'une des deux grandes classes admises par Isidore Geoffroy Saint-Hilaire ; les unitaires et les composés.

A. *Monstres unitaires.*

Cette classe renferme les individus qui ne présentent que les éléments d'un seul individu plus ou moins complets avec des déviations plus ou moins régulières dans leurs connexions, leur volume et dans l'ordre de leurs rapports. La division sub-ordinale range les êtres de cette classe en trois groupes : — les autosites, capables de vivre et de se nourrir eux-mêmes ; tous peuvent vivre un certain temps hors du sein maternel, ils ont toujours les organes de la circulation, de la respiration et presque tous les viscères digestifs. — Les omphalosites ou ceux qui se nourrissent par l'ombilic, sont dépourvus d'un grand nombre d'organes, et ceux qu'ils ont sont très-imparfaits et simplement ébauchés, aussi leur vie est-elle très-incomplète, ne se soutenant que par les communications placentaires avec la mère. — Les parasites sont les moins parfaits ; ces monstres ne sont que des masses inertes, irrégulières, vivant aux dépens de celle qui les porte sans intermédiaire de cordon ombilical ; ils sont insérés sur les organes de la génération de la mère ; ce sont des amas de dents, d'os, de poils, de graisse, etc.

Ier Ordre. — *Autosites.* Dans cet ordre l'anomalie frappe les membres chez les uns (ectroméliens, avortement des membres ; syméliens, fusion des membres), chez les autres c'est le tronc qui est le siége des déviations les plus graves et les plus complexes, les membres conservant des formes normales. Leur caractère commun, c'est la hernie d'une grande partie des viscères (célosomiens, monstres par éventration). D'autres encore présentent des déformations de la face et du crâne; un premier genre embrasse ceux dont le cerveau incomplet est placé hors de la boîte crânienne (exencéphaliens); un second genre, celui des pseudencéphaliens, n'a plus de cerveau, une tumeur vasculaire d'un rouge de sang placée sur la base du crâne le remplace, la voûte crânienne manque en grande partie; un troisième genre ne présente plus de traces de cerveau et la voûte manque complétement (anencéphaliens); un quatrième et dernier genre se caractérise par l'atrophie des os centraux de la face et le rapprochement des parties latérales. De ce genre sont : les cyclocéphaliens, dont toutes les parties du nez sont atrophiées et les yeux rapprochés ou confondus sur la ligne médiane. Les otocéphaliens, dont les oreilles se touchent par l'atrophie considérable des parties médianes de la face.

IIe Ordre. — *Omphalosites.* — Cet ordre présente des anomalies d'une extrême gravité qui affectent l'organe central du système nerveux, son enveloppe osseuse en même temps que toutes les autres parties de l'être. On y rencontre : premièrement les paracéphaliens, dont l'atrophie de la tête n'est pas complète; il leur manque le cœur, donc il ne peut exister de circulation sanguine cardiaque. — Secondement, les acéphaliens, sans rudiment de tête ou de cerveau; il leur manque également le col et le thorax, ou, si ce dernier existe, les viscères thoraciques et abdominaux manquent. — Troisièmement, les anidiens (sans forme), ce sont les plus dégradés de l'ordre; ils sont formés d'une simple poche cutanée ne présentant plus de viscères.

Degré de viabilité. — Les ectroméliens affectés d'anomalies qui ne portent pas sur des organes essentiels à la vie, peuvent vivre et même arriver à l'âge adulte s'il n'existe point quelque complication incompatible avec la vie.

Genre. — *Syméliens.* — Ils présentente de légères variantes dans la durée de la vie extra-maternelle, suivant le genre auquel ils appartiennent : les symèles (membres inférieurs complétement réunis et terminés par deux pieds) ne sont pas voués à une mort certaine par la réunion des jambes et des cuisses, mais par les anomalies concomitantes. La réunion des membres pelviens ne se fait qu'en déformant et en rétrécissant le bassin ; celui-ci à son tour modifie les organes qui y sont contenus, ou qui ont avec lui des connexions. Les organes urinaires sont incomplets, la vessie et les reins, ou l'un d'eux manquent, s'il y a des uretères ils s'ouvrent dans l'intestin. Les premières voies sont régulières dans leur portion anti-cœcale et déformées de là à la terminaison anale ; le gros intestin est étroit d'abord, pour se terminer ensuite par un cordon sans ouverture. L'atrésie anale accompagne constamment ce vice de conformation. Les anomalies très-graves de ces monstres sont causes de leur naissance prématurée (du 4e au 8e mois), la majeure partie est mort-née et ceux qui naissent vivants meurent peu de temps après la naissance ; les signes de vie, les simples mouvements que ces monstres exécutent pendant quelques moments ne sont pas une preuve de viabilité.

Genre. — *Uromèles.* — (Membres abdominaux incomplets réunis, et terminés par un pied unique.) Ces monstres sont très-voisins des précédents, les anomalies analogues des intestins et des organes génito-urinaires se rencontrent également dans ce genre, mais à un degré plus prononcé, l'anus, la vessie, les reins, les uretères leur manquent. Ces êtres ne sont pas viables, quoique leur éphémère existence puisse se prolonger pendant quelque temps.

Genre. — *Sirénomèles.* —(Membres inférieurs très-incomplets réunis, terminés en moignon.) Ils présentent une imperforation des voies génito-urinaires et les organes correspondants internes manquent. L'atrésie anale indique également une conformation vicieuse des colons. Les rares exceptions qui naissent vivantes peuvent vivre un certain temps de la vie extra-maternelle, ce simulacre de viabilité ne va jamais au-delà de quelques heures.

Isidore Geoffroy Saint-Hilaire, juge la viabilité des syméliens en ces termes : « Les circonstances de la vie et de la mort des monstres syméliens sont, comme on l'a vu, peu différentes pour tous et peu dignes d'intérêt. La remarque la plus importante que l'on ait à faire sur ces monstres, est celle de leur *non-viabilité,* facilement explicable par les anomalies multipliées de leur organisation. Une circonstance qui n'est pas sans quelque intérêt, c'est que les symèles et les uromèles, quoique moins anomaux que les sirénomèles, meurent tout aussi promptement que ces derniers.

La seconde tribu de l'ordre des autosites, les monstres célosomiens, présentent plusieurs genres qui tous offrent une éventration latérale ou médiane de l'abdomen ou de cette cavité et de la poitrine en même temps, avec hernie des viscères de ces cavités. Les variations de ces anomalies qui servent à établir les genres, sont dans l'éventration qui présente des modifications dans l'étendue de l'ouverture, dans le nombre des organes qu'elle laisse passer et dans la région qu'elle occupe. Les circonstances de la naissance et du décès de toutes les variétés génériques de ce groupe sont sensiblement les mêmes; ce fait nous dispense de nous étendre sur les caractères de chaque genre en particulier, un article général sur la viabilité de ces monstres satisfait aux besoins pratiques de la médecine légale.

Nous sommes autorisés à formuler comme loi, que tout célosomien naît généralement avant terme et que les exceptions à cette règle meurent peu d'instants après la naissance.

Les aspalosanes, dit Isidore Geoffroy Saint-Hilaire, naissent pour la plupart vivants, mais ne prolongent guère leur débile vie au-delà de quelques heures. Mais ajoute-t-il, les agénosomes leur ressemblent par les circonstances de leur naissance et par la promptitude de leur mort. Les circonstances de la naissance et le degré de viabilité du cyllosome paraissent ne pas différer.

Les monstruosités célosomiques qui présentent la scissure abdominale et thoracique sont plus graves encore, l'extrémité inférieure des voies digestives et les appareils génito-urinaires sont très-mal conformés. La naissance précoce immédiatement suivie du décès est encore la règle dans les anomalies de cette gravité. Les célosomes s'éloignent des autres genres par les anomalies graves de leur appareil circulatoire, ils meurent comme ceux-ci et à plus forte raison, bientôt après leur naissance, lorsqu'ils ne sont pas mort-nés.

La non-viabilité des monstres célosomiens résulte de la hernie des viscères, mais principalement de l'absence des parois abdominales et thoraciques et de la division du diaphragme; la fonction physiologique essentielle à la prolongation de la vie extra-maternelle, la respiration, est nécessairement impossible ou très-incomplète; le témoin oculaire est le juge unique d'une existence propre, éphémère et fugitive; il manquera à l'expert le seul critérium sans réplique, les signes de la respiration complète, constatés par l'analyse anatomique des poumons.

Dans la troisième tribu des autosites, le crâne, le cerveau et le rachis sont le siége des anomalies de conformation; tout autre vice concomitant est une complication qui ne présente rien de fixe ni de constant.

Le groupe de ces monstres, exencéphales (cerveau hors du crâne), pseudencéphales (faux cerveau), et anencéphales (sans cerveau), varie peu dans ses degrés de viabilité; le plus grand nombre est mort-né avant terme; s'ils naissent vivants, leur existence ne dépasse guère quelques minutes à quelques heures, encore la manifestation de leur vie se borne à certains mouvements convulsifs automatiques. « Les hyperencéphales (variété d'exencéphales) dit Is. Geoffroy Saint-Hilaire, naissent, si ce n'est toujours, au moins le plus ordinairement, avant terme; ils peuvent naître vivants et donner pendant quelque temps les signes d'une vie plus ou moins complète, mais ne sont pas viables. La naissance est ordinairement prématurée et la mort toujours prompte chez les exencéphaliens. »

Chez les pseudencéphales la naissance est prématurée pour quelques-uns, pour le plus grand nombre elle est au terme de la gestation; ils naissent vivants, meurent immédiatement ou vivent à peine quelques heures. « L'état de la science ne permet pas de déterminer exactement le nombre d'heures et même de jours pendant lesquels la débile existence de ces monstres peut, à la rigueur, se prolonger dans les circonstances les plus favorables; mais leur non-viabilité, c'est-à-dire l'impossibilité qu'ils vivent au-delà d'un terme extrêmement rapproché de leur naissance, est aussi certaine que possible, et la nier ce serait véritablement renverser toutes les règles du raisonnement et de la critique scientifique. » (Ibid.)

Les anencéphales, caractérisés par l'absence de l'axe cérébrospinal et le développement incomplet de son enveloppe osseuse, présentent à leur naissance de l'embonpoint et un développement considérable ; la faculté de naître vivant ne peut être déniée d'une manière absolue ; mais on conçoit aisément combien sera miraculeuse la vie qui échappera à la rupture de la poche hydrorachidienne qui a toujours lieu pendant l'accouchement ; cette organisation, si peu accommodée à la vie indépendante, offre des exemples de monstres qui traversent ces périls de la naissance, exécutent quelques mouvements, donnent des signes de sensibilité et meurent au bout de quelques instants ou de quelques heures. Comment en serait-il autrement d'un être qui ne peut respirer l'air dans lequel il doit vivre ? L'innervation manque aux organes chargés de cette fonction physiologique ; les poumons ne reçoivent pas l'influx nerveux de la moelle et du cerveau absents.

Dans la quatrième et dernière tribu des unitaires autosites, la famille des cyclocéphaliens renferme une série de genres chez lesquels la durée de la vie et les circonstances de la naissance présentent peu de variétés ; en général tous devancent de plusieurs semaines le terme de la grossesse ; ils naissent vivants pour mourir promptement ; leur vie trop faible se manifeste par des convulsions, des respirations très-imparfaites, mais inharmoniques avec les conditions de sa nouvelle existence ; elle ne se prolonge que quelques minutes, pour s'éteindre par le décès immédiat. Ici la promptitude de la mort, comme dans l'anencéphalie, trouve son explication dans l'absence de l'arbre céphalo-rachidien, ou dans son état rudimentaire.

OMPHALOSITES. — *Second ordre des unitaires.*

Ces monstres, qui se nourrissent par l'ombilic, présentent des tribus et des familles. Groupe d'individus remarquables par l'absence de la circulation cardiaque, privés comme ils sont du cœur.

Comme le mot l'indique, tous se nourrissent par le cordon ombilical, aux dépens de la mère; ce sont des parasites médiats d'un développement très-imparfait et d'une vie passive qui finit avec la naissance par la rupture du cordon ombilical, qui servait de canal d'alimentation. Dans la première tribu, la famille des *paracéphaliens* (presque sans tête), les organes respiratoires et l'organe central de la circulation n'existent pas; ils naissent du sixième au septième mois et demi de la gestation, ne donnant à leur naissance aucun signe de vie. La seconde famille de ce groupe, les *acéphaliens omphalosites*, encore plus imparfaits que les précédents, n'offrent plus de vestiges de la tête; les viscères abdominaux et thoraciques manquent complétement. « Cessons de vouloir trouver le type humain dans les fœtus acéphaliens vraiment étrangers à l'espèce humaine, si ce n'est par leur naissance. C'est un être tout embryonnaire; l'absence de méconium dans l'intestin (absent) le prouve pour la nutrition, l'extrême simplicité du système vasculaire et l'absence du cœur pour la circulation, enfin, l'état très-imparfait du système musculaire pour le mouvement. » (*Ibid.*)

Dans la seconde tribu, composée d'une seule famille, les *anidiens* (sans forme), l'organisation descend encore à un degré plus grand de simplicité et d'imperfection ; ils n'offrent aucun intérêt au point de vue médico-légal.

PARASITES. — *Troisième ordre des unitaires.*

Ce sont des masses organiques informes composées d'éléments d'un embryon normal, mais très-irrégulières et groupées (dents, os, cheveux, ongles, etc.), comme ils sont constamment le produit d'un coït fécondant, on peut les trouver dans toutes les régions du corps où l'on trouve l'œuf fécondé. Ces quelques mots démontrent que ces masses amorphes, ces vraies môles n'ont aucun rapport avec notre sujet ; nous n'y insisterons pas davantage.

B. *Monstres composés.*

C'est la réunion des éléments de deux ou de plusieurs individus. Cette union peut n'être qu'une soudure plus ou moins étendue de deux êtres également développés et se nourrissant chacun par un cordon ombilical distinct ; ce sont deux autosites concourant à une vie commune et qui sont parfaitement constitués pour continuer à vivre de la vie extra-utérine s'ils naissent à un terme assez avancé de la grossesse, ce qui est la marche ordinaire des choses.

La soudure nécessaire à la formation d'un monstre composé peut avoir lieu entre deux individus dissemblables et très-inégalement développés ; un parasite fort petit et très-incomplet implanté sur un autosite d'une conformation légèrement semblable au type normal.

Dans leur organisation rien ne les condamne fatalement à la mort; leur sort dépend de l'époque de leur naissance, des difficultés de l'accouchement ou d'une complication d'anomalies incompatibles avec la vie extra-utérine. N'étant pas condamnés à mort de par le fait de leur union, ils sont réputés viables jusqu'à preuve contraire.

Une remarque qui n'échappera à personne, c'est la difficulté souvent extrême de terminer l'accouchement de deux individus soudés ensemble; ce fait se lie intimement au cas spécial et ne saurait nous autoriser à établir une loi générale. L'exception commence aux sycéphaliens (fusion intime des deux têtes), dont la naissance très-prématurée et les difficultés extrêmes, même l'impossibilité d'un accouchement à terme, à cause du volume considérable de leur tête, rend la non-viabilité presque certaine. « La viabilité des monstres sycéphaliens, que l'on ne peut nier d'une manière absolue, est du moins extrêmement improbable. Les sujets dont l'histoire est authentique sont mort-nés ou n'ont survécu à leur naissance que d'une ou de deux heures au plus. »·(*Ibid.*)

Ce que nous venons de dire des sycéphaliens s'applique aux monstres doubles monocéphaliens (une seule tête, la fusion est si intime que l'on n'en voit plus qu'une seule à l'extérieur), les circonstances de la naissance, du décès et de la vie sont complétement les mêmes pour les deux familles. .

Les monstres doubles sysomiens (corps réunis) présentent une meilleure chance de viabilité, les organes essentiels à la vie sont plus complets chez les deux et leur union peut être telle qu'elle gêne peu l'accouchement; toute règle générale est ici impossible.

Les monosomiens (un seul corps), présentent deux têtes plus ou moins complétement réunies et meurent à leur naissance. La non-viabilité absolue n'est pas une loi immuable, mais l'exception se prouve avant qu'il ne soit permis de l'affirmer.

Deuxième ordre des composés.

Le premier groupe, les hétérotypiens, sont composés d'un individu autosite, offrant le type presque normal, et d'un sujet parasite rudimentaire et implanté sur le premier, aux dépens duquel il vit ; on comprend par ce simple énoncé que le sujet principal doit naître viable et que la vie du second doit nécessairement durer autant que celle de son frère nourricier, pourvu qu'ils puissent naître à. terme, ce qui est la règle dans cette série d'anomalies. Après un accouchement heureux les hétérotypiens arrivent à l'âge adulte. Les individus de toutes les familles des autres tribus de l'ordre des composés parasitaires naissent également viables ; les endocyniens, monstres doubles par inclusion, sont les plus exposés à périr par la mort du parasite inclus, qui forme alors un corps étranger dans l'économie du sujet principal.

De l'étude de la viabilité des monstres nous passons à celle des vices de conformation, qui à leur tour peuvent être causes d'une mort prompte du nouveau-né.

§ 7. **Age et viabilité des individus portant un vice de conformation.**

1° *Vices de position. — Cerveau et rachis. —* Parmi les déplacements des organes splanchniques, les hernies congéniales de l'arbre encéphalo-rachidien méritent de fixer notre attention ; les encéphalocèles sont aussi nombreux que les sutures crâniennes chez l'embryule. Les fœtus affectés de ces vices de conformation ne sont généralement pas viables, nés vivants ils périssent au bout de quelques heures; au plus, au bout de quelques jours. Un exemple fut observé par le docteur Norgen d'un encéphalocèle qui vécut pendant treize heures, malgré qu'on eût amputé le cerveau hernié à travers une fissure médiane de l'occipital, tumeur que l'on avait considérée comme un lipome.

Cœur. — Les déplacements herniaires du cœur s'opèrent à travers les parois thoraciques supérieures, inférieures et antérieures; les différents genres de cette anomalie présentent des conditions très-variées de viabilité. La plupart ne sont pas viables, d'autres n'éprouvent de souffrances de leur triste infirmité que des palpitations, une circulation et une respiration gênées. Quand la structure du cœur n'est pas viciée, que ce muscle conserve son enveloppe séreuse et, qu'au lieu de se placer complétement au dehors, il reste couvert d'une couche de téguments (déplacement abdominal), l'anomalie est compatible avec la vie. « La viabilité peut être déclarée, si toutefois le déplacement herniaire ne présente d'autres complications qu'une fissure ou un écartement de parties ordinairement continues, avec de légères anomalies dans la direction et la disposition des vaisseaux. » (*Ibid.*)

Dans les hernies complétement extérieures, le cœur dépourvu de péricarde subit un déplacement considérable et détermine la mort immédiate du fœtus qui naît avec ce genre de conformation. « Il en est ainsi à plus forte raison, et l'on ne doit pas hésiter à déclarer la non-viabilité, si d'autres viscères, par exemple l'encéphale ou les intestins, font en même temps hernie à l'extérieur, et surtout si la paroi antérieure de l'abdomen et celle du thorax sont l'une et l'autre imparfaitement développées. » (*Ibid.*)

Viscères digestifs. — Les fruits affectés de hernies des viscères abdominaux naissent à terme et meurent avant de naître; ou nés vivants ils périssent dans les trois à cinq premiers jours de la naissance.

Le déplacement antérieur ou abdominal prend le nom d'exomphale (hernie ombilicale) congéniale, quand les parois abdominales sont complétement fermées et qu'il n'y a qu'un simple engagement d'une partie des viscères dans l'ouverture ombilicale et la base du cordon.

Ce vice de conformation n'exerce pas toujours une influence fâcheuse sur la viabilité. Ces enfants sont ordinairement mort-nés ou vivent peu de temps si la hernie est très-volumineuse et ne peut se réduire, ou encore s'il y a quelque complication; pour tout autre cas, il est impossible de déterminer le degré de viabilité.

Dans les cas plus graves, les parois abdominales incomplétement closes laissent échapper, à travers une ouverture large, les viscères digestifs qui pendent au-devant de l'abdomen. Ces éventrations, sans déterminer une expulsion avant terme, sont causes du décès de l'enfant avant sa naissance ou peu de temps après : tous succombent du premier au sixième jour.

2° *Embouchures anomales.* — Celles qui entraînent des conséquences fâcheuses sur la vie des êtres qui les présentent, portent sur l'ouverture inférieure du canal intestinal. Les exemples de cette anomalie ont l'extrémité anale des voies digestives placée dans la région pubienne ou à l'ombilic; tous ces sujets étaient monstrueux et n'avaient vécu que quelques instants à quelques heures.

Ces déplacements de l'ouverture extérieure de l'intestin sont presque constamment l'indice d'un gros intestin incomplet; le côlon descendant et le rectum manquent ordinairement, par conséquent, c'est le gros intestin qui présente une insertion vicieuse, dont l'atrésie anale est une conséquence directe. La mort est un résultat immédiat et fatal de ce vice de conformation.

Le nombre des ouvertures extérieures est parfois diminué par le déplacement des orifices d'un point sur un point intérieur; ces anomalies d'embouchure se rencontrent chez les sujets viables tout comme sur des individus mal conformés ou même monstrueux. De ce genre est l'ouverture anale dans les voies génito-urinaires, l'extrémité intestinale se soude à la vessie ou à l'urèthre et déverse son contenu dans ces organes par une ouverture plus ou moins grande; de la lumière de ce pertuis anomal dépend le degré de viabilité du fœtus, si le passage est petit à ne livrer passage qu'aux matières liquides du méconium, la mort survient dans les premiers jours de la naissance. Ce serait une erreur de croire que ces dispositions anatomiques vicieuses soient constamment causes de mort prochaine et nécessaire; la dilatation graduelle de l'urèthre par le passage des fèces, une embouchure urètro- ou vésico-intestinale suffisamment large pour donner un libre cours aux matières liquides et solides, sauvent la vie des êtres affligés d'une aussi triste infirmité. Les annales de la science ont enregistré des exemples d'anomalies de ce genre constatées sur des sujets de huit mois et de trois ans.

Dans les cas les plus graves, il n'y a pas de traces de communication, nous avons nous-même tenté l'opération de l'anus artificiel sur un enfant né à terme chez lequel le côlon descendant s'implantait sur le haut de la vessie, à l'autopsie nous n'avons pu découvrir aucune trace d'ouverture.

3° *Imperforations*. — Dans ce genre de déformation de l'anus, nous avons fait remarquer qu'elle dépend parfois de l'absence même du rectum qui se termine en cul-de-sac, en cordon fibreux qui aboutit à l'ombilic, à la vessie, au vagin ou à l'urèthre. Une atrésie de cette nature est au-dessus des ressources de l'art, elle entraîne la mort des enfants qui ne peuvent évacuer les matières des premières voies.

Les imperforations qu'une opération chirurgicale enlève ne compromettent pas la vie de l'enfant. Une membrane fibreuse, un prolongement du derme bouche l'ouverture, il suffit d'une simple incision pour sauver le nouveau-né, dans ces cas l'enfant n'est pas né viable, il est voué à une mort certaine si l'opération ne vient à son aide ; c'est donc une viabilité éventuelle qui dépend d'une circonstance fortuite, l'opération. Les circonstances de chaque cas fourniront les données des conclusions à prendre.

L'imperforation de l'urèthre dans une étendue notable de sa longueur entraîne nécessairement la mort, si l'instrument ne peut y remédier, ressource bornée à l'ouverture de la simple occlusion du méat ; c'est une seconde anomalie où la viabilité tient à l'éventualité d'une opération chirurgicale.

L'imperforation des narines empêche l'enfant de sucer, celle de la bouche ne lui permet pas de se nourrir, dans le premier cas il faut y substituer une alimentation à la cuiller, dans le second l'opération chirurgicale est l'unique planche de salut. On conçoit combien ce moyen ultime laisse peu de chances de sauver la débile existence d'un nouveau-né; la douleur causée par les plaies saignantes des lèvres fera refuser toute boisson, toute nourriture.

L'imperforation complète des urethères, de la vessie, des bronches ou de la trachée-artère est une cause de mort prochaine, nécessaire et fatale.

L'occlusion congéniale du canal alimentaire par l'accolement des parois, ou l'interposition d'un diaphragme transversal est une cause fatale et inévitable de mort.

4° *Perforation.* — La seule anomalie par perforation qui mérite de fixer notre attention, c'est la perforation du diaphragme; cette anomalie congéniale est complétement compatible avec la vie.

5° *Anomalies par division.* — Celle qui entraîne les plus graves conséquences pour la viabilité du sujet, c'est la division du canal alimentaire. L'on a vu des exemples de séparation, entre le pharynx et l'œsophage qui se terminaient tous les deux en cul-de-sac, entre deux portions du gros intestin. Ces vices entraînent une mort très-prompte en empêchant la nutrition ou l'évacuation des matières.

La fissure spinale (spina bifida) est un simple vice de conformation qui n'est pas incompatible avec la vie; la collection séreuse du rachis qui complique ce vice rend cette anomalie plus dangereuse et plus mortelle pour les sujets qu'elle affecte. Une fissure rachidienne qui s'étend à une série de vertèbres, à toute une région, avec écartement considérable des lames, coïncide avec l'absence partielle ou totale de la moelle; pareille anomalie provoque des couches avant terme et détermine inévitablement la mort prompte de ces sujets par une naissance trop précoce.

§ 8. Malades de naissance, leur viabilité.
\

Les monstruosités et les vices de conformation ont été l'objet de nos études au point de vue de la viabilité; l'ordre logique présente à notre examen les maladies incompatibles avec la vie extra-maternelle. L'incapacité civile de l'enfant découle des états pathologiques dont le début est antérieur à la naissance et qui détermine immédiatement la mort; la défense y trouvera également une circonstance atténuante à plaider dans les crimes d'infanticide.

Sont habiles à succéder ou à recevoir par donation, ceux qui naissent vivants ou viables, une maladie de la vie intra-utérine qui détruit sûrement la possibilité de continuer à vivre de la vie indépendante, annihile l'habilité civile. Devant les cours criminelles les états pathologiques d'une nature aussi grave sont des circonstances heureuses par lesquelles l'avocat habile explique la mort.

L'expert n'est jamais appelé à prononcer un jugement *a priori* sur la gravité d'une maladie interne, c'est après le décès que les procès surgissent, que les poursuites se font; la nécropsie permet de juger l'état des organes, leurs lésions, et dans certaines limites, la part que celles-ci ont eue dans la mort de l'individu.

La théorie nous fait connaître qu'il y a des états pathologiques incompatibles avec la vie, mais une science non présomptueuse recule devant l'incertitude de la marche, de la terminaison et du diagnostic de la maladie.

L'autopsie prouve-t-elle la cause du décès d'une manière incontestable? Peut-on sortir du probable dans la recherche du début de la maladie? A quel degré doit-elle se trouver à la naissance pour exclure la viabilité? Dans quel laps de temps doit-elle entraîner la mort, pour que l'enfant soit réputé non viable? La maladie était-elle déjà mortelle lors de la naissance, ou l'est-elle devenue par la négligence des soins à donner au nouveau-né? Un traitement convenable en aurait-il changé le cours? etc.

Ces problèmes obscurs échappent à la clairvoyance du médecin consciencieux, sa prudence se refuse à formuler une proposition affirmative sur d'aussi épineuses difficultés; il sera plus sage de se borner au possible et de donner une décision probable ou simplement de présomption.

Les besoins de la justice exigent impérieusement l'exclusion du doute, le magistrat ne demande ni hypothèse ni calcul de probabilité; dans la question des maladies antérieures à la naissance, le champ est largement ouvert aux suppositions les plus extravagantes sur le degré de léthalité de l'affection, sur l'opportunité des moyens mis en usage pour la combattre. Maladie, médecin et remède feront le triple argument d'une lutte sans issue. Un plus habile aurait sauvé le malade! Où est la limite d'un système d'incriminations malveillantes, surtout s'il est appuyé par un autre médecin gagné à la cause contraire? Tournoi stérile, nuisible au premier chef à la dignité de la justice, et à l'autorité nécessaire aux décisions de la science.

En droit, la présomption de viabilité est admise jusqu'à preuve contraire; mais un jugement seulement probable, comme celui que le médecin porte sur le début, la gravité et les suites d'une maladie dont il observe les lésions sur le cadavre du nouveau-né, ne sort point des conditions d'une simple conjecture; semblable sentence basée sur des probabilités plus ou moins fortes n'acquiert jamais les caractères d'une preuve de non-viabilité suffisante pour détruire la présomption légale.

Cet avertissement donné, nous voulons fournir les éléments sur lesquels l'expert basera son jugement par l'étude anatomo-pathologique des maladies prochainement mortelles après la naissance.

Nous plaçons en première ligne ces états de mort apparente généralement désignés par les auteurs sous le nom d'apoplexie et d'asphyxie des nouveau-nés. Épiloguer sur la valeur de ces dénominations, s'évertuer à faire voir qu'elles sont impropres, ce serait perdre le temps à démontrer une vérité reconnue. Rebelle à l'imperfection de ce langage, Paul Dubois désigne ces états par les mots : mort apparente du fœtus. Il suffit de connaître la défectuosité de ces expressions pour éviter l'erreur.

1° *État apoplectique des nouveau-nés.* — C'est un résultat direct d'un arrêt, d'une gêne de la respiration placentaire (par compression du cou, du cordon ou par décollement du placenta, etc.); ce défaut d'hématose cause l'asphyxie qui en dernière analyse produit l'état apoplectique dont nous nous occupons; ses caractères sont la tuméfaction générale du corps, surtout de la tête et du visage, la rougeur noirâtre ou violette de ses parties, l'injection et le gonflement des yeux. C'est une hyperhémie générale, plus prononcée à la tête que sur le reste du corps; le mécanisme de production, fort simple, n'est autre que la compression du cordon ou des vaisseaux du cou par la constriction que des circulaires du cordon ou la contraction spasmodique du col de la matrice exercent sur cette région.

La nécropsie constate un engorgement des vaisseaux de l'encéphale, avec épanchement dans les membranes et dans la substance cérébrale elle-même. Le foie lui-même est fréquemment hyperhémié.

2° *Syncope, asphyxie des nouveau-nés.* — Mort apparente qui reconnaît pour cause l'anéantissement de l'innervation, l'absence des fonctions cérébrales. Elle a pour symptômes : une pâleur extrême, un relâchement, une flaccidité de tout le corps ; c'est un être anémique ne donnant aucun signe de vie.

Le mode de production de l'asphyxie se conçoit aisément : la faiblesse extrême du fœtus, dans les couches laborieuses, une lésion de l'arbre cérébro-spinal par les instruments ou les fortes tractions sur les pieds, une hémorrhagie abondante à la suite du décollement prématuré du placenta, ou de la rupture des vaisseaux du cordon, sont autant de causes qui empêchent les fonctions cérébrales, par une conséquence physiologique les muscles respiratoires et les poumons sont frappés de paralysie.

Nous insistons sur ces deux états de mort apparente préexistant à la naissance parce que, dans certains cas, ils ne déterminent la mort qu'après une vie courte mais suffisamment longue pour permettre une respiration, même complète. Ce sont des exemples d'états pathologiques qui présentent le critère de la vie, la respiration complète, en même temps qu'une maladie mortelle antérieure à la naissance.

3° *Hépatisation pulmonaire rouge et grise.* — Deux altérations pathologiques de même nature et qui ne diffèrent que par leur degré de gravité.

Le premier degré d'hépatisation c'est l'hépatisation rouge; les parties malades plus consistantes sont en même temps plus friables que le parenchyme physiologique, elles descendent au fond quand on les plonge dans l'eau avant d'avoir exprimé le sang, crépitent sous la pression et laissent suinter un liquide abondant noirâtre non aéré. Si la surface incisée est lisse comme du marbre chez l'enfant, il n'en est pas de même de la déchirure qui est toujours granulée. Le second degré, l'hépatisation grise, se caractérise par un parenchyme mou et flasque, d'un gris rosé dur et incompressible au toucher; les parties malades s'élèvent au-dessus des parties saines qui s'affaissent à l'ouverture de la poitrine. Si le centre est seul attaqué, le doigt sent des parties dures dans un poumon qui paraissait sain à l'extérieur. L'incision de ce viscère donne une surface marbrée de gris rose et de rouge foncé. Les parties engorgées sont friables, lisses à la section et plongeant au fond de l'eau; la pression entre les doigts exprime un liquide sanieux rouge non aéré.

A une époque encore plus avancée de la maladie des lobules malades sont très-friables, jaunâtres où grisâtres et infiltrés de pus; la pression en exprime un liquide purulent.

Carnification. — La carnification succède à une pneumonie ou à un épanchement mécanique; le parenchyme malade est affaissé, compact et cependant flasque et noir, d'un rouge pâle ou violacé présentant des marbrures blanches; la surface incisée rouge et lisse résiste à la pression du doigt sans se déchirer, elle laisse suinter un liquide sanguinolent séreux, non aéré.

M. Devergie décrit encore un état spécial qu'il désigne sous le nom d'œdème pulmonaire ou endurcissement lardaciforme. « Les poumons sont très-volumineux, car ils déplacent autant d'eau que les poumons d'un enfant qui a respiré complétement. Plus denses que dans l'état habituel, compactes, charnus, décolorés, blafards et très-lourds (3 onces), ils immergent dans l'eau en totalité et par fragments. A l'incision on trouve leur tissu infiltré d'un liquide séreux *incolore* qui sort avec peine. Si on les insuffle, l'air ne les pénètre pas.

Emphysème. — L'emphysème est une complication de la pneumonie qui ne survient qu'après la respiration pulmonaire; elle peut avoir sa part contributive dans la mort du fœtus, à ce titre elle mérite d'être signalée dans les rapports de nécropsie.

Engouement. — C'est le premier degré de l'altération pathologique pulmonaire; il se distingue à une infiltration sanguine active des parties malades, ce qui leur donne plus de poids, une teinte livide, une couleur de lie de vin, en même temps qu'elles perdent leur élasticité et leur crépitation à la pression. La surface des incisions laisse sourdre un sang séreux; mais les fragments surnagent encore.

4° *Système nerveux.* — L'hydrocéphalie a fixé notre attention au chapitre des monstruosités, auquel nous renvoyons.

Les altérations pathologiques de la moelle sont : une augmentation de dureté, une hypertrophie avec induration ou un ramollissement qui se constate par le toucher, la moelle revêtue de sa gaine propre fuit devant la pression du doigt qui s'y promène dans le sens de sa longueur, comme une colonne de liquide, à un moindre degré le doigt laisse son empreinte dans la moelle; quand on incise les enveloppes, le cordon médullaire perd sa forme arrondie et s'aplatit en cédant aux lois de la gravitation. Le ramollissement du cerveau se rencontre ainsi que l'induration du même viscère, les caractères indiqués suffiront à en donner une idée suffisante ; dans tout ramollissement la pulpe cérébrale se trouve intimement mêlée à une quantité plus ou moins considérable de sang épanché, et le tout forme une bouillie rougeâtre.

Chez les nouveau-nés qui apporteraient ces affections à la naissance, on observerait une paralysie, tout au moins une gêne des fonctions physiologiques, en rapport avec l'étendue des altérations pathologiques. Une respiration pénible, incomplète, avec cris faibles, une flaccidité de tout le corps, la résolution des membres, une impuissance à teter, tel est l'ensemble des symptômes de ces lésions si elles ne déterminent pas la mort.

5° *Premières voies.* — L'inflammation et l'ulcération de la muqueuse du canal alimentaire se reconnaissent aisément, il suffit de savoir que ces affections peuvent se développer spontanément pendant la vie intra-utérine pour ne pas permettre de croire, à défaut de preuve suffisante, à l'ingestion d'une substance irritante. Les lésions anatomo-pathologiques de la phlegmasie gastro-intestinale sont la rougeur uniforme par lignes ou par bandes l'occupant la muqueuse : si cette dernière tunique est ramollie, la phlegmasie est mise hors de doute.

L'épaississement est un troisième caractère cadavérique de l'inflammation.

L'exposé rapide que nous venons de faire des maladies incompatibles avec la viabilité se borne à rappeler les caractères principaux fournis par l'inspection cadavérique des organes malades ; s'il est permis de porter un diagnostic certain pendant la vie, la prognose est impossible ; la marche et la terminaison de la maladie sont des mystères réservés à la nature et à l'avenir. Les ressources de l'économie, le degré des altérations et l'étendue du mal nous échappent, le décès ou la guérison viennent démontrer ce que nous ne pouvons pénétrer durant la vie. Une question non moins épineuse est celle de savoir si les altérations pathologiques indiquent une maladie grave à faire mourir le jeune être, ou pouvait-il continuer à vivre et faut-il invoquer une autre cause à la mort? Les commémoratifs sur l'accouchement, le degré d'animation et les autres circonstances de la vie de l'enfant seront d'une grande utilité dans ces recherches. La vie complète avec inspirations profondes, cris, succion, expulsion de méconium, mouvements très-prononcés plaident en faveur de la viabilité et tendent à faire croire que les lésions anatomo-pathologiques résultent d'une maladie acquise après la naissance ou tout au moins devenue mortelle à cette période de la vie.

§ 9. Vivre c'est respirer.

L'enfant peut-il naître vivant sans respirer? Peut-on reconnaître le crime d'infanticide commis sur l'enfant qui n'a pas respiré?

Il est hors de doute que l'enfant ne puisse naître vivant sans respirer et mourir avant que cette fonction ne se soit établie, mais les discussions soulevées par la seconde question prouvent combien nous avons eu raison de n'admettre comme viables que les enfants qui respiraient. Dans l'utérus le fruit vit, mais après la naissance, en médecine judiciaire, vivre c'est respirer, respirer c'est vivre, n'avoir pas respiré c'est n'avoir pas vécu disons-nous avec Casper.

Les difficultés de l'accouchement, les tractions trop fortes sur les pieds ont tiraillé le cou, le forceps a comprimé le cerveau, une hémorrhagie du placenta prévia, une compression du cordon font naître l'enfant dans un état de mort apparente. Il vit, mais comment l'établir, tout fait silence !

Privé de secours, il périt, des soins l'auraient sauvé. Mais qui saurait prouver que l'ignorance, le crime prémédité ou la croyance à une mort réelle ont paralysé le zèle de ceux qui lui devaient aide et assistance? Dans les cas de mort apparente toute assertion est téméraire, rien n'indique que les moyens les mieux entendus et les soins les plus intelligents auraient pu ranimer le jeune être. Si une main criminelle porte atteinte à cette vie latente, les lésions du cadavre, les traces de violence sont de faibles indices qui éclairent peu le moment du décès. L'enfant a-t-il succombé naturellement pendant ou immédiatement après la naissance, ou à la suite d'un crime? Ce problème reste debout et défie l'expert de prononcer.

Les plaies graves qui provoquent une hémorrhagie très-abondante, laissent le corps pâle, exsangue et anémique, mais un état semblable ne s'observe-t-il pas chez l'enfant qui naît dans cet état de mort apparente déjà décrit sous le nom de syncope des nouveau-nés? Reste donc à démontrer à laquelle de ces causes, à la blessure ou à l'hémorrhagie antérieure à la naissance, l'anémie est due. Une blessure faite au cadavre d'un nouveau-né mort dans l'état syncopal et anémique pourrait en imposer à l'expert non prévenu, il ferait croire à un crime là où il n'y a qu'une irrévérencieuse mutilation de cadavre ou une tentative criminelle non imputable, vaine par l'impossibilité du but, une simple tentative de chose impossible, le mort-né ne meurt plus. Dans notre hypothèse l'inspection de la plaie peut-elle nous apprendre quelque chose? Évidemment non, la division des tissus sur l'enfant qui vient d'expirer comme sur celui qui est en état de mort apparente, donne lieu à une hémorrhagie suffisante pour infiltrer les chairs et recouvrir les bords de la blessure d'une couche de sang coagulé. Les phénomènes de la réaction vitale des plaies, la tuméfaction, l'engorgement n'existent pas si la mort a été prompte, leur développement exige 12 à 18 heures.

Le meurtre d'un enfant qui n'a pas respiré, par violences qui ne donnent lieu à aucun écoulement de sang restera un des problèmes les plus difficiles à élucider, par la raison qu'il n'est point de signe différentiel entre les effets de violences subies pendant la vie ou immédiatement après la mort; or, avant de conclure au crime, la justice doit établir que le fait qui lui est déféré en porte les caractères, sans qu'il puisse résulter d'une action non imputable et innocente.

Les lacérations, attritions et déchirures des parties molles, les fractures osseuses et l'épanchement sanguin concomitant de ces lésions, ne se différencient guère, qu'ils se produisent immédiatement avant ou après la cessation de la vie. Le coagulum sanguin invoqué par les anciens et aujourd'hui même fortement prisé par les auteurs les plus sérieux comme un critérium qui démontre le crime et établit que les violences sont antérieures au décès, ne mérite guère plus de confiance. La coagulation du sang serait une preuve de voie de fait antérieure à la cessation de la vie, si ce phénomène était exclusivement vital, au lieu d'être purement physique. L'opinion que nous combattons résulte de ce raisonnement faux : l'épanchement est une extravasation de sang, extravasation dit circulation, et la circulation tient de la vie.

Le sang extravasé n'est pas une preuve de la circulation, ce liquide quitte également les vaisseaux immédiatement après la mort, sous l'influence de certaines causes, ce phénomène ne tient donc à la circulation par aucun lien de causalité; cette collection sanguine hors des voies naturelles et un fait physique autant que vital, sa coagulation n'est que l'expression d'une loi qui en régit les éléments inanimés. Qui ne connaît les changements que subit le sang que nous extrayons par phlébotomie, sa séparation en deux parties, le caillot et le sérum? N'est-ce pas là un fluide soustrait à l'influence de la vie, un sang mort. Celui qui s'écoule des cadavres se fige et se coagule pareillement. Enfin, le cadavre lui-même fournit des preuves journalières d'une coagulation sanguine *post mortem*. Les concrétions fibrineuses ou polypes du cœur se forment nécessairement après la mort qu'elles détermineraient si elles n'étaient postérieures; dans une agonie prolongée, la lenteur des pulsations, leur peu d'énergie n'empêchent pas toujours la formation de ces concrétions pendant la vie, mais dans la majorité des cas elles se forment après le décès. Ce qui donne un caractère de certitude à notre proposition, ce qui la rend inattaquable et indéniable, c'est la présence des polypes dans les cavités cardiaques des personnes qui passent instantanément de vie à trépas, c'est la coagulation au sang des plaies faites après le décès. Une grande violence sur le thorax, une balle, une épée lacère fortement le cœur, il y a décès subit, coagulation subséquente du sang, l'épreuve est décisive en semblable circonstance, elle n'a pu se faire pendant la vie.

Dans les contusions et les plaies contuses faites après la mort, il est de règle de trouver du sang caillé, preuve surabondante que ce changement d'état est un phénomène purement physique sans rapports avec la vie.

Les morts-nés expulsés en état de putréfaction, qui n'ont donc pas pu vivre de la vie indépendante, présentent parfois à la tête ou sur d'autres régions, des collections sanguines avec caillots.

Tout accoucheur a pu observer à la suite d'un accouchement plus ou moins laborieux, du sang épanché entre le derme et le péricrâne, entre cette dernière membrane et le crâne, chez un mort-né, c'est un résultat naturel et fréquent de l'accouchement, et non pas d'une chute ou de violences exercées sur cette région; à la nécropsie on trouve dans ces collections sanguines des caillots· fibrineux; ce fait unique, la présence d'un coagulum n'autorise donc jamais de conclure à une mort violente.

Par la putréfaction, dit Casper, les vaisseaux capillaires peuvent se rompre, ce qui à son tour donne naissance à un épanchement dans lequel il se retrouve encore un coagulum. Ce savant rapporte une observation prise dans ses études expérimentales des plaies de la tête sur le cadavre, et dans laquelle le sang s'est coagulé trois jours après le décès. A coups de marteau de bois l'expérimentateur avait fait quelques blessures à la tête d'un noyé trois jours après sa mort, à l'autopsie trente heures après l'expérience, il trouve « à l'os pariétal une blessure contuse, longue d'un pouce, dont les bords ne sont pas nets, dans la profondeur de laquelle on aperçoit du sang liquide. Une autre plaie aussi longue et de même aspect se trouve à l'occiput; le fond de cette plaie est couvert d'un *caillot de sang* de deux millimètres d'épaisseur. »

L'expert doit s'instruire de ces faits d'observation pour ne pas y voir les effets de violences subies pendant la vie, déplorable erreur qui dénoterait une coupable ignorance ou une légèreté non moins blâmable.

Ces vérités trouvent plus d'un contradicteur parmi les médecins légistes. Le crime d'infanticide, dit M. Devergie, peut être commis sur un enfant qui a vécu, mais qui n'a pas respiré. A l'appui de cette thèse, l'auteur cite un fait rapporté par le docteur Bellot, que je reproduis en substance; ce médecin fait l'examen cadavérique de deux jumeaux tués par la mère; l'un avait respiré, l'autre présentant déjà un commencement de putréfaction, avait le cuir chevelu ecchymosé dans la presque totalité de sa surface, le coronal, les pariétaux et l'occipital étaient fracturés, ainsi que les os propres du nez; un épanchemement considérable de sang existait antérieurement à la base du crâne, enfin les tissus de la partie antérieure, latérale et supérieure du cou était fortement ecchymosés (les poumons dénotaient qu'il n'avait pas respiré).

La mère avoue qu'elle a frappé avec son sabot sur la tête de son premier enfant à peine sorti de la vulve, pendant que de l'autre main elle fixait le corps sur le sol. Au moment où la tête du second enfant a franchi les parties extérieures, elle la frappe avec le même sabot. Marc demande ce que l'examen du cadavre enseigne dans ce cas, et il répond : que l'enfant a été doué seulement de la vie de circulation, mais que c'est pendant qu'il vivait de cette vie primitive qu'on l'a frappé d'une manière si barbare, les fractures avec *ecchymoses* et *épanchements sont la preuve incontestable de cette vérité!...* Quelle témérité dans une semblable conclusion !

Olivier d'Angers soutient la thèse que l'absence complète de la respiration chez un enfant nouveau-né n'exclut pas la possibilité de l'infanticide, la pratique journalière des accoucheurs, dit-il, livre des exemples d'enfants mort-nés en apparence; cet état de mort apparente peut cesser une demi-heure, une heure et même plus longtemps encore après la naissance, spontanément, mais le plus souvent sous la bienfaisante influence des moyens que la science conseille en pareille circonstance; donc l'enfant peut vivre plus ou moins longtemps après sa naissance sans respirer. On comprend qu'il puisse être tué dans cette courte et première période de la vie extra-utérine, mais indépendamment de l'intention criminelle que peut attester, dans ce cas, la nature des blessures qu'on trouve sur le cadavre, celles-ci sont accompagnées d'un phénomène particulier d'ailleurs bien connu, qui *ne se manifeste* que sur le *corps vivant.* Je veux parler de la *coagulation du sang.* On peut bien produire sur le cadavre, peu de temps après la mort, certaines lésions semblables à celles qui sont faites pendant la vie, causer par des coups violents des ecchymoses ou infiltrations de sang dans les tissus sous-jacents à la peau; mais toujours alors le *sang* ainsi extravasé *est liquide,* sa coagulation n'a lieu qu'autant que la blessure qui détermine l'épanchement sanguin a été faite *pendant la vie.*

« Si on constate sur le cadavre d'un enfant nouveau-né des blessures plus ou moins graves avec *coagulation du sang* des parties intéressées, on peut en conclure que ces

blessures ont été faites pendant la vie de l'enfant quand bien
même l'autopsie démontrerait qu'il n'a pas respiré; et, si
ces blessures sont de nature à entraîner la mort, on est
autorisé à penser qu'elles ont empêché l'établissement de
la respiration et qu'ainsi il y a infanticide. Il est bien entendu que, dans les cas dont je parle, une semblable
conclusion ne peut être prise qu'autant qu'il n'existe sur
l'enfant aucun vice de conformation incompatible avec
l'accomplissement immédiat de l'acte respiratoire. » L'auteur rapporte à l'appui de son opinion deux observations
d'enfants qu'il dit avoir péri par mort violente, quoiqu'ils
n'aient pas respiré. Chez le premier né à terme, tous les os
du crâne étaient très-mobiles, les pariétaux et le frontal
brisés et au centre des os fracturés un épanchement de
sang noir, *coagulé*. Le pharynx lacéré en tout sens présentait un trou profond derrière la branche montante du
maxillaire inférieur, « cette lacération était remplie d'un
caillot de sang très-dense,... un peu de sang coagulé se
trouvait dans l'œsophage et dans la trachée-artère. » L'expert conclut de l'état du sang « que ces blessures avaient
été faites *pendant la vie*, et qu'elles avaient été la cause de
la mort !

Le second enfant né à sept mois n'a pas respiré, à l'examen, du *sang noir coagulé* existe en plusieurs points au-
dessous de la peau du crâne, surtout à la région occipito-cer-
vicale où la coagulation est très-dense. La tête a été broyée,
un fragment anguleux de l'occipital qui va jusqu'au trou de
cet os est déprimé dans le cervelet. Les pariétaux sont brisés
avec fragments enfoncés dans le crâne et décollement de
la dure-mère. Le frontal également brisé et déprimé. Le
cerveau est infiltré de sang noir, ce liquide épanché à la

base du crâne et sous le cervelet est en *grande partie coagulé.*
D'où M. Olivier d'Angers conclut : « que l'enfant était né
viable; qu'il n'avait pas respiré et qu'il *vivait* au moment
où la tête a été écrasée, ainsi que l'atteste la *coagulation du
sang* trouvé sous la peau du cou, du crâne et dans cette
cavité. »

D'après cet exposé il est beaucoup d'auteurs, et des meilleurs, qui acceptent la coagulation du sang comme critère
ultime de l'infanticide, quand les poumons n'ont point
fonctionné. Pour combattre une erreur si sérieuse en médecine légale, grave jusqu'à créer le crime là où peut-être il
n'existe pas, nous pourrions nous en référer à ce qui a été
dit plus haut sur le phénomène de la coagulation du sang,
si ses déplorables conséquences n'aboutissaient au crime
juridique, à l'irréparable, à la condamnation d'une innocente, reconnaissons-le, il y a un devoir de tenter la rectification de ces fausses croyances; puisse-t-il nous échoir le
bonheur de réussir dans notre tentative!

Qu'on puisse infanticider l'enfant viable et vivant avant
qu'il ait respiré, le fait est incontestable et incontesté, mais
comment établir les preuves de ce crime? Nous répétons
encore qu'en l'absence de la respiration, il n'y a pas de vie
extra-utérine, qu'aux yeux de l'expert il n'y a pas de crime
possible, là où il ne peut le prouver.

L'opinion contraire a choisi des exemples bien propres à
démontrer les violences criminelles, elle exhibe des crânes
littéralement broyés, pour en conclure qu'une main homicide l'a tué après son expulsion. Une partie de ces conclusions acquiert toute la valeur de son exacte conformité
avec les lois de la nature; dans l'accouchement naturel
même le plus laborieux, mais qui se termine par les seules

forces de la nature et sans secours étranger, on observe des fractures des os du crâne, des pariétaux, de l'occipital; un fait distingue ces lésions naturelles des désordres observés sur les exemples cités, c'est qu'elles sont moins nombreuses, qu'elles siégent sur la région du crâne qui s'est trouvé appliquée sur la difformité osseuse du bassin (le plus souvent l'angle sacro-vertébral), qu'elles sont diamétralement opposées à une autre dépression ou fracture du crâne, et qu'elles sont accompagnées d'une volumineuse tumeur sanguine, témoin irrécusable de couches laborieuses.

S'il est permis de considérer ces délabrements, ce broiement du crâne, comme des preuves certaines de violences criminelles, on n'est pas autorisé au même titre à en déduire que ces violences ont été faites pendant la vie de l'enfant; un fait unique, la coagulation du sang, est le seul argument invoqué comme preuve de l'infanticide; à lui seul, il démontre à nos contradicteurs que les violences sont antérieures au décès et qu'elles en sont la cause. Ce que nous avons dit plus haut sur la coagulation du sang infirme largement la force probante du caillot trouvé dans un épanchement de sang; il en résulte, ainsi que des considérations qui vont suivre que la preuve invoquée est de nulle valeur.

Les lésions de la tête ne prouvent pas la violence, la tuméfaction, l'infiltration du cuir chevelu, son décollement du périoste ou le soulèvement de cette fibreuse par une collection de sang, se produit également dans l'acte de la parturition et après les fortes contusions. Les fractures du crâne, à leur tour, peuvent reconnaître les violences ou la cause toute naturelle de l'accouchement. La coagulation du sang épanché se produit indistinctement dans le sang de l'individu vivant et de celui qui est décédé. Une fréquente cause de mort à la naissance de l'enfant, c'est la congestation active du cerveau accompagnée d'une extravasation sanguine épicrânienne dans laquelle on trouve du sang coagulé; l'enfant n'a pas respiré et les lésions peuvent se confondre avec celles que les violences extérieures, la contusion, la chute sur le crâne laissent derrière elles; le système que nous combattons, et qui considère le caillot comme preuve de la vie, expose l'expert à une erreur qui serait elle-même un crime, celle de dénoncer à la vindicte des lois un fait spontané, inévitable et naturel, une conséquence du travail de l'accouchement.

Nous venons de voir la coagulation du sang dans les régions où l'extravasion sanguine est la plus fréquente chez l'enfant, c'est-à-dire au cuir chevelu; on la retrouve cependant dans d'autres parties et sur d'autres organes; ainsi, les 7ᵉ, 8ᵉ et 9ᵉ observations de Casper (*Traité de médecine légale*, édit. allemande) sont des exemples de sang coagulé trouvé sur les cadavres d'enfants mort-nés (1).

L'ensemble de ces faits prouve jusqu'à l'évidence que la coagulation n'est pas un phénomène vital qui permet de conclure à la vie de l'enfant qui le présente; il suffit de connaître les faits anatomiques invoqués pour se prémunir contre l'erreur et ne pas s'exposer à faire condamner l'in-

---

(1) Le 7ᵉ cas présente du sang coagulé dans le cordon sur le cadavre d'un mort-né. Le 8ᵉ est un fœtus né avant terme, qui n'a pas respiré et qui porte un épanchement sanguin sous-péricrânien coagulé, à la région occipitale. Le 9ᵉ se rapporte à un enfant né au 8ᵉ mois qui n'a pas respiré et qui présente dans le tissu cellulaire sous-cutané du front, un épanchement coagulé.

nocent par une fausse interprétation des données de la nécropsie.

§ 10. Genre de décès du mort-né.

L'enfant mort-né a-t-il succombé à une mort naturelle ou à un crime?

Puisqu'il n'est question, dans la thèse dont nous nous proposons en ce moment l'étude, que du fruit mort-né, nous devons chercher à discerner la mort naturelle du meurtre, et, dans l'hypothèse d'un crime, la manière dont l'infanticide s'est accompli.

Le meurtre de l'enfant peut s'exécuter dans l'organe gestateur par manipulations extérieures, ou dans le conduit utéro-vulvaire, pendant la parturition.

A. *Mort de l'enfant dans la matrice.*

La vie du nouvel être échappe aux effets des breuvages toxiques, s'ils ne s'adressent pas à la vie de la mère dont les maladies agissent par influence sur l'enfant, s'ils n'agissent pas sur la matrice pour expulser intempestivement son contenu et en déterminer ainsi la mort; invulnérable de ce côté, il n'en est plus de même des attaques du dehors, des violences extérieures, les coups et les chutes qui portent sur l'organe gestateur, sur le fœtus ou ses annexes.

Nous négligeons ici complétement les manœuvres qui se font sur le col utérin, la poche des eaux et même celles qui se pratiquent sur le fœtus par cette voie, ce sont des causes d'avortement qui ont trouvé leur place ailleurs.

1° *Violences sur la matrice.* — Les fortes violences externes sur l'utérus gravide dépassant l'arcade pubienne, c'est-à-dire dans les derniers temps de la gestation, déterminent exceptionnellement l'inflammation de cet organe, qui à son tour peut déterminer l'avortement.

2° *Violences sur les annexes.* — Les chocs reçus sur le ventre sont causes d'une métrorrhagie qui peut tuer l'œuf par son abondance ou sa durée, ce qui interrompt également la nutrition ou la rend insuffisante. L'origine de l'hémorrhagie se trouve dans la rupture des vaisseaux qui unissent l'œuf à la matrice, dans la séparation du placenta des parois utérines, sur l'un des points de la circonférence de ce gâteau vasculaire. L'apoplexie remplace l'hémorrhagie externe si le décollement du placenta se fait au centre et respecte les adhérences périphériques. Les suites de ces désordres sont les lésions de la circulation placentaire; l'anémie résulte des fortes hémorrhagies, la suppuration, l'atrophie ou l'ossification du placenta succèdent aux décollements, aux foyers apoplectiques; la nutrition de l'œuf se trouve donc altérée dans sa nature ou sa quantité, et si l'une de ces lésions occupe une partie suffisante du placenta la mort du fœtus en est l'inévitable conséquence.

Pour juger sainement les lésions du cadavre d'un nouveau-né et faire la part de l'action du traumatisme, de l'accouchement et du crime ou de l'accident après la naissance, il est nécessaire de fixer une scrupuleuse attention : sur l'état des poumons pour savoir si la respiration a eu lieu, sur l'enveloppe dermique, afin d'établir qu'il n'existe ni blessures ni ecchymoses, et en dernier lieu, sur le système osseux du nouveau-né pour apprécier le degré d'ossification, la consistance des os du crâne et l'état des fractures qu'il présente.

Les renseignements commémoratifs de l'accouchement seront exactement recueillis, ils aideront puissamment à se former une opinion sur l'origine des désordres que le cadavre présente ; l'expert examinera donc s'il y a eu emploi du forceps ou d'autres instruments, si les couches ont été longues, pénibles et très-laborieuses.

La comparaison des dimensions de la tête et de celles du bassin pour juger des difficultés de l'expulsion ; la bosse sanguine sous le cuir chevelu de l'enfant, indiquant la présentation et la position, sont autant d'éléments qui ne seront jamais négligés dans les recherches que nous avons en vue.

En dernier lieu l'analyse des violences reçues sur l'utérus gravide, leur degré de force, leur direction et leur mode d'action ; l'époque de la grossesse lors des violences, l'état des forces de la femme depuis ce moment sont les données qui serviront à former la conviction.

3° *Violences sur le fœtus.* — Pendant la vie intra-utérine le fœtus flottant librement dans les eaux amniotiques, est exposé à recevoir le choc des violences extérieures à travers sa double enveloppe protectrice, les parois abdominales et utérines. Leurs conséquences se bornent à quelques lésions céphaliques extérieures, une commotion cérébrale, etc., toutes peu sérieuses au point de vue de la léthalité. Les autres parties échappent aux effets directs de la violence, mais la tête trop lourde pour fuir avec la même facilité, composée d'une enveloppe dure et d'une substance cérébrale d'autant plus molle que le fœtus est jeune, se trouve exposée davantage à recevoir les atteintes des chocs extérieurs chaque fois qu'elle s'appuie contre la paroi utérine antérieure.

Les coups et chutes sur l'abdomen, toutes les causes mécaniques en état de léser le fœtus sont infiniment plus dangereuses dans la première moitié de la grossesse que dans la seconde, car moins l'utérus est développé, plus sa consistance est ferme et plus gravement il est lésé par le traumatisme extérieur; dans la seconde moitié, l'utérus, plus développé et mollasse, cède à la violence. Les lésions traumatiques intra-utérines sont généralement peu graves, il est peu d'exemples qu'elles aient pu tuer directement le produit. L'infanticide immédiat, par coup de pied, choc brusque ou chute sur l'abdomen, ne s'observe pas, et cependant, dans certaine classe sociale il y a des rixes journalières entre mari et femme, des disputes, qui finissent par de très-sérieuses voies de fait, par des coups et blessures graves auxquels le fruit reste étranger. Il y a peu d'années, s'est déroulé, devant une cour d'assises de France, un procès (1) d'infanticide d'enfant né vivant et à terme; les débats ont fait voir la jeune fille se roulant un nombre considérable de fois d'une côte très-élevée et rapide, répéter cette manœuvre à différentes époques de sa grossesse dans le but de se faire avorter, sans parvenir à porter le moindre préjudice au fruit d'un amour extra-légal.

Casper (*Traité de médecine légale,* trad. franç., t. II, p. 549) rapporte deux exemples de fractures traumatiques par violences extérieures qui ont eu la mort de l'enfant pour conséquence, leurs caractères exceptionnels de gravité nous engagent à les reproduire. Une primipare de vingt-sept ans, en mal d'enfant, mais les membranes n'ayant pas

---

(1) Procès Lemoine.

encore été percées, tomba du deuxième étage dans la cour; la tête de l'enfant avait traversé l'orifice de la matrice, on y sentait beaucoup de crépitation, il fut retiré complétement de la matrice au moyen du forceps, après quelques légères tractions. Le tissu cellulaire sous-cutané du crâne présentait quelques ecchymoses, au-dessous de l'aponévrose, qui était intacte, il y avait dans la région des deux pariétaux une extravasation de sang noir et liquide, les deux pariétaux étaient fracturés, pas de lésion du cerveau. (Observ. de M. Blot à l'Acad. de médec. de Paris.)

Une femme enceinte de huit mois tomba du second étage et mourut six heures après. Le fœtus présentait plusieurs fractures des os pariétaux avec des extravasations sanguines et des coagulations à la surface externe et interne de la cavité crânienne (observ. de Maschka).

Le degré de violence d'une chute du second étage n'est pas à mettre en parallèle avec les coups et les contusions qu'une femme peut recevoir; s'il est vrai que la première peut fracturer une tête de fœtus, il n'est pas d'exemple qui prouve que les seconds produisent jamais des lésions mortelles.

Les compressions et les contusions à la tête suffisent pour produire les ecchymoses, les bosses sanguines et peut-être les céphalhématomes par la déchirure des vaisseaux; l'étiologie rigoureuse de ceux-ci n'est qu'une vaine curiosité en médecine judiciaire, vu qu'ils ne causent aucun dommage à la vie de l'enfant. Le mécanisme de la production des céphalhématomes pendant les couches n'est autre que la pression de la tête contre les différentes parties du bassin qui déprime les os, déchire les vaisseaux et détermine un épanchement entre le péricrâne et la table externe, ou

entre la dure-mère et la table interne (siége du céphalhématome) ; cependant il nous fait comprendre qu'une
violence extérieure forte peut produire pareil désordre,
ainsi s'expliquerait le céphalhématome qui se montre au
commencement du travail, qui se rencontre chez les enfants
extraits par l'opération césarienne ou par l'extrémité pelvienne, chez d'autres encore à la suite d'un accouchement
très-facile et plusieurs heures, même plusieurs jours après
l'accouchement, ensemble de circonstances dans lesquelles
la tête se préserve des contusions et des pressions.

S'il est prouvé que les violences extérieures sur l'hypogastre ne tuent pas l'enfant, il n'est pas moins certain
qu'elles sont parfois cause d'infanticide indirect, puisqu'elles
font dévier la nature de sa voie normale, si elles agissent
le troisième et le quatrième mois ; sous leur influence l'embryon se place hors du plan régulier de son développement
et se fait monstre non viable, ce qui constitue certainement
un infanticide indirect.

Il est démontré que certains genres de monstruosité proviennent d'une action mécanique sur le ventre, presque
toujours d'une violence extérieure. Ce sont la nosencéphalie
et la thlipsencéphalie (tous les deux de la famille des pseudencéphaliens), dans les cas exceptionnels où il n'a pas
été possible de retrouver une violence extérieure, la mère
avait éprouvé ou une révolution morale qui avait réagi sur
les viscères abdominaux, ou elle avait souffert d'une maladie
abdominale.

Les preuves qu'il existe un rapport de causalité entre les
perturbations violentes et la production de ces monstruosités, sont établies par la constante corrélation des unes et
des autres, comme par les changements que la grossesse

présente parfois : très-régulière pendant quatre à cinq
mois, elle se trouble après une maladie des viscères abdominaux; ou après une chute, un choc, une violence; des
symptômes de mauvais augure surviennent, du gonflement
et des douleurs sourdes du ventre se déclarent pour ne plus
se dissiper jusqu'à la délivrance. D'autres fois tout le cor-
tége des symptômes prodromiques d'un avortement suivis
plusieurs jours après leur début d'une perte de sérosité,
sont les indices d'une lésion qui vient de modifier le développement normal du fœtus devenu monstre pseudencé-
phale, comme il est permis de le constater plusieurs mois
après, lors de son expulsion.

A l'appui de ces faits, Geoffroy Saint-Hilaire donne des
exemples : Une fille enceinte désire épargner à sa sœur
aînée avec laquelle elle vivait, la douleur et la honte de son
déshonneur, elle se serre étroitement le ventre dans un
corset bardé de buscs épais et nombreux jusqu'au terme de
la gestation et s'accoucha d'un thlipsencéphale.

Un villageois des environs de Paris, pour empêcher une
augmentation de famille (il avait cinq enfants), médite le
crime d'avortement et le tente. Du deuxième au troisième
mois de grossesse, il se jette sur sa femme, la maltraite
horriblement, frappe la région utérine du genou et finalement piétine sur le ventre de la femme renversée par terre.
La malheureuse victime des brutalités d'un mari dénaturé
se sent blessée, elle voit son ventre très-douloureux se tu-
méfier fortement, quinze jours après cette lamentable scène,
et déjà grosse comme à neuf mois, elle a une perte d'une
sérosité sanguinolente, mêlée de matières demi-solides. Le
ventre se réduit à son volume normal, la perte de sérosité
dure jusqu'au terme de la grossesse, et à ce moment les

souffrances de la martyre se terminent par l'expulsion d'un thlipsencéphale presque sans vie.

Une ouvrière séduite est en butte aux mauvais traitements du misérable séducteur qui vivait avec elle et à ses dépens ; enceinte, réduite au dernier degré de douleur et de misère, elle est journellement victime de ses violences; un jour il retire la chaise sur laquelle est va s'asseoir, elle tombe brusquement sur les reins, se sent gravement blessée vers l'utérus et plusieurs jours après donne naissance à un thlipsencéphale.

Une femme pauvre, primipare, reçut de son mari vers le milieu de sa grossesse un violent coup de pied dans le ventre, elle en resta souffrante jusqu'à la fin de la gestation et donna le jour à un nosencéphale.

Ces exemples établissent la précision et la certitude des données scientifiques sur l'étiologie des deux genres de pseudencéphales ; les violences et les pressions extérieures prolongées constituent les causes de ces monstruosités. L'influence de ces actions mécaniques se fait sentir du troisième au quatrième mois de la grossesse, et l'époque de leur action est déterminée par la gravité des lésions produites; on sait que les anomalies sont d'autant plus graves que la cause a agi sur un embryon plus jeune : « Il y a un rapport remarquable entre l'âge du fœtus à l'époque de l'accident de la mère et la gravité de l'anomalie produite, plus le fœtus était jeune et plus la cause a agi avec intensité : ainsi la nosencéphalie date du quatrième mois, la thlipsencéphalie (1) qui s'écarte plus que la première du

---

(1) Nosencéphalie. — Thlipsencéphalie. — Genres de pseudencéphalie, chez lesquels une tumeur vasculaire remplace le cerveau.

type normal et du troisième. » (Is. Geoffroy Saint-Hilaire.)
A l'époque de l'action des causes d'anomalies que nous
étudions, l'encéphale est formé, il y a donc rétrocession
du développement, destruction de la partie nerveuse de
l'encéphale, en même temps que le système vasculaire se
conserve.

B. Mort de l'enfant dans le conduit utéro-vulvaire.

1° *Désordres de la circulation.* — La mort de l'enfant par
la longueur et la difficulté du travail engendre des désordres de la circulation, des ecchymoses et des bosses sanguines. Ces troubles, circulatoires sont les plus fréquents
chez le fœtus au moment de son expulsion, c'est donc par
leur étude que nous devons commencer ce paragraphe.

Pendant l'accouchement les ecchymoses et les bosses
sanguines du crâne se forment par stase sanguine dans le
point non comprimé, il y a là une gêne circulatoire qui
détermine des ruptures vasculaires ; elles se forment encore
par la déchirure des vaisseaux directement produite par
une compression ou une contusion.

Le siége topographique de la tumeur, variable comme
les présentations dont elle dépend, indique après la naissance la partie de la tête qui s'est trouvée dans le vide du
canal pelvien.

Le siége anatomique de l'ecchymose, de la tumeur œdémateuse ou de la bosse sanguine, peut être dans les téguments, entre les téguments et l'aponévrose, entre celle-ci
et le péricrâne et simultanément dans toutes ces régions
à la fois. Il y a même des exemples dans la science qu'une
bosse œdémateuse marquait un céphalhématome sous-
jacent.

A l'état le plus simple de l'ecchymose (*Pajot, — thèse pour l'agrégation,* 1853), le sang et la sérosité sont infiltrés dans les tissus et ne se découvrent qu'à l'autopsie, l'épaisseur du cuir chevelu dissimulant la légère infiltration. A un degré plus prononcé, il y a tumeur de grandeur variable, dure au début, mais se ramollissant plus tard, ou même molle dès les premiers instants.

L'auteur signale comme erronée la preuve qu'on a cru pouvoir tirer de la présence d'une bosse sanguine ou séro-sanguine, de la vie de l'enfant pendant le travail, cette assertion, le plus ordinairement vraie, dit-il, n'est pas à l'abri de toute objection, et bien souvent c'est un signe équivoque. Nous nous sommes assez longuement étendu sur la coagulation du sang dans un article précédent, pour démontrer que nous sommes de l'avis du savant professeur de Paris et pour ne pas devoir revenir sur ce phénomène.

Une affection du même genre, mais plus sérieuse, c'est le céphalhématome : tumeur sanguine indolente, circonscrite, fluctuante et non adhérente au cuir chevelu qui conserve sa coloration et son état normal. La base de ces tumeurs est toujours entourée d'un cercle dur, irrégulier qui ferait croire à l'explorateur inexpérimenté, à une fracture ou à une perforation de l'os, il n'existe en réalité qu'une induration des parties molles (tissu unissant, péricrâne, etc.).

Le siége régionnaire du céphalhématome change du pariétal droit à celui de gauche, le plus souvent il occupe son bord supérieur, la portion squammeuse du temporal, ou enfin l'occipital.

Le siége anatomique de ces collections sanguines est toujours l'une des deux tables du crâne avec épaississement de la dure-mère dans l'épanchement interne, et du péricrâne s'il est externe.

Le céphalhématome est quelquefois double, c'est-à-dire qu'il occupe simultanément les tables interne et externe percées de pertuis qui font communiquer la collection intra-crânienne avec la sous-périostique. D'autres fois on en compte plusieurs sur le même sujet.

Le céphalhématome n'est pas toujours une lésion traumatique; un effet de la pression de la tête contre les os du bassin, ou de l'emploi des instruments, il se forme à la suite de couches très-faciles, s'observe au commencement du travail et chez les enfants extraits par l'opération césarienne ou par l'extrémité pelvienne; d'autres fois même il n'apparaît que plusieurs jours après la naissance.

En dernière analyse ces troubles circulatoires perdent beaucoup de leur importance en médecine légale sitôt qu'on recherche leur degré de léthalité et le mécanisme de leur production; les unes se forment spontanément, les autres sont la résultante inévitable de l'engorgement et de la rupture des capillaires, dans les parties non comprimées de la tête pendant l'accouchement.

L'étude que nous venons de faire n'a qu'une valeur négative, elle ne permet pas d'attribuer ces désordres à une main homicide, à une violence coupable, à des coups portés sur la tête de l'enfant dans l'intention de le faire périr, puisqu'ils se forment pendant l'expulsion du fœtus; mais établir un diagnostic rigoureux entre ce qui vient de la nature et ce qui est imputable à la perversion des hommes, n'est-ce pas encore faire de la bonne science et contribuer à éviter les erreurs?

Les ecchymoses et les bosses sanguines n'éveillent point

l'attention par leur gravité, journellement nous en voyons la prompte résorption et l'innocuité chez le nouveau né. Une autre lésion de la circulation qui accompagne souvent ces premières, mais qui peut se rencontrer seule, c'est l'hyperhémie cérébrale, l'une des causes les plus sérieuses de ces morts naturelles si fréquentes des enfants à leur naissance. Sans examiner l'étiologie de la congestion cérébrale lors de la naissance, l'on sait qu'elle paralyse le cerveau organe de l'innervation; conséquemment au manque d'incitation, les muscles inspirateurs frappés à leur tour de paralysie, restent sans mouvement et la respiration fait défaut. Le nombre des enfants qui périssent de cette manière toute naturelle à la sortie de l'utérus, est considérable, il est même supérieur à celui des décès par cause violente.

L'ouverture des cadavres démontre ce genre de mort, les vaisseaux de l'encéphale sont gorgés de sang, d'autres fois il y a rupture des capillaires et ce liquide est épanché à la surface des membranes ou dans l'intérieur de la substance encéphalique, voire même dans les ventricules. Les congestions du foie et du parenchyme pulmonaire ne sont qu'une concomittance, ces phénomènes anatomo-pathologiques résultent du défaut de respiration, qui forme obstacle à la libre circulation du sang.

2° *Désordres du derme.* — *État parcheminé.* — On observe sur la tête des nouveau-nés une plaque parcheminée ou rouge et déprimée, provenant évidemment de la pression de cette partie contre l'angle sacro-vertébral; cette tache se voit après un accouchement spontané mais très-laborieux, et après l'application du forceps, mais toujours sans qu'on puisse l'attribuer à l'instrument mais bien à la pression contre l'obstacle osseux du bassin de la mère. Ce genre de lésions n'est d'aucune gravité, mais le besoin de tout reconnaître dans une expertise, lui mérite une courte mention.

3° *Désordres du système osseux. — Défaut d'ossification des os du crâne.* — Il se montre non-seulement sur les fœtus nés avant terme, sur les enfants malingres, mal nourris et qui n'atteignent pas le poids moyen des nouveau-nés; ce qui serait naturel; mais également sur ceux qui naissent à terme et sont normalement développés. Ce retard de l'ossification se présente particulièrement sur les pariétaux, moins fréquemment dans le frontal et moins encore dans l'occipital. Pour juger d'un défaut d'ossification des os crâniens, il faut les dépouiller de leurs téguments, les examiner par transparence au soleil ou à la lampe; les endroits dépourvus de sels calcaires sont minces, translucides, composés simplement du périoste. D'une configuration variable, ces plaies sont plus ou moins régulièrement rondes, en zigzags, en étoiles ou en forme de simple fente, d'une grandeur variable de une à quatre lignes.

Reconnaître ces défauts d'ossification est de la plus haute importance en médecine judiciaire; tout en avouant certaines difficultés de diagnostic, il est essentiel de ne pas les confondre avec les fissures et les fractures; quoiqu'il ne soit pas toujours donné à l'expert, à cause des difficultés inhérentes au sujet, de lever des incertitudes et d'établir les faits d'une manière rigoureusement incontestable.

Les bords d'un défaut d'ossification sont en biseau, c'est-à-dire qu'on les trouve d'autant plus épais qu'on s'éloigne davantage de la fente. Dans la fracture, l'endroit fracturé ne présente pas moins d'épaisseur que les autres parties, et l'ecchymose qui accompagne toujours ces plaies manque complétement dans un défaut d'ossification.

Dépressions des os du crâne. — Dans l'accouchement, les os crâniens peuvent éprouver une dépression qui est presque toujours le résultat de l'action utérine et plus rarement celui des manœuvres, quoique l'enfant soit fréquemment obligé dans ces cas de traverser un bassin rétréci, ce qui nécessite une application du forceps ou des tractions sur les membres qui se présentent. Le simple enfoncement des os crâniens peut avoir lieu dans un accouchement spontané, donc dans un accouchement secret et clandestin. Le mécanisme de ces dépressions est des plus simples, les contractions utérines compriment la tête contre l'obstacle osseux (angle sacro-vertébral ou autre saillie osseuse) : à la longue, la partie soumise à la pression se moule sur l'obstacle, cède et se déprime de plus en plus à chaque contraction, jusqu'à ce que la tête soit suffisamment réduite pour franchir le canal. Donc ces dépressions reconnaissent comme condition l'élasticité de la boîte crânienne et les contractions utérines longtemps prolongées.

Dans les accouchements artificiels, les dépressions des os sans fractures s'observent, mais le plus généralement il y a dépression en même temps que fracture des os. L'intervention de l'art (tractions de tout genre) est toute favorable aux fractures des os du crâne, tandis que l'action de l'utérus ne produit ordinairement qu'une dépression. Cette dernière espèce de lésion est très-rarement mortelle, l'observation journalière nous la fait voir chez des enfants qui naissent pleins de vie. M. Pajot dit à ce sujet : « Les dépressions des os se font le plus souvent sous l'influence de la contraction; les fractures reconnaissent aussi cette cause,

mais il est plus commun de les observer comme conséquence des opérations. » La raison en est qu'une action
brusque et plus forte brise plus facilement qu'une compression lente et longtemps continuée.

Ruptures des sutures, fractures des os de la tête. — L'étiologie des ruptures des sutures, des fractures du crâne dans
un accouchement spontané doit se trouver dans les angus-
ties pelviennes, le volume considérable du fœtus ou le
défaut d'ossification des os du crâne. Ces lésions se rencontrent également quand le bassin est bien conformé et la
tête de l'enfant normale, mais elles sont plus rares, comme
la théorie doit le faire comprendre *a priori*. L'énergie des
contractions et une tête qui s'arcboute contre un point du
pelvis rendent suffisamment compte de ces faits. Les os
crâniens, au lieu de chevaucher et de se déprimer, peuvent
se fendre, se fracturer, même dans des accouchements peu
laborieux et clandestins. Ces fissures et ces fractures déterminent la mort de l'enfant pendant l'accouchement, immédiatement après ou même quelques jours après la naissance. C'est ainsi qu'un accouchement diffère essentiellement d'un autre chez une même femme, selon le volume de
l'enfant, sa position et la violence des douleurs; la naissance d'un premier enfant vivant n'exclut pas la possibilité
d'un accouchement avec fractures du crâne.

Siége. — Il est à remarquer que les fractures du crâne
dans l'accouchement spontané siégent toujours à l'endroit
comprimé (les fractures indirectes ne sont pas encore pra-
tiquement démontrées), donc elles se produisent presque
toujours aux os pariétaux, dans une direction tantôt parallèle, tantôt perpendiculaire à la suture sagittale. Nous pouvons nous dispenser d'insister sur les fractures dans les

accouchements artificiels, elles sont la suite d'une application du forceps ou de la version, ce qui nécessite la présence de l'homme de l'art et rend le crime impossible.

Les fractures crâniennes naturellement produites pendant l'accouchement, ne se distinguent pas aisément de celles que les violences portées sur la tête d'un enfant nouveau-né déterminent, c'est dans les détails du cas spécial qu'il faut chercher les preuves ; voir s'il y a des traces non équivoques de violences extérieures sur le cadavre, s'il y a des ecchymoses ou des blessures au cuir chevelu ; les désordres de ce genre ne se rencontrent jamais quand les fissures résultent de l'accouchement.

4° *Lésions du cou.* — Ces lésions s'observent à la suite des manœuvres mises en usage pour extraire le fœtus. La torsion et les tractions exercées sur celle des extrémités sortie de la vulve ou qui se présente la première, déterminent la torsion du cou, la luxation des vertèbres cervicales et la décollation. Dans les présentations pelviennes, la tête peut être retenue après la sortie du tronc, ou parce que la manœuvre a été mauvaise, ou par une déformation du bassin, cette dernière condition seule se révèle à l'examen de la mère par l'expert.

5° *Lésions du thorax et de l'abdomen.* — Dans les présentations des parties latérales du tronc, on observe des ecchymoses sur la région qui s'est présentée. Dans celles de la face, la pression de l'occiput contusionne la partie supérieure de la région dorsale et y produit une ecchymose.

6° *Compression du cordon.* — M. Devergie (*Méd. lég.*, t. 1er, p. 318) s'occupe peu de la compression du cordon, car, dit-il, « cet état ne laisse pas de traces de son existence sur le corps de l'enfant. » Cette assertion nous paraît trop absolue, elle demande une rectification, et en la mitigeant au point d'en modifier complétement la portée et le sens, nous croyons nous rapprocher davantage de la vérité et de la réalité.

La chute du cordon l'expose à la compression de ses vaisseaux et menace par ce fait la vie de l'enfant. La mort peut être déterminée par la compression d'un ou de plusieurs vaisseaux du cordon, qui intercepte ainsi le mélange du sang fœtal à celui de la mère, la communication entre le fœtus et son organe respiratoire le placenta. Les désordres de ce fait varient selon le genre de vaisseaux soumis à la compression ; si les deux artères seules restent ouvertes, l'anémie survient, si, au contraire, celles-ci s'effacent et que la veine conserve sa lumière, il s'ensuivra une hyperhémie, une hémorrhagie ou une apoplexie par la masse de sang que la veine ombilicale, seule perméable, continue à envoyer au fœtus pendant l'occlusion des vaisseaux efférents. La compression partielle d'un cordon, la stegnose traumatique d'un seul vaisseau des trois qui s'enroulent ordinairement en spirale de gauche à droite, sera des plus rares comme on le comprend facilement, mais les annales de la science fournissent des exemples qui élèvent le fait au-dessus de toute contestation. L'accident est plus commun et plus compréhensible quand le cordon présente deux à trois gaînes, une gaîne particulière à chaque vaisseau, mais cette division en plusieurs gaînes est une anomalie rare.

Quand les accouchéments clandestins ou ceux dont les témoins sont inconnus à la justice, sont déférés à l'expert, il serait superflu de vouloir étudier en pareil cas toutes les causes de la procidence qui précèdent la chute du cordon, ou celles de la présence d'une anse funiculaire dans le vagin ; l'accoucheur appelé à assister une femme en travail, témoin compétent de tous les incidents de l'accouchement, est seul à même de constater ces phénomènes et tout ce qui les engendre au fur et à mesure qu'ils se présentent durant le travail ; c'est au contraire sur le cadavre qu'il faut rechercher les effets de l'étranglement du cordon prolabé, et contrairement à l'opinion de M. Devergie *(ibid.)* nous constatons que l'autopsie décèle la mort due à l'obstruction des canaux, à l'interception de la circulation fœto-placentaire par des signes dont l'ensemble ne saurait raisonnablement se refuser.

La divergence d'opinion pour expliquer comment l'occlusion momentanée des vaisseaux sanguins tue l'enfant, est encore fort grande. Une première manière de voir invoque la compression isolée de la veine ou des deux artères pour faire mourir par anémie ou par pléthore, panhyperhémie, congestion cérébrale et apoplexie. Nous avons admis avec les meilleurs auteurs (Scanzoni et autres) la compression partielle du cordon, mais l'effacement du vaisseau afférent seul, comme il sera dit plus bas, ne tue pas par anémie mais par asphyxie ; un état plus ou moins anémique peut se rencontrer sur le même cadavre sans qu'on puisse y rattacher le décès. Le pincement des vaisseaux sanguins efférents s'opposant à l'écoulement du fluide doit avoir pour conséquences la congestion des poumons et du foie avec exsudation sanguine à la surface de cette glande, l'engorgement des vaisseaux de l'encéphale, leur rupture suivie d'épanchement à la surface des membranes ou même dans les profondeurs de la substance encéphalique ou cérébelleuse, de tous ces désordres le premier c'est encore l'asphyxie qui tient au non-renouvellement du sang.

L'hypothèse que la suppression des communications avec la mère prive l'enfant de nourriture et qu'il meurt d'inanition, est une absurdité évidente en présence des nouveau-nés qui vivent des journées avant de boire ou de prendre le sein, donc la privation pendant quelques instants de l'ondée sanguine, ne peut le faire périr.

Ces raisonnements s'appliquent aux accidents rares et exceptionnels de la compression partielle des vaisseaux ombilicaux, mais comment faut-il interpréter la mort dans l'immense majorité des cas, c'est-à-dire quand il y a compression totale du cordon?

Nous nous trouvons en présence d'une trilogie, l'asphyxie, l'apoplexie, la syncope, dont chacun des termes a été invoqué par les auteurs pour expliquer la léthalité de la compression du cordon, l'étude de ces états est la voie à suivre pour arriver à une conclusion rigoureusement scientifique.

Syncope, suspension subite de l'action du cœur accompagnée de paralysie ou perte du sentiment et du mouvement volontaire. Le fait capital, le silence du cœur est le premier désordre dans la syncope; le cœur cessant de se contracter, le sang n'arrive plus à l'encéphale, qui est enrayé dans son action faute de son excitant naturel. L'ordre de succession des phénomènes de la syncope se trouve donc ainsi établi : d'abord anéantissement des pulsations cardiaques, ensuite cessation de l'innervation suivie en dernier lieu de l'interruption de la locomotion, des sensations, de la voix ainsi que de la respiration; s'il n'est pas toujours possible de saisir le temps qui marque les intervalles des symptômes de la défaillance à cause de leur rapide succession, la physiologie nous dit qu'il n'en saurait être autrement.

Congestion, apoplexie cérébrale. — En plaçant la congestion sur la même ligne, nous entendons une hyperhémie suffisante pour paralyser l'encéphale au même degré que l'épanchement sanguin. L'apoplexie sera donc la cessation soudaine, spontanée, complète et plus ou moins durable de l'innervation cérébrale. Chez l'enfant près de naître, pour que l'action du centre nerveux s'épuise par la compression du cordon, il faut un épanchement sanguin ou un engorgement des vaisseaux de l'encéphale tel, que ce dernier organe se trouve paralysé par la compression qu'il subit; désordre qui entraîne la cessation de la respiration et de la circulation.

Asphyxie. — Ce mot exprime la mort par suspension de la respiration.

En résumé la compression du cordon attaque l'un des pieds du trépied vital de Bichat (innervation, respiration, circulation); mais quel est celui auquel il faut attribuer la mort?

On n'est pas en droit d'invoquer l'interruption de l'action des centres nerveux à la suite d'un état apoplectique pour expliquer le décès : chez l'adulte la congestion la plus forte à la tête ne suspend ni les mouvements du cœur, ni ceux des poumons; chez le fœtus l'hématose est placentaire et non pulmonaire, elle se fait donc en dehors de l'action du cerveau; le cœur n'est guère plus sensible au sommeil de l'agent animateur, ses contractions se prolongent bien au-delà de l'action de l'encéphale même après la naissance. Il est à remarquer, et j'appelle l'attention du lecteur sur ce fait, que la physiologie a démontré que les lésions graves de

l'encéphale n'agissent sur le cœur qu'en faisant premièrement cesser les fonctions des poumons ; or, là où les poumons n'agissent pas le cerveau ne saurait les dominer et
subséquemment le cœur reste libre.

M. Devergie explique la mort par « syncope, suite du
défaut de sang ou d'un sang non renouvelé ». Le défaut de
sang n'est pas admissible, il faudrait contrairement à ce
que l'observation enseigne, le supposer assez considérable
pour enrayer le cœur et entraîner très-rapidement la mort,
comme fait la compression du cordon qui tue en quelques
instants ; le défaut d'un sang vivifié par la respiration ne
serait guère d'un effet plus immédiat sur le cœur, que l'absence du sang, la mort est constamment trop prompte pour
y voir une syncope, une mort par épuisement du cœur.

La raison unique de la mort c'est l'asphyxie, résultat
direct de l'interruption de la respiration placentaire ; la première fonction lésée par la compression des vaisseaux ombilicaux c'est la respiration qui détermine secondairement
la congestion des capillaires du cerveau et des viscères abdominaux, états apoplectiques et congestifs qui s'expliquent tout
aussi naturellement que chez l'adulte. Dans tous les cas le
sang non oxygéné paralyse d'abord le cerveau et, subséquemment, cette paralysie cérébrale s'étend aux muscles
inspirateurs, ce qui rend la première inspiration impossible
après la sortie complète de l'enfant. A la naissance, l'interruption des fonctions cérébrales par un sang veineux non
vivifié ne saurait suspendre ni les pulsations cardiaques ni
l'action des autres organes qui, ne fonctionnant pas, sont
encore inutiles à la vie. Le rôle du cerveau commence au
moment de la naissance, l'enfant obligé de vivre de sa vie
propre doit respirer, pour cet acte l'animation des muscles

inspirateurs est nécessaire et l'enfant périt si le cerveau ne les anime, mais ce dernier viscère n'intervient en aucune manière dans l'hématose placentaire; or, de la vivification du sang dépend la vie du cœur, c'est ainsi que s'explique comment on voit les pulsations du cœur persister longtemps après la naissance, même chez ceux des enfants où l'action cérébrale ne doit plus se ranimer.

L'*entortillement du cordon* qui résulte de l'engagement du fœtus dans une anse du cordon ou de sa rotation autour de son axe longitudinal peut être cause d'asphyxie. Les circulaires du cordon, si nous exceptons les amputations spontanées et l'étranglement qu'elles déterminent pendant la vie intra-utérine, sont peu nuisibles au produit pendant la naissance, si elles exposent davantage le cordon à la compression, si elles peuvent être cause d'une grande brièveté du cordon qui décolle prématurément le placenta et arrache l'ombilic, ces fâcheuses conséquences sont si rares que les accoucheurs les plus autorisés, ne comptent sur cent cas, que trois décès dus à l'entortillement; observons, en outre, que ces données s'appliquent à l'entortillement autour des membres comme à celui qui se fait autour du cou, et nous comprendrons que l'étranglement au moment de la naissance, par des circulaires, est une exception des plus rares. Cependant elle existe et dès lors elle mérite de fixer notre attention, les accidents cérébraux, congestions actives et hémorrhagies sont les conséquences immédiates de la constriction du cou par les circulaires du cordon; l'autorité des auteurs (Scanzoni, Devergie, Casper) qui soutiennent ce genre d'accidents comme prouvé en fait par d'irrécusables exemples, par des faits évidents, exclut le doute et nous nous rallions volontiers à leur opinion. Le cordon enroulé autour du cou n'est plus assez long pour permettre la descente de l'enfant sans se tirailler, ce qui étrangle l'enfant chaque fois qu'il se présente une brièveté suffisante du cordon et une assez grande adhérence du placenta pour ne pas se détacher sous les efforts des tractions funiculaires. Le moment d'une constriction capable de tuer l'enfant varie selon le plus ou moins de longueur du cordon; plus bref, les veines du cou se compriment de meilleure heure, même avant la sortie de la tête; alors l'hémorrhagie, et la congestion anéantissent l'action cérébrale sans retour, à telles enseignes qu'elle ne se ranimera plus après la naissance; plus long, l'enfant descend plus bas, la tête sort de la vulve, une ou plusieurs inspirations peuvent se faire s'il est fort et bien portant, mais la sortie du tronc et des extrémités tend le cordon, les circulaires se resserrent et empêchent la respiration de continuer.

Pour juger de la possibilité de l'étranglement pendant l'expulsion, nous ne pouvons raisonner sur la longueur du cordon qui varie de 1,70 mètre à 10 centimètres, que si cette mesure nous est donnée, alors nous pouvons suivre les calculs de M. Devergie : « On peut estimer à 29 centimètres (6 pouces) la portion s'étendant de la vulve au placenta encore adhérent; je tiens compte de l'abaissement de l'utérus après la sortie de la tête. La circonférence du cou non comprimé est de 18 centimètres, il y a de l'ombilic au cou 18 centimètres. » Total 65 centimètres.

La démonstration d'une strangulation pendant la naissance résulte de la longueur plus ou moins grande du cordon, du nombre de circulaires autour du cou, de l'insertion plus ou moins élevée du placenta. Si 65 centimètres avec une circonvolution et demie permettent la sortie de la tête hors de la vulve, de manière qu'une ou plusieurs inspirations précèdent l'asphyxie par étranglement, 50 centimètres, toutes choses restant égales, n'y suffiront plus; pendant que la tête traverse l'excavation, déjà le cordon se tiraille, et s'il ne se rompt, l'accouchement s'arrête ou le placenta se décolle. Il y aurait asphyxie si l'hématose nécessitait le passage d'une colonne d'air à travers le larynx, mais comme elle se fait encore par le placenta ce genre de mort n'est donc plus à craindre, l'hémorrhagie cérébrale seule est à redouter de la constriction du cou ; l'asphyxie qui résulte du décollement du placenta est une mort qui n'a rien de commun avec la constriction du cou. Une grande longueur du cordon permet l'expulsion complète sans tiraillement, malgré les circulaires autour du cou.

M. Devergie consigne les données suivantes de son expérimentation sur la résistance des cordons enroulés une fois et demie sur un barreau de la grosseur du cou de l'enfant et recouvert de linge : La résistance moyenne des cordons non variqueux a été de 5 kilogrammes 250 grammes, l'un d'eux ne s'est rompu qu'à 9 1/2 kilogrammes. Les cordons variqueux se sont rompus en moyenne à 3 kilogrammes, le plus résistant à 5 1/2 kilogrammes. Le poids était toujours placé à la racine placentaire du cordon.

Le sillon strangulatoire du cordon se distingue de l'empreinte de tout autre lien par sa continuité, il se dessine sans interruption autour du cou, ce qui peut se présenter dans l'étranglement criminel, mais jamais dans la pendaison. Le cordon donne au sillon qu'il creuse autour du cou sa propre largeur, une forme concave et, grâce à son peu de dureté, une consistance molle, ni momifiée ni parcheminée, sans excoriations comme on en voit si souvent dans

la mort par pendaison ou strangulation. L'existence d'ecchymoses dans le tissu cellulaire sous-cutané du sillon est
vivement controversée, admise par les uns elle est niée
par les autres, et chacune de ces opinions extrêmes est
fausse ; ces ecchymoses se présentent quelquefois, jamais
d'une manière certaine dans tous les cas, il serait impossible, croyons-nous, de trouver une explication satisfaisante
à pareille inconstance; la raison s'en trouve peut-être dans
le plus ou moins de rapidité de l'accouchement; elles n'ont
point le temps de se produire dans les couches rapides.
Donc ces ecchymoses avec épanchement de sang manquent
dans l'un et existent dans l'autre cas, et un de leurs caractères c'est de se produire le plus souvent par taches, rarement d'une manière uniforme dans toute l'étendue du sillon.
Comme les circulaires autour du cou sont d'ordinaire doubles ou triples, ces ecchymoses, ces épanchements de sang
ou pour mieux dire ces taches ecchymotiques affectent la
même disposition ; l'absence de ces signes sur un sillon
momifié et parcheminé exclut l'entortillement du cordon et
indique la strangulation au moyen d'un lien beaucoup plus
dur.

Symptômes. — La science nous fait voir que la mort de
l'enfant dans le sein de la mère et qui reconnaît pour cause
l'interruption des communications avec la mère (décollement du placenta, compression du cordon, décès de la
mère) est une asphyxie, les symptômes de ce genre de mort
seront exposés dans l'étude consacrée aux différents genres
d'asphyxie, nous n'exposerons ici que ce qui est spécial à
l'enfant.

Toute cause suspensive de la respiration placentaire provoque au même instant chez le jeune être qui en a la puis-

sance, un effort instinctif de respiration forcée dans l'utérus, ce qui se répète tant que ses forces le permettent ; ces essais de respiration produisent des ecchymoses pétéchiales sur l'aorte, le cœur et la plèvre pulmonaire, leur spontanéité est un fait capital qui ne permet plus de rattacher ces taches ecchymotiques à un crime.

7° *Hémorrhagie mortelle.* — Une hémorrhagie mortelle à l'enfant survient à la rupture du cordon, au décollement du placenta, dans le premier cas l'enfant seul sera anémique exsangue, dans le second la mère sera dans le même état.

8° *Constriction de l'utérus.* — Les faits prouvent que le col utérin se contracte parfois spasmodiquement sur le cou de l'enfant et l'étrangle, je passe sur les détails de cet accident sans importance en médecine légale ; les difficultés de la délivrance, invincibles par les forces de la nature, réclament l'intervention de l'accoucheur, son témoignage dissipera tous les doutes.

11. Résistances mécaniques des diverses parties du fœtus mort.

Nous reproduisons les expériences de M. Pajot (*thèse citée*) sur le fœtus à titre de renseignements, si elles sont sans avantage direct nous sommes convaincus qu'en médecine foraine pratique il peut surgir des cas obscurs qui rendent la connaissance de la résistance des diverses parties du fœtus très-utile ou indispensable. L'expert y trouve un guide et des analogies ; par égard pour la vérité, nous devons faire observer qu'il n'existe aucune relation entre la résistance vitale et celle des membres du corps de l'enfant ; l'absence d'une lésion matérielle traumatique n'autorise pas à conclure à l'intégrité des fonctions pendant la vie; la vitalité présente de notables variantes de ténacité chez les différents fœtus, l'un succombe à une manœuvre obstétricale prompte et facile, l'autre résiste aux opérations tocologiques les plus pénibles et les plus longues.

Dans ces expériences, le fœtus suspendu par un bandage circulaire de toile autour du cou, reçut une seconde cravate semblable placée autour de la partie inférieure du .cou et dont les chefs se fixaient à un plateau de balance; les parties résistèrent une demi-heure à 60 kilogrammes, les parties étaient fortement tendues, une mousse sanglante s'échappait des narines et le méconium était rendu avec abondance. Chez un second fœtus suspendu comme dans l'expérience précédente, le cou a résisté pendant quatorze minutes à un poids de 75 kilogrammes, la colonne s'était rompue entre la quatrième et cinquième vertèbre et la moelle au niveau de la queue de cheval, on voyait pendre celle-ci à la partie inférieure du bulbe rachidien.

Le corps et l'épaule bien fixés, le membre supérieur fut arraché avec l'omoplate par un poids de 37 kilogrammes en quatre minutes.

L'articulation coxo-fémorale a résisté à un poids de 60 kilogrammes.

Dans une expérience qui soumit les articulations coxofémorales à la traction, la séparation se fit après dix minutes sous un poids de 63 kilog. par la déchirure des téguments autour du genou et le décollement de l'épiphyse inférieure du fémur, l'article supérieur était intact.

Le renversement du coude en avant se fait par la rupture des ligaments et le décollement de l'épiphyse sous un poids de 14 kilogrammes.

Le genou se renverse de la même manière sous un poids de 20 kilogrammes.

Les os longs soutenus par leurs deux extrémités se brisent : le fémur sous un poids de 11 1/2, l'humérus de 7 1/2 et le cubitus de 3 1/2 kilogrammes.

Le médecin légiste tiendra compte de ce fait, fourni par les accoucheurs, que la mort naturelle de l'enfant à sa naissance est bien plus fréquente que la mort violente et qu'on a un plus grand nombre de mort-nés parmi les enfants illégitimes, que parmi ceux qui naissent dans le mariage. Casper a trouvé qu'à Berlin 1/25 des enfants légitimes et 1/12 des enfants illégitimes sont mort-nés ; et nous lisons dans le rapport de M. Michel Chevalier à l'Académie des sciences politiques et morales, qu'on a compté de 1853 à 1860, cinquante-trois mort-nés pour cent naissances dans le département de la Seine, 5,16 dans les villes, 3,65 dans les populations rurales.

§ 12. Genres de décès de l'enfant né vivant.

Nous ne mentionnons ici que les crimes spéciaux qui ne peuvent se commettre que sur le nouveau-né, ceux dont les symptômes sont identiques chez l'homme adulte et chez l'enfant né à la vie extra-utérine sont volontairement passés sous silence et renvoyés à l'étude des morts violentes chez l'adulte.

Le chiffre que nous avons énoncé plus haut des enfants morts à leur naissance, est la preuve la plus éloquente de la multiplicité des causes de mort naturelle chez l'enfant à son entrée dans la vie extra-utérine ; examinons-les une à une.

1º *Faiblesse native*. — La faiblesse native trop grande pour permettre la continuation de la vie extra-utérine se caractérise par les signes d'une naissance avant terme, d'une hémorrhagie, d'un accouchement prolongé; durant la vie l'enfant pâle et anémique ne respire qu'incomplétement, sans cris et sans mouvements, c'est en vertu de ces preuves négatives qui coïncident avec l'absence de toute violence, de toute altération d'organes, de tout vice de conformation capables d'expliquer le décès que l'on conclut à une mort naturelle.

2º *Obstacles à la respiration*. — C'est par l'importante fonction pulmonaire, la respiration, que se fait la sanguification du chyle et la vivification du sang veineux, ou sa transmutation en fluide rouge rutilant; à l'accomplissement de ces phénomènes, l'agent indispensable c'est l'oxygène; s'il manque l'asphyxie survient.

Le terme asphyxie implique une introduction antérieure d'air respirable dans les poumons, un rigoureux langage borne sa signification à la respiration coupée par le manque complet d'air, ou l'accès dans les poumons d'un air toxique ou simplement impropre à la fonction: A défaut d'expressions mieux appropriées, pour suivre l'usage et ne pas compliquer la terminologie, nous désignerons ainsi la mort du nouveau-né chez qui la respiration n'a pu s'établir. La mort ne survient pas de la même manière, les caractères anatomiques de l'asphyxie font défaut, les poumons restent affaissés, mais dans la thèse présente, enfant asphyxié et enfant qui n'a pu respirer, sont des expressions homophones, le décès résulte du défaut d'air, de ce que ce fluide ne remplit pas les vésicules pulmonaires. L'asphyxie peut être due à une double série d'obstacles, qui seront internes ou externes.

A. *Internes.* — Les obstacles internes naturels qui s'opposent à l'établissement de la respiration, sont les mucosités, les fluides (eaux de l'amnios) qui obstruent les narines, l'arrière-bouche, le pharynx, la glotte ou la trachée-artère, et déterminent une mort immédiate et fatale. L'autopsie fournit la preuve matérielle de ce genre de mort.

Les obstacles internes criminels sont les corps étrangers qu'une main coupable introduit dans les voies respiratoires (nez, pharynx, glotte, trachée-artère), et préviennent la respiration ou l'arrêtent si elle s'est déjà établie.

La nature des corps dont l'infanticide se sert varie à l'infini, il produit la suffocation, tantôt par l'introduction dans les voies aériennes d'un liquide, d'un tampon, d'un corps solide, tantôt par l'abaissement de l'épiglotte sur la glotte par le renversement de la pointe de la langue sur l'arrière-bouche. Ces manœuvres laissent des traces reconnaissables à différents degrés; l'asphyxie par un liquide versé dans la trachée n'a d'autre caractère que la présence et la nature physique et chimique du liquide, à moins qu'il ne possède une action chimique sur les tissus avec lesquels il se trouve en contact. Le tampon se compose souvent d'une pelotte d'étoffe (toile, calicot, draps) d'une boule de de terre ou de végétaux, d'herbes, de feuilles, de foin, etc., etc., les traces qu'il laisse sont une décoloration de la muqueuse de l'isthme du gosier dans les places comprimées, si le corps comprimant est assez dur pour en expulser le sang, et une augmentation de rougeur avec gonflement dans les parties voisines. Comme les mêmes opérations produiront les mêmes lésions sur le corps d'un enfant en état de mort apparente ou qui vient d'expirer, la conclusion sera toujours douteuse, même quand la docimasie hydrostatique constatera une respiration préexistante.

Les écorchures sous la langue, sur l'arrière-gorge ou l'épiglotte trahissent l'action des ongles, l'introduction des doigts, mais l'intention est un mystère ! Le désir de sauver l'enfant, de faciliter la respiration en débarrassant la gorge des mucosités, fait pousser le doigt à plusieurs reprises dans sa bouche : n'est-ce pas à cette manœuvre que remontent les lésions de l'arrière-gorge ? Et sous la langue n'est-ce pas le doigt qui a fait fausse route ? L'enfant n'a-t-il pas succombé malgré ces efforts ?

La présence des objets qui ont empêché la respiration de s'établir ou de continuer, la pâleur et l'amincissement de certaines parties de la muqueuse, la rougeur d'autres parties, leur gonflement, les écorchures sont les caractères anatomiques à ajouter à ceux de l'asphyxie si les poumons ont antérieurement respiré.

B. *Externes.* — Les manœuvres externes ne laissent des traces que lorsqu'il y a eu compression ou constriction, et celles-ci sont d'autant plus fortes et mieux marquées qu'elle a duré davantage, qu'elle a été plus grande et que le corps comprimant était plus dur. La pression expulse les liquides des tissus, amincit les téguments et condense le tissu cellulaire ; l'empreinte des corps employés sur l'endroit comprimé peut les faire reconnaître après la mort, ces parties sont déprimées, parfois parcheminées, rouges, injectées, lorsque la compression s'est faite pendant la vie : nous devons revenir sur ces caractères plus loin.

a. *Étouffement.* — L'obstacle externe à l'établissement ou à la continuation de la respiration, de tous le plus simple, c'est l'occlusion des ouvertures buccales et nasales au

moyen de la main, d'un mouchoir, d'un linge, etc., etc.
L'asphyxie survient identiquement de la même manière
chez le fœtus enfoui dans la terre, lié dans la paille, le
foin, le fumier, roulé dans une couverture, un lambeau
d'étoffe ou étouffé entre les matelas.

L'enfant vivant enfoui dans un milieu pulvérulent
entraîne pendant les quelques inspirations qu'il exécute,
une partie de poussière qui se mêle à la mucosité qui
recouvre les fosses nasales, la bouche, le pharynx, le
larynx et la trachée; la présence de ces corps indique la
vie d'une manière indubitable puisqu'ils ne peuvent s'introduire sans l'intervention de la respiration. Il en est autrement de la terre ou de la vase que l'on trouve dans ces
voies, sur un cadavre qui a séjourné dans l'eau boueuse
ou trouble, c'est alors un simple dépôt qui s'est fait pendant le repos du cadavre : ce fait n'autorise aucune conclusion sur la question de savoir si le corps a été jeté dans
l'eau vivant ou mort, à moins qu'on ne trouve de ces
mêmes matières dans l'estomac; la déglutition est la condition première de leur introduction dans cet organe; dans
ce cas, il serait donc naturel et logique d'affirmer que le
sujet vivait encore lors de sa chute dans l'eau.

b. *Submersion.* — L'enfant né dans le bain, plongé
dans l'eau d'un vase, d'une rivière, d'un puits, dans une
fosse d'aisances où privé d'air parce qu'on lui remplit les
bronches de liquide, est instantanément frappé de mort
par asphyxie.

Une mort analogue frappe l'enfant dont la bouche et les
narines se trouvent, après sa sortie de la vulve, plongées
dans les liquides (eau amniotique, sang, urine, fèces)
amassés entre les cuisses de la femme; l'enfant qui périt

ainsi n'a jamais respiré complétement. La culpabilité de la mère n'existe que si elle a négligé de donner à son enfant des soins qu'il était en son pouvoir de lui donner : l'état syncopal dans lequel elle se trouve à la suite d'une hémorrhagie ou de vives douleurs l'excuse, la jouissance de ses facultés et la possession de la plénitude de sa volonté la rendent coupable de laisser périr l'enfant qu'elle pouvait sauver.

Symptômes de l'asphyxie. — Les téguments de l'homme asphyxié sont livides, violacés ; la face où les capillaires sont plus abondants, se trouve plus fortement engorgée que le reste du corps et d'une nuance bleue. Les lèvres et les muqueuses buccales tuméfiées, les voies aériennes rouges et très-injectées. Tous les viscères regorgent d'un sang noir, le foie, la rate, les reins et plus encore les poumons qui sont fortement développés; les cavités droites du cœur, et tout le système veineux sont remplis, ce qui produit une coloration violette foncée. L'ensemble de ces symptômes varie beaucoup d'intensité suivant que l'asphyxie a été très-rapide ou fort lente. En tout état de cause, rien ne différencie ces lésions de celles qu'on trouve chez ceux qui succombent à une asphyxie naturelle survenant en dehors de toute tentative criminelle et par des causes inconnues.

c. *Strangulation.* — Elle s'opère par le cordon ombilical, par une pression manuelle, par la constriction d'un lien ou d'une corde. La strangulation par des circulaires du cordon appartient à la période des couches, et se trouve mentionnée au paragraphe précédent; celle par la pression des mains laisse des marques sur les parties latérales du cou, sur la trachée et le larynx; ces parties présentent les traces des ongles et de la pression des doigts, égratignures,

meurtrissures, ecchymoses, luxation et fracture des cartilages laryngiens. Enfin, exécutée par un lien appliqué sur
le cou, elle laisse des signes qui permettent de la différencier avec l'effet des circulaires strangulatoires du cordon.
Le lien qu'une main homicide applique sur le cou de l'enfant y laisse son empreinte en creusant un sillon qui conserve sa forme; la peau également déprimée, amincie, est
momifiée ou parcheminée et la dissécation la brunit; l'ecchymose n'est pas constante, et les signes de l'asphyxie
(congestion pulmonaire, écume dans la trachée-artère),
fourniront les preuves du genre de mort. Les autres caractères sont les mêmes que ceux de la pendaison chez l'adulte,
je renvoie leur étude à cet alinéa.

3° *Panhyperhémie.* — Mort naturelle accidentelle désignée
sous le nom impropre d'état apoplectique, c'est une congestion sanguine générale, cerveau, foie, poumons, cœur et
derme, tout est gorgé de sang, de là la coloration violacée
de la peau, surtout de la face; parfois les méninges et le
cerveau sont infiltrés, il y a même du sang épanché à sa
surface et dans sa substance; on trouve également de petites
ecchymoses limitées de tissu cellulaire disséminées dans le
tissu cellulaire sous-cutané de la tête.

4° *Hémorrhagie du cordon ombilical.* — L'hémorrhagie du
cordon ombilical est une première cause de décès chez le
jeune être, l'âge ne fait pas varier les symptômes que nous
pouvons négliger ici pour ne pas nous répéter lorsque nous
décrirons ce genre de mort chez l'adulte.

L'hémorrhagie par le cordon admise autrefois avec trop
de complaisance et posée comme règle infaillible, comme
cause certaine de la mort chaque fois que le cordon ne
portait aucun lien, fut niée plus tard et rejetée comme une

erreur. Entre ces extrêmes se trouve la vérité : l'écoulement du sang n'arrive pas fatalement chaque fois que la ligature est négligée, comme elle n'est pas d'une nécessité absolue pour prévenir la perte sanguine. Ce fait d'obstétrique est indéniable à l'heure présente, tout accoucheur s'est trouvé dans l'obligation de faire la section du cordon pour terminer un accouchement, il a pu observer alors que parfois le sang s'en écoulait avec abondance. Donc rare et fort rare, l'hémorrhagie funiculaire mortelle rentre dans les faits positifs acquis à la science, une de ses conditions essentielles, c'est que la séparation ait été faite par un instrument effilé donnant une coupe nette et non pas par arrachement ou par un instrument qui tranche mal et qui déchire plus qu'il ne coupe, alors les artères tiraillées se ferment après leur rupture et aucune perte de sang ne saurait avoir lieu. Ce phénomène s'observe dans toutes les plaies par arrachement même les plus grandes, comme nous l'avons observé dans l'arrachement des bras et des jambes dans les fabriques.

Nous devons insister sur ce fait que la section du cordon par instrument bien tranchant est nette et vive, tandis que par un instrument qui coupe mal, qui déchire autant qu'il coupe elle présente des bords dentelés inégaux comme en donne l'arrachement, c'est une question de plus ou de moins que l'expert ne doit et ne saurait trancher.

L'écoulement du sang est d'autant plus facile que la section du cordon précède la respiration et qu'elle se fait à un moment plus rapproché de la naissance et à une moindre distance de l'ombilic. La respiration établit la circulation pulmonaire, donne une impulsion nouvelle à la circulation générale, appelle vivement le sang dans les viscères thoraciques et les vaisseaux ombilicaux s'affaissent. Le retrait ou la rétraction des vaisseaux, leur entortillement, la coagulation du sang qui s'est opérée par le refroidissement lorsqu'on coupe le cordon longtemps après la naissance et à distance de son insertion, sont autant d'obstacles nouveaux à l'hémorrhagie. Cependant l'observation constate des cas où l'hémorrhagie funiculaire s'est produite après plusieurs heures d'une respiration complète et malgré l'application d'un lien, qui était trop lâche pour atteindre le but.

Nous croyons inutile de faire observer que ce genre de mort n'est pas possible dans l'absence de la section du cordon quand le placenta est resté uni à l'enfant.

La présence ou l'absence d'une ligature sur les artères n'est pas un fait concluant : d'abord elle peut avoir été mal faite, trop peu serrée, donc impuissante à opposer un obstacle aux battements artériels; elle peut s'être détachée après la mort en transportant ou en déshabillant le cadavre, ensuite elle peut n'avoir été posée qu'après la mort.

Les caractères d'une mort par hémorrhagie ombilicale sont identiquement les mêmes que ceux qu'on trouve chez les adultes qui succombent à une perte de sang; en attendant leur étude complète, nous dirons que la décoloration des tissus, leur pâleur, la coloration jaune de cire des téguments, la vacuité des vaisseaux sanguins et l'anémie générale à laquelle les veines du cerveau ne participent jamais, sont ceux qu'on rencontre principalement.

Le genre de mort reconnu, le siége de l'hémorrhagie doit être rigoureusement recherché; s'il n'y a pas de plaies extérieures capables d'expliquer la mort et si les organes intérieurs ne présentent pas d'épanchement sanguin traumatique ou de nature pathologique, il faut en accuser le cordon. Casper a vu dans deux cas la mort produite par un épanchement de sang dans les côlons.

L'état anémique qui succède naturellement à ces pertes sanguines donne au cadavre le même aspect que la mort par syncope dont nous avons parlé plus haut et qui succède à une faiblesse excessive ou à une lésion des centres nerveux; la faiblesse excessive résulte d'une débilité naturelle, d'une naissance avant terme, d'une hémorrhagie placentaire sérieuse; et les lésions cérébrales des compressions violentes dans les accouchements laborieux ou de longue durée, ou de fortes tractions sur les extrémités inférieures.

La pâleur extraordinaire, l'état exsangue de la peau, l'anémie générale de tous les organes, la mollesse des chairs, la flaccidité et la vacuité du cœur, comme celle des vaisseaux artériels et veineux, si l'hémorrhagie a causé la syncope mortelle, n'appartiennent-ils pas également à la symptomatologie de la mort par hémorrhagie ombilicale? La diagnose sera donc soumise à la question de savoir si l'accouchement s'est fait avant terme, s'il a été long et laborieux, accompagné d'une hémorrhagie syncopale à la suite de laquelle le fœtus s'est trouvé en état de mort apparenté à laquelle il a succombé. Le sang trouvé dans les langes qui renferment le tronçon de cordon, sera une preuve démonstrative du genre de mort s'il est en quantité suffisante pour la déterminer. La visite de la femme immédiatement après ses couches fera voir s'il y a eu insertion du placenta sur le col, donc hémorrhagie pendant l'accouchement et absence de crime; l'anémie générale et la pâleur jaunâtre qui la caractérise la prouvera d'une manière incontestable. Mais la conclusion déductive d'une exploration négative, qui ne fournit aucun renseignement sur l'insertion du placenta, sera le doute, car d'une part la science obstétricale nous apprend qu'un décollement prématuré du placenta normalement inséré, par des mécanismes bien connus aux accoucheurs, est également cause d'hémorrhagies mortelles à l'enfant; d'autre part l'anémie de la mère peut être due à une perte qui survient après l'expulsion de l'œuf.

Casper accorde de l'influence à la constitution de l'enfant sur les suites de l'hémorrhagie, il croit que les plus vigoureux meurent plus facilement par la raison que les chétifs et les débiles se sauvent par une lipothymie qui arrête l'écoulement. Cette manière de voir si elle est conforme aux faits, demande un ensemble de circonstances qui se présentent très-rarement, une mère qui désire la mort de son enfant ne lui portera secours ni pendant ni après la syncope, et la mort doit en résulter. Il croit encore avec l'accoucheur Holl que les cordons gras donnent plus facilement lieu à une hémorrhagie que les cordons maigres, et que la ligature du cordon n'empêche pas la perte sanguine d'une manière absolue. Notre expérience personnelle ne nous permet pas d'affirmer ou d'infirmer ces croyances, et si le lien bien serré est le seul qui soit un moyen hémostatique infaillible, le tout dépend du degré de constriction.

L'imputabilité de la mort par hémorrhagie du cordon est le point capital, mais fréquemment le plus obscur d'une expertise. La mère déclare qu'égarée et troublée elle a arraché le cordon involontairement et sans réflexion, l'arrachement se différencie de la section, mais le degré d'attention et de volonté qu'une femme dans cette position y a mise, échappe à la science la plus parfaite. L'allégation que les mouvements de l'enfant déjà né ont pu rompre le cordon, la mère étant en syncope, est erronée et ne mérite pas d'être prise en considération ; une chose est possible, c'est que la brièveté absolue (rarement) ou relative (quand il est entortillé) du cordon, peut, sous l'influence de vives douleurs, déterminer sa tension et sa rupture au moment de l'expulsion de l'enfant, alors il reste à voir s'il y a des traces de circulaires autour du cou ou autour des membres, si le cordon a été arraché et si le fœtus porte des marques de violences.

La mère pour se disculper invoque une syncope, une attaque d'éclampsie qui a suivi la délivrance et l'a empêchée de soigner l'enfant, l'impuissance par syncope n'est admissible que si elle reconnaît l'hémorrhagie pour cause, et alors la femme en porte encore les traces, elle est anémique, d'un teint pâle jaunâtre, parfois le placenta adhérant encore au fœtus, démontre qu'il a été expulsé en même temps que celui-ci, ce qui donne quelque probabilité d'une perte. L'éclampsie ne laisse aucune trace, il faudra donc contrôler semblable assertion par les circonstances particulières du fait.

5° *Inanition, exposition au froid.* — Il n'est pas possible de connaître avec précision, combien de temps l'enfant peut vivre sans nourriture, ni à quel degré de froid il peut résister sans succomber ; c'est à l'autopsie à fournir les caractères de la mort par inanition, et qui joints aux preuves d'une respiration antérieure, et à l'absence de toute lésion traumatique ou morbide seront les prémisses de la conclusion.

La vie peu énergique du jeune être, la faible réaction qu'il présente au froid extérieur, le font succomber rapidement à l'abaissement de la température.

Les considérations suivantes sur la mort par inanition, puisées dans l'excellent travail de M. Bouchaud : *De la mort par inanition chez le nouveau-né*, Paris 1864, sont d'une grande valeur.

Selon l'auteur, la mort par inanition est bien réelle quand la perte égale ou surpasse 2/10 du poids total, il succombe entre 2/10 et 4/10 ou 1/3 et 1/4.

Des trois grandes causes de destruction, la naissance précoce ou avant terme, le refroidissement dans une température trop basse, et une alimentation insuffisante ou vicieuse, contre lesquelles le nouveau-né doit lutter, la dernière est la plus meurtrière.

L'enfant inanitié périt par privation absolue de nourriture, par insuffisance prolongée de la quantité de lait ingéré et par non-assimilation. Ainsi l'alimentation au lait maternel ou au lait de vache fait périr l'enfant, parce qu'il n'en prend pas suffisamment, qu'il vomit celui qu'il prend, qu'il survient de l'entérite, ou qu'il ne digère pas le lait ingéré; alors on le retrouve coagulé dans l'estomac et l'intestin. L'enfant exprime les souffrances d'une alimentation insuffisante par ses pleurs, ses cris qui ne sont qu'une plainte à basse voix et aussi prolongée que l'expiration.

Généralement à l'état de parfaite santé de la mère et de l'enfant, le méconium est expulsé le 1er et le 2e jour, le 3e il est mélangé et le 4e les selles sont jaunes, cette coloration survient le 3e jour si l'enfant tette bien un colostrum ou un lait abondant. Au contraire le méconium persiste, se mêle à un peu de matière jaune si l'alimentation est insuffisante; si elle est par trop insuffisante, la coloration brune noirâtre devient verte, d'un vert foncé, en même temps que le nombre et la qualité des selles diminuent fortement, rares et petites elles se distinguent par ces caractères de celles d'une diarrhée.

Étiologie d'une alimentation insuffisante. — Les causes qui empêchent l'alimentation et qui frappent l'enfant, sont le coryza, le bec de lièvre complet, la faiblesse de ceux qui naissent avant terme, elles ne permettent pas la succion, parfois celle-ci est plus difficile encore en raison même du peu de sécrétion d'un sein faiblement développé dans un accouchement avant terme.

Certaines maladies comme l'entérite chronique et la diarrhée, troublent la digestion et l'assimilation du lait, et déterminent la mort par inanition.

D'autres causes d'une alimentation parcimonieuse viennent de la mère. Une maladie grave qui débute avant la sécrétion du lait, la fera complétement manquer, après l'établissement de cette fonction, elle la diminue lentement en proportion de la gravité et de la nature des accidents, sans jamais altérer le lait et sans lui communiquer des qualités nuisibles à l'enfant.

Les maladies qui dépriment la sécrétion laiteuse le plus fortement sont : la péritonite suraiguë, une fièvre vive avec peau sèche et brûlante, une diarrhée copieuse et fréquente, l'anémie, les émotions morales vives, les abcès du sein et les crevasses qui font redouter la succion. A la diminution du lait vient se joindre une diminution des soins maternels donnés à l'enfant : la douleur, l'abattement, l'épuisement et le délire empêchent ces fonctions.

Chez une fille séduite, délaissée et dénuée de moyens d'existence, chez la mère de famille pauvre, abandonnée de son mari, surchargée d'enfants, plongée dans une misère profonde, le défaut de soins, le refus du sein, sont les causes les plus fréquentes de la grande mortalité des enfants.

Symptômes. — Les premiers signes d'une alimentation en souffrance sont la perte du teint rosé et la pâleur de la face, la peau se plisse, se dessèche, se parchemine et se ride, ce qui est dû à l'absorption des liquides et des tissus sous-jacents, l'enfant prend alors l'aspect d'un petit vieillard. Parfois, le derme se rétracte, prend de la fermeté en même temps qu'il existe du sclérème avec sécheresse et consistance des tissus, raideur des membres; cet état se confond facilement avec la mort réelle si une léthargie vient s'y joindre.

Là où la peau est irritée par des liquides, là où elle subit une pression, l'inflammation, l'ulcération sont fréquentes, ainsi que les pustules d'ecthyma et les panaris superficiels des doigts.

Tous les signes de l'émaciation extrême et la diminution du poids complètent le diagnostic; les caractères de cet amaigrissement sont : la déformation du thorax dont les côtes et le sternum se dépriment surtout du côté gauche, l'appendice xyphoïde et la base du côté droit du thorax sont relevés par le foie. Le cuir chevelu aminci tendu sur les parties, laisse voir un crâne rétréci, le doigt qui l'explore sent les sutures effacées par le glissement des os qui se croisent et s'immobilisent. Ce chevauchement très-considérable des os du crâne, suite d'une privation de nourriture se distingue de la simple dessiccation, en ce que la macération redonne dans ce dernier cas, la mobilité, dans le premier ils restent fixes. La conjonctive s'injecte, la cornée couverte de mucus desséché, s'ulcère dans certains cas et l'œil se vide. Le ventre se creuse et se colle à la colonne vertébrale, la chute du cordon est retardée, et la cicatrice ne se ferme pas, elle devient même fréquemment le siége d'une gangrène humide. L'odeur infecte des selles, indice certain de l'autophagie, frappe tous ceux qui l'approchent. Les vomissements et les diarrhées séreuses appartiennent à l'amaigrissement par alimentation viciée ; celui qui résulte d'une alimentation insuffisante ne produit pas de diarrhée, les selles sont rares, la langue sèche et le ventre creux.

Durée. — La durée de l'abstinence absolue, de la privation complète chez l'enfant qui succombe inanitié et par défaut d'aliments, varie de 8 à 12, 17 et 21 jours ; règle générale, les enfants robustes perdent le plus et résistent plus difficilement que ceux d'une vie faible et chétive dont les pertes sont insensibles et qui tombent dans un état léthargique qui se prolonge longtemps. Ceux qui reçoivent quelque alimentation et chez lesquels se fait une assimilation plus ou moins forte, se soutiennent sans qu'il soit possible d'assigner un terme maximum ou minimum à leur existence.

Anatomie pathologique. — Une remarque importante, c'est qu'une mort par inanition ne suppose pas la consommation du tissu graisseux, au contraire la graisse persiste, les systèmes qui perdent le plus, ce sont les muscles, le foie et la partie aqueuse de tous les organes. Ainsi le sang beaucoup moins abondant a perdu sa sérosité, il est noir, épais dans les gros vaisseaux et ne s'écoulant plus des tissus que le scalpel divise. Les séreuses et l'organisme en général sont secs.

Les voies digestives présentent peu de désordres propres à la mort par la faim, l'intestin grêle conserve sa lumière et son épaisseur, les inflammations sont très-rares, la rougeur, l'épaississement et le ramollissement les trahissent. Le gros intestin a les follicules développés et ulcérés si la diarrhée a été longue. La transparence et l'atrophie du tube intestinal n'existent que dans les cas de diète absolue.

Les poumons sont d'un blanc rosé très-net dû à l'aération générale, parfaitement égale, ainsi qu'à l'absence du sang; les lobules affaissés et noirs qu'on y voit disparaissent par l'insufflation.

Les méninges et le cerveau sont fortement congestionnés, sans épanchement de sérosité ni de sang; ce dernier liquide présente une coloration violette, les bords d'une incision laissent suinter du sang veineux noir et très-épais.

Ces indications suffisent pour juger de la mort par inanition, il reste alors à examiner si elle est imputable à la mère, ou à l'impuissance de l'enfant à se nourrir.

6° *Acuponcture, coups, blessures.* — Les coups et blessures présenteront les mêmes caractères que chez l'adulte, il s'agit d'examiner s'ils ont été faits pendant la vie ou après la mort, leurs conséquences sur la vie, l'instrument dont on s'est servi et combien de temps il a survécu.

L'acuponcture dont la main criminelle se sert si volontiers produit des désordres qui doivent fixer notre attention; ce crime s'exécute avec une aiguille ou un stylet très-étroit que l'homicide plonge dans la tête par les fontanelles, l'orbite, l'oreille, les narines et les sutures des os; dans la moelle à travers les espaces intervertébraux. L'étroitesse de ces piqûres exige l'examen le plus scrupuleux de la part de l'expert : faiblement apparentes au dehors elles donnent lieu à de graves désordres internes, des lacérations et déchirures de la substance cérébrale suivies d'épanchements sanguins. D'autres blessures mortelles par instrument piquant sont faites sur les viscères abdominaux du fœtus, par le rectum ou le vagin, l'étude anatomique du cadavre décèle ces forfaits.

7° *Chute de l'enfant sur le sol.* — La possibilité d'une expulsion brusque du fœtus des organes sexuels, la mère étant debout, a donné lieu à d'interminables débats, Klein et d'autres l'admettent mais sans y trouver un danger pour l'enfant; ceux qui la nient avec Hohl soutiennent qu'une femme a toujours le temps de s'étendre à terre au dernier moment de sa délivrance. L'opinion de cet accoucheur peut être vraie dans sa pratique, où les conseils guident la mère, il en est autrement en médecine légale; fréquemment la femme a caché sa grossesse, et ses couches se font dans le mystère pour conserver son honneur et sa position, tant que l'heure est peu propice elle lutte contre les douleurs de l'enfantement, leur cours régulier approche le moment fatal, les forces de la nature triomphent des obstacles de la volonté, une expulsion subite du fœtus termine les angoisses morales et les douleurs physiques sans se trouver influencée par la position que la femme occupe en ce moment. Casper rapporte le cas d'une bonne accouchant l'hiver en pleine rue en marchant à côté de sa maîtresse et portant un lourd panier; une autre accouche debout en causant avec sa voisine, une troisième après avoir longtemps résisté à la douleur, regagne son lit qui était très-élevé et dans lequel elle n'entrait qu'en se servant d'une banquette, un pied se trouvait sur la banquette et l'autre sur le lit, quand l'enfant lui est brusquement échappé et s'est fait des blessures auxquelles il a succombé. Une autre dame, rentrée chez sa mère pour y faire ses troisièmes couches, laisse subitement échapper

son enfant sur le tapis du salon, en causant debout avec
sa mère, près du feu, nulle douleur préparante ne l'avait
avertie. Les faits mènent donc à ces conclusions : qu'une
femme peut accoucher subitement dans toutes les positions, même dans la station debout ; — que l'enfant en
tombant sur le sol peut se blesser plus ou moins sérieusement.

Les conséquences sur l'enfant d'une expulsion brusque,
se sont contradictoirement débattues entre médecins légistes ; la négation des fractures du crâne et autres blessures que la chute du fœtus peut occasionner, est basée sur
le peu d'élévation des parties génitales de la femme debout
et plus fréquemment accroupie à ce moment, sur l'action
ralentissante que le passage du tronc et des membres, ainsi
que le cordon, exercent sur la progression trop rapide de
l'enfant, sur le peu de puissance que l'utérus exerce encore
quand l'enfant n'a plus que ses jambes dans cet organe ; ces
raisonnements tiennent de la théorie pure, les faits témoi-
gnent qu'ils sont erronés. Les blessures qui s'observent
dans les chutes sont la rupture du cordon ombilical, l'écor-
chure et la congestion de la peau, l'extravasation sanguine
sous-aponévrotique épicrânienne avec caillot, la congestion
et l'hémorrhagie cérébrale surtout à la base du crâne, la
luxation des vertèbres cervicales et la fracture des os de la
tête, surtout des pariétaux, la violence du choc étend parfois les fractures des pariétaux au frontal et au temporal.
Lorsqu'il y a plusieurs fractures occupant des points diamétralement opposés, elles ne sont pas dûes à la chute
puisque la fracture par contre-coup n'est point possible
sur une tête où toutes les parties sont aussi flexibles et aussi
mobiles.

Le diagnostic des fractures du crâne qui reconnaissent pour cause une chute sur le sol est difficile; une première condition c'est un accouchement précipité, le plus souvent clandestin ou au moins sans témoins, il faut donc connaître l'état du vagin et du périnée, les rapports entre les dimensions de la tête, des épaules de l'enfant et celles du bassin, ainsi que l'histoire complète de l'accouchement, la hauteur de la chute et la nature du sol; l'adhérence du placenta au cordon non rompu, plaide également en faveur d'une expulsion brusque. Les bosses sanguines, les épanchements sanguins d'une consistance de gélatine, les ecchymoses sous l'aponévrose épicrânienne ne sont pas des preuves de violence, on les trouve fréquemment à la tête des nouveau-nés sur la partie qui s'est présentée dans l'accouchement; la putréfaction produit dans le tissu cellulaire sous-tégumentaire de la tête des extravasations sanguines, mais l'état plus avancé de la putréfaction dans les autres parties (les tissus de la tête se putréfient plus lentement) fera éviter toute erreur.

Les blessures, les ecchymoses, les hémorrhagies, les fissures, et les fractures dûes à la chute, se trahissent quelquefois par des débris du corps contre lequel la tête s'est s'est choquée, et qui y adhèrent encore au moment de l'expertise.

La simplicité des lésions : des ecchymoses, des sugillations, des fissures des pariétaux, font croire à une chute pendant les couches, l'infanticide au contraire se fait avec plus de violence, les lésions sont plus graves, très-multiples et très-compliquées, le crâne est quasi écrasé, plusieurs os sont fracturés, les ecchymoses sur plusieurs endroits, les déchirures des méninges, du cerveau et de l'aponévrose épicrânienne font suffisamment comprendre qu'il n'est plus question d'une chute.

Dans le doute, Casper conclut par cette formule : l'autopsie n'a pas présenté de phénomènes s'opposant à l'admission de... etc :

Lecieux.(*Considérations sur l'infanticide*, 1819) et plus tard Chaussier ont expérimenté sur les cadavres de nouveau-nés, ils les laissent tomber sur la tête, 1º quinze d'une hauteur de 50 cent., douze ont une fracture d'un ou des deux pariétaux ; 2º quinze d'un mètre, même résultat, mais les fractures sont plus étendues ; 3º à une plus grande hauteur, on a constaté le relâchement, la déchirure des membranes du cerveau, des ecchymoses, des épanchements sanguins dans les méninges et dans le cerveau. Ces expériences sont dénuées de toute force probante, nous avons déjà indiqué qu'on n'y tient pas compte de la résistance que le passage du tronc, le cordon et parfois le placenta, opposent à la rapidité de la chute, ni du temps d'arrêt qui survient dans les efforts d'expulsion au moment où la tête vient de franchir la vulve, ni de la différence de résistance des tissus du cadavre et de ceux de l'enfant vivant : il est établi que la vie donne plus de friabilité aux organes.

MM. Devergie et Briand pour prouver le peu de danger de la chute de l'enfant, invoquent l'opinion de Klein qui dit avoir rassemblé quatre-vingt-trois cas d'expulsions brusques, la femme étant debout, et qu'il n'y a pas eu un seul enfant de mort, aucun même n'a eu ni fissure ni fracture des os du crâne, ni une autre lésion quelconque. Ces savants ont perdu de vue les rigoureuses conditions nécessaires à une bonne statistique quand ils ont invoqué le témoignage de Klein, qui opéra de la manière vicieuse que voici : D'après l'avis de ce membre du Conseil supérieur de santé, le gouvernement de Wurtemberg adressa une circulaire à toute personne qui pratique un accouchement ou y assiste, leur enjoignant de s'enquérir des suites des chutes de l'enfant, dans les accouchements subits. A cet appel répondirent les accoucheurs, les sages-femmes, les accoucheuses non diplômées, les gardes-malades et les ministres des cultes, tous relatèrent de mémoire des faits depuis longtemps passés et presque oubliés, l'esprit prévenu de l'auteur accepta tout pour bâtir une statistique conforme à une opinion préconçue et déjà arrêtée ; les auteurs français auraient dû accepter moins légèrement, croyons-nous, les documents sans valeur du médecin allemand.

§ 13. Naître vivant.

A la suite de ce qui précède nous croyons pouvoir aborder l'étude de la question de savoir si l'enfant est né vivant?

Une première preuve négative de la vie indépendante démontrable à la naissance, c'est la mort du fœtus dans le sein de la mère; elle se caractérise par l'absence de gonflement des parties molles, par le derme qui présente à la vue une coloration unique, propre à cet état, il est d'un brun rougeâtre très-vif sans mélange de teintes verdâtres, l'étendue de cette coloration est en rapport avec le temps que le corps en putréfaction est resté dans la matrice, l'abdomen tout d'abord prend cette couleur, souvent même elle n'existe pas encore sur d'autres parties lors de son expulsion. L'épiderme détaché par plaques s'enlève très-facilement dans les endroits où il existe encore, celui des pieds et des mains est blanc, épaissi et plissé comme chez une, lavandière et sous l'épiderme se trouve une mucosité gluante, épaisse, également brune, qui fait facilement glisser le corps des mains qui le soulèvent. Le tissu unissant sous-cutané et intermusculaire est infiltré d'une sérosité brune, rougeâtre, les muscles même partagent cette coloration. Le cordon ramolli brun ne présente plus de spirales.

La marche des phénomènes spéciaux de la putréfaction dans l'organe gestateur est propre à cet état; un enfant mort pendant la vie utérine s'altère dans l'eau de l'amnios comme tout autre cadavre, comme tout corps humain privé de vie, mais d'une manière spéciale. D'ordinaire le petit cadavre est expulsé quelques heures ou plusieurs jours après la mort; s'il reste sept à huit jours, il s'est putréfié si rapidement et si étrangement qu'on pourrait dire qu'il s'est liquéfié, cette liquéfaction donne au corps une flaccidité telle, que le cadavre étant horizontalement étendu, la tête perd sa forme et s'affaisse comme une vessie remplie de liquide, les maxillaires s'écartent latéralement et le nez s'aplatit, les os crâniens très-mobiles les uns sur les autres sont faiblement unis, leur périoste se détache facilement, et le tissu cellulaire du cuir chevelu est infiltré d'une sérosité rouge, épaisse.

Le thorax s'aplatit dans certaines limites, les côtes se dessinent fortement, l'abdomen s'affaisse plus en arrière (le corps étant sur le dos) pour former deux bosses molles et arrondies sur les flancs; les parties charnues des membres, fortement ramollies, cèdent à la pression des os.

Dans les cavités splanchniques se trouve un fluide séro-sanguinolent d'un brun rougeâtre qui communique sa couleur aux organes qui s'y trouvent, et qu'il imbibe plus ou moins complétement..

L'odeur n'est pas moins caractéristique que les autres signes, d'une fadeur et d'une pénétration qui la rend plus repoussante et infiniment plus insupportable que celle de la putréfaction à l'air.

L'expulsion du cadavre ne se fait pas toujours dans les huit à dix jours qui suivent la mort, il continue parfois à séjourner dans la matrice pendant des années et la transformation qu'il subit s'appelle saponification, c'est une incrustation du cadavre de phosphate de chaux qui lui donne de la solidité et une grande dureté par la combinaison du gras du cadavre avec les sels calcaires et les produits ammoniacaux, transformation semblable à celles que subissent les cadavres qui séjournent dans l'eau ou qui sont enterrés dans une terre très-humide. Le séjour dans la matrice est trop prolongé dans ces cas exceptionnels, pour qu'il puisse être question d'un infanticide.

Les enfants expulsés quelques heures après leur mort n'ont pu s'altérer, mais il n'auront pas respiré et ne porteront aucune trace de violence : il sera facile d'en juger.

Les renseignements de la mère doivent être recueillis, mais nous n'y attachons aucune valeur.

L'écoulement fétide du vagin qui dure plusieurs jours après l'accouchement d'un fœtus putréfié peut être dû au séjour des débris des membranes, du placenta ou de caillots de sang dans la matrice ou le vagin, à un ulcère du col du vagin, etc., c'est à l'expertise à préciser.

Les causes qui tuent l'enfant avant, pendant et après l'accouchement, ainsi que leurs différents degrés de létha-

lité ont reçu un développement suffisant pour ne pas devoir
y revenir, nous abordons directement les signes positifs ou
pour mieux dire le seul et unique caractère affirmatif de la
vie, j'entends la respiration pleine et complète; la preuve
de cet acte physiologique s'acquiert par une série d'expériences sur les poumons, organes de cette fonction. On
donne le nom de docimasie (d'un mot grec qui signifie
essayer) à l'ensemble des manipulations auxquelles on
soumet le corps de l'enfant dans cette recherche, dans un
sens plus restreint on dit docimasie respiratoire et docimasie pulmonaire.

Démonstration directe de la vie. — Docimasie respiratoire.

Thorax.

La théorie espérait rencontrer un signe de la respiration
dans la voussure du thorax, on se disait que la respiration,
surtout celle qui est large et complète, qui emplissait les
poumons d'air et de sang, augmentait considérablement
leur volume et qu'ils devaient à leur tour amplifier la boîte
thoracique qui les renfermait. Ce raisonnement, basé sur
des faits physiologiques vrais, est parfaitement juste pour
chaque cas spécial; mais les considérations qui doivent
suivre le dépouillent de toute valeur comme règle dans les
recherches médico-légales.

Méthodes de mensuration.— Par la respiration, la poitrine
se soulève, s'arrondit et s'élargit, mais dans des limites
trop étroites pour être appréciables à la simple vue, une
bonne méthode de mensuration seule présente assez d'exactitude pour permettre un jugement, s'il n'existait d'autres
causes nombreuses d'erreur. Nous demandons une bonne

mensuration et celle de Daniël qui consistait à entourer le thorax d'un simple fil, est complétement fautive, l'élasticité du fil, sa pénétration dans les chairs variable selon la plus ou moins forte traction, donneront des différences fausses et sans aucun rapport avec la voussure de la poitrine.

L'unique mensuration convenable est celle qu'on opère par le compas d'épaisseur appliqué à la mesure des diamètre transversaux et antéro-postérieurs du thorax.

Résultats. — Nous venons d'indiquer les diamètres qui doivent faire l'objet d'un examen par la mensuration, ils varient nécessairement chez le même enfant avant et après la respiration, leur accroissement par cette fonction est d'une vérité incontestable et évidente, mais comme il n'est pas possible d'acquérir la connaissance de leur longueur avant la respiration, puisqu'il faudrait pouvoir les mesurer avant la naissance; donc, dans l'utérus, nous nous trouvons forcés de comparer le cas spécial aux résultats généraux de l'observation consignés dans les livres et d'où on a déduit la moyenne. Cette méthode scientifique d'en appeler aux moyennes n'a de valeur que si la moyenne elle-même présente une grande fixité et des limites de fluctuation très-étroites; ainsi se présentent les moyennes des diamètres de la tête de l'enfant né à terme; mais dans l'espèce cette moyenne des diamètres du thorax chez l'enfant qui a respiré et chez celui qui est mort-né, présente de si grands écarts, de si larges variantes qu'elle n'offre plus aucune valeur pratique. La manière de faire la mensuration, l'étendue plus ou moins complète de la respiration, le degré de formation de l'enfant, les différences de conformation du squelette, l'épaisseur des parties molles, graisse et muscles, ajoutent à l'incertitude des résultats sur les cadavres frais; la putréfaction qui soulève les téguments par les gaz qu'elle produit ne permet plus de tenter ce genre de preuves.

Les chiffres fournis par Casper sont la moyenne de la mensuration du thorax de 238 nouveau-nés à terme. 158 nés vivants et 80 mort-nés donnant le tableau suivant :

	Avant la respiration.	Après la respiration.
Diamètre transversal	0,09	0,08
— antéro-postérieur . .	0,070	0,075
Maximum du diam. transversal .	0,11	0,11
Minimum id.	0,07	0,06
Maximum du diam. antéro-post.	0,08	0,10
Minimum id.	0,06	0,05

Chez les mort-nés une plus grande longueur du diamètre transversal, un maximum de diamètre transversal égal à celui des enfants qui ont respiré, un minimum de ce même diamètre et du diamètre antéro-postérieur plus grand que chez ces derniers, sont la démonstration la plus éclatante de cette vérité : que l'ampliation de la poitrine par la respiration n'a aucune valeur comme preuve de cette fonction.

Dans les expériences d'Elsasser, la distance entre le maximum et le minimum des diamètres était de 10 centimètres sur 50 enfants nés vivants, et de 5 centimètres sur 8 enfants mort-nés.

Foie.

La physiologie enseigne que la respiration pulmonaire

donne un surcroît d'activité à la circulation du système veineux hépatique du nouveau-né, ce qui a pour conséquence une diminution du poids de la glande biliaire. Par malheur, les résultats de ces investigations sont d'une incertitude telle que nous les passerons sous silence, nous rejetons le poids du foie comme preuve de la respiration, d'autant plus volontiers qu'elle est complétement inutile, car le dégorgement de cette glande ne s'opère que très-lentement et non pas dès les premières inspirations, donc, lorsque les poumons prouvent déjà suffisamment que la respiration a eu lieu, que l'enfant a vécu.

Diaphragme.

Position. — Par la respiration, l'air gonfle les poumons et ceux-ci repoussent les parois de la cage qui les renferme, si les côtes cèdent, le diaphragme cède à son tour et sa situation est un bon signe diagnostique de la respiration complète.

La respiration incomplète donne une échelle si variable de la descente du diaphragme, d'après la quantité d'air qui se trouve dans les poumons, qu'il est impossible de rien en conclure.

La manière d'explorer ce muscle est des plus simples, on porte l'index de l'une main à travers les parois abdominales ouvertes, sur sa surface concave ou ventrale, l'index de l'autre main compte de haut en bas les espaces intercostaux jusqu'à ce qu'il rencontre son homologue placé à l'intérieur; ce qui a lieu pour les enfants mort-nés entre la quatrième et la cinquième côte, chez les enfants vivants entre la sixième et la septième.

Les gaz de putréfaction dans la poitrine peuvent refouler le diaphragme, comme ceux des intestins le repoussent en sens inverse, de là une double cause d'erreur qu'il est facile d'éviter.

En résumé, ce signe n'a de valeur réelle que là où la respiration a été complète; donc, dans les cas où d'autres preuves irréfutables existent.

Poumons.

1° *Volume et position* (docimasie pulmonaire métrique ou mensurative). — Déjà nous avons dit que la respiration remplit complétement les poumons d'air atmosphérique et que le sang y afflue également en grande abondance pour remplir le réseau de vaisseaux si abondant dans ce parenchyme. Quelques inspirations complètes suffisent à l'accomplissement de ces changements. Orfila chicane Fodéré et M. Devergie, il critique l'opinion qu'ils expriment sur la plénitude des vaisseaux pulmonaires avant la respiration, il est de toute évidence cependant que ces canaux renferment du sang à leur origine des gros troncs et même dans un trajet plus ou moins long dans l'intérieur des poumons, mais leur dilatation complète, l'ampliation des extrémités des vaisseaux afférents, chargés de charrier le sang dans les réseaux capillaires préposés à l'hématose, n'a lieu qu'au moment de la respiration; c'est donc avec raison que Fodéré et M. Devergie soutiennent « que l'insufflation artificielle des poumons d'un fœtus mort sans avoir respiré, n'est pas en état de produire les phénomènes circulatoires qu'on observe quand la respiration s'est effectuée, et que les artères et les veines des poumons gonflés artificiellement, restent vides·et dans un état de collapsus. C'est donc comme on le voit un vide relatif, comparé à l'état de plénitude des poumons dont le poids est presque doublé par la respiration, il doit être admis comme certain et positif.

Ces phénomènes vitaux nouveaux, la circulation de l'air et du sang, produisent des changements notables dans le parenchyme où ils s'accomplissent. Pendant la vie utérine et la vie indépendante qui précède la respiration, les poumons occupent dans le thorax les régions auxquelles ils adhèrent, c'est-à-dire la partie postérieure, les gouttières latéro-vertébrales, remplissant à peine le tiers de la cavité thoracique, et leurs bords antérieurs latéralement étendus contre les côtes, de manière que celui de gauche ne recouvre pas antérieurement le péricarde au moment de l'ouverture de la poitrine. Par la respiration les poumons se gonflent, remplissent complétement la poitrine et le lobe inférieur du gauche recouvre jusqu'à la moitié du péricarde. On juge donc facilement, à la simple inspection, s'il y a eu une respiration profonde, complète et capable de remplir d'air toutes les vésicules; il n'en est pas ainsi d'une respiration faible, courte, peu étendue, incomplète et incapable de déplisser les poumons; alors ces poumons d'un petit volume et placés dans la partie postérieure de la poitrine, n'en sont pas moins des organes qui ont respiré. Une seconde cause d'erreur, c'est l'état pathologique désigné par M. Devergie, sous le nom d'*état lardacé* et qu'il décrit ainsi : « Ces poumons sont très-volumineux, car ils déplacent autant d'eau que les poumons d'un enfant qui a respiré parfaitement. Plus denses que dans l'état habituel, ils sont décolorés, blafards, très-lourds (3 1/2 onces) et immergent dans l'eau. Si on les incise, on trouve leur tissu infiltré d'un liquide séreux incolore; que l'on ne fait sortir qu'avec peine du tissu lamelleux qui les contient. Si on les insuffle l'air n'y pénètre pas. » Ainsi donc la position et le volume des poumons sont des signes qui demandent le contrôle d'autres symptômes pour avoir toute leur valeur.

2° *Couleur* (docimasie optique ou oculaire). — Les poumons d'un enfant qui n'a pas respiré, pour autant qu'on puisse apprécier une coloration d'une variété infinie de nuances et de tons, rappellent la couleur du foie de l'adulte, ils sont d'un rouge brun, d'ordinaire uniforme, mais fréquemment parsemé de taches ou de marbrures plus claires, d'une couleur rosée.

Ceux qui ont succombé à une hémorrhagie sans avoir respiré, présentent une couleur rouge pâle, avec marbrures d'un noir bleuâtre.

Ceux d'un enfant qui a respiré sont d'un blanc rosé, également marbré de plaques et de stries plus foncées, ou d'un rouge vermeil, avec taches d'un rouge bleuâtre. Dire que ces nuances dépendent d'une quantité plus ou moins forte de sang, c'est prouver que la gamme de tons varie à l'infini, selon le degré d'hyperhémie, de congestion pulmonaire, qui accompagne le décès : aussi, les trouve-t-on d'un blanc rosé, d'un rouge violet ou d'un rouge brun avec taches plus claires, ce qui les rapproche de ceux qui n'ont pas respiré.

L'insufflation artificielle remplit les vésicules et distend les poumons qui prennent une teinte rouge uniforme sans taches ni marbrures, perdent leur apparence charnue et deviennent spongieux.

L'altération putride des poumons suffisamment avancée pour modifier la couleur normale, leur donne une teinte terne, livide ou noirâtre.

Casper n'attache qu'une médiocre importance à ces mille nuances des poumons; un seul signe mène à une conclusion, c'est la présence des marbrures : les taches marbrées, dit-il, ne se rencontrent jamais que sur les poumons qui ont respiré.

Différents états pathologiques modifient largement les couleurs du parenchyme pulmonaire. La pneumonie donne l'engoûment, l'hépatisation rouge (splénisation) et grise. La rouge colore le poumon en rouge violacé foncé, même noirâtre; un sang non hématosé abondant sort de la déchirure ou de l'incision de leur tissu friable, en même temps que l'air des vésicules divisées, chez l'enfant qui a respiré, ce qui le rend encore écumeux. La grise donne cette dernière couleur au poumon, la division du tissu ne laisse écouler aucun liquide, la pression en exprime une sérosité sanguinolente mêlée de pus, l'air a été complétement chassé des vésicules, le poids spécifique est ainsi augmenté au point de le précipiter rapidement au fond de l'eau.

Le peu de valeur médico-légale de la coloration des poumons n'a pu arrêter ni les vives controverses ni les divergences d'opinion qui séparent les auteurs. Casper, frappé des variétés infinies des nuances de poumons de ceux qui ont respiré comme de ceux qui n'ont pas accompli cet acte, et désespérant de les rendre par la plume, a résolu de les faire reproduire sur des planches faites d'après nature; ce savant et regretté confrère se plaint encore de leur peu de ressemblance avec la réalité. « Ces dessins fidèles, dit-il, sont loin d'atteindre le but proposé ; il n'en faudrait pas moins de vingt à trente de chaque espèce (qui ont respiré et qui n'ont pas respiré), pour donner une idée plus ou moins exacte de ces nuances infiniment multipliées. » Aussi nous adoptons sans restriction l'opinion de Billard reprise par Orfila, que la couleur des poumons fœtaux est extrêmement variable, qu'ils sont plus ou moins pâles ou colorés suivant l'état exsangue ou pléthorique du sujet, et nous rejetons l'opinion de M. Devergie, qui soutient que la couleur des poumons est à peu près toujours la même.

Les variantes de la coloration établies, je tiens à prouver, une fois de plus, leur faible valeur démonstrative, par les paroles d'un croyant à la stabilité, à l'unité de la couleur, de M. Devergie lui-même. Un médecin, dit-il, ne pourrait être admis à déclarer, d'après l'inspection seule des poumons, qu'un enfant a ou n'a pas respiré. Ce qui nous frappe dans ces conclusions, c'est qu'elles sont négatives, tandis que celles de Casper, qui déplore l'instabilité des couleurs des organes respiratoires, arrive à cette donnée positive que les taches marbrées prouvent la respiration.

L'inspection des poumons fournit un dernier moyen de preuve de la respiration, c'est l'examen visuel des poumons à l'aide de la loupe ou du microscope dont M. Bouchut s'est servi le premier, examen qu'il appelle docimasie optique. La description de M. Devergie de la structure du poumon est suffisamment connue, quand il dit (p. 339, 1er vol.) : que les poumons qui n'ont pas respiré sont composés de centaines de lobules de tissu dense, charnu, d'un rouge de foie d'adulte, presque quadrilatères, séparés par des lames celluleuses et d'autant plus intimement réunis que la grossesse est plus avancée, et dans lesquels on ne distingue aucune aréole et où le sang est peu abondant. Ceux qui ont respiré présentent leurs lobules comme formés par quatre lobules plus petits, intimement unis entre eux; chaque petit lobule est constitué par les vésicules pulmonaires disposées en carrés, sur leurs parois paraissent les capillaires sanguins injectés, c'est ce dernier caractère qui fait défaut sur le cadavre après l'insufflation, et qui rend la coloration des poumons beaucoup plus blanche.

Nous avons suffisamment insisté sur la couleur des poumons pour qu'il ne soit plus utile de répéter la description de M. Devergie.

M. Bouchut décrit ainsi les poumons vus à une forte loupe ou au microscope grossissant 20 à 30 fois : — La surface extérieure d'un poumon revêtu de sa séreuse et qui a complétement respiré, présente dans toute son étendue les lobules remplis de vésicules nombreuses, larges, brillantes, remplies d'air. Ceux qui n'ont pas respiré présentent, sous les mêmes instruments, un tissu compacte, imperméable comme de la chair unie, variable de couleur suivant l'époque de la gestation, mais sans mélange de vésicules pulmonaires.

Dans la respiration incomplète ou l'insufflation artificielle, on découvre qu'il y a eu pénétration partielle d'air, certains points renferment des vésicules pulmonaires, d'autres sont fermés.

Les bulles des gaz produits par la putréfaction sont interlobulaires et beaucoup plus volumineux que ceux de la respiration.

Donc, le parenchyme compacte est resté imperméable s'il n'y a pas eu de respiration, comme les parties que la ma-

ladie a affaissées; ce tissu compacte est blanc rosé au milieu
de la gestation, d'un rouge brun comme le foie à la fin des
neuf mois. Celui qui a respiré, d'un rose pâle, est mou,
crépitant, renfermant dans chaque lobule un amas de
vésicules aériennes brillantes, arrondies, transparentes,
visibles à la loupe. Celui qui n'a pas complétement respiré
est également rose, mou et crépitant, mais il est marbré de
de taches rouges, brunes, compactes et dures, dans lesquelles la loupe ne distingue aucune vésicule d'air.

Les poumons qui ont à peine respiré, dont la grande
partie est restée perméable, présentent à la loupe et au
microscope des lobules infiniment petits, qu'on ne peut
distinguer à l'œil nu et qui renferment des vésicules
aériennes. Rien de semblable dans ceux qui n'ont pas
respiré.

Après une putréfaction de quelques jours, la loupe distingue encore les vésicules aériennes de la respiration.

Un fait dont il faut largement tenir compte, c'est le changement de coloration que le sang détermine quand la respiration s'établit, et la transparence claire des vésicules
artificiellement distendues d'air.

3° *Consistance* (Docimasie physique et anatomique). — Il
existe une différence très-notable sous le rapport de la
consistance, entre le poumon qui a respiré et celui qui n'a
pu accomplir cet acte; le premier a les vésicules distendues
par l'air inspiré, il est spongieux, dépressible, cède à la
moindre pression en faisant entendre une crépitation, un
bruissement propre qu'une seule expérience fixe dans la
mémoire, ce même phénomène phonétaire se présente à
l'incision. Le poumon fœtal (qui n'a pas respiré) est compacte, résistant à la pression, semblable au tissu du foie.

Dans le diagnostic de deux états si nettement distincts, le doute vient des quelques altérations pathologiques et des états intermédiaires qui résultent d'une respiration incomplète ; ce dernier fait se trahit par une ampliation fragmentaire des vésicules pulmonaires. Nous devrions avec la pathologie qui décrit comme variété, la pneumonie lobulaire infantile, distinguer la respiration lobulaire, c'est-à-dire que les poumons ont reçu l'air en quantité insuffisante ou pendant un laps de temps trop court, pour déterminer leur épanouissement général et complet. Au milieu des poumons ou d'un des lobules remplis d'air, se trouvent des parties restées à l'état fœtal, fermées, compactes, charnues, résistantes. Si un lobe entier ne participe pas à la respiration, sa délimitation frappe à première vue, mais d'ordinaire on trouve l'état fœtal au milieu d'un organe pénétré d'air, par îlots disséminés d'une manière irrégulière tant dans la profondeur qu'à la surface des lobes.

Nous croyons le mot d'atélectasie, employé par certains auteurs, très impropre : ils désignent un état physiologique, effet d'une respiration incomplète, par un mot qui appartient à la pathologie et à l'anatomie pathologique ; cette raison doit le faire rejeter pour lui préférer l'expression de poumon fœtal, lobule fœtal, lobules hépatiques.

Les états pathologiques capables d'en imposer au point de faire croire à l'absence de la respiration, sont peu nombreux : le premier en fréquence c'est l'engorgement, l'hyperhémie qu'une mort par asphyxie détermine ; la consistance de ces poumons est plus ferme, la crépitation moindre, un sang veineux abondant leur donne une coloration foncée analogue à celle du poumon fœtal.

L'inflammation des poumons, cause des hépatisations

rouge et grise, est un état qui se différencie du poumon
fœtal par la couleur rouge, violette, grise ou jaune grisâtre
si le parenchyme est infiltré de pus, mais surtout par
la grande friabilité du tissu que le moindre effort déchire, et par l'exsudat qui est un liquide sanieux, rouge,
acré au second degré (hépatisation rouge), non acré dans
l'hépatisation grise, et qui s'écoule à la surface des incisions.

4º *Poids du poumon* (Docimasie gravative). — Ploucquet,
partant du fait que les poumons augmentent en poids par
l'air et le sang que la respiration y amène, proclama qu'il
venait de trouver l'infaillible critérium de la respiration,
que cette preuve se trouvait dans le rapport qui existe entre
le poids total du corps, les poumons y compris, et celui de
ces organes seuls, ce qui s'exprime par ces chiffres 1 : 70
pour ceux qui n'ont pas respiré, et de 2 : 70 pour ceux qui
ont respiré, d'où l'auteur conclut : « que l'afflux sanguin
déterminé par la respiration double le poids des poumons. »

L'augmentation de poids par la respiration est un fait
matériel, anatomique, indéniable, dû à la présence du sang;
l'air qui distend les vésicules n'y ajoute rien, en vertu de
cette loi d'aérostatique que le corps plongé dans l'atmosphère perd de son poids une quantité égale à celui de l'air
déplacé : la distension des poumons, leur augmentation de
volume par l'air, augmente en proportion égale le volume
de l'air déplacé, on perd donc d'une part ce qu'on gagne de
l'autre.

Ploucquet aurait dû se dire *a priori* qu'une pesanteur
plus forte produite par le sang, doit varier autant que la
quantité de ce fluide lui-même; donc le degré plus ou

moins prononcé de l'hyperhémie, de la plétore ou de la congestion, la force et la durée de la respiration, les maladies et tant d'autres causes, ne doivent-elles pas modifier à l'infini le poids des poumons? L'expérience vérifie ce raisonnement. Casper faisant des pesées sur 89 nouveau-nés a trouvé : que la proportion moyenne du poids des poumons au poids général du corps est comme 1 : 61 chez les morts-nés et comme 1 : 59 chez les nés-vivants. La différence entre le maximum et le minimum fut très-grande, pour les morts-nés de 1 : 37 à 1 : 96, pour les autres de 1 : 32 à 1 : 99. La moyenne du poids absolu des poumons fut pour les vivants 60, pour les morts-nés 56 grammes.

M. Devergie supputant les tableaux dressés par Chaussier et Smith, calculant d'après l'âge des enfants, trouve pour le mort-né de neuf mois le rapport de 1 : 60 avec des variations du minimum au maximum de 1 : 24 à 1 : 94. Pour celui du même âge qui a respiré pendant quelques minutes à 24 heures, la moyenne de 1 : 45 flotte entre les limites de 1 : 30 et de 1 : 132.

Ces variations sont trop fortes pour être de quelque valeur en médecine légale : inutiles et sans but ces recherches seront négligées dans la pratique de la médecine judiciaire.

5° *Surnatation des poumons dans l'eau* (Docimasie hydrostatique. — L'étude que nous venons de faire de la consistance, du volume, de la pesanteur des poumons qui ont respiré et de ceux qui n'ont pas respiré, nous indique *a priori* les résultats de leur immersion dans l'eau : s'ils surnageront ou s'ils gagneront le fond. L'introduction de l'air dans les poumons apporte des changements notables à leur densité et conséquemment elle modifie profondément leur poids spécifiqué; plus denses que l'eau avant la respiration, rempli d'air par cet acte qui les distend, ils perdent nécessairement en densité et surnagent quand on les plonge dans l'eau.

Pour conduire l'épreuve à bonne fin, il est nécessaire d'extraire les deux poumons de la cavité thoracique, réunis au thymus et au cœur, après avoir lié tous les vaisseaux sanguins de ce dernier organe avant leur section et avoir détaché la trachée-artère. Plaçant le tout ainsi préparé dans un seau d'eau limpide à la température de l'air ambiant, on observe différents phénomènes : d'abord la surnatation des deux poumons est franche et complète, ils maintiennent le cœur et le thymus à la surface du liquide ; ou bien le tout submergé flotte encore indécis dans les couches supérieures du liquide; ou bien les poumons seuls détachés du cœur et du thymus surnagent parfaitement. D'autres fois, des deux poumons séparés, l'un d'eux surnage en entier. Enfin, de ces organes coupés en pièces, des portions de tous les deux ou d'un seul, gagnent le fond du vase, d'autres surnagent. On comprime sous l'eau les parties qui surnagent pour exprimer, s'il est possible, l'air qu'ils renferment, et connaître si ce gaz s'échappera par grosses bulles ou par bulles très-fines et très-divisées, mêlées à la sérosité qui s'en écoule ; on comprime également les fragments qui immergent, afin d'expulser les liquides pathologiques qu'ils pourraient contenir et de leur rendre la légèreté d'un poumon qui a respiré.

La conclusion rationnelle de ces expériences, c'est que la surnatation indique la présence d'un fluide gazeux qui donne un poids spécifique moindre que celui de l'eau; que la submersion franche indique une densité, un poids

spécifique supérieur à celui de l'eau, donc une absence
d'air.

Pour traduire la présence ou l'absence d'air dans le
parenchyme, en fait d'application à la respiration, il faut
analyser les états capables d'en imposer en présentant
comme fœtal un poumon qui a respiré, ou en faisant croire
à la respiration qui n'existe pas, et arriver ainsi à la certitude par voie d'exclusion.

Causes d'erreur. — Les états qui peuvent induire en
erreur sont : la descente au fond de l'eau d'un poumon
qui a respiré, la surnatation de celui qui n'a pas respiré,
parce qu'il renferme du gaz dû : 1º à l'insufflation artificielle; 2º à l'emphysème (?); 3º à la putréfaction; 4º à la
respiration intra-utérine.

A. *Descente d'un poumon qui a respiré.* — *Apoplexie.* —
Nous avons parlé antérieurement de l'état apoplectique des
nouveau-nés préexistant à la naissance, nous devons ajouter
qu'il peut survenir pour la première fois après que la respiration s'est établie depuis plusieures heures : la masse
sanguine ferme les vésicules, engorge les poumons, les
rend imperméables et l'asphyxie termine la scène. L'hy-
pérhémie, l'apoplexie pulmonaire, donnent au poumon
une couleur très foncée, parfois sans marbrures claires; il
est même des cas où un seul poumon est atteint et où
l'épanchement sanguin est si violent qu'il détruit les cellules
pulmonaires.

A l'autopsie, la coloration, la consistance, le poids, la
submersion, la fermeté du tissu non friable, l'écoulement
à flots d'un sang noir, sont caractéristiques; cependant, la
respiration se dévoilera par la surnatation de quelques
fragments restés perméables jusqu'au décès, que l'asphyxie

détermine fatalement avant l'engorgement général et complet de tout l'organe.

Hépatisations. — A défaut des connaissances spéciales que tout expert doit avoir, les détails que nous avons antérieurement donnés sur l'hépatisation rouge et grise suffisent à un diagnostic certain. Les symptômes d'une pneumonie mortelle ne permettent pas le doute sur la cause du décès; en même temps que l'air qui s'échappe des incisions sous la pression des doigts, la surnatation de quelques fragments prouve la respiration.

Tuberculisation. — Nous ne croyons pas qu'il puisse exister une tuberculisation assez générale pour en imposer à l'expert.

De ces faits découle cette conséquence : que la respiration doit se résoudre par un examen du poumon qui portera sur tous ses caractères physiques et physiologiques, la couleur, le volume, la consistance, le contenu, sur la voussure du thorax, la position du diaphragme, et par-dessus tout : la docimasie hydrostatique.

B. *Surnatation d'un poumon qui n'a pas respiré.* — 1° *Insufflation artificielle.* — L'introduction artificielle de l'air dans les poumons du cadavre se fait pour rappeler l'enfant à la vie ou pour faire croire à une respiration qui n'a pas eu lieu. Ce n'est pas la mère qui est en état d'insuffler de l'air, l'accouchement doit avoir eu un témoin, une sage-femme ou un médecin qui s'en est chargé, il sera donc possible d'avoir des renseignements précieux.

Sur des poumons extraits du thorax, l'insufflation se fait aisément en adaptant à la trachée un soufflet ou un tube et, en soufflant, ils se gonflent, le tissu fœtal, semblable à celui du foie de l'adulte, disparaît, il est remplacé par un tissu spongieux vermeil, d'un rouge d'écrevisse, sans marbrures. L'opération est moins sûre sur des poumons renfermés dans une poitrine non ouverte; en plaçant le soufflet dans la bouche ou les narines, l'air passe dans l'estomac et les intestins, il gonfle considérablement le ventre. L'insufflation devient infiniment plus difficile de bouche à bouche en fermant les narines, ou par celles-ci en fermant la bouche; presque toujours, l'air passe dans l'œsophage, l'estomac et les intestins; c'est à peine s'il remplit très-imparfaitement quelques lobules.

Le poumon insufflé d'un mort-né se distingue d'un poumon qui a respiré par sa couleur rouge vermeille uniforme, sans ecchymoses, ni taches, ni marbrures plus foncées. L'air poussé en colonne volumineuse et avec quelque force déchire les cellules et forme des cavités d'air, des bulles sous-pleurales nombreuses, confluentes, blanches et transparentes; il donne à la totalité du poumon cet état spécial que Casper désigne sous le nom d'hyperaérie, c'est-à-dire une distension outrée par de l'air.

Celui qui a respiré renferme beaucoup plus de sang qui, sous l'action d'une pression manuelle, s'écoule en abondance des incisions sous forme d'écume sanguinolente; tandis que le poumon insufflé, qui ne renferme que le sang qui doit le nourrir, en donne à peine quelques gouttes. On reconnaît la différence de richesse de sang en faisant des incisions dans le tissu et en le comprimant, l'air qui s'échappe fait entendre le bruit de crépitation et produit une écume sanguinolente, ce bruit et cette écume manquent au poumon fœtal. L'incision et la pression sous l'eau rendent les bulles d'air encore plus sensibles; si le poumon fœtal insufflé ou altéré par la putréfaction donne lieu à la crépitation et au dégagement des bulles par la pression, la quantité plus ou moins forte de sang tranchera la question; la putréfaction et l'insufflation ne sauraient l'augmenter comme le fait la respiration; l'écume sanguinolente est pathognomonique, à moins d'un état anémique suite d'une mort par hémorrhagie, ou d'une putréfaction avec évaporation des liquides.

L'air des poumons d'un enfant peut avoir eu une double source, la respiration et l'insufflation; alors la distinction est des plus difficiles pour ne pas dire impossible; mais elle est en ce cas inutile, puisqu'en tout état de cause il suffit de reconnaître que la respiration a eu lieu. La confusion résulte de quelques faibles inspirations et d'une insufflation également incomplète.

Contrairement à une opinion très-ancienne et fort répandue, les faits prouvent qu'il est tout aussi impossible de chasser l'air d'un poumon insufflé que d'un poumon qui a respiré; c'est uniquement par la déchirure des parois vésiculaires que l'air peut échapper.

La crépitation propre à tout poumon aérifère est également un signe commun à celui qui a respiré et à celui que l'insufflation ou la putréfaction ont rempli de gaz.

2° *Emphysème.* — Un fait surprend c'est de voir beaucoup d'auteurs admettre un emphysème morbide chez les morts-nés; or le mécanisme de sa production en explique l'impossibilité. L'emphysème pulmonaire est un effet mécanique et nécessaire de la bronchite, de la pneumonie, de la pression des côtes sur les bronches, de fortes contusions ou d'autres maladies qui, gênant le passage de l'air, accélèrent fortement la respiration. Chez ceux qui ne respirent pas, d'où viendra l'air destiné à dilater, à déchirer les vési-

cules et à s'épancher dans la trame cellulaire interlobulaire? Nous appuyons la dénégation de cet état emphysémateux chez le mort-né, de l'opinion des accoucheurs et
des pathologistes : dans aucun traité d'accouchement ou de
pathologie interne de l'enfant, nous ne l'avons vu mentionner, et les observations que les traités de médecine légale
relatent sont celles de poumons altérés par la putréfaction : phénomènes d'une toute autre nature, qu'on ne peut
confondre avec l'emphysème dont ils diffèrent par le siége
qui est exclusivement inter-vésiculaire, et par leur mode
de production qui suit la mort et ne saurait jamais la
précéder.

3° *Putréfaction.* — Improprement appelée emphysème-
putride. L'histoire de la putréfaction des poumons est
nécessaire à l'étude du problème. Quelques semaines après
la mort, lorsque l'estomac, les intestins, le cerveau, le foie
sont largement entamés par la putréfaction, les poumons
commencent à se décomposer; le derme présente déjà une
altération profonde, caractérisée par le décollement de
l'épiderme et la coloration verte foncée, que les poumons
conservent encore leur structure reconnaissable. Dans l'eau,
la putréfaction détruit les parois abdominales et thoraciques avant d'attaquer les poumons. La putréfaction des
poumons se trahit d'abord par des vésicules du volume d'une
petite tête d'épingle à celui d'une fève, qui viennent poindre
dans le tissu cellulaire interlobulaire des lobes inférieurs,
et soulèvent là plèvre : au début, leur petit nombre les isole;
mais en se multipliant à l'infini, elles finissent par recouvrir
entièrement les lobes où on les trouve.

Ces vésicules caractéristiques de la putréfaction existent
déjà qu'on retrouve encore la couleur des poumons, plus

tard et fur à mesure que ce tissu se désagrége, se détruit, se ramollit et s'affaisse par l'évaporation des liquides, la coloration devient plus foncée, plus verdâtre pour passer au noir : enfin la décomposition est complète.

La science relate quelques exemples d'une putréfaction hâtive des poumons, ce sont des exceptions très-rares qui ne peuvent faire naître aucun embarras pratique, vu la fraîcheur du cadavre : l'altération occupe des parcelles d'un ou de deux lobes, les autres sont restés intacts.

M. Devergie voulant également prouver que la putréfaction gazeuse des poumons s'opère longtemps après celle des autres organes de l'économie, expérimenta sur des poumons entiers de morts-nés qu'il plaça dans l'eau ; dans une observation, quatorze jours après, ils ne surnageaient pas encore ; dans une autre, l'un des poumons surnageait au troisième jour, ce que l'expérimentateur attribue à l'élévation de la température. A l'appui de la même thèse, ce savant cite les expériences de Casper, qui fit macérer dans l'eau des cadavres de morts-nés pendant trois et quatre mois, et vit encore descendre les poumons ; celles d'Orfila, qui mit dans l'eau le corps de trois enfants à terme, morts avant la naissance, le premier fut retiré le dix-neuvième jour après l'immersion et les poumons submergèrent, ceux du second enlevé le vingt-quatrième et coupés en fragments, submergèrent également ; enfin chez le troisième retiré de l'eau le trente-troisième jour, la putréfaction était si avancée que les viscères abdominaux et thoraciques étaient à nu, par la destruction des parois de ces cavités splanchniques, et cependant les poumons isolés descendaient encore. Ces résultats impliquent un séjour dans l'eau jusqu'au moment de l'examen, ils seraient tout différents si les cadavres qui ont séjourné pendant des jours dans l'eau restaient quelque temps exposés à l'action de l'air, à la température d'été de 16 à 30 degrés centigrades; dans ces conditions la putréfaction des poumons, le développement des gaz dans ce tissu sont extrêmement rapides.

Conclusion. La putréfaction ne fera jamais régner le doute dans les résultats d'une expertise médico-légale : si les poumons du cadavre frais d'un nouveau-né surnagent, il n'y a pas de putréfaction, donc il y a eu respiration, à moins d'une insufflation artificielle; s'il y a putréfaction et qu'ils submergent, la conclusion inverse est également positive, elle est encore positive dans les cas de submersion avec surnatation du cœur et du foie emphysémateux par putréfaction. Dans les cas de putréfaction très-avancée du cadavre avec surnatation des poumons, il reste à en déterminer la cause : la résistance du tissu pulmonaire à la putréfaction, l'état des autres parties du corps, le milieu cosmique dans lequel le corps a séjourné, l'aspect des poumons, leur couleur et leur consistance, la quantité plus grande de sang qu'on trouve dans les organes qui ont respiré et qu'il est permis d'exprimer des incisions, la présence des bulles d'air sous-pleurales surtout au lobe inférieur, la possibilité d'expulser cet air par la pression et l'incision, son échappement dans l'eau en grosses bulles, l'eau qui se colore faiblement par la petite quantité de sang que les poumons fœtaux renferment, finalement, et au-dessus de tout autre signe, l'écume sanguinolente, serviront à établir le diagnostic. Le sang abondant et l'écume sanguinolente manquent chez ceux qui ont respiré quand ils sont morts d'hémorrhagie ou quand la putréfaction a chassé le sang. A une période plus avancée de la putréfaction, quand la plèvre perd son brillant, que le poumon devient gris, noirâtre, infect et boueux l'erreur n'est plus possible.

La surnatation qui tient à la putréfaction disparaît en donnant issue au gaz des bulles sous-pleurales peu nombreuses, par des piqûres d'aiguille, quand ces bulles se sont multipliées à l'infini, l'opération est impraticable. La submersion succède naturellement à la surnatation putride, par le séjour prolongé des poumons sur l'eau, quelques semaines à quelques mois d'immersion, selon la température, désagrége le tissu, le gaz s'échappe et la masse noire et lourde se divise en fragments qui se précipitent au fond de l'eau.

4° *Respiration intra-utérine, vagissement utérin.* — La possibilité d'une respiration avant la naissance n'est plus contestable, trop d'exemples ont mis ce fait ainsi que le vagissement hors de doute, chaque fois que l'air atmosphérique trouve un libre accès à la bouche de l'enfant et que celui-ci est poussé à la respiration pulmonaire par l'interruption ou la forte gêne de la respiration placentaire. La fable c'est la respiration intra-utérine et le vagissement observés et entendus dans l'intérieur de l'utérus avant la rupture des membranes, respirer et crier dans l'eau, quelle conception !

L'accouchement se fait spontanément s'il est naturel et aisé, ou par les secours d'une personne étrangère s'il est difficile ; pendant son exécution, la respiration s'effectue par l'échange de sang entre l'enfant et la mère, si celui-ci vient à cesser ou à s'interrompre, l'instinct pousse l'enfant à y suppléer par la respiration pulmonaire, il fait des efforts d'inspiration couronnés de succès si l'air trouve accès jusqu'à sa bouche. Les conditions essentielles du vagissement, de la respiration intra-utérine, c'est l'écoulement des eaux, la rupture de la poche amniotique, une présentation de la face, voire même du sommet (mais très-difficilement dans cette dernière position), enfin, l'entrebâillement du vagin ou de la vulve, s'il est descendu dans l'excavation pelvienne. L'ensemble de ces dispositions, sans lesquelles les phénomènes en discussion ne sauraient se produire, se rencontre plus facilement dans l'accouchement artificiel, quand le toucher, l'introduction de la main pour une manœuvre obstétricale comme la version, l'application du forceps ou toute autre manipulation intérieure, écarte les lèvres et les parois vaginales, et permet le passage de l'air le long de l'instrument ou de la main. Plus difficile dans l'accouchement spontané, la preuve matérielle des faits a rendu la possibilité d'une pénétration d'air jusqu'à la bouche, et la respiration subséquente, indéniable; une présentation de la face avec sortie d'un bras de l'enfant rendent encore compte de ces faits.

La respiration n'a plus rien d'étonnant quand la tête se trouve au détroit inférieur et que la bouche se trouve à la vulve.

La respiration de l'enfant dont la tête est complétement sortie des parties génitales de la mère, s'exécute dans les mêmes conditions qu'après la naissance : dans ce cas, l'enfant peut être réputé déjà né, et celui qui porte atteinte à ses jours commet le crime d'infanticide.

Morgagni, Hunter, d'autres théoriciens et la majorité des accoucheurs supposent que l'enfant commence à respirer parce qu'il éprouve le contact de l'air : pour nous la respiration n'est pas due à l'action de l'air sur le derme, elle est l'expression d'un besoin de l'organisme : tant que ce besoin est satisfait par la circulation placentaire, la respiration pulmonaire fait défaut, même après l'expulsion complète du fœtus, elle ne s'établit que pour suppléer à la première.

Billard se livre à de longues discussions sur le cri proprement dit de l'enfant et le bruit qu'il appelle *reprise*, pour établir leurs différences et les conclusions que chacun d'eux autorise; du cri sonore et prolongé il conclut à une respiration complète, à la pénétration de l'air dans les poumons, tandis que la reprise n'indique selon l'auteur qu'un accès d'air dans la trachée. Ces digressions nous paraissent vaines et oiseuses; le vagissement, quel qu'en soit le timbre et la durée, se prouve par témoignage; quelqu'un doit l'avoir ouï; mais la respiration que ces cris semblent indiquer se prouve à l'autopsie par des preuves matérielles et non par témoin : qu'un enfant ait crié ou non dans le sein de la mère, la nécropsie décide de la respiration, et les assistants de la mère qui rendent témoignage de ces cris diront également si l'enfant a respiré après la naissance et à quel instant remonte le décès.

Quelques exemples confirmeront ce que nous venons de dire des efforts instinctifs de respiration dans l'utérus et de leurs effets. M. Devergie rapporte qu'une femme qui, au huitième mois de sa grossesse, s'étant fortement saisie le 21 janvier 1837, vit la poche se rompre et l'eau s'écouler, le 21 et le 22, douleurs par intervalle, le 23, sortie de la vulve d'une main de l'enfant vue par deux témoins, le 24, expulsion en leur présence d'un fœtus mort dont la respiration fut démontrée par la surnatation du poumon droit et du lobe supérieur de celui de gauche.

Hecker parle d'une multipare chez laquelle il y avait

chute du cordon et présentation du bras, en faisant la version le cordon prolabé fut comprimé et immédiatement il y eut des efforts réitérés, d'inspiration profonde, sentis par la main de l'accoucheur; l'enfant mort-né fournit à l'autopsie les preuves de l'asphyxie et des tentatives de respiration, dans les ecchymoses, les extravasations nombreuses et pointillées sur la surface pleurale des poumons et sur l'endocarde.

La *Gazette des hôpitaux* (nº 113, 1864) relate l'observation de M. le docteur Le Briéro, qui constata des cris intra-utérins dans les conditions suivantes : Dans une application de forceps, la branche à pivot placée, il fut stupéfait d'entendre des vagissements, l'air avait pénétré dans la matrice et l'enfant avait respiré. La branche retirée, les cris cessèrent pour recommencer avec l'introduction de la main, celle-ci retirée, plus de bruit, nouvelle application du forceps, reprise des cris toujours semblables en force et en durée à ceux d'un enfant nouveau-né jusqu'à l'extraction complète d'une grosse fille pleine de vie et de santé.

Le vagissement, la respiration avant la naissance ont lieu dans des couches particulières, exceptionnelles; ils supposent un travail long, pénible, un accouchement artificiel et non pas une délivrance clandestine, rapide et sans témoins. L'écoulement des eaux, une présentation de la face, l'ouverture du col, du vagin et de la vulve forment un ensemble de faits qui ne se réalisent pas d'emblée sans l'intervention d'une main étrangère ou sans la présence d'un membre du fœtus engagé en même temps que la tête, ce qui nécessite les secours d'une tierce personne.

§ 14. Méthodes de docimasies hydrostatiques.

1° La méthode que nous avons décrite, le placement pur et simple des organes dans l'eau, connue sous le nom de Galien, est la seule à conseiller, tant à cause de sa facilité que de la valeur des résultats et de la simplicité des opérations.

2° Méthode de Daniël. L'appareil instrumental se compose d'un vase gradué rempli d'eau, d'un pied de profondeur, et assez large pour y placer les poumons, d'une très-bonne balance dont l'un des plateaux porte un crochet à la surface inférieure, d'un panier en fil d'argent pouvant contenir les deux poumons, le cœur et le thymus, enfin d'une série de poids. Basée sur ce fait que la respiration augmente le volume et le poids des poumons et sur ce principe d'hydrostatique que le corps plongé dans l'eau perd de son poids une quantité égale au poids du volume d'eau déplacé, l'expérience se pratique de la manière suivante : l'opérateur ouvre la poitrine, évite la perte de sang par la ligature des vaisseaux sanguins qui se rendent au cœur et aux poumons, ensuite il extrait ces organes, les pèse ensemble à l'air d'abord, plongés dans l'eau du vase ensuite, ce qui fait savoir combien ils perdent de leur poids. La répétition de ces pesées sur les poumons seuls donne le poids du cœur uni au thymus et celui des poumons. La pesée dans l'eau des poumons distendus d'air, se fait dans le panier en fil d'argent d'un poids connu qu'il faut déduire. Le résultat de ces manipulations, c'est d'abord la connaissance du volume des poumons par l'échelle graduée du vase qui indique le volume d'eau déplacé et qui est toujours égal à celui du corps qu'on y plonge, ce chiffre doit nécessairement augmenter par la respiration qui distend les poumons, donc cès organes déplacent plus d'eau quand l'enfant a respiré que lorsqu'il n'a pu accomplir cet acte; ensuite la double pesée des poumons à l'air et dans l'eau donne la perte du poids qu'ils subissent dans ce liquide, cette perte sera plus grande pour ceux qui ont respiré puisque l'air les rend spécifiquement plus légers.

Daniël, dans la détermination de la respiration se basait donc sur le volume et le poids des poumons, il lui fallait une série d'essais assez nombreux pour avoir ces deux termes de comparaison, le poids des poumons qui ont respiré et celui de ceux qui n'ont pas respiré. Ces opérations, outre qu'elles sont plus longues et plus difficiles que la docimasie hydrostatique décrite plus haut (méthode de Galien), donnent des résultats moins certains : la question d'origine de l'air qui distend le parenchyme pulmonaire reste entière, les résultats sont les mêmes dans l'emphysème putride, dans l'insufflation, et je dirais même dans la respiration, malgré l'afflux de sang qui augmente notablement la pesanteur. Les inspirations faibles, incomplètes peu nombreuses qui déplissent quelques lobules, produisent des changements de volume trop peu sensibles pour donner à l'opérateur des résultats concluants.

3° Méthode de Bernt. Partant de ce fait que les poumons doivent déplacer un volume proportionnel à leur pesanteur, l'auteur opère dans un vase cylindrique en verre, rempli d'eau distillée jusqu'à la ligne circulaire qu'il porte. De nombreuses expériences faites sur les poumons de fœtus morts-nés de sept, huit ou neuf mois, sur autant d'autres qui ont respiré ou qui ont imparfaitement respiré, ont permis de tracer différentes échelles sur les parois du vase et l'instrument est confectionné.

L'opérateur se borne à placer en toute liberté les organes dans ce vase et à observer le niveau de l'eau, le point de l'échelle qu'il atteint et qui sera variable avec la cause de ce déplacement, donc autant que la pesanteur des pièces qui y plongent.

Une objection mortelle au système, c'est qu'il est des poumons d'enfants morts-nés qui déplacent un volume d'eau plus considérable que ceux d'enfants du même âge qui ont respiré complétement. Le raisonnement indique *a priori* ce résultat, les maladies des poumons, leur congestion, altèrent profondément toute relation entre le poids déterminé et l'âge qui y correspond, entre celui du poumon fœtal et du poumon distendu d'air.

§ 15. Durée de la vie indépendante d'un enfant. — Causes de sa mort. — Epoque du décès.

L'âge de l'œuf à l'état d'embryon ou de fœtus a été exposé au paragraphe cinq, les recherches actuelles se borneront à la constatation de l'âge de l'enfant depuis sa naissance jusqu'au moment du décès. Le fait capital, la vie extra-utérine, nous avons appris à le connaître par la docimasie; certains changements anatomiques, quelques phénomènes physiologiques fournissent des indications sur sa durée.

Chez un enfant bien conformé, fort, robuste et d'une bonne santé, qui a pu respirer sans gêne ni obstacle, il n'est pas possible de dire si la respiration a duré quelques minutes ou plusieurs heures. Si la vie se prolonge au-delà de quelques heures, ce qui a été dit du nouveau-né et ce qui va suivre dans ce paragraphe guideront le médecin dans la détermination de l'âge de l'enfant lorsqu'il a expiré, cette détermination ne sera souvent qu'approximative.

1° *Changements anatomiques.* — *Noyau d'ossification.* — Un enfant qui a vécu ne présente pas toujours un noyau d'ossification de l'extrémité inférieure du fémur, de six millimètres de diamètre; mais quand on trouve cette dimension, il est probable que l'enfant a vécu de la vie indépendante.

Chute du cordon. — La chute du cordon, ce fait le plus apparent de tous, a lieu du troisième au quatrième, même au huitième jour : le travail de détachement du cordon se manifeste par la formation à sa base et sur l'abdomen du fœtus, d'un cercle inflammatoire de quatre à cinq millimètres qui se gonfle et produit à sa ligne d'union avec le cordon une sécrétion de sérosité purulente qui dure huit à dix jours après la séparation du cordon. Sur le cadavre, la sécrétion du liquide pathologique et le gonflement sont les symptômes qui différencient ce travail d'élimination du cordon, de l'auréole rougeâtre qui se trouve sur l'abdomen de tout cadavre *frais* de nouveau-né autour de l'insertion du cordon, et qui se forme déjà pendant la vie utérine.

D'autres altérations du cordon précèdent la chute; la première de toutes, la dessiccation, commence à la naissance; l'aspect frais, gris bleuâtre, tendu de la membrane enveloppante change, l'évaporation des liquides et peut-être une légère résorption par la veine ombilicale, flétrissent le cordon, il brunit, s'aplatit par accolement des membranes, se parchemine, devient transparent et laisse voir les vaisseaux ombilicaux contenant du sang concret. La dessiccation du cordon, d'une durée très-variable en raison composée de la température ambiante et de son épaisseur, qui va de la dimension du petit doigt à celle du pouce, et qui est dépendante de la quantité de gélatine de Warthon, cette momification par dessiccation se fait en trois ou quatre jours.

La perte des liquides dans le tronçon d'organe devenu inutile, est un phénomène physique qui s'opère de la même manière après la mort et toujours de l'extrémité vers la base. Ainsi, le cordon ombilical frais d'un mort-né mis à l'air sec se momifie d'après les expériences de Casper et Meckel comme le cordon qui reste adhérent à l'enfant vivant, en six à huit jours au soleil et huit à douze jours à l'ombre, on obtient un cordon aplati d'un gris noirâtre, avec transparence des vaisseaux sanguins, parcheminé et tendant à se contourner. Dans l'eau, les deux cordons momifiés, desséchés, celui du mort né et celui de l'enfant vivant, se présentent encore de la même manière; les deux se gonflent un peu au bout d'une heure, leur couleur prend une nuance plus claire d'un gris blanchâtre, ils deviennent également flexibles, sans jamais reprendre leur état primitif. En pratique, il faut savoir distinguer sur le cadavre trouvé dans un liquide, un cordon momifié à l'air et déjà modifié par l'immersion, jamais il ne perd complétement l'état parcheminé ni ne reprend sa souplesse primitive, quelque prolongé que l'on suppose le séjour du corps dans le liquide, donc, la dessiccation et l'état parcheminé du cordon sur un corps trouvé à l'eau prouvé qu'il était mort depuis plusieurs jours avant d'être plongé dans le liquide.

Dans l'eau amniotique, le cordon ne se dessèche jamais;

donc, l'enfant mort-né qui présente une momification du cordon est sorti de l'utérus, depuis plusieurs jours, quel que soit l'état de décomposition putride du cadavre.

Cicatrisation ombilicale. — Elle se produit du dixième au douzième jour, souvent plus tard, l'absence de suppuration et de sécrétion de liquide indique qu'elle est complète et définitive.

Artères et veines ombilicales. — L'oblitération des voies circulatoires fœtales rentre dans les signes incertains de la durée de la vie extra-utérine, par le temps trop variable qu'elle met à se compléter. Quelques heures (huit à dix) après la naissance, déjà les artères se rétrécissent de l'anneau ombilical vers leur insertion aux artères hypogastriques, imperméables dès le second jour dans une étendue plus ou moins grande de leur extrémité libre; elles sont complétement fermées dans toute leur longueur au bout de trois à cinq jours, et se transforment en cordons fibreux en trois semaines.

La veine ombilicale s'oblitère beaucoup plus lentement; aux deux premiers jours, elle perd à peine de son calibre, elle présente une lumière parfaitement libre mais rétrécie au bout de trois à quatre jours, exceptionnellement huit, et ne s'oblitère complétement qu'au huitième, neuvième et même douzième jour.

Canal artériel. — Il suit d'ordinaire les changements de la veine ombilicale, persistant rarement au-delà du huitième ou neuvième jour; les exceptions sont cependant assez nombreuses pour infirmer largement la valeur de ce caractère.

Trou oval ou de Botal. — Il persiste également huit à neuf jours; cependant, il n'est pas rare de le trouver beaucoup plus tard, même deux à trois mois après la naissance, ce qui enlève à ce signe toute considération quand il s'agit de fixer la durée de la vie de l'enfant.

Conduit veineux d'Araut. — Présente les mêmes irrégularités, donne lieu aux mêmes doutes et incertitudes.

Chute de l'épiderme. — Beaucoup d'auteurs insistent sur les détails de ce phénomène, mais trop d'incertitude règne sur ce sujet pour nous en occuper; le mentionner parce que d'autres auteurs y attachent une grande importance, c'est tout ce que peut se permettre celui qui s'attache exclusivement à l'utile.

2° *Changements physiologiques.*— *Expulsion du méconium et de l'urine.*— L'opinion de Casper est évidemment erronée quand il soutient que l'expulsion de l'urine et du méconium ne sont pas des actes vitaux et ne prouvent pas la respiration, ou pour mieux dire qu'ils ne prouvent pas la vie extra-utérine; que l'expert ne saurait à quelle conclusion s'arrêter s'il trouvait la vessie pleine et les intestins vides, ou le cas contraire; et qu'une pression sur l'abdomen pendant qu'on le lave peut produire une expulsion de l'urine par cause mécanique. On ne peut confondre dans la même réprobation l'évacuation de l'urine et celle du méconium, il est vrai qu'aucune des deux ne se trouve en relation avec la respiration, mais la sortie de l'un et de l'autre de ces produits a sa signification; ainsi l'urine est un liquide qui se renouvelle, l'enfant peut uriner et avoir la vessie remplie au moment du décès; comme les manipulations extérieures l'expulsent mécaniquement après la mort, cette fonction est donc sans importance en médecine légale. En est-il de même du méconium, de ce résidu des sécrétions intestinales et biliaires du fruit dans le sein maternel qui ne se forme plus pendant la vie extra-utérine? L'exonération intestinale est un acte physiologique sur·lequel les manipulations extérieures restent sans effet et que les contractions organiques des intestins après la mort ne sauraient produire complétement, puisqu'il occupe tout l'intestin grêle et le gros intestin ; l'écoulement du méconium chez un enfant qui n'a pas respiré n'est pas rare, mais il est toujours partiel, ce qui permet de conclure légitimement que l'enfant qui a évacué tout son méconium a vécu un certain laps de temps ; or, ce temps varie d'un à trois jours, passé cette époque, l'intestin s'est complétement débarrassé de ce produit excrémentitiel.

B. *Causes de la mort.* — La détermination de ces causes doit faire rechercher si l'enfant·n'est pas mort avant ou pendant l'accouchement, s'il n'a pas succombé aux suites d'un accouchement difficile, au défaut de soins immédiatement après la naissance, à une maladie préexistante à la naissance, à un vice de conformation ou à l'un des genres de mort déjà décrits ; elle doit faire examiner s'il a respiré ou non, et, en cas d'affirmative, faire rechercher les traces ou les signes de l'infanticide. L'expert qui ne découvre pas de lésions produites par violence doit s'abstenir de conclure et se borner à constater qu'il ne trouve pas de faits qui expliquent la mort par un acte criminel.

C. *Moment de la mort.* — Nous renvoyons pour la solution de cette question, à l'étude des altérations cadavériques dûes à la décomposition putride ; il est permis d'avancer qu'elles sont sensiblement les mêmes chez l'adulte et chez le nouveau-né décédé, tant sous le rapport de leur durée que sous celui de leur succession.

§ 16. Autopsie de l'enfant.

Redire les maladies, les lésions, les anomalies, les traces de violences, l'état du cordon, le degré de maturité, le poids de l'enfant, l'état de conservation ou de putréfaction que la nécropsie démontre, serait une répétition aussi oiseuse que superflue d'une matière exposée dans les pages qui précèdent ; quelques détails fournis par M. Devergie sur le manuel opératoire de l'autopsie d'un cadavre de nouveau-né, compléteront ces études.

A l'examen extérieur du corps succède celui des viscères, en commençant par la tête dont on a mesuré les diamètres ; une première incision s'étend de la nuque à la racine du nez suivant la suture médiane ; une seconde, perpendiculaire à la première, joint les deux pavillons de l'oreille en traversant le vertex et divise le cuir chevelu en quatre lambeaux qu'on dissèque. D'autres opérateurs partent d'une incision circulaire pour détacher la calotte dermique en ménageant le sinus longitudinal supérieur.

Le crâne est ouvert selon le précepte de Chaussier en évitant l'incision du sinus longitudinal, la pointe des ciseaux traverse la membrane unissant le pariétal au frontal au tiers inférieur ; ce premier os détaché sur le pourtour inférieur et renversé en haut laisse voir le cerveau à nu ; des sections osseuses pratiquées sur le front et les tempes achèvent de découvrir complétement la masse cérébrale. En cas de fractures des os, les sections se pratiquent à distance, afin de ne porter aucun changement dans les rapports des parties blessées.

Deux incisions fendent la bouche jusqu'aux oreilles, une

39

troisième divise la lèvre inférieure, joint le sternum en suivant la ligne médiane du col, se prolonge à droite et à gauche, le long des clavicules, une dissection facile des deux lambeaux permet d'étudier tous les organes de cette région.

Le thorax est ouvert par des sections latérales, l'une à droite l'autre à gauche, qui partent des articulations du sternum avec les clavicules, jusqu'aux dernières côtes, divisent le derme à l'endroit des articulations chondrocostales, qu'il faut également séparer; le plastron sternal soulevé et renversé sur le cou donne accès à tous les viscères de cette cavité. L'incision des parois du ventre part de l'appendice xyphoïde, descend longitudinalement à quelques centimètres de l'ombilic, dévie à gauche, afin de l'éviter, et va s'arrêter au pubis gauche, à quelques centimètres en dehors de la symphise.

§ 17. Imputabilité de la mort de l'enfant à la mère.

La conduite de la mère n'est sujette à examen que si le genre de mort de l'enfant est connu; la première opération est donc de rechercher si le nouveau-né a péri avant, pendant ou après l'accouchement, et quelle a été la cause de la mort; subsidiairement il sera possible de tenter la preuve de la culpabilité ou de l'innocence de la mère, s'il est préalablement démontré qu'une tierce personne n'est pas intervenue, et que les traces de violence qu'on observe ne sont pas l'œuvre d'une main étrangère.

Dans ces conditions, toute mort violente, suite de blessures mortelles, d'asphyxie par strangulation ou d'introduction d'un corps étranger dans le pharynx, etc., établit le crime et son imputabilité à la mère, malgré ses dénégations et ses réponses mensongères. L'étouffement sur le lit, dans les liquides amniotiques, l'enfant inanitié, strangulé par le cordon, mort de froid, d'une chute accidentelle sur la tête dans un accouchement précipité, ou à la suite de défaut de soins refusés par ignorance ou par volonté criminelle de la mère, sont autant de circonstances qui troubleront malheureusement souvent la conscience d'un expert pénétré de la gravité de sa mission, de l'immense responsabilité qui pèse sur lui et des conséquences sérieuses de son rapport; qu'il se rappelle, dans ces cas inextricables, qu'il est de son devoir de discerner en toute quiétude entre l'inculpée qui se justifie toujours et la justice portée par habitude à préjuger un infanticide.

§ 18. Examen de la mère.

L'étude des question relatives à la mère a été faite aux chapitres qui traitent de la grossesse et de l'accouchement, elle suffit à faire un examen utile et fructueux de la femme prévenue du crime d'infanticide. Se trouvant en présence de l'inculpée, l'expert lui propose la visite corporelle, si elle refuse, il doit se retirer et en informer immédiatement l'agent de la police judiciaire qui l'a requis légalement; en cas de non-opposition, la constatation de l'état général précède toute autre investigation, vient ensuite l'examen des seins, de leur contenu, des parois abdominales, des organes génitaux externes, des diamètres du pelvis, de la matrice, des liquides que ces parties sécrètent et de leur odeur; enfin l'interrogatoire de la femme et l'inspection des linges, literies et vêtements complètent l'expertise : le rapport et les conclusions se rédigent dans le silence du cabinet.

FIN.

TABLE DES MATIÈRES.

www.ingramcontent.com/pod-product-compliance
Lightning Source LLC
Chambersburg PA
CBHW060844220326
41599CB00017B/2377